Manuel Hentschel

# Innovationsmanagement im Baubetrieb

# AUS FORSCHUNG UND PRAXIS
# BAND 15

Manuel Hentschel

# Innovationsmanagement im Baubetrieb

Grundlagen und Anwendung

Schriftenreihe des Instituts für Baubetriebswesen
der Technischen Universität Dresden
Herausgegeben von Prof. Dr.-Ing. R. Schach

expert verlag®

**Bibliografische Information der Deutschen Bibliothek**
Die Deutsche Bibliothek verzeichnet diese Publikation
in der Deutschen Nationalbibliografie;
detaillierte bibliografische Daten sind im Internet über
http://dnb.ddb.de abrufbar.

**Bibliographic Information published by Die Deutsche Bibliothek**
Die Deutsche Bibliothek lists this publication
in the Deutsche Nationalbibliografie;
detailed bibliographic data are available in the internet at
http://dnb.ddb.de.

Der vorliegende Band 15 der Schriftenreihe des Instituts für Baubetriebswesen wurde durch die Fakultät Bauingenieurwesen der Technischen Universität Dresden als Dissertationsschrift *Innovationsmanagement im Baubetrieb* angenommen und am 11.03.2013 in Dresden verteidigt.

ISBN-13: 978-3-8169-3118-8

Bei der Erstellung des Buches wurde mit großer Sorgfalt vorgegangen; trotzdem können Fehler nicht vollständig ausgeschlossen werden. Verlag und Autoren können für fehlerhafte Angaben und deren Folgen weder eine juristische Verantwortung noch irgendeine Haftung übernehmen. Für Verbesserungsvorschläge und Hinweise auf Fehler sind Verlag und Autoren dankbar.


Tel.: +49 (0) 7159-9265-0, Fax: +49 (0) 7159-9265-20
E-Mail: expert@expertverlag.de, Internet: www.expertverlag.de
http://www.expertverlag.de

Printed in Germany

## Vorwort des Herausgebers

In der allgemeinen Meinung wird das Bauwesen im Vergleich zu vielen anderen Industriezweigen als wenig innovativ angesehen. Abgeleitet wird diese Meinung aus den Innovationen, die sich zum Beispiel im Bereich der Mikroelektronik an den beeindruckenden Entwicklungen bei Computern oder bei Mobiltelefonen zeigen. Aber auch in anderen Bereichen sind die Innovationen offensichtlich, wie im Bereich der Medizin, die heute zu deutlich höheren Lebenserwartungen als bei früheren Generationen führen.

Das Bauwesen erscheint im Vergleich zu den oben genannten und auch zahlreicher anderer Bereiche als wenig innovationsfreudig. Diese Erkenntnis wird einerseits davon abgeleitet, dass sich die Wirkung des baulichen Umfeldes auf den Menschen in den vergangenen Jahren und Jahrzehnten kaum verändert hat und dass sich andererseits die Bauprozesse scheinbar kaum verändert haben. Bei einem Hochbau werden „wie schon immer" Fundamente und das Kellergeschoss hergestellt, indem die Schalung der Untergeschosswände gestellt und diese mit Beton verfüllt werden. Der Erdbau erfolgt wie früher mit Bagger, LKW und mit Walzen. Bei genauerer Betrachtung wird zugestimmt, dass im Detail doch einiges anders abläuft, leistungsfähigere Geräte und andere Baustoffe eingesetzt werden. Die Konstruktion selbst hat sich bei genauem Hinsehen auch in zahlreichen Bereichen verändert. Verbunden ist dies mit einem deutlich reduzierten personellen Aufwand, so dass sich in der Summe auch im Bauwesen beträchtliche Innovationen feststellen lassen.

Baubetriebe bewegen sich auf einem Markt, der dadurch gekennzeichnet ist, dass das Bauwerk im Sinne eines Produktes vom Bauherrn zusammen mit den von ihm beauftragten Planern geplant und für die Bauausführung vorgegeben wird. Der Baubetrieb kann sich somit keinen Wettbewerbsvorteil dadurch verschaffen, indem er Produkte mit Alleinstellungsmerkmalen selbst entwickelt. Solche Alleinstellungsmerkmale ergeben sich zum Beispiel durch das Design, die Performance oder die Wirtschaftlichkeit der Produkte. Übliche Baubetriebe können sich nur am Markt behaupten, indem sie die Bauleistung besonders wirtschaftlich anbieten können. Zunehmend ergeben sich insbesondere für kleinere Bauunternehmen Chancen durch Alleinstellungsmerkmale, wie hochgradige Spezialisierung. Parallel dazu erfolgen Innovationsprozesse durch den Einsatz alternativer Baustoffe, alternativer Bauverfahren oder alternativer Konstruktionen. Gerade diese Innovationen sind besonders wertvoll, da sie dem Baubetrieb häufig über viele Jahre ein Alleinstellungsmerkmal sichern.

Herr Hentschel beschäftigt sich in seiner Dissertation mit den letztgenannten Innovationsprozessen, die häufig mit einem nicht unbeträchtlichen Entwicklungsrisiko bei den Unternehmen verbunden sind und daher in der Konsequenz häufig sehr kritisch durch die Geschäftsführung verfolgt werden. Aus dieser Erkenntnis heraus entwickelt Herr Hentschel auf der Grundlage des Kontinuierlichen Entwicklungsprozesses ein Controllinginstrument, mit dem die Innovationsprozesse wirkungsvoll begleitet werden können.

Grundlagen für baubetriebliche Innovationen scheinen zahlreich vorhanden zu sein, insbesondere falls die Grundlagenentwicklungen betrachtet werden, die zum Beispiel in den Materialwissenschaften festzustellen sind. Daher kann gehofft werden, dass diese Innovationen möglichst zügig im täglichen Baubetrieb Eingang finden. Dies ist jedoch mit einem Innovationsmanagement verbunden, das durch die vorliegende Arbeit hoffentlich wirkungsvoll unterstützt wird.

Dresden, im April 2013 — Prof. Dr.-Ing. Rainer Schach

## Vorwort des Autors

Die vorliegende Arbeit entstand während meiner Tätigkeit als wissenschaftlicher Mitarbeiter am Institut für Baubetriebswesen der Technischen Universität Dresden. An dieser Stelle möchte ich mich bei einigen Wegbegleitern bedanken.

Besonderer Dank gilt Herrn Univ.-Prof. Dr.-Ing. Rainer Schach, Direktor des Instituts für Baubetriebswesen und erster Gutachter. Er war während meiner gesamten Zeit am Institut für die fachliche und methodische Betreuung der Arbeit ausschlaggebend. In ihm fand ich einen Betreuer und Mentor, der mir in vielerlei Hinsicht das notwendige Vertrauen aussprach und mir die wissenschaftliche Freiheit gab, eigenverantwortlich in den begleiteten Projekten zu handeln. Gleichzeitig wies er impulsartig auf hilfreiche fachspezifische Besonderheiten hin.

Für die Unterstützung und angenehme Zeit am Institut gebührt der Dank außerdem Herrn Univ.-Prof. Dr.-Ing. Peter Jehle und Herrn Prof. Dr.-Ing. habil. Alexej Bulgakow als Gastprofessor. Dank gilt darüber hinaus dem zweiten Gutachter der Arbeit, Herrn Univ.-Prof. Dr.-Ing. Dipl.-Kfm. Dieter Jacob, der mir besonders in der Schlussphase der Arbeit hilfreiche Anregungen gab. Ein großer Dank geht an dieser Stelle auch an alle meine Kolleginnen und Kollegen am Institut für Baubetriebswesen.

Ein motivierender Moment für die Arbeit war das Transferprojekt T6 im Rahmen des Sonderforschungsbereiches 528, welches ich neben weiteren Projekten in dieser Zeit begleitete. Im speziellen Zusammenhang mit dem Forschungsprojekt sei das damalige Team genannt, dessen Mitglieder in verschiedenen Funktionen die Großversuche erst ermöglichten. Eine namentliche Nennung aller Beteiligten würde den Rahmen dieser Danksagung sprengen. Stellvertretend danke ich deshalb zum einen den beteiligten Teams der TU Dresden, der Praxispartner Bilfinger SE, PAGEL SPEZIAL-BETON GmbH & Co. KG, Putzmeister Holding GmbH und der OTTO QUAST Fertigbau Sachsen. Ferner danke ich den Beteiligten der Berufsgenossenschaft Bau, die für Anregungen und Diskussionen zum Thema Arbeitssicherheit zur Verfügung standen. Wertvoll waren zudem die hilfreichen Stunden aller beteiligten studentischen Hilfskräfte, ohne die zum Beispiel die vielen Daten zu den Versuchen nicht hätten so schnell ausgewertet werden können.

Herzlichen Dank sage ich meiner Frau Christina, die trotz vergleichbarer eigener beruflicher Herausforderungen immer motivierend und positiv einwirkte. Zum Abschluss danke ich meinen Eltern und meinem Bruder herzlich, die mich immer ermutigten, diese Arbeit zu schreiben. In besonderer Erinnerung an meinen Vater möchte ich ihm die vorliegende Arbeit widmen.

Dresden, April 2013 Dr.-Ing. Manuel Hentschel

# Inhaltsverzeichnis

## Abkürzungsverzeichnis

| | |
|---|---|
| % | Prozent |
| § | Paragraph |
| °C | Grad Celsius |
| ARIS | Architektur integrierter Informationssysteme |
| BG Bau | Berufsgenossenschaft der Bauwirtschaft |
| BGV | Berufsgenossenschaftliche Vorschrift |
| BMVBS | Bundesministerium für Verkehr, Bau und Stadtentwicklung |
| CEM | Cement (deutsch: Zement) |
| CRA | Chancen-Risiko-Analyse |
| CRA | Chancen-Risiko-Analyse |
| d. h. | das heißt |
| dB (A) | Dezibel (A) |
| DFG | Deutsche Forschungsgemeinschaft |
| DIN | Norm nach „Deutsches Institut für Normung“ |
| DV | Datenverarbeitung |
| DZT | Deutsches Zentrum Textilbeton |
| ebd. | ebenda (deutsch: „dort gleichbedeutend“) |
| EDV | Elektronische Datenverarbeitung |
| EG | Europäisches Gemeinschaft |
| EN | Europäische Norm |
| EPK | Ergebnisgesteuerte Prozesskette |
| EQA | European Quality Award (deutsch: „Europäische Qualitätsauszeichnung“) |
| et al. | et alii (deutsch: „und andere“) |
| etc. | Et cetera (lateinisch „für und so weiter“) |
| f. | folgende |
| ff. | Plural für folgende |
| FFP | filtering face piece (deutsch: Feinstaubmaske oder Staubmaske) |
| F&E | Forschung und Entwicklung |
| GmbH & Co. KG | Gesellschaft mit beschränkter Haftung & Compagnie Kommanditgesellschaft |
| GNW | Gesamtnutzwert |
| GP | Geschäftsprozess |
| GZ | Gemeinsames Zielkriterium |
| HGB | Handelsgesetzbuch |

| | |
|---|---|
| IMieS | Innovationsmanagement im engeren Sinn |
| IMiwS | Innovationsmanagement im weiteren Sinn |
| ISO | Norm nach "International Organization for Standardization" |
| kg | Kilogramm |
| KNA | Kosten-Nutzen-Analyse |
| KRA | Kosten-Risiko-Analyse |
| KVP | Kontinuierlicher Verbesserungsprozess |
| KWA | Kosten-Wirksamkeits-Analyse |
| KWQ | Kosten-Wirksamkeits-Quotient |
| l | Liter |
| m | Meter |
| mm | Millimeter |
| Nr. | Nummer |
| NWA | Nutzwertanalyse |
| OK | Oberkante |
| PDCA | Plan-Do-Check-Act (deutsch: „Plan-Durchführen-Prüfen-Agieren und Verbessern") |
| PPP | Public Privat Partnership (deutsch: „Private Öffentliche Partnerschaft") |
| QCD | Quality, Cost, Delivery (deutsch: „Qualität, Kosten, Lieferung") |
| QLZ | Qualitatives Zielkriterium |
| QNZ | Quantitatives Zielkriterium |
| RB | Referenzbewertung |
| REFA | Reichsausschuss für Arbeitszeitermittlung (heute: REFA – Verband für Arbeitsgestaltung, Betriebsorganisation und Unternehmensentwicklung) |
| Rel. | Relative |
| S. | Seite |
| SB | Status-Bewertung |
| SDCA | Standardize-Do-Check-Act (deutsch: „Standardisieren- Durchführen-Prüfen-Agieren und Verbessern") |
| SE | Societas Europaea (deutsch: Europäische Gesellschaft |
| SensA | Sensitivitätsanalyse |
| SFB | Sonderforschungsbereich |
| SGW | Strategische Geschäftseinheit |
| SLUB | Sächsische Staats- und Universitätsbibliothek |

| | |
|---|---|
| SSA | Stärken-Schwächen-Analyse |
| SWOT | Strength-Weakness-Opportunity-Threat (deutsch: „Stärken-Schwächen-Chancen-Risiken") |
| t | Tonne |
| T | Temperatur |
| TFF | Transformationsfunktion |
| TNW | Teilnutzwert |
| TQC | Total Quality Control (deutsch: „Totale Qualitätskontrolle") |
| USA | United States of America (deutsch: „Vereinigte Staaten von Amerika") |
| UVV | Unfallverhütungsvorschriften |
| V | Disjunktion (A oder B oder beides) |
| V | Volt |
| VOB/B | Vergabe- und Vertragsordnung für Bauleistungen Teil B: Allgemeine Vertragsbedingungen für die Ausführung von Bauleistungen |
| Λ | Konjunktion (A und B) |
| vgl. | vergleiche |
| VR | Versuchsreihe |
| XOR | Exklusive Disjunktion (A oder B) |
| z. B. | zum Beispiel |
| ZK | Zielkriterium |

## Abbildungsverzeichnis

## Tabellenverzeichnis

# 1 Einführung

*"So leben und bewegen wir uns wie Blinde, nicht wissend, wohin wir gehen, halten Schlechtes für gut und Gutes für schlecht, schweben in völliger Ungewissheit."* [1]

Wie in dieser Übersetzung des sehr alten Ausspruchs der französischen Autorin Marie de Sévigné beschrieben, scheint die Ungewissheit und gleichbedeutend die Ahnungslosigkeit, ein ständiger Begleiter der Menschen zu sein. So wissen wir zunächst weder, ob Dinge, die wir gerade das erste Mal erleben, gut oder schlecht sind. Ob sie Gutes bewirken oder ob sie eher schlechte Auswirkungen mit sich bringen werden. Neuentwicklungen jeglicher Art sind für Forscher, Entwickler und potenzielle Anwender in ihrer Folge oft ähnlich ungewiss. Ungewissheit impliziert in diesem Zusammenhang zum Beispiel eine Unkenntnis darüber, wie sich gewonnene Erkenntnisse interpretieren lassen und wie diese für den Sachverhalt und eine anfängliche Problemstellung, deren Lösung eine Neuentwicklung sein solle, einordnen lassen. Umgangssprachlich könnte gesagt werden; es ist alles mit einem gewissen Risiko verbunden. [2]

Bleiben wir aber zunächst gedanklich beim „Neuen". Neuentwicklungen aller Branchen haben nämlich meistens ein innovatives Wesen, welches oft nicht ausreichend anwenderorientiert ausgeprägt und beschrieben ist.

## 1.1. Problemstellung

In einer sich ständig verändernden Welt müssen Unternehmen im Wettbewerb ständig ihre Produkte, Leistungen und die dazugehörigen Produktionsprozesse erneuern und verbessern. Es gibt verschiedene Ansätze, wie eine Unternehmung diese Verbesserungen erreichen kann. [3] Zum Einen ist dieses durch schrittweise Verbesserungen möglich. Zum Anderen und noch bedeutsamer sind Innovationen. Eine Innovation kann einem Unternehmen große Fortschritte in Hinsicht auf Qualität, Kostenoptimierung, und Termintreue ermöglichen. [4] Unter dem Begriff Innovation kann folglich eine umfassende, meist revolutionäre und umwälzend stattfindende Erneuerung in einem bestimmten Bereich verstanden werden. Letzten Endes gibt es schlussendlich aber einen Unterschied zwischen der eigentlichen Innovation und der vermarkteten Innovation. Letztere ist vielmehr eine Kombination aus Innovationen und schrittweisen Verbesserungen. Denn nur durch die zahlreichen kleinen schrittweisen Korrekturen werden Innovationen in vielen Fällen erst richtig wirksam.

*Girmscheid und Motzko* verweisen darauf, dass Wettbewerbsstärke bei Bauunternehmen unter anderem aus der Entwicklung und Anwendung von innovativen Bauverfahren resultiert. Andere Faktoren sind in dieser Branche die kundenorientierte Personaldisposition und die Beachtung der Verhältnisse von Preis und Leistung. [5] Außerdem nennen *Bosch und Rehfeld* die gesamte Wertschöpfungskette der

---

1 Rattner, Danzer, Europäische Moralisten in Frankreich 1600 bis 1950, 2006, S. 74 unter Bezugnahme auf ein Zitat von Marie de Sévigné, aus einem Brief an den Grafen von Bussy-Rabutin vom 15. Dezember 1683.

2 An dieser Stelle könnte man sich fragen, was ist Risiko eigentlich? Zunächst wird hier auf die Antwort im Abschnitt 2.4.2.3 verwiesen.

3 Vgl. Wahren, Das lernende Unternehmen, 1998, S. 9.

4 Vgl. Kostka, Kostka, Der Kontinuierliche Verbesserungsprozess, 2011, S. 27 f.

5 Vgl. Girmscheid, Motzko, Kalkulation und Preisbildung in Bauunternehmen, 2007, S. 4.

Bauwirtschaft [6] an sich als wesentliche Quelle innovativer Impulse und nicht das einzelne Unternehmen selbst. Demnach kann das Bestreben nach immer neuen Lösungen im Entstehungsprozess von Bauwerken und sonstigen Produkten der Bauwirtschaft als innovatives Bestreben bezeichnet werden, welches als Ergebnis Innovationen hervorbringt.

Wenn die Entwicklung von Bauverfahren als Innovation aus Sicht eines Bauunternehmens tiefer betrachtet wird, stellen sich für den Unternehmer Fragen, die es abzuwägen gilt, bevor er sich für den Weg mit einem neuen Bauverfahren als Wettbewerbsteilnehmer entscheidet. Die Bandbreite der offenen Fragestellungen vor der Entscheidung für oder gegen ein neues Bauverfahren, erweist sich als mannigfaltig. So sind Fragen zum Einsatz unterschiedlichster Maschinentechnologien, verschiedener herzustellender Bauteilgeometrien, differente Anforderungen an die Qualität, wechselnde Umwelteinflüsse sowie besondere sicherheitsrelevante Rahmenbedingungen zu klären. Darüber hinaus muss z. B. auch erörtert werden, ob der Einsatz eines neuen Verfahrens entweder nur durch geschultes und mit dem Verfahren vertrautem Personal oder auch mit nicht eingewiesenem Personal unter Anleitung einzelner Personen umgesetzt werden kann.

Es gibt Statistiken, aus denen Rückschlüsse gezogen werden, wie häufig einzelne Wirtschaftszweige neue Produkte hervorbringen, um dadurch zum Beispiel zuvor identifizierte Problemstellungen zu lösen. Im allgemeinen Verständnis wird diese Innovationsfreudigkeit anhand der hervorgebrachten Patente beurteilt. Zum Beispiel zeigt eine Statistik, dass im Jahr 2005 nur 4,6 % aller angemeldeten Patente auf die Bauwirtschaft entfallen. [7] Eine andere Statistik verweist auf die Gesamtaufwendungen für Forschung und Entwicklung und bezeichnet die Bauwirtschaft dabei mit 34 Mio. Euro im Jahr 2003 als das Branchenumfeld, in dem eine extrem unterdurchschnittliche Würdigung von Forschung und Entwicklung erfolgt, wenn die rund 46 Mrd. Euro Gesamtaufwendungen für Forschung und Entwicklung gesamtwirtschaftlich gegenüber gestellt werden. [8] Eine frühere Studie weist zum Beispiel auf eine stark unterdurchschnittliche Forschungsaktivität der Bauwirtschaft hin. Die Forschungsquote liegt demnach bei 0,03 Prozent. [9] Bei diesen Statistiken bleibt jedoch vollkommen unberücksichtigt, dass die Innovationskraft der Bauwirtschaft aus der oben genannten Wertschöpfungskette der Bauwirtschaft hervor geht. [10] Immerhin trägt die Bauwirtschaft mit durchschnittlich 12,5 % in den Jahren 2003 bis 2007 zur Bruttowertschöpfung in Deutschland bei. In anderen Ländern Europas sind diese Zahlen vergleichbar. [11]

Dennoch zeigt sich bei diesen Statistiken auch, dass die Wahrnehmung einer regen Innovationstätigkeit in der Bauwirtschaft zum einen infolge nicht an das Branchenumfeld angepasste Erhebungsmethoden existiert und zum anderen es vielleicht tatsächlich schwierig ist, die oben angesprochenen offenen Fragen zum Beispiel bei der Entwicklung von neuen Bauverfahren zu klären. Die Klärung dieser

---

6 Bosch und Rehfeld nennen neben dem Bauhauptgewerbe und dem Ausbaugewerbe die Architekten, Ingenieure, Zulieferer, Hersteller sowie Verbände, Forschungseinrichtungen, Universitäten und Fachhochschulen usw. als wesentliche Teile der Wertschöpfungskette Bauwirtschaft., Vgl. Butzin, Rehfeld, Innovationsbiographien in der Bauwirtschaft, 2009, S. 4 mit Verweis auf Bosch, Rehfeld, Zukunftschancen der Bauwirtschaft – Erkenntnisse aus der Zukunftsstudie NRW, 2006, S. 540.

7 Vgl. Butzin, Rehfeld, Innovationsbiographien in der Bauwirtschaft, 2009, S. 11 f. mit Verweis auf DPA Patentatlas Deutschland 2002 und 2006.

8 Vgl. Butzin, Rehfeld, Innovationsbiographien in der Bauwirtschaft, 2009, S. 10 mit Verweis auf Stifterverband.

9 Quelle: Amann, Ramaseder, Forschungsbedarf in der Bauwirtschaft – eine Potentialanalyse, 2006, S. 21 mit Verweis auf Leistungs- und Strukturstatistik 2002 auf Unternehmensbasis – Statistik Austria.

10 Vgl. Butzin, Rehfeld, Innovationsbiographien in der Bauwirtschaft, 2009, S. 9.

11 Vgl. Nordhause-Janz, Welschhoff, Rehfeld, Innovationsstrategien am Bau im internationalen Vergleich, BMVBS-Online-Publikation, 2011, S. 27.

und ähnlicher offener Fragen im Fokus des Baubetriebs stellt sich nämlich oft komplizierter dar, als dieses auf den ersten Blick erscheint.

Hier ist zum Beispiel eine Besonderheit der Bauindustrie im Vergleich zu Bereichen der stationären Industrie hervorzuheben. Die Zulassungsverfahren für Baustoffe und Bauverfahren als Innovationen sind oft um ein vielfaches komplexer und langwieriger, als dieses bei einfachen Produktneuheiten, wie z. B. Produkten der Verbrauchsgüterindustrie der Fall ist. In dieser Branche können Innovationen in kürzester Zeit auf den Markt geführt werden und somit zur Wertschöpfung beitragen. [12]

Im Kapitel 3 wird außerdem auf einen oft bestehenden Zielkonflikt zwischen der Wissenschaft (Forschungsinstitution) einerseits und den ausführenden Unternehmen der Bauwirtschaft andererseits hingewiesen, der einer schnellen Einführung von baubetrieblichen Innovationen [13] entgegensteht. [14] So werden Innovationen für den Baubetrieb zunächst sehr theoretisch unter rein wissenschaftlichen Gesichtspunkten entwickelt und die Bedürfnisse des potenziellen Anwenders nur unzureichend gewürdigt. Oft wird grundsätzlich versäumt, in frühen Entwicklungsphasen nachzuweisen, dass z. B. neuen Bauverfahren später im Praxiseinsatz umsetzbar sein müssen. Darüber hinaus wird erst sehr spät erkannt, dass für einen flächendeckenden Einsatz von neuen Bauverfahren neben z. B. statisch-konstruktiven Belangen, andere Belange und Kenntnisse zu dem neuen Bauverfahren wichtig sind. Insbesondere Daten zu baubetrieblichen Einflusskomponenten sind oft nur spärlich und unstrukturiert dokumentiert. Ein neues Bauverfahren ist jedoch nur dann gut und praktikabel, wenn es in der Breite der Bauwirtschaft und hier speziell der Bauunternehmen Akzeptanz und damit Anwender [15] findet. Die fehlenden Daten sollten demnach effizient gefunden und bewertbar werden.

Als letzter Problempunkt für eine schlechtere Würdigung von Innovationspotenzialen sowie Forschung und Entwicklung in der Bauwirtschaft soll an dieser Stelle mit Bezug auf die Struktur des Bauhauptgewerbes aufgezeigt werden. So besteht dieses in Deutschland zu 90 Prozent aus Unternehmen mit einer Betriebsgröße von einem bis 19 Beschäftigten. [16] Gleichzeitig liegt die Innovationsbeteiligung (Anteil der Unternehmen mit kontinuierlicher Forschung und Entwicklungstätigkeit in den letzten drei Jahren) von Kleinen und Mittleren Unternehmen (5 bis 500 Beschäftigte), also vergleichbar der oben genannte Unternehmensmehrheit im Bauhauptgewerbe, bei 22 Prozent im Vergleich zu Großunternehmen mit 76 Prozent. [17] Die Korrelation beider Statistiken verdeutlicht letzten Endes die Problemstellung nachhaltig.

---

[12] Zum Beispiel wird in einem Leitartikel im Harvard Business Manager aus August 2011 die Innovationshäufigkeit von Kosmetikprodukten vorgestellt. Vgl. Brown, Anthony, Die Ideenfabrik, 2011, S. 19 ff.

[13] Der Term baubetriebliche Innovation wird hier als Synonym für neues Bauverfahren verwendet. Vgl. Abschnitt 2.3.3

[14] Vgl. Abschnitt 3.3.4.2

[15] In der vorliegenden Arbeit wird der Begriff Anwender als Synonym für Bauunternehmen benutzt, welches ein neues Bauverfahren anwendet.

[16] Quelle: Hauptverband der Deutschen Bauindustrie e. V. mit Verweis auf Statistiken vom Statistische Bundesamt aus Juni 2011, http://www.bauindustrie.de/zahlen-fakten/statistik/struktur/betriebsstruktur/, Stand: 03.04.2012.

[17] Lohmann, Blaeser-Benfer, Innovationsmanagement in der Praxis kleiner und mittlerer Unternehmen in Hessen, herausgegeben vom RKW Rationalisierungs- und Innovationszentrum der Deutschen Wirtschaft e. V., 2011, S. 6.

## 1.2. Ziele und Abgrenzung der Arbeit

**Ziel** dieser Arbeit ist es zunächst, genau diesen Mangel an baubetrieblicher Beachtung bei Innovationsentwicklungen für den Baubetrieb näher auf den Grund zu gehen. Hierzu soll zunächst ein Theoriestudium dazu Aufschluss geben, wie mit Innovationen umgegangen wird und ob sich anerkannte Managementmethoden eignen. In diesem Zusammenhang soll die These gestützt werden, dass allgemein anerkannte Managementmethoden aus verschiedenen Gründen beim Innovationsmanagement im Baubetrieb bisher keine maßgebliche Akzeptanz fanden.

Darüber hinaus sollen im Rahmen dieser vorliegenden Arbeit Möglichkeiten aufgezeigt werden, wie Prozesse im Rahmen einer Innovationsentwicklung optimiert werden können. Dadurch sollen schlussendlich deutlich mehr baubetriebliche Informationen als Schlüssel zur erfolgreichen Praxisanwendung im Wettbewerb mit baubetrieblichen Innovationen gewonnen werden können, als dieses unter bisherigen Vorgehensweisen der Fall wäre. Wichtig erscheint in diesem Zusammenhang auch die Fragestellung nach der Bewertbarkeit und dem Innovationsgrad einer baubetrieblichen Innovation.

Der Blickwinkel auf diese Optimierung und Bewertung einer baubetrieblichen Innovation [18] ist dabei eher anwenderorientiert gewählt. Für eine gewinnorientierte und damit praxisrelevante Einsatz benötigen Anwender Entscheidungskriterien und Kennwerte, welche direkt aus den Forschungsinstitutionen (Intern im Unternehmen selbst oder extern in Hochschulen oder Forschungsinstituten) abgeleitet werden können. Dem Anwender und allen anderen in der Forschung Beteiligten soll ein geeignetes Bewertungsverfahren aufgezeigt werden, mit dem der Wissenszugewinn im Optimierungsprozess der baubetrieblichen Innovation quantifiziert werden kann. Dahingehend wird in der Arbeit die These belegt, dass allgemein mit allgemein anerkannten Methoden baubetriebliche Einflusskomponenten in der Sphäre eines Zielkonfliktes zwischen Forschungsinstitution und Anwender in die Bauwirtschaft schnell und effizient erarbeitet und bewertet werden können. Ferner soll insbesondere die These belegt werden, dass Wesensmerkmale der Methode des Kontinuierlichen Verbesserungsprozesses (KVP) [19] in Kombination mit modernen Datenerhebungsmethoden einen zielführenden Optimierungsprozess bilden können.

Zur Verdeutlichung wird in dieser Arbeit anhand der durchgeführten Forschungen am Beispiel des neuen Bauverfahrens „Verstärkungen von Altbetonoberflächen mit Textilbetons" gezeigt, wie die Ergebnisse dieser Forschung durch die Anwendung des in dieser Arbeit entwickelten Lösungsansatzes optimiert und bewertet werden könnten. Damit soll eine beispielhafte Entscheidungsgrundlage für einen potenziellen Anwender dieser speziellen baubetrieblichen Innovation aufgezeigt werden.

Die inhaltliche **Abgrenzung** zu anderen Arbeiten dieses Fachgebietes erfolgt durch den Ansatz, bisher nicht genutzte Methoden und Bewertungsverfahren anderer Wissenschaftsgebiete im Zusammenhang mit der Optimierung und Bewertung baubetrieblichen Innovationen zu berücksichtigen. Dabei soll nur exemplarisch eine Anwendung der Methoden aufgezeigt werden. Es wird in hypothetischer Betrachtungsweise aufgezeigt, wie ein Anwender die in dieser Arbeit vorgestellte baubetriebliche Innovation bewerten könnte. Hierzu zählen sowohl die hypothetische Bewertung der Ergebnisse selbst, wie auch die vorgestellten Wege, die ein Anwender wählen kann, um die Ergebnisse eigener Untersuchungen selbst zu bewerten.

---

[18] Die Definition für eine baubetriebliche Innovation im Kontext dieser Arbeit ist in Abschnitt 2.3.3 aufgezeigt.

[19] Der KVP bedient sich der Logik, dass vorhandenes Wissen, welches nicht offenkundig ist, aktiviert werden kann. Vgl. Abschnitt 3.4.

Es ist nicht Ziel der Arbeit, die baubetriebliche Innovation „Verstärkungen aus Textilbeton" lückenlos zu beschreiben. Außerdem besteht die Motivation für diese Arbeit nicht darin, die einleitend genannten Statistiken zu Innovationsaufkommen in der deutschen Bauwirtschaft im Vergleich zu anderen Branchenumfeldern näher zu untersuchen oder sogar zu ergänzen. Ferner ist es nicht Ziel dieser Arbeit, ein vollständiges Innovationsmanagement mit allen tangierten unternehmerischen Einzelprozessen bei der Entwicklung einer baubetrieblichen Innovation zu erarbeiten. Vielmehr werden in dieser Arbeit gezielt der Optimierungsprozess und eine geeignete Innovationsbewertungsmethode aufgezeigt, um die baubetrieblichen Fragen für den Anwender zu klären.

## 1.3. Aufbau und Lösungsweg

Der **Aufbau** der Arbeit orientiert sich an dem Nachweis der zentralen These, dass der Zielkonflikt zwischen Wissenschaft und Anwender bei der Entwicklung baubetrieblicher Innovationen und die daraus abgeleitete Folge einer unbefriedigenden Bedürfnisbefriedigung der potenziellen Anwender durch das Zusammenwirken moderner Managementmethoden und Bewertungsverfahren minimiert werden kann. Demnach gliedern sich die Schwerpunkte der aufeinander aufbauenden Kapitel zunächst in einen Analyse- und einen Lösungsansatz. Schlussendlich wird dieser neu entwickelte Lösungsansatz anhand einer beispielhaften Innovationsentwicklung aufgezeigt. Abbildung 1 fasst den strukturellen Aufbau und die inhaltliche Verknüpfung der einzelnen Kapitel zusammen.

**Kapitel 1** leitet in das Thema ein und spezifiziert die Problemstellung und Ziele der Arbeit.

Im **Kapitel 2** werden für das allgemeine Verständnis der Arbeit Grundlagen geschaffen. So erscheint es wichtig, zunächst einen Überblick über den Innovationsbegriff im Allgemeinen zu geben. Außerdem soll eine Definition des Terms „baubetriebliche Innovation" erarbeitet werden. Schlussendlich wird in diesem Kapitel methodisches Fachwissen zusammengefasst, welche Bewertungsverfahren sich für baubetriebliche Innovationen eignen. Dabei liegt die Motivation auf der Einbindung einer dieser betrachteten Verfahren in dem späteren Lösungsansatz (Kapitel 4).

Der theoretische Analyseteil dieser Arbeit wird mit dem **Kapitel 3** fortgesetzt. Hier soll der Forschungsstand und die erprobte Praxis von Managementmethoden in verschiedenen Bereichen der Wissenschaft und Wirtschaft untersucht werden. Seit vielen Jahren wird z. B. erfolgreiches Innovationsmanagement und/oder Forschungs- und Entwicklungsmanagement betrieben, um daraus Neuentwicklungen zu generieren. Gezeigt werden soll, wie Innovationsmanagement im Kontext verschiedener Branchen steht und welche Beachtung und Bedeutung dieses insbesondere in der Bauwirtschaft mit Fokus auf den Baubetrieb bisher erlangt. Neben der Eingrenzung der Begrifflichkeiten sollen zudem Barrieren für Innovationsentwicklungen in der Bauwirtschaft aufgezeigt werden. In einem dritten Teil dieses Kapitels wird mit dem KVP eine alternative Managementmethode vorgeschlagen, die bisher nicht zwingend mit Innovationen im Baubetrieb in Verbindung trat. Der KVP soll dabei theoretisch und praktisch vorgestellt werden und wichtige Grundlage für den Lösungsansatz im nachfolgenden Kapitel 4 sein.

**Kapitel 4** stellt einem neuen Lösungsansatz für die Problemstellung vor. Es führt dabei das zuvor analysierte Theoriewissen zu Methoden zusammen, um daraus eine Systematik abzuleiten, mit der die angestrebte Optimierung und Bewertung baubetrieblicher Innovationen vollzogen werden kann. Dieses Kapitel beantwortet somit zunächst rein theoretisch die Ausgangshypothese, dass mit den analysierten Managementmethoden durchaus signifikante Verbesserungen aus Sicht bauausführender Unternehmen (Anwender) möglich sind.

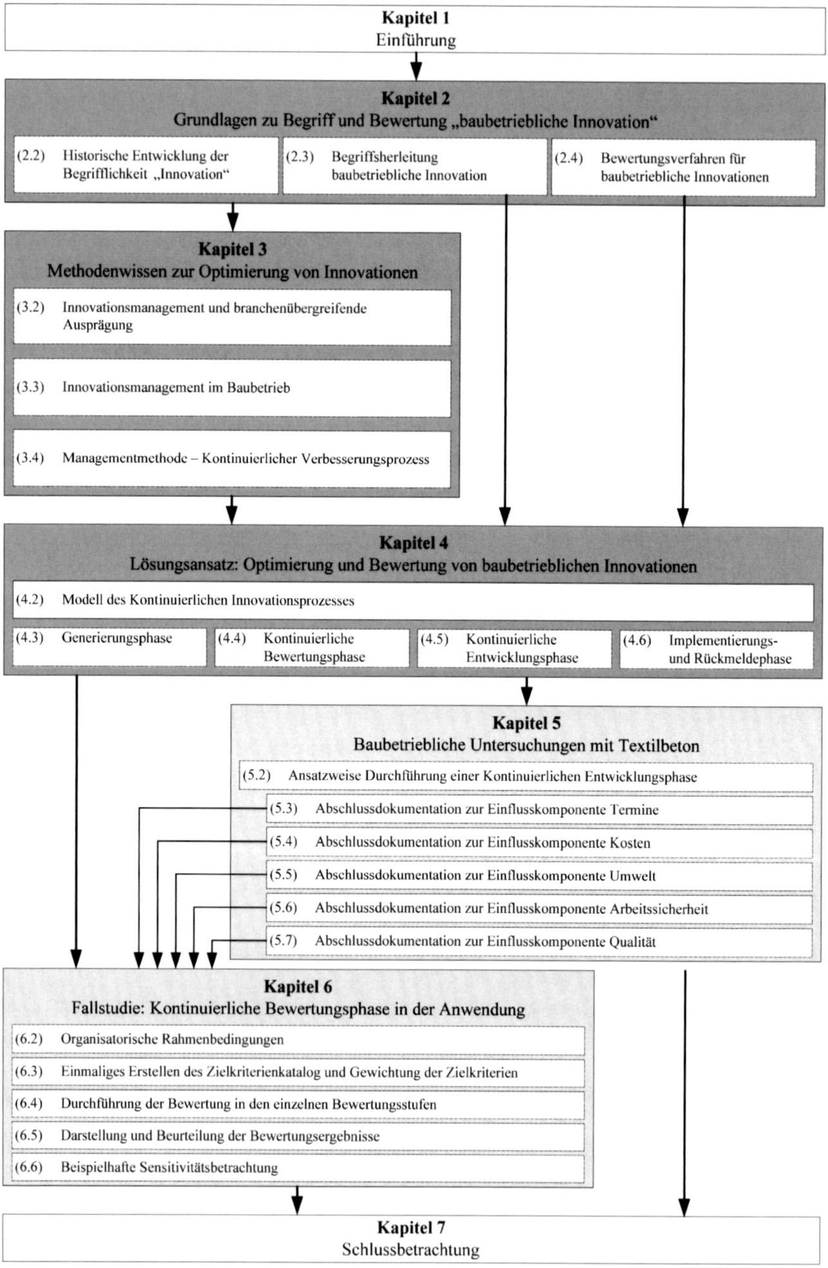


Abbildung 1: Struktur und Aufbau der Arbeit

Zum Beweis des neuen theoretischen Modells widmen sich die beiden vorletzen Kapitel beispielhaft der praxisorientierten Anwendung. Zunächst wird im **Kapitel 5** ein beispielhafter Optimierungsprozess einer baubetrieblichen Innovation vorgestellt. Dieses sind die Untersuchungen zu Verstärkungen von Altbetonoberflächen mit textilbewehrtem Beton. Dabei orientiert sich das Kapitel besonders an den durchgeführten Untersuchungen und verknüpft diese beispielhaft mit dem theoretischen Modell. In einem zweiten Teil dieses Kapitels werden die Forschungsergebnisse dieser Untersuchungen ausführlich dokumentiert. Dieses dient dem Zweck, die Praxistauglichkeit des Aspektes „Bewertbarkeit" im theoretisch entwickelten Modell in einer Fallstudie (**Kapitel 6**) weiterführend nachzuweisen.

**Kapitel 7** fasst die wesentlichen Ergebnisse zu den Hypothesen und Ergebnissen der Arbeit zusammen und schließt diese ab.

# 2 Grundlagen zu Begriff und Bewertung baubetriebliche Innovation

## 2.1. Vorüberlegung

Da sich die Arbeit mit der Optimierung und Bewertung von baubetrieblichen Innovationen auseinander setzt, erscheint es wichtig, einen theoretischen Rahmen festzulegen. Zunächst wird deshalb die Wortgruppe „baubetriebliche Innovation" eingegrenzt, denn der Begriff Innovation kann allgemein als multisektionaler Begriff gesehen werden. Maßgeblich wird sich der theoretische Rahmen dabei auf die historische Begriffsentwicklung beziehen und dann eine Wesensbeschreibung anhand des Terms „neues Bauverfahrens" ableiten. Hinsichtlich des späteren Lösungsansatzes zur Bewertung einer baubetrieblichen Innovation wird zudem besonders auf deren Strukturierung eingegangen.

Außerdem werden in einem zweiten Teil dieses Kapitels verschiedene Bewertungsverfahren voneinander abgegrenzt und hinsichtlich einer Anwendung bei baubetrieblichen Innovationen beurteilt. Dieses soll eine Grundlage für den späteren Lösungsansatz im Kapitel 4 sein.

## 2.2. Historische Entwicklung der Begrifflichkeit „Innovation"

Der Begriff Innovation ist ein multisektionaler Term, der besonders in der stationären Industrie verwendet wird. Besondere Bedeutung bekommt der Begriff in der strategischen Unternehmensführung zugeordnet. Technische Innovationen sind, wie bereits einleitend erwähnt, eine Grundvoraussetzung für Wettbewerbsfähigkeit und anhaltende Wertschöpfung in einem veränderbaren Marktumfeld.

Diese Technikfokussierung war jedoch in der Vergangenheit nicht immer die einzige Anwendung des Begriffs „Innovation". Heute wird der Begriff in vielen verschiedenen Bereichen und für unterschiedliche Bedeutungen verwendet. Aus dieser Breite ergibt sich ein sehr umfangreicher Literaturbestand zum Thema. Nachfolgend werden deshalb auszugsweise zunächst wichtige Bedeutungen und Ursprünge der Begrifflichkeit „Innovation" dargestellt.

Sprachwissenschaftliche Ursprünge des Begriffes gehen auf die lateinische Sprache zurück. Hier heißt das Verb *„innovare"* übersetzt *„erneuern"*. Erwähnt wurde der Begriff vermehrt im 19. Jahrhundert durch Ökonomen, wie Max Wirth (deutscher Journalist und Nationalökonom, 1822 – 1900), Werner Sombart (deutscher Soziologe und Volkswirt, 1863 - 1941) und Friedrich von Wieser (österreichischer Volkswirt, 1851 – 1926). [20] Anfang des 20. Jahrhunderts griff der österreichisch-ungarische Ökonom und Politiker Joseph Schumpeter (1883 – 1950) den Begriff auf und führte die Personifizierung „Innovator" ein. [21]

Die vielschichtige Bedeutung und Verwendung des Begriffes wird durch *Hauschildt und Salomo* hervorgehoben. Hierzu führen sie wichtige Quellen des 20. Jahrhunderts auf, wo der Begriff „Innovation" oder englisch „innovation" verwendet wurden: [22]

---

[20] Vgl. Pechtl, Innovatoren und Imitatoren im Adoptionsprozess von technischen Neuerungen, 1991, S. 9 mit Verweis auf März, Joseph Alois Schumpeter, 1983.

[21] Vgl. ebd., S. 9 f. mit Verweis auf Schumpeter, Stichwort: Der Unternehmer, 1928.

[22] Vgl. Hauschildt, Salomo, Innovationsmanagement, 2011, S. 6 f. mit Verweis auf verschiedene Autoren.

*„[...]*

1. ***Innovation als neuartige Produkte oder Prozesse der Tatsache und dem Ausmaß der Neuartigkeit** nach*

   *Barnett (1953). S. 7, "An innovation is ... any thought, behavjor or thing that is new because it is qualitatively different from existing forms."*

   *Aregger (1976), S. 118, „Die Innovation ist eine signifikante Änderung im Status Quo eines sozialen Systems ..."*

2. ***Innovation als neuartige Produkte oder Prozesse der Erstmaligkeit** nach*

   *Schmookler (1966), S. 2, "When an enterprise produces a good or service or uses a method or input that is new to it, it makes a technical change. The first enterprise to make a given technical change is an innovator. lts action is innovation."*

   *Kieser (1969), HWO, 1. Aufl., Sp.742, „Als Innovationen sollen alle Änderungsprozesse bezeichnet werden, die die Organisation zum ersten Mal durchführt."*

3. ***Innovation als neuartige Produkte oder Prozesse der Wahrnehmung** nach*

   *Rogers (1983), S. 11, "An innovation is an idea, practice or object that is perceived as new by an individual or other unit of adoption. It matters littIe, so Jar as human behavior ist concerned, whether or not an idea is "objectively" new .... The perceived units oJ the idea Jor the individual determines his or her reaction to it. If the idea seems new to the individual, it is an innovation."*

   *Zaltman et al. (1984), S. 10, "... We consider as an innovation any idea, practice, or material artifact perceived to be new by the relevant unit of adoptation."*

4. ***Innovation als neuartige Kombination von Zweck und Mitteln** nach*

   *Moore Tushman (1982), S. 132, "Most generally, innovation can be seen as the synthesis of a market need with the means to achieve and produce a product to meet that need."*

   *Rickards (1985). S. 101 – 281, "Innovation is a process ... is the process oJ matching the problems (needs) oJ systems with solutions which are new and relevant to those needs ...."*

5. ***Innovation als Verwertung neuartiger Produkte oder Prozesse** nach*

   *Robert, (1987), S. 3, "... innovation = invention + exploitation. The invention process covers all efforts aimed at creating new ideas and getting them to work. The exploitation process includes all stages of commercial development, application, and transfer, including the focussing of ideas or inventions towards specific objectives, evaluating those objectives, downstream transfer of research and/ar development results, and the eventual broad-based utilization, dissemination, and diffusion of the technology based outcomes."*

   *Brockhoff (1992), S. 28, "Liegt eine Erfindung vor und verspricht sie wirtschaftlichen Erfolg, so werden Investitionen für die Fertigungsvorbereitung und die Markterschließung erforderlich, Produktion und Marketing müssen in Gang gesetzt werden. Kann damit die Einführung auf dem Markt erreicht werden oder ein neues Verfahren eingesetzt werden, so spricht man von einer Produktinnovation oder einer Prozessinnovation."*

6. ***Innovation als Prozess** nach*

*Goldhar (1980), S.284: "Innovation from idea generation to problem-solving to commercialization, is a sequence of organizational and individual behavior patterns conneeted by formal resource allocation decision points." und*

*Dosi (1988), S. 222: "... innovation concerns the search for, and discovery, experimentation, development, imitation, and adoption of new products, new production processes and new organzational set-ups."*

7. ***Innovation als neuartige Dienstleistungen jenseits industrieller Produkte und Prozesse** nach*

*Chmielewicz (1991), S.84: "Unter Innovationen werden pauschal betrachtet Neuerungen verstanden. Dabei können insbes. Finanzinnovationen (z. B. neue Wertpapiertypen), Sozialinnovationen (z. B. gleitende Arbeitszeit), Marktinnovationen (Durchdringung neuer Absatz- und Beschaffungsmärkte), Organisationsinnovationen (z. B. Spartenkonzept, Holdingkonzern), Produktinnovationen und Verfahrensinnovationen (Prozessinnovationen) unterschieden werden." und*

*Damanpour (1991), S.556: "Innovation is defined as adoption an internally generated or purchased device, system, policy, program, process, praduct or service that is new to the adopting organization."*

*[...]"*

Zusammenfassend zu den verschiedenen Sektionen, in denen Innovationen vorkommen, wird an dieser Stelle auf die Ausführungen von *Schori und Taverna* aus dem Jahr 2010 verwiesen. Sie nennen *Produktinnovationen, Verfahrens- oder Prozessinnovationen, organisatorische Innovationen, soziale Innovationen, Strategieinnovationen und Kulturinnovationen* als Beispiele. [23] Eine andere Begriffsinterpretation verwendet zusammenfassend *Gabler*. Er interpretiert Innovation als *Leitvorstellung bzw. Denkhaltung von Unternehmen und Managern, Sozialtechnologie, strategisches Konzept* und *analytische Variable.* [24]

Schlussendlich geben diese mannigfaltigen Ausführungen zum Innovationsbegriff gleichfalls nur einen kleinen Auszug der tatsächlich vorzufindenden Literatur wieder. Aus diesem Grund und hinsichtlich der späteren Herleitung des Begriffs „baubetrieblichen Innovation" wird die allgemeinen Definitionen von *Hauschildt und Salomo*, *Kostka* und *Steinbeck* aufgegriffen, um hieraus eine allgemeine Definition des Begriffs „Innovation" für diese Arbeit festzulegen.

Wenn die Definition also aus technischer Sicht betrachtet wird, kann z. B. der Beschreibung von *Kostka* gefolgt werden. Unter dem Begriff Innovation ist folglich *„[...] eine umfassende Erneuerung in einem bestimmten Bereich verstanden, die Aufmerksamkeit auf sich zieht und in der Regel als ein Vorgang mit einem Anfang und einem Ende betrachtet wird."* [25]

Unter dem Begriff Innovation ist folglich eine umfassende, meist revolutionäre und umwälzend stattfindende Erneuerung in einem bestimmten Bereich zu verstehen. Sie ist in der Regel ein einmaliger, abgeschlossener Vorgang. *Steinbeck* umschreibt den Begriff Innovation sinngemäß folgendermaßen: *„Innovationen sind beispiellose Fortschritte und erdrutschartige Veränderungen, die alles da gewesene auf den Kopf stellen können."* [26]

---

[23] Vgl. Schori, Taverna, Innovationsmanagement im öffentlich-rechtlichen Bereich, 2010, S. 27.

[24] Vgl. Gabler, Wirtschaftslexikon – E-J, 2004, S. 1496.

[25] Kostka, Kostka, Der Kontinuierliche Verbesserungsprozess, 2011, S. 28.

[26] Vgl. Steinbeck, CIP Kaizen KVP, 1995, S. 39.

Die Wirtschaftstheoretiker *Hauschildt und Salomo* gehen über eine technische Bedeutung hinaus. Sie sprechen von: *„etwas ‚Neuartiges': Neuartig ist mehr als neu, es bedeutet eine Änderung der Art, nicht nur dem Grade nach. Es geht um neuartige Produkte, Verfahren, Vertragsformen, Vertriebswege, Werbeaussagen, Corporate Identity. Innovation ist wesentliche mehr als eine graduelle Verbesserung und mehr als ein technisches Problem"*. [27] Außerdem ergänzen *Hauschildt und Salomo* mit Verweis auf *Baker et al.* in ihrer Definition: *„Nur bei einer neuartigen Zweck-Mittel-Kombination liegt Innovation vor."* [28] Das nehmen sie wiederum zum Anlass, die Frage nach der Dimension der Innovation aufzuwerfen. Demnach lassen sich erst nach folgenden Fragen und Kriterien Entscheidungsprozesse zur Innovation und deren Berechtigung als solche herbeiführen: [29]

- Inhaltliche Dimension: Was ist neu?
- Intensitätsdimension: Wie neu?
- Subjektiven Dimension: Neu für wen?
- Prozessualen Dimension: Wo beginnt, wo endet die Neuerung?
- Normativen Dimension: Ist neu gleich erfolgreich?

Abschließend soll die aktuelle Definition, die von mehreren Autoren [30] unter Bezug auf die Urautoren *Hauschild und Salomo* verwendet wird, folgendermaßen gelten:

> *„Innovationen sind qualitativ neuartige Produkte oder Verfahren, die sich gegenüber einem Vergleichszustand „merklich" – wie auch immer das zu bestimmen ist – unterscheiden."* [31]

Für den Kontext dieser Arbeit soll diese Definition für allgemeine technische Innovationen ausreichen. Differenzierter herauszuarbeiten ist demnach, wie Innovationen im baubetrieblichen Kontext zu verstehen sind.

## 2.3. Begriffsherleitung baubetriebliche Innovation

Grundsätzlich werden auch im baubetrieblichen Kontext technische Innovationen eingesetzt. Dieses geschieht z. B. hinsichtlich Materialien, Geräte und Maschinen und Verfahren. Damit sollte auch die zuvor genannte allgemeine Definition gelten. Dennoch wird der Begriff Innovation im baubetrieblichen Kontext regelmäßig mit der Sichtweise eines bauausführenden Bauunternehmens beschrieben. Wie anfänglich ausgeführt, verweisen z. B. *Girmscheid und Motzko* darauf, dass Wettbewerbsstärke bei Bauunternehmen unter anderem aus der Entwicklung und Anwendung von innovativen Bauverfahren resultiert. [32]

### 2.3.1. Baubetriebliche Innovation im weiteren Sinne

*Girmscheid* befasst sich in verschiedenen Ausführungen sehr ausführlich mit der differenzierten Unterteilung des Innovationsbegriffs in der Bauwirtschaft allgemein. Hierzu führt er den Begriff *Innovationsobjekt* ein, welches stets die Innovation darstellt, hier jedoch auch immer verschiedene Blickwin-

---

[27] Hauschildt, Salomo, Innovationsmanagement, 2011, S. 3 f.

[28] Ebd., S. 5 mit Verweis auf Baker et al., The Effects of Perceived Needs and Means on the Generation of Ideas for Industrial Researche and Development Projects, 1967, S. 156-163.

[29] Vgl. Hauschildt, Salomo, Innovationsmanagement, 2011, S. 5.

[30] Vgl. Mirow, Innovationsbarrieren, 2010, S. 9 f. und Littkemann (Hrsg.), Innovationscontrolling, 2005, S. 7 f.

[31] Hauschildt, Salomo, Innovationsmanagement, 2011, S. 4.

[32] Vgl. Girmscheid, Motzko, Kalkulation und Preisbildung in Bauunternehmen, 2007, S. 4.

kel zulässt. Innovationsobjekte sind im Kontext der im vorherigen Abschnitt 2.2 beschriebenen inhaltlichen Dimension mit der Frage umschrieben: Was ist neu? So fassen *Girmscheid und Hartmann* drei wesentliche Innovationsobjekte zusammen: [33]

- Leistungsinnovation,
- Produktinnovation,
- Prozessinnovation.

„*Bei Leistungsinnovationen stellt das immaterielle Leistungsangebot der Unternehmen das Innovationsobjekt dar, d. h., von den Unternehmen werden neue Leistungen im baulichen Wertschöpfungsprozess angeboten. Diese Leistungen können sich auf einen für das Unternehmen neuen Wertschöpfungsprozess beziehen.*" [34] Als Beispiel kann hier genannt werden, dass ein Unternehmen zunächst nur Bürogebäude errichtet. Später erzielt es seine Wertschöpfung am Markt jedoch auch durch die Errichtung von Infrastruktureinrichtungen.

„*Bei Produktinnovationen wird das Leistungsergebnis zum Innovationsobjekt. Unter Produktinnovationen subsummieren sich dann alle Veränderungen in den Systemen und Komponenten des Bauwerks. Setzt sich einfach betrachtet das Bauwerk aus verschiedenen Bauteilen zusammen, [...] zählen folglich Baustoffe, Bauteile und Konstruktionsprinzipien zu den innovativ veränderlichen Systemen und Komponenten.*" [35] Als Beispiel sind hier textilbewehrte Betone zu nennen, die nachträglich auf bestehende Konstruktionen aufgebracht werden können und damit für zusätzliche Verstärkungswirkungen sorgen.

„*Bei Prozessinnovationen ist die gesamte Lebenszyklusphase eines Bauwerks das Innovationsobjekt. Ansatzpunkte für Innovationen ergeben sich dann aus den einzelnen Aktivitäten, um ein Bauwerk planen, erstellen und nutzen zu können. Träger dieser Aktivitäten können sowohl Personen als auch technische Einrichtungen wie Baumaschinen sein. Innovative Veränderungen sind dann vor allem dadurch gekennzeichnet, dass menschliche durch maschinelle Aktivitäten substituiert werden. [...] Neben diesen Technischen Einrichtungen und den von ihnen angewandten Verfahren lassen sich auch die Prinzipien der Prozessorganisation neu gestalten.*" [36]

Diese drei verschiedenen Arten von Innovationsobjekten umfassen in der Summe ein sehr weites Gebiet der Bauwirtschaft und können somit tatsächlich repräsentativ für den Großteil der Marktteilnehmer gelten. Zuvor wurde jedoch auch der *Blickwinkel*[37] auf Innovationen hervorgehoben. So können Innovationen z. B. aus der Sicht eines Baustoffherstellers Produktinnovationen sein und aus der Betrachtungsweise eines Bauunternehmens eher eine Prozessinnovation. [38]

Innovationen im baubetrieblichen Kontext benötigen also eine weitere Differenzierung. Neben der Frage was neu ist, gibt es gleichfalls im Verständnis nach *Girmscheid und Hartmann* die Fragestellung nach dem: Wie neu ist etwas? Auf dem Weg hin zur Beantwortung dieser Frage bei Innovationen im weitergefassten baubetrieblichen Kontext widmen sich *Girmscheid und Hartmann* deshalb dem Begriff *Innovationsgrad.* Demnach „*ergibt sich der Innovationsgrad aus dem Umfang der im Innovationsprozess berücksichtigten Ansatzpunkte (z. B. Baustoffe, Bauteile, und Konstruktionsprinzipien bei Produktinnovationen).*" [39] In Bezug auf die drei Innovationsobjekte in Abschnitt 2.3.1 gilt demnach,

---

[33] Vgl. Girmscheid, Hartmann, Innovationsmanagement in Bauunternehmen, 2003, S 721.

[34] Girmscheid, Hartmann, Innovationsmanagement in Bauunternehmen, 2003, S 721.

[35] Ebd., 2003, S 721.

[36] Ebd., 2003, S 721 f.

[37] Girmscheid und Hartmann sprechen von Bezugssystem.

[38] Vgl. Girmscheid, Hartmann, Innovationsmanagement in Bauunternehmen, 2003, S 721.

[39] Girmscheid, Hartmann, Innovationsmanagement in Bauunternehmen, 2003, S. 722.

dass *„je mehr Elemente bzw. Module von Leistungsangebot, Leistungsergebnis und Leistungserstellungsprozess innovativ verändert werden, umso höher liegt auch der Innovationsgrad.“* [40] In weiterer Folge dieser Ausführungen kann festgestellt werden, dass der Innovationsgrad in vier Stufen unterteilt werden kann: [41]

- Elementinnovationen (Veränderung eines Elements/Moduls in einem System),
- Verknüpfungsinnovationen (Veränderungen in der Strukturbeziehung eines Systems),
- Modulinnovationen (Veränderungen mehrerer funktional zusammenhängender Elemente/Module eines Systems),
- Systeminnovation (Veränderungen in Element/Modul und Strukturbeziehungen eines Systems).

Diese Stufen des Innovationsgrades stellen damit eine Art der Charakterisierung einer Innovation neben den zuvor schon eingeführten Innovationsobjekten dar. Es wird jedoch auch deutlich, dass *Girmscheid und Hartmann* damit den gesamten Umfang für Innovationen in der Bauwirtschaft versuchen abzudecken. Um im späteren Fortlauf der Arbeit Strategien und Methoden für eine gezielte Optimierung und Bewertung von baubetrieblichen Innovationen aus Sicht eines Anwenders (bauausführendes Unternehmen), herzuleiten, erscheint es notwendig, dieser weitgefassten Betrachtungsweise eher eine engere Definition für baubetriebliche Innovationen vorzuziehen.

In Verbindung mit der oben genannten allgemeinen Herleitung für Innovationen [42] könnten Innovationen im baubetrieblichen Kontext im engeren Sinn z. B. thesenhaft mit den Wortgruppen *„neues Bauverfahren“*, *„bahnbrechendes Bauverfahren“* oder *„qualitativ neuartiges Bauverfahren“* umschreiben werden.

Um sich über diesen Ansatz einer möglichen Definition für baubetriebliche Innovation im engeren Sinne zu nähern, sprich diese zu charakterisieren, zu beschreiben und die Bewertbarkeit der Merkmalen zu gewährleisten, muss zunächst die Frage geklärt werden, wie Bauverfahren allgemein charakterisiert und beschrieben werden können. Diesen Fragen widmen sich die kommenden Abschnitte. Zunächst wird dabei ein geschichtlicher Rückblick zur Wortentstehung gegeben.

### 2.3.2. Bauverfahren als Grundlage für engere Betrachtungsweise

#### 2.3.2.1. Historische Entwicklung zum Begriff „Verfahren“

*Siemon und Kolbe* geben zunächst einen umfassenden Einblick in die historische Entwicklung des Begriffs *„Verfahren“*. Sie beziehen sich dabei auf eine Vielzahl an Quellen bis zurück in die Antike und beschreiben dabei die Begriffe „Technik“ und „Technologie“ als Wegbegleiter. [43] An dieser Stelle soll nur ein Auszug aus dieser Darstellung gegeben werden.

Demnach geht der Ursprung des Terms „Techne“ auf griechische Wurzeln zurück und umschreibt *„Kunstfertigkeit (Können, Kunst, Kenntnis, Geschicklichkeit), in der, nicht die unmittelbare ... Le-*

---

[40] Girmscheid, Hartmann, Innovationsmanagement in Bauunternehmen, 2003, S. 722.

[41] Ebd., 2003, S. 722 f.

[42] Vgl. Abschnitt 2.2

[43] Vgl. Siemon, Kolbe, Verfahrenstechnik im Ortbetonbau, 1987, S. 3.

*benspraxis und ihre Regeln ..., sondern durchaus die logische und wissenschaftlich durchdrungene, regelgeleitete Operation ...' gesehen werden konnte.*" [44]

Infolge dessen hat laut *Siemon und Kolbe* ein gewisser *Tuchel* besonders hinsichtlich der Kybernetik (griechisch: Steuermann) folgendes definiert: „*Technik ist der Begriff für alle Gegenstände, Verfahren und Systeme, die zur Erfüllung individueller oder gesellschaftlicher Bedürfnisse auf Grund schöpferischer Konstruktionen geschaffen werden, durch definierbare Funktionen bestimmter Zwecken dienen und insgesamt einen weltgestaltende Wirkung haben.*" [45]

Über weitere Stationen von *Habermas*, der laut *Siemon und Kolbe* vorschlug, zwischen technischen Mitteln und technischen Regeln zu unterscheiden und *Seibicke*, der laut *Siemon und Kolbe* die Entwicklung des Wortes „Technik" in zwei getrennten Bahnen sah, wurde dann von *Beckmann* die Weiterentwicklung des Terms hin zu „Technologie" geprägt. Beckmann definierte hierzu im 18. Jahrhundert: „*Technologie ist die Wissenschaft, welche die Verarbeitung der Naturalien, oder die Kentniß der Handwerke lehrt. Anstat daß in den Werkstellen nur gewiesen wird, wie man zur Verfertigung der Waaren, die Vorschriften und Gewohnheiten des Meisters befolgen soll, giebt die Technologie, in systematischer Ordnung, gründliche Anleitung, wie man zu eben diesem Endzwecke, aus wahren Grundsätzen und zuverlässigen Erfahrungen, die Mittel finden, und die bey der Verarbeitung vorkommenden Erscheinungen erklären und nutzen soll.*" [46]

Ein weiterer wichtiger Meilenstein, gerade auch hin zur allgemeinen bauaufsichtlichen Zulassung eines technischen Verfahrens, wurde laut *Siemon und Kolbe* im Jahre 1806 ebenfalls durch *Beckmann* gelegt. Demnach wird hier erstmalig „*von einer ‚allgemeinen Technologie' gesprochen, die damals die Gesamtheit der in den verschiedenen Gewerken vorkommenden, einzelnen Verfahrensarten nach der Gleichheit oder Ähnlichkeit ihres Zweckes ordnet.*" [47]

Laut *Siemon und Kolbe* versuchen nach *Beckmann* besonders sein Schüler *Poppe* und weitere Gelehrte, wie *Karmarsch* und *Prechtl* sich der Abgrenzung von Technologie zu widmen. Bedeutende Fortschritte sind dabei besonders *Karmarsch* im Jahre 1872 zuzuschreiben. Er beschreibt die Aufgabe des Terms „*spezielle Technologie*" folgendermaßen: „*Den Gang des Verfahrens zu beschreiben, welcher befolgt wird, um ein bestimmtes Rohmaterial in ein bestimmtes Fabrikat zu verwandeln; sie muss also die Mittel, Werkzeuge und Maschinen hierzu in ihrer Aufeinanderfolge angeben und erklären, die verschiedenen Zustände, welche der Urstoff bis zu gänzlichen Verarbeitung durchläuft, der Reihe nach betrachtet, und gewährt somit ein lebendiges Bild von dem Entstehen des Fabrikats.*" [48]

Danach stellen *Siemon und Kolbe* fest, dass diese Zweiteilung der „Technologie" auch im Jahr 1987 noch gültig ist. Sie präzisieren hierzu, dass sich in den achtziger Jahren des 20. Jahrhunderts unter

---

44 Siemon, Kolbe, Verfahrenstechnik im Ortbetonbau, 1987, S. 3 mit Verweis auf Lenk, Ropohl, Praxisnahe Technikphilosophie. Entwicklung und Aktualität der interdisziplinären Technologiediskussion, 1976, S. 104-145.

45 Siemon, Kolbe, Verfahrenstechnik im Ortbetonbau, 1987, S. 3.

45 Ebd., 1987, S. 3 mit Verweis auf Tuchel, Zum Verhältnis von Kybernetik, Wissenschaft und Technik, 1968.

46 Vgl. Siemon, Kolbe, Verfahrenstechnik im Ortbetonbau, 1987 .

46 Siemon, Kolbe, Verfahrenstechnik im Ortbetonbau, 1987, S. 3 mit Verweis auf Habermas, Praktische Folgen des wissenschaftlich-technischen Fortschritts, 1971, S. 336-358, Seibicke, Technik: Versuch einer Geschichte der Wortfamilie in Deutschland vom 16. Jahrhundert bis etwa 1830, 1968 und Beckmann, Anleitung zur Technologie oder zur Kentniß der Handwerke, Fabriken und Manufacturen [...], 1777.

47 Siemon, Kolbe, Verfahrenstechnik im Ortbetonbau, 1987, S. 4 mit Verweis auf Beckmann, Entwurf der allgemeinen Technologie, 1806, S. 463-533.

48 Siemon, Kolbe, Verfahrenstechnik im Ortbetonbau, 1987, S. 4 mit Verweis auf Karmarsch, Geschichte der Technologie seit der Mitte des achtzehnten Jahrhunderts, 1872.

„allgemeiner Technologie" die „Raumfahrttechnologien" oder „Meerestechnologien" zu verstehen sind. Unter dem Term *„spezielle Technologien"* sehen sie eher die *„Verfahrenstechnik"*. [49]

Einschränkend verweisen *Siemon und Kolbe* auf *Habermas*, der *„Technologien"* eher als *„[...] Sätze, die Verfahrensweisen festlegen, sie sind jedoch nicht selber technische Mittel"* umschrieb. [50] Schlussendlich mündet *Siemon und Kolbes* Darstellung zur historischen Entwicklung des Begriffes *„Verfahren"* in der Definition eines *„technischen Verfahrens"* von *Füssel* aus dem Jahre 1978: Ein technisches Verfahren ist demnach *„eine endliche Menge von zielgerichteten geordneten Operationen, durch die mindestens eine Zustandsgröße eines materiellen Mittels, die physikalischer, aber auch geometrischer, chemischer oder biologischer Natur sein kann, in einem geeigneten technischen Gebilde verändert oder beibehalten wird."* [51]

### 2.3.2.2. Abgrenzung der „Verfahrenstechnik" zur stationären Industrie

Wie in den vorausgegangenen Abschnitt beschrieben, wurde seinerzeit die *„spezielle Technologie"* als *„Verfahrenstechnik"* angesehen. Dabei wurde die Verfahrenstechnik in der stationären Industrie als eine von drei Haupttechniken der industriellen Produktionstechnik betrachtet. Demnach unterteilt sich die industrielle Produktionstechnik in Energietechnik, Verfahrenstechnik und Fertigungstechnik. Die wesentlichen Unterschiede sind zunächst nachfolgend kurz umschrieben:

*„Die Energietechnik umfasst die Erzeugung und Nutzung elektrischer Wärme- und Strömungsenergie, deren gemeinsame Eigenschaft im leichtmöglichen Transport durch Leitungen besteht, deren Lagerfähigkeit jedoch begrenzt ist."* [52]

*„Die Verfahrenstechnik umfasst die geometrisch formlosen Stoffe (wobei kleine Stoffteilchen keine engtolerierten Abmessungen aufweisen müssen), die – da sie aus Materie bestehen – auf Vorrat produziert werden können. [...] Der Verfahrenstechnik obliegt damit die Aufgabe, in chemischen Grundprozessen und/oder physikalischen Operationen Stoffe mit ganz bestimmten chemischen und physikalischen Eigenschaften herzustellen."* [53]

*„Dagegen werden in der Fertigungstechnik Stückgüter mit genau definierter geometrischer Form hergestellt, die entweder ohne weitere Veränderungen verbraucht oder aber zu anderen Erzeugnissen verschiedener Art zusammengesetzt werden. Die Forderung nach einer geometrisch genau definierten Gestalt ist das Kernproblem der Fertigungstechnik."* [54]

*Westkämper und Warnecke* verwiesen in Anlehnung an die DIN 8580 darauf, dass Fertigungsverfahren [55] in der stationären Industrie in so genannte Hauptgruppen unterteilt werden können. Diese sechs Hauptgruppen sind: Urformen, *Umformen, Trennen, Fügen, Beschichten* und *Stoffeigenschaften ändern.* [56]

---

[49] Vgl. Siemon, Kolbe, Verfahrenstechnik im Ortbetonbau, 1987, S. 4.

[50] Vgl. Siemon, Kolbe, Verfahrenstechnik im Ortbetonbau, 1987, S. 5 mit Verweis auf Habermas, Praktische Folgen des wissenschaftlich-technischen Fortschritts, 1971, S. 336-358.

[51] Siemon, Kolbe, Verfahrenstechnik im Ortbetonbau, 1987, S. 5 mit Verweis auf Füssel, Die Begriffe Technik, Technologie, Technisches Wissenschaften und Polytechnik, 1978.

[52] Siemon, Kolbe, Verfahrenstechnik im Ortbetonbau, 1987, S. 5.

[53] Ebd., 1987, S. 6.

[54] Siemon, Kolbe, Verfahrenstechnik im Ortbetonbau, 1987, S. 6 mit Verweis auf Dolezalek, Die industrielle Produktionstechnik in der Sicht des Ingenieurs, 1965, S. 2-5

[55] Dieser Begriff wurde in der DIN 8580 eingeführt.

[56] Westkäper, Warnecke, Einführung in die Fertigungstechnik, 2010, S. 6 f.

Grundsätzlich können diese Prozesse auch für die Verarbeitung von Baumaterialien einsetzen werden. Dennoch verweisen *Siemon und Kolbe* auf den Aspekt, dass im Unterschied zur stationären Industrie im Bauwesen in der Regel keine örtlich unveränderbaren Produktionsstätten existieren. Hier werden eher in „wandelnden Fabriken“ die notwendigen Leistungen erbracht. *„Das Errichten des Bauwerks erfordert also ständig wechselnde Betriebsstätten (Baustellen). [...] Dies erfordert eine von Baustelle zu Baustelle temporäre Organisation, die jeweils neuen Dispositionen angepasst werden muss.“* [57]

Als bedeutende Besonderheit wird deshalb von *Siemon und Kolbe* hervorgehoben, dass zusätzliche Unterscheidungsmerkmale im Bauwesen zu berücksichtigen sind. Im Einzelnen sind diese: [58]

- Die temporäre Organisation der Baustelle,
- die exogene Produktionsgestaltung,
- die (im allgemeinen praktizierten) Einzelanfertigung des „Bauwerks“ [59],
- die witterungsabhängige Bauproduktion,
- die von Baustelle zu Baustelle wechselnden Arbeitskräfte,
- die Dezentralisation von Produktion und Verwaltung.

### 2.3.2.3. Definitionen und Merkmale von Bauverfahren

Einfach gesagt gilt: In den meisten Industrien werden Investitionsgüter produziert. Im Bauwesen werden Bauwerke errichtet. In beiden Zweigen der Industrie werden dabei natur- und ingenieurwissenschaftliche Erkenntnisse sowie technologische Regeln und Erfahrungen angewendet. [60] Der Begriff Bauverfahren setzt sich vom Wortstamm „Bau“ und dem zuvor ausführlich eingeführtem Wort „Verfahren“ zusammen.

*Schach und Sperling* sprechen im Zusammenhang mit der Leistungszuordnung und Klassifizierungen von Kosten im Allgemeinen von Bauverfahren als Begriff für die Bauweise. Demnach hebt das Bauverfahren den Fertigungsprozess hervor. Das Bauverfahren muss also den Anforderungen aus allen Aspekten der Bauweise genügen. Außerdem wird über diese Argumentation eine systematische Zusammengehörigkeit zwischen Bauverfahren und Hauptbaustoff gewählt: *„Fertigung und Hauptbaustoff hängen eng zusammen. Dabei kann der Hauptbaustoff offen mit genannt oder schon durch den Begriff impliziert sein.“* [61]

In gewisser Weise gleicht diese Betrachtungsweise von *Schach und Sperling* auch den Gedanken von *Siemon und Kolbe*. Um ein Bauverfahren allgemein zu erläutern, wird hier auf ein Beispiel der beiden Autoren verwiesen: Der *„Bauprozess für den Ortbeton“*. Demnach sind vergleichbar mit den Ansätzen der Fertigungsverfahren so genannte Verfahrens-Hauptgruppen beschreibbar. Diese bilden dann das Hauptmerkmal des jeweiligen Bauverfahrens. Am Beispiel des Ortbetons würde z. B. zunächst das Schneiden der Bewehrungsstäbe erfolgen. Dieses ist der Hauptgruppe „Trennen“ zuzuordnen. Dieser Logik folgend sind die Arbeiten „Montieren von Schalelementen (Hauptgruppe: Fügen), Biegen der Bewehrungsstähle (Umformen), Herstellen und Einbringen des Frischbetons in die Schalung (Urformen), Verdichten des Frischbetons (Stoffeigenschaften ändern) und das Aufbringen einer Putzschicht

---

[57] Vgl. und Zitat aus Siemon, Kolbe, Verfahrenstechnik im Ortbetonbau, 1987, S. 7.

[58] Vgl. Siemon, Kolbe, Verfahrenstechnik im Ortbetonbau, 1987, S. 7.

[59] Als Ausnahme ist hier die Serienfertigung in Fertigteilwerke zu sehen, in der ähnlich wie in der stationären Industrie mehrere Produktserien in stationären Betriebsstätten produziert werden. Außerdem ist die Baustoffindustrie separat zu betrachten.

[60] Vgl. Bauer, Baubetrieb 1, 2007, S. 57

[61] Schach, Sperling, Baukosten, 2001, S. 548.

(Beschichten) durchzuführen. *Siemon und Kolbe* untergliedern die Verfahrens-Hauptgruppen dabei allgemein in Verfahrensgruppen, Verfahren und Verfahrensvarianten. Die Definition dieser einzelnen Elemente ist in der Tabelle 1 dargestellt. [62]

Tabelle 1: Untergliederung und Kennzeichnung von Verfahrens-Hauptgruppen [63]

| Verfahrenshauptgruppe | Verfahrensgruppe | Verfahren | Verfahrensvariante |
|---|---|---|---|
| Merkmal: Änderung des Zusammenhalts oder der Stoffeigenschaft | Verfahren mit gleichen Zielen und gleichen Wirkmedien | Verfahren mit gleichen Zielen und unterschiedlichen Wirkmedien, die zugleich kennzeichnende Hauptmerkmale sind | Verfahren mit gleichen Zielen und gleichen Wirkmedien, aber geringfügiger Abweichung der kennzeichnenden Merkmale ohne Änderung der Hauptmerkmale des Verfahrens (z. B. differenziertere Technik) |

*Siemon und Kolbe* verfolgen den Ansatz, Bauverfahren nach fünf Kriterien voneinander abzugrenzen. Dies sind: [64]

- Technische Grundlagen,
- Erforderliche Stoffe und Materialien,
- Geräte und Verfahren,
- Leistungen und Kosten,
- Sicherheitstechnik.

Angelehnt an den Aspekt der Durchführbarkeit und Vergleichbarkeit eines Verfahrens fassen *Siemon und Kolbe* schlussendlich zusammen, dass bei einem Bauverfahren mit Verrichtungsgruppen (Arbeitskräften und Betriebsmitteln, wie Geräten, Maschinen etc.), mit Stoffen und/oder Materialien ein bestimmtes Bauprodukt oder Bauteilprodukt geschaffen wird. [65] Keine signifikante Beachtung findet der Aspekt Umwelt bei *Siemon und Kolbe*. Diese Einflüsse bei Bauverfahren finden jedoch bei anderen Autoren Würdigung. [66]

*Bauers* Ansatz, das Bauverfahren zu charakterisieren, beginnt gleichfalls mit einem Blick in die Vergangenheit. Wie bereits beschrieben, wurde früher größtenteils in handwerklicher Weise gebaut, bei der schwere körperliche Arbeit verrichtet wurde. Heute wird das Bauen mehr und mehr durch Maschinen unterstützt. *Bauer* führt dieses sowohl bei der stationären Fertigung, wie auch bei der Arbeit auf der Baustelle auf die Entwicklung der Technik an sich und die begleitenden gesellschaftlichen Veränderungen zurück. [67] Der Mensch wurde in diesem Zusammenhang mehr zum Bediener der Maschinen, als eigentlicher Akteur.

*Bauer* strukturiert deshalb Baumethoden in mehrere Bereiche. Verschiedene Baumethoden erfordern heute Arbeitskräfte, Betriebsmittel und Energie. Ziel ist es entweder: [68]

---

[62] Vgl. Siemon, Kolbe, Verfahrenstechnik im Ortbetonbau, 1987, S. 11.

[63] Darstellung nach Siemon, Kolbe, Verfahrenstechnik im Ortbetonbau, 1987, S. 13.

[64] Vgl. Siemon, Kolbe, Verfahrenstechnik im Ortbetonbau, 1987, S. 11.

[65] Vgl. ebd., 1987, S. 13.

[66] Vgl. z. B. Schach und Sperling im Abschnitt 2.3.2.4.

[67] Vgl. Bauer, Baubetrieb 1, 2007, S. 57

[68] Vgl. ebd.

- Feste Stoffe oder Körper zu be- oder verarbeiten (Baustoffe sind hier z. B. Holz, Stahl, Mauerwerk),
- die Lage und Form von festen Stoffen oder Körpern zu verändern (z. B. Boden), oder
- durch Zustandsänderungen flüssiger (selten gasförmiger) Stoffe standfeste Baukörper zu errichten (z. B. Mörtel und Beton) bzw. vor Ort einen sicheren Arbeitsraum zu schaffen (Beispiel Vortrieb im Tunnelbau, Baugrubenverbau).

Auch bei *Bauer* geht das Wort *Verfahren* auf die stationäre Industrie zurück. Nach seiner Auffassung wird beispielsweise der Umgang mit festen Stoffen als Fertigungstechnik und die Zustandsveränderung vom flüssigen zum gasförmigen Zustand als Verfahrenstechnik bezeichnet. [69] Demzufolge werden Bauteile und Bauwerke durch technischen und wirtschaftlichen optimalen Einsatz von so genannten *Produktionsfaktoren* hergestellt. Deren Definition ist nachfolgend kurz dargestellt:

Bei allen Bauverfahren, die im Baubetrieb zur Anwendung kommen, werden Mittel eingesetzt, die eine bestimmte Produktion oder einen Zustandsänderung ermöglichen. Diese Mittel stellen Produktionsfaktoren bzw. produktive Faktoren dar. [70, 71] Eine detaillierte Unterteilung dieser Produktivitätsfaktoren in so genannte *Elementarfaktoren* und *dispositive Faktoren* wird von *Hofstadler* mit Bezug auf *Bauer* vorgenommen.

Zu den Elementfaktoren nach *Hofstadler* und *Bauer* zählen: [72]

- *Arbeit*: Die objektbezogenen menschlichen Arbeitsleistungen, d. h. alle Tätigkeiten, die unmittelbar mit der Leistungserstellung und -verwertung im Zusammenhang stehen, ohne dispositiv-anordnender Natur zu sein,
- *Betriebsmittel*: Die Arbeits- und Betriebsmittel, d. h. alle Einrichtungen und Anlagen, welche die technischen Voraussetzung betrieblicher Leistungserstellung insbesondere der Produktion bilden, sowie alle Hilfs- und Betriebsstoffe (Energie), die notwendig sind, um den Baubetrieb arbeitsfähig zu machen und zu erhalten,
- *Stoffe*: Werkstoffe, in unserem Fall Baustoffe, Halb- und Fertigungserzeugnisse, die als Ausgangs- und Grundstoffe für die Herstellung von Erzeugnissen dienen. Nach der Vornahme der Substanzänderung oder nach dem Einbau in das Fertigerzeugnis werden sie Bestandteil des neuen Produkts, hier des Bauwerks oder einzelnen Bauteile.

Zu den dispositiven Faktoren zählen: [73]

- *Person oder Personengruppe*: Als Verbindung (Kombination) der vorgenannten Elementarfaktoren zu einer produktiven Einheit (Unterstützung durch die Geschäfts- und Betriebsleitung sowie das Management),
- *Planung*: Als planendes Vordenken aller Betriebsvorgänge,
- *Organisation*: Das Durchsetzen und Verwirklichen der Planung im Betrieb durch einen betrieblichen Lenkungsapparat, die Betriebsorganisation.

Die bestmögliche Kombination dieser Faktoren zueinander stellt demzufolge das Wesen eines Bauverfahrens dar. Damit kann geschlussfolgert werden, dass erprobte signifikante Kombinationen jeweils auch zu einem geeigneten Bauverfahren für eine jeweilige Aufgabe gelten können.

---

[69] Vgl. ebd.

[70] Vgl. ebd., S. 58.

[71] Vgl. Hofstadler, Bauablaufplanung und Logistik im Baubetrieb, 2007, S. 14.

[72] Vgl. ebd., 2007, S. 14.

[73] Vgl. Bauer, Baubetrieb 1, 2007, S. 523 f.

Wenn mit diesem Wissen zu Bauverfahren und deren merkmalsorientierten Strukturierung die Feststellung erneut aufgeworfen wird, dass neue Bauverfahren als baubetriebliche Innovationen zu bezeichnen sind, drängt sich die Frage auf, ob neue Bauverfahren, respektive baubetriebliche Innovationen, in gleicher Art und Weise zu charakterisieren und umschreiben sind, wie es für bekannte Bauverfahren gilt. Die zuvor vorgestellten Sichtweisen einzelner Autoren unterscheiden nicht explizit zwischen bekannten und neuen Bauverfahren. Es kann also vermutet werden, dass es keinen bedeutenden Unterschied gibt. Einen Schritt in der Richtung der Definitionen und Umschreibungen weiter gedacht, ändert sich diese Feststellung vielleicht. Zum Beispiel dient die Charakterisierung und Strukturierung eines Bauverfahrens unter anderem dem Zweck, das geeignetste Bauverfahren für eine Aufgabe aus einem Portfolio bekannter Bauverfahren auszuwählen.

#### 2.3.2.4. Auswahl eines Bauverfahren aus einem Portfolio

Generell können Bauaufgaben durch verschiedene Bauverfahren realisiert werden. Zur Verfahrensauswahl empfehlen *Siemon und Kolbe* sowie *Brüssel* drei mögliche Methoden: [74]

- Absoluter kalkulatorischer Vergleich,
- Grenzkostenbestimmung durch kalkulatorischen Vergleich und Auswertung des Grenzkostenvergleichs,
- Nutzwertanalyse.

Bei ersterer Variante werden die absoluten Kosten, die bei der Anwendung eines Bauverfahrens für eine bestimmte Aufgabe anfallen, direkt miteinander verglichen. Diese Methode erfordert insbesondere einen Kenntnisstand zu den oben benannten signifikanten Faktoren des jeweiligen Bauverfahrens. Dieses Verfahren ist also dann geeignet, wenn die Faktorenausprägungen jeweils bekannt sind.

Für den Fall einer variabel zu betrachtenden Einflussgröße (Mengen etc.) erscheint der absolute Vergleich weniger hilfreich. Hierzu würde die Bestimmung der Grenzkosten [75] hinzugezogen werden. Somit können für verschiedene Dimensionen der betrachten Einflussgröße das jeweils geeignetste Bauverfahren (gemessen an den Kosten) ausgewählt werden.

*Berner, Kochendörfer und Schach* nennen das in der Baupraxis am häufigsten angewendete Verfahren, den *kalkulatorischen Verfahrensvergleich.* Damit wird untersucht, wie die Realisierung einer Bauaufgabe am wirtschaftlichsten ausgeführt werden kann. [76] Wirtschaftlich bedeutet in diesem Zusammenhang, dass verschiedene Einflusskomponenten betrachtet werden. Diese unterscheiden sich regelmäßig hinsichtlich der Kosten, der benötigten Bauzeit aber auch bezüglich der gelieferten Qualität und des Einflusses auf die Umwelt.

Für diese Betrachtung unterschiedlichster Einflusskomponenten eines Bauverfahrens benennen *Siemon und Kolbe* die dritte Möglichkeit Bauverfahren mit einander zu vergleichen. Mit einer Nutzwertanalyse nach *Zangemeister* können anhand eines zuvor festgelegten Kriterienkataloges und der Gewichtung der Kriterien anhand einzelner kriterienbezogener Bewertungen die Nutzwerte jeder einzel-

---

[74] Siemon, Kolbe, Verfahrenstechnik im Ortbetonbau, 1987, S. 15 sowie Brüssel, Baubetrieb von A bis Z, 2002, S 87 f.

[75] Grenzkosten = Kostenzuwachs, der durch die Produktion der jeweils letzten Produktionseinheit eines Produktionsgutes entsteht.

[76] Vgl. Berner, Kochendörfer, Schach, Grundlagen der Baubetriebslehre (2), 2008, S. 62 und S. 127 f..

nen Verfahrensalternative ermittelt werden. Diese Art des Verfahrensvergleichs ist insbesondere dann vorteilhaft, wenn in dem Vergleich auch nicht-monetäre Einflusskomponenten einfließen. [77]

Zusammenfassend kann festgestellt werden, dass generell Verfahrensvergleiche auf der Einbindung von Kennwerten und Merkmalen zur Bestimmung von maßgeblichen Entscheidungsgrößen basieren. Speziell aus baubetrieblicher Sicht ist diese Herangehensweise geeignet, um bekannte Bauverfahren gegenüber seinen Alternativen abzuwägen.

Bei neuen Bauverfahren gestalten sich dieses jedoch schwieriger. Erfahrungsgemäß liegen beim Transfer von neuen Bauverfahren aus den Forschungsinstitutionen hin in die Praxis noch nicht so viele Vergleichswerte aus praxiserprobter Anwendung vor. Somit ist ein absoluter oder grenzwertorientierter kalkulatorischer Verfahrensvergleich auf Basis der Faktoren und Merkmale unmöglich. Hier erscheint gleichfalls die Nutzwertanalyse hilfreich, um einen Verfahrensvergleich Wissenslücken nicht zum Scheitern zu führen.

Grundsätzlich zeigt sich jedoch damit auch, dass gerade die recht enge Art der Charakterisierung eines Bauverfahrens in Produktionsfaktoren und deren Merkmalsausprägung nicht genügen, um neue Bauverfahren aussagekräftig und vergleichbar zu bewerten. Hier bieten sich eher an, einen umfassenderen Rahmen für diese Faktoren zu bilden, in dessen Innerem eine detaillierte Beschreibung erfolgt. Außerdem sollte das Wissen ständig und kontinuierlich erweitert werden können. Als Rahmen bietet sich hierfür die von *Berner, Kochendörfer und Schach* benannten Umschreibungen an. Die Autoren benennen z. B. Kosten, Termine, Qualität, Umwelt und Arbeitssicherheit als Bereiche, nach denen Eigenschaften von Bauverfahren unterschieden werden. [78] Auf diesen und den zuvor erarbeiteten Definitionen für eine Innovation aufbauend, wird nachfolgend konkret die engere Betrachtungsweise einer baubetrieblichen Innovation in Abgrenzung zu Bauverfahren und weitergefassten Definitionen zu Innovationen in der Bauwirtschaft allgemein eingeführt.

### 2.3.3. Definition baubetriebliche Innovation im engeren Sinn

Die Definition für eine engere Betrachtungsweise einer baubetrieblichen Innovation lehnt sich an die weitergefasste Betrachtungsweise in drei Innovationsobjekte im baubetrieblichen Kontext an. [79] Folgendes soll für den Fortlauf dieser Arbeit gelten:

> *Eine baubetriebliche Innovation im engeren Sinn beschreibt den Innovationsbegriff aus Sicht eines bauausführenden Unternehmens. Es handelt sich dabei um neue Bauverfahren, die sich infolge neuer Baustoffe und/oder den Prozessen im Umgang mit diesen neuen Baustoffen ergeben. Sie können damit den Charakter von Produktinnovationen und/oder Prozessinnovationen annehmen.*
>
> *Die Charakterisierung einer baubetrieblichen Innovation im engeren Sinn orientiert sich maßgeblich an der gegenseitigen Korrelation der fünf baubetrieblichen Einflusskomponenten Kosten, Termine, Arbeitssicherheit, Qualität und Umwelt. Grundvoraussetzung ist die Berücksichtigung der statisch-konstruktiven Anforderungen an eine baubetriebliche Innovation, welche durch die Korrelation der fünf baubetrieblichen Einflusskomponenten mindestens erfüllt bleiben müssen. Im Rahmen der baubetrieblichen Einflusskomponenten sind jeweils die einzelnen Faktoren und Merkmale (z. B. Produk-*

---

[77] Vgl. Siemon, Kolbe, Verfahrenstechnik im Ortbetonbau, 1987, S. 15 mit Verweis auf C. Zangemeister Nutzwertanalyse in der Systemtechnik, 1971.

[78] Vgl. Berner, Kochendörfer, Schach, Grundlagen der Baubetriebslehre (2), 2008, S. 62.

[79] Vgl. Abschnitt 2.3.2

*tionsfaktoren wie Betriebsmittel, Personal, Stoffe) bestimmt. Teilweise bedingen sich diese Einflusskomponenten und einzelne Einflüsse dieser Einflusskomponenten gegenseitig.*

*Baubetrieblichen Innovationen im engeren Sinn sind außerdem dadurch definiert, dass das Wissen zu Faktoren und Merkmale einzelner Einflusskomponenten nicht vollständig bekannt ist. Eine kontinuierliche Erweiterung dieses Wissens ist jedoch möglich und erstrebenswert, da hieraus Wertschöpfung für das bauausführende Unternehmen zu erwarten ist.*

Diese Definition wird mit der Abbildung 2 noch einmal grafisch verdeutlicht. Demnach stehen im Zentrum der baubetrieblichen Innovation im engeren Sinn die Produktionsfaktoren als signifikante Merkmale von Bauverfahren. Diese Merkmale werden im Rahmen eines Gerüstes aus den fünf wesentlichen Einflusskomponenten Kosten, Termine, Arbeitssicherheit, Umwelt und Qualität eingefasst. Grafisch betrachtet, ergibt sich somit ein Fünfeck, welches aus mehreren Fünfeckscheiben besteht und nach außen hin größer wird. Das innere Fünfeck symbolisiert demnach einen durch das bauausführende Unternehmen anfänglich zu bestimmenden Wissensstand für eine baubetriebliche Innovation im engeren Sinn. Dieser Wissensstand ist nicht vollständig, kann und sollte aber durch neues Wissen zu den jeweiligen Einflusskomponenten sukzessive erhöht werden. In der Abbildung wird dieses als Wissenszugewinn im Rahmen der Einflusskomponenten dargestellt. [80]

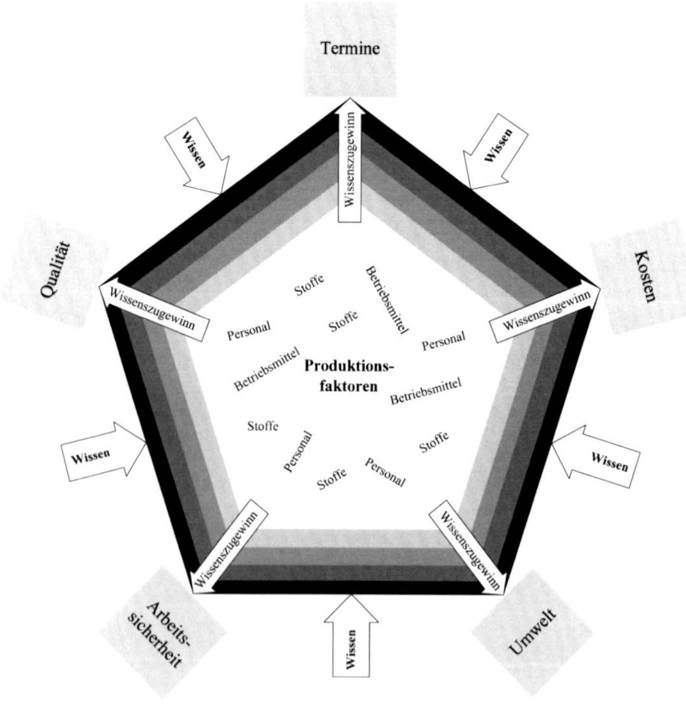


Abbildung 2: Baubetriebliche Innovation im engeren Sinn

[80] Vgl. hierzu die Ausführungen zur Bewertung des Wissenszugewinns in den Abschnitten 4.4.2.7 und 6.5.

Neben dem betrachteten Anwender (bauausführendes Unternehmen) und der Charaktersierung einer baubetrieblichen Innovation im engeren Sinn sticht in dieser Definition schlussendlich eine dritte Signifikante heraus. Der zunächst nur partiell vorhandene Wissensstand wird durch einen regelmäßigen Wissenszugewinn vergrößert. Dieses wirft jedoch die Frage auf, wie dieser Grad der Vollständigkeit zu Faktoren und Merkmalen innerhalb der Einflusskomponenten bestimmt werden kann. Deshalb ist es Ziel der nachfolgenden Abschnitte, als Erweiterung zu den oben benannten Vergleichsmethoden für bekannte Bauverfahren, geeignete Bewertungsverfahren für baubetriebliche Innovationen zu erörtert und mindestens ein geeignetes zu identifizieren. Diese Untersuchung bezieht sich dabei beispielshaft auf ein neues Bauverfahren als baubetriebliche Innovation im engeren Sinn.

## 2.4. Bewertungsverfahren für baubetriebliche Innovationen [81]

Im Rahmen dieser Arbeit werden mehrere Bewertungsverfahren als besonders untersuchungswert eingeschätzt. Dieses ist zum einen die Situationsanalyse mit ihren einzelnen Instrumenten. Zum Anderen sind dieses die multikriteriellen Bewertungsverfahren: Kosten-Risiko-Analyse, Kosten-Nutzen-Analyse, Nutzwertanalyse und die Kosten-Wirksamkeits-Analyse. Und zum dritten sind dieses ergänzende Methoden, wie die ABC-Analyse und die Sensitivitätsanalyse. Nach einer kurzen Begriffsbestimmung zu Bewertungsverfahren im Allgemeinen werden diese Bewertungsverfahren erläutert und hinsichtlich ihrer Tauglichkeit zur Bewertung einer baubetrieblichen Innovation, wie z. B. eines neuen Bauverfahrens eingeschätzt.

### 2.4.1. Begriffsbestimmung

Bewertungsverfahren werden angewendet um Entscheidungen und damit verbundene Folgen unter einer bestimmten Sichtweise zu beurteilen. Ziel bei der Anwendung eines Bewertungsverfahrens ist es, die Bewertungsobjekte sortiert aufzureihen. Die Rangfolge drückt aus, wie stark eine Alternative zur Zielerreichung beiträgt, [82] oder auch welche Bedeutung ihr im weiteren Verlauf einer Maßnahme zukommt. Die angestrebten Ziele sind dabei als Grundlage vorab zu ermitteln und weisen je nach Tätigkeitsfeld die unterschiedlichsten Ausformungen auf.

Je nach Bewertungsverfahren kann die Betrachtung eines Bewertungsobjekts schon ein Ergebnis liefern. In diesem Fall ist die Umsetzung des Vorhabens mit der Unterlassung vergleichbar. Die Varianten werden als der Mit-Fall (Vorhaben wird umgesetzt) und der Ohne-Fall (Vorhaben wird nicht umgesetzt) bezeichnet. In anderen Fällen werden verschiedene Alternativen mit dem Bewertungsverfahren bearbeitet und anschließend zu einer Sortierung der Untersuchungsalternativen geführt.

---

[81] Die nachfolgenden Ausführungen zu Bewertungsverfahren für baubetriebliche Innovationen (Abschnitte 2.4.1 bis 2.4.8.2) basieren auf der Idee des Autors dieser hier vorliegenden Arbeit, die Eignung dieser untersuchten Bewertungsverfahren zur Bewertung von Bauverfahren allgemein zu untersuchen. Diese Untersuchung erfolgte in Zusammenarbeit mit dem Studenten Herrn Paul Oschatz. Die Literaturrecherche und Ergebnisse dieser Untersuchungen sind in der Semesterbelegarbeit von Herrn Oschatz im Jahr 2011 unter maßgeblicher Mitwirkung des universitären Betreuers (Autor dieser hier vorliegenden Arbeit) zusammengetragen. In den folgenden Abschnitten 2.4.1 bis 2.4.8.2 wird an den Stellen, wo auf diese Semesterbelegarbeit zurückgegriffen wird, darauf verzichtet, explizit den Autor dieser Semesterbelegarbeit jeweils einzeln zu benennen, sondern lediglich auf die verwendeten Sekundärquellen verwiesen.

[82] Vgl. Hoffmeister, Investitionsrechnung und Nutzwertanalyse : eine entscheidungsorientierte Darstellung mit vielen Beispielen und Übungen, 2008, S. 277.

Für den Fall, dass etwas bewertet werden soll, muss dieses als Informationen über das Bewertungsobjekt erfolgen. Diese Informationen dienen als Bewertungskriterien, welche durch das Bewertungsverfahren verarbeitet werden.

Alle Kriterien sind Merkmale deren Ausprägung beim Bewertungsobjekt ermittelt werden soll. [83]

Typischerweise werden Bewertungskriterien in *monetäre* und *nicht monetäre* Größen eingeteilt. [84] Zu den monetären Kriterien gehören alle Werte, die in Geldeinheiten ausgedrückt werden können. Beispiele sind Barwert, Kosten oder Gewinn. Alle anderen Kriterien werden als nicht monetär betrachtet. Sie sind nicht weniger wichtig als monetäre Kriterien, erweisen sich in ihrer Auswertung und Vergleichbarkeit aber häufig als anspruchsvoller.

Eine andere Art der Einteilung untergliedert in *qualitative* und *quantitative* Bewertungskriterien. Qualitative Kriterien werden in Worten beschrieben, quantitative hingegen mit Zahlen ausgedrückt. Die zusammenfassende Bewertung von qualitativen und quantitativen Kriterien kann Schwierigkeiten bereiten. [85]

Bewertungskriterien werden mit verschieden Skalen gemessen. Nach *Töpfer* sind dieses: Nominalskalen, Ordinalskala, Intervallskala und die Verhältnis- oder Ratioskala. [86]

### 2.4.2. Untersuchte Methode: Situationsanalyse

Die Situationsanalyse wird in vielen Bereichen der Gesellschaft eingesetzt, um beispielsweise soziale Situationen und Zustände zu erfassen und zu beurteilen. Darüber hinaus ist dieses eine anerkannte Methode, um die Situation in Unternehmen festzustellen und zukünftige Potenziale abzuschätzen.

*Stimmer* beschreibt die Situationsanalyse z. B. im Kontext der Psychotherapie folgendermaßen: *„Ziel der Situationsanalyse ist es zunächst, ein möglichst konkretes, realitätsgerechtes und gegenwartsbezogenes Bild der Situation der Klienten aus deren Sicht zu entwerfen, dies allerdings unter der kritischer Würdigung und konstruktiver Fragestellungen durch die Professionellen. Dabei sind zwei Aspekte gleichwertig zu beachten, die Frage nach den Konflikten und Risiken und die Frage nach den Kompetenzen und Ressourcen […].“* [87] Diese Betrachtungen könnten noch weiter gehen, denn auf Grundlage einer gegenwärtigen Situation kann vielleicht eine Einschätzung auf zukünftige Entwicklungen des Klienten erfolgen.

*Unger und Fuchs* beschreiben die Situationsanalyse als eine Zusammenfassung *„[…] aller relevanten Informationen über das Unternehmen, den Markt, die auszuwählenden Werbeobjekte und die Gesellschaft insgesamt.“* [88] Dabei ist ein wesentlicher Bestandteil dieser Analyse die Beschaffung von relevanten Informationen. Die Auswahl der relevanten Informationen unterliegt dabei einem eigenständigen Entscheidungsprozess. [89]

*Bea, Friedl, Schweitzer* definieren den Begriff der Situationsanalyse, wie folgt: *„Aufgabe der strategischen Situationsanalyse ist es, Klarheit über die derzeitigen und auch zukünftigen internen und exter-*

---

[83] Vgl. Hoffmeister, Investitionsrechnung und Nutzwertanalyse : eine entscheidungsorientierte Darstellung mit vielen Beispielen und Übungen, 2008, S. 276.

[84] Vgl. ebd. 2008, S. 276.

[85] Vgl. ebd., 2008, S. 276.

[86] Vgl. Töpfer, Betriebswirtschaftslehre, 2007, S. 805 f.

[87] Stimmer, Grundlagen des Methodischen Handelns in der Sozialen Arbeit, 2006, S. 121.

[88] Unger, Fuchs, Management der Marketing-Kommunikation, 2007, S. 56.

[89] Zum Beispiel kann dieses mittels separater ABC-Analyse (Abschnitt 2.4.7) erfolgen.

*nen Rahmenbedingungen der Unternehmenstätigkeit zu verschaffen.“* [90] Hier wurde die Situationsanalyse durch das Adjektiv „strategisch“ ergänzt. Dieses bedeutet: *„[...] auf der Strategie beruhend“,* [91] wobei eine Strategie den genauen Plan des eigenen Vorgehens umfasst. [92] Die benannten internen Rahmenbedingungen beziehen sich auf die spezifische Situation des Untersuchungsobjektes wie z. B. der Kostensituation, den Produktionsverfahren, Vertriebswege und der Personalstruktur. Die externen Rahmenbedingungen umfassen die Umwelt des Untersuchungsobjektes wie z. B. Konkurrenten, Abnehmer, staatliche Maßnahmen und externe technische Innovationen. [93]

*Aerni und Bruhn* beschreiben die Situationsanalyse als eine Bestandsaufnahme von Sachverhalten, die für die Kommunikation von Bedeutung sind. Diese hat zum Ziel, kommunikationspolitische Chancen und Risiken, [94] sowie Stärken und Schwächen darzustellen. *„[...] Dabei beinhaltet sie die Vorgänge der Informationsbedarfsermittlung, Informationsbeschaffung sowie die Analyse und Aufbereitung unternehmensexterner und -interner Daten.“* [95]

*Quell* definiert die Situationsanalyse als eine kontinuierliche Überwachung von Umwelt und Unternehmen. [96] *„Darüber hinaus werden in einer Situationsanalyse strategische Sachverhalte durch die Informationsgewinnung identifiziert, so dass Gelegenheiten und Gefahren aus einer Umweltanalyse und Stärken und Schwächen aus der Unternehmensanalyse für die strategische Unternehmensführung abgeleitet werden können.“* [97] Im Zuge dieser Beschreibung kann die Bedeutung darin gesehen werden, dass strategisch relevante Sachverhalte und Probleme erkannt werden sollen, auf welche dann durch spezielle Maßnahmen reagiert werden kann. *Bea, Friedl und Schweitzer* erweitern die Bedeutung, so dass die strategische Situationsanalyse am Anfang des strategischen Planungsprozesses steht und die zusammengefassten Informationen die Grundlage für strategische Entscheidungen darstellen. [98]

### 2.4.2.1. Überblick zu Hauptinstrumenten der Situationsanalyse

Um die zahlreich benötigten Informationen zu beschaffen und aus interner und externer Perspektiven zu betrachten, werden in der Literatur in der Regel drei Hauptinstrumente [99] genannt. Diese sind die Stärken-Schwächen-Analyse (SSA), die Chancen-Risiko-Analyse (CRA) und die Strength-Weakness-Opportunity-Threat-Analyse (SWOT-Analyse). [100] SSA und CRA sind eigenständig zu betrachten. Die SWOT-Analyse ist als eine Kombination beider zu sehen.

---

[90] Bea, Friedl, Schweitzer, Allgemeine Betriebswirtschaftslehre – Führen, 2011, S. 418.

[91] Vgl. Internetquelle: http://www.duden.de/definition/strategisch, Stand 10.08.2011.

[92] Vgl. Ebd.

[93] Vgl. Baier, Praxishandbuch Controlling: Controllinginstrumente, Unternehmensplanung und Reporting, 2009, S. 252 f.

[94] Auf die Bedeutung und Abgrenzung der Begrifflichkeiten Chancen und Risiken wird im Abschnitt 2.4.2.3 eingegangen.

[95] Aerni, Bruhn, Integrierte Kommunikation, 2008, S. 68.

[96] Vgl. Quell, Frühaufklärung in Rückversicherungsunternehmen, 1995, S. 63.

[97] Ebd.

[98] Vgl. Bea, Friedl, Schweitzer, Allgemeine Betriebswirtschaftslehre – Führen, 2011, S. 418 f.

[99] Instrument wird hier als Überbegriff zu dem Term „Analyse“ verwendet. Gleichbedeutend kann der Term „Methode“ eingesetzt werden.

[100] Bedeutung aus dem Englisch übersetzt: Stärken-Schwächen-Chancen-Risiko-Analyse.

In der Literatur existieren unterschiedlichste Ansichten, wie diese Gliederung der Hauptinstrumente erfolgen soll. So basiert diese Dreigliedrigkeit auf den Vorstellungen von *Wirtz.* [101] *Werani und Glaubinger ergänzen* die drei Hauptinstrumente durch die Potenzialanalyse und Konkurrenzanalyse. [102] In diesem Zusammenhang soll aber darauf hingewiesen werden, dass die SSA die Ergebnisse der Potenzialanalyse einbezieht und somit kein separates Hauptinstrument der Situationsanalyse darstellen kann. [103] Analog dazu erfolgt die Anwendung der Konkurrenzanalyse im Rahmen einer CRA. [104] Alle Untergliederungen der Hauptinstrumente sind in Abbildung 3 dargestellt.

Zum Beispiel wird der SSA neben der Potenzialanalyse die Portfolioanalyse, [105] das 7-S-Modell [106] und die Wertschöpfungskette von Porter zugeordnet. [107] Der CRA wird das Porter´s Five Forces Modell, [108] die strategische Prognose und die strategische Frühaufklärung [109, 110] sowie die bereits erwähnte Konkurrenzanalyse zugeordnet. Auf die genaue Definition der einzelnen Analysen wird an dieser Stelle verzichtet. Nachfolgend werden jedoch wesentliche Merkmale der drei Hauptinstrumente der Situationsanalyse vorgestellt.

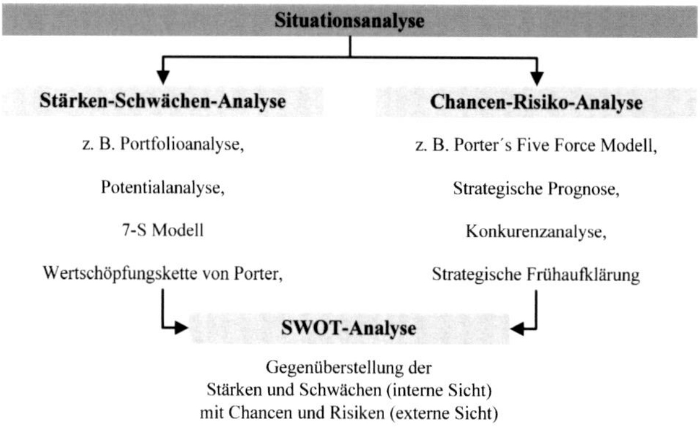


Abbildung 3: Auswahl an Instrumente zur Situationsanalyse

#### 2.4.2.2. Stärken-Schwächen-Analyse

Allgemein gesehen, ist die SSA die Untersuchung der Stärken und Schwächen eines speziellen Sachverhaltes oder einer speziellen Problemstellung.

Wird der Begriff der SSA hinsichtlich unternehmensspezifischer Sachverhalte betrachtet, so ist die SSA besser unter den Synonymen Unternehmensanalyse bzw. interne Analyse bekannt. [111] Aus diesen

[101] Vgl. Wirtz, Direktmarketing Management, 2009, S. 239.

[102] Vgl. Werani, Glaubinger, Praxisorientiertes Business to Business-Marketing, 2006, S. 59.

[103] Vgl. Simon, von der Gathen, Das große Handbuch der Strategieinstrumente, 2002, S. 215.

[104] Vgl. Griese, Bröring, Marketing-Grundlagen: Eine Fallstudienbasierte Einführung, 2011, S. 38.

[105] Vgl. Bea, Schweitzer, Allgemeine Betriebswirtschaftslehre, 2009, S 436 f.

[106] Vgl. Schawel, Billing, Top 100 Managements Tools, 2012, S. 10 und 312 f.

[107] Vgl. Wirtz, Direktmarketing Management, 2009, S. 243 f.

[108] Vgl. Schawel, Billing, Top 100 Managements Tools, 2012, S. 108 f.

[109] Vgl. Welge, Al-Laham, Strategisches Management, 2012.

[110] Vgl. Werani, Glaubinger, Praxisorientiertes Business to Business-Marketing, 2006, S. 61.

[111] Vgl. ebd., S. 65.

lässt sich schlussfolgern, dass sich die SSA ausschließlich mit der Analyse der unternehmensinternen Faktoren beschäftigt und die eigenen Stärken und Schwächen mit denen der Wettbewerber vergleicht. Dabei wird auf die Daten der Potenzial- und Konkurrenzanalyse zurück gegriffen. [112] Damit am Ende des Verfahrens ein aussagekräftiges Bild der Unternehmenssituation entsteht, sind vor der Durchführung der internen Analyse, die zu bewertenden Kriterien festzulegen. Dabei ist zu beachten, dass die Liste der zu beurteilenden Kriterien eine ausgewogene Menge darstellt, um einerseits die Übersichtlichkeit nicht zu gefährden und andererseits alle wesentlichen Faktoren zu erfassen. In diesem Zusammenhang wird empfohlen, sich bei der Auswahl an den unterschiedlichen Funktionen des Unternehmens zu orientieren. Dieses sind z. B. Absatzmärkte, Finanzsituation, Kostensituation, Standort, Produktion, Forschung und Entwicklung. Bei diesen Kriterien handelt es sich laut *Hartenstein und Billing* um so genannte „Hard Facts". [113] Des Weiteren wird bei *Hartenstein und Billing* empfohlen, die „Soft Facts" einzubinden. Unter diesem Begriff sind Faktoren zu verstehen, die die Leistungsfähigkeit eines Unternehmens beeinflussen jedoch nicht durch konkrete Zahlen und Fakten belegt werden können. [114] In diesem Kontext ist der wichtigste Faktor, die Unternehmenskultur mit ihren motivierenden oder hemmenden Einflüssen auf die Mitarbeiterproduktivität, zu nennen.

Nachdem die Kriterien festgelegt wurden, erfolgt eine gründliche Analyse. Dabei hat die Bewertung immer relativ zu einem Vergleichsmaßstab zu erfolgen. In der Praxis hat es sich bewährt, den stärksten Konkurrenten als Referenzmaßstab zu wählen. Der Vergleich sollte möglichst auf objektiven Daten basieren, welche z. B. technische und ökonomische Fakten, Marktstudien oder Imageanalysen darstellen. Dies ist aber nicht immer zu einhundert Prozent möglich, so dass sich eine subjektive Einschätzung nie ganz vermeiden lässt. [115] Es sollte aber eine möglichst realistische Einschätzung der Gegebenheiten erfolgen. Des Weiteren ist bei der Anwendung dieses Verfahrens wichtig, nicht nur die unternehmensinterne Sicht widerzuspiegeln, sondern diese durch die Kunden-, Wettbewerber- und Lieferantensicht zu ergänzen. [116]

Um die erhaltenen Ergebnisse übersichtlich darzustellen, eignen sich Checklisten oder Stärken-Schwächen-Profile, in welchen eine Bewertungsskala im Vergleich zum Konkurrenten enthalten ist.

### 2.4.2.3. Chancen-Risiko-Analyse

Das Wort *„Risiko"* [117] wurde im 16. Jahrhundert vom italienischen risico, risco (heute rischio) als kaufmännischer Terminus übernommen. Risico bedeutete eigentlich die „Klippe, die zu umschiffen ist", „gefährlicher Felsen" bzw. in einer allgemeinen Form „gewagtes Unternehmen". [118] In der Literatur wird Risiko stets unterschiedlich interpretiert. Der Versuch einer Definition des Begriffs wurde bereits vielseitig vollzogen. *Nemuth* betrachtet Risiko z. B. in seinen Untersuchungen stets mit den beiden Begriffen Chancen und Wagnis. So können bei ihm Risiken (Ungewissheiten) stets Chancen sein,

---

[112] Vgl. Werani, Glaubinger, Praxisorientiertes Business to Business-Marketing, 2006, S. 66.

[113] Vgl. Hartenstein, Billing, Karriere machen: Der Weg in die Unternehmensberatung, 2009, S.35.

[114] Vgl. ebd.

[115] Vgl. Simon, von der Gathen, Das große Handbuch der Strategieinstrumente, 2002, S. 217.

[116] Mit diesen verschiedenen Perspektive sind z. B. folgende Fragestellungen verbunden: Worin glauben wir gut zu sein? Weshalb fürchten uns die Wettbewerber? Weshalb kaufen die Kunden unsere Produkte?

[117] Die Definition von Risiko ist auszugsweise der Diplomarbeit „Quantifizierung von Risiken unter Anwendung der neuen DIN 276" von Herrn Dipl.-Ing. Jürgen Notz. Diese Arbeit wurde maßgeblich vom Autor dieser hier vorliegenden Arbeit initiiert. Die Diplomarbeit wurde zudem durch sehr enge Abstimmungen und Anregungen des Betreuers erstellt.

[118] Internetquelle: http://de.wikipedia.org/wiki/Risiko, Stand: 10.08.2011.

jedoch stets auch als Wagnisse einzuordnen sein. [119] Daraus leitet *Nemuth* ab, dass für den Geschäftserfolg stets die Ausgewogenheit zwischen Chancen (positive Zielabweichungen) und Risiken (negative Zielabweichungen) bestehen muss. [120] *Busch*, *Gürtler* und *Schubert* verfolgen ähnliche Sichtweisen. [121, 122, 123] *Smith* definiert weiterhin, dass die Folgen eines Risikos Tragweiten haben können, welche mehr oder weniger um einen Mittelwert schwanken, und dass diesen Tragweiten zusätzlich Eintrittswahrscheinlichkeiten zugeordnet werden können. [124]

In der DIN 276 sind Kostenrisiken als Unwägbarkeiten und Unsicherheiten bei Kostenermittlungen und Kostenprognosen definiert. [125] Unter unwägbaren Kostenrisiken werden solche Risiken verstanden, *„deren Eintrittswahrscheinlichkeit nicht sicher ist"* bzw. Kosten, die unvorhersehbar sind. *„Es handelt sich hierbei um Risiken wie Hochwasser oder Sturm [...]"*. Diese Risiken können durch Versicherungen abgedeckt werden. Unsicherheiten dahingegen kommen regelmäßig vor und führen meistens zu Mehrkosten. [126]

Eine größere Anzahl von Autoren der baubetrieblichen Literatur definiert Risiken im Sinne von negativen Folgen. [127] *Čadež* versteht unter dem Begriff Risiko *„[...] eine Gefahr, ein vorgegebenes Ziel [...] in den Bereichen Kosten, Terminen und Qualität aus projektspezifischen Gründen nicht zu erreichen."* [128] Bei einem Projekt sind z. B. die Phasen der Planung, Realisierung und Betrieb mit spezifischen Risiken verbunden. In einer frühen Planungsphase eines Projekts ist es unrealistisch, die Kosten definitiv zu benennen. In den Phasen der Realisierung und Betrieb können verschiedenste Beeinflussungen auftreten, die alle ein Risiko in sich bergen. Die Kostenangaben werden in diesen Phasen damit unter Unsicherheit getroffen und unterliegen somit einem Änderungsrisiko. [129]

Wird die Chancen-Risiko-Analyse (CRA) vor diesen definitorischen Hintergründen betrachtet, so befasst sich diese mit Untersuchungen der Umwelt, in welcher sich der jeweilige Sachverhalt oder die jeweilige Problemstellung befindet.

Wird die Sicht hinsichtlich unternehmensspezifischer Sachverhalte vertieft, so lassen sich in der Literatur die Begriffe der Umweltanalyse/Umfeldanalyse [130] und externe Analyse wiederfinden. Die Hauptaufgabe der CRA und dieser verwandten Analysen ist es, der Unternehmensführung eine möglichst vollständige, sichere und genaue Information über das Unternehmensumfeld zur Verfügung zu stellen. Dabei ist das Vorgehen dieses Hauptinstruments so strukturiert, dass sowohl die Mikroumwelt

---

[119] Vgl. Nemuth, Risikomanagement bei internationalen Bauprojekten, 2006, S. 8.

[120] Vgl., ebd., S. 9.

[121] Vgl. Busch, Risikomanagement in Generalunternehmungen - Identifizierung operativer Projektrisiken und Methoden zur Risikobewertung, 2005, S. 41.

[122] Vgl. Gürtler, Stochastische Risikobetrachtung bei PPP-Projekten, 2007, S. 55 f.

[123] Vgl. Girmscheid, Motzko, Kalkulation und Preisbildung in Bauunternehmen, 2007, S. 288 f. mit Zitat Schubert, Die Erfassbarkeit des Risikos der Bauunternehmung bei Angebot und Abwicklung einer Baumaßnahme, 1971.

[124] Vgl. Smith, Merna, Jobling, Managing Risk in Construction Projects, 2006, S 4.

[125] Vgl. DIN 276-1, Stand Dezember 2008, S. 5.

[126] Vgl. Blecken, Bielefeld, Kosten im Hochbau, 2008, S. 47.

[127] Vgl. Čadež, Risikoanalyse als Entscheidungshilfe zur Wahl des optimalen Bauvertrags, S. 53 f.

[128] Ebd., S. 55, mit Hinweis auf Häberle, Risiko als zielbezogenes Phänomen, 1979, S. 18 ff., Braun, Risikomanagement, 1984, S. 27 und Stahl, Risiko- und Chancenanalyse im Marketing, 1992, S. 14, die diese Definition in gleicher Weise verwenden.

[129] Vgl. Naumann, Kosten-Risiko-Analyse für Verkehrsinfrastrukturprojekte, 2007, S. 2.

[130] Vgl. Werani, Glaubinger, Praxisorientiertes Business to Business-Marketing, 2006, S. 59.

als auch die Makroumwelt analysiert werden. [131] Bei der Makroumwelt erfolgt die Analyse der globalen Umwelt und bei der Mikroumwelt die Branche und der Markt des entsprechenden Unternehmens. Bei der Anwendung dieser externen Analyse ist darauf zu achten, dass es viele Einflussfaktoren gibt, die sich wechselseitig beeinflussen. Dieses Phänomen wird unter dem Begriff der Interdependenzen [132] zusammengefasst. Zu den zu analysierenden Faktoren zählen z. B.: Politisch-Rechtliche-Umwelt, Ökonomische Umwelt, Gesellschaftliche Umwelt, ökologische Umwelt und technologische Umwelt.

#### 2.4.2.4. SWOT-Analyse

Die SWOT-Analyse ist gleichfalls ein Hauptinstrument, welches auf unternehmensspezifische Sachverhalte zurückzuführen ist. Es beruht auf dem Prinzip der Gegenüberstellung von den vorhandenen Stärken und Schwächen sowie den sich ergebenden Chancen und Risiken. Diese Vorgehensweise hat den Vorteil, dass sich aus der internen und externen Informationsgrundlage eine Betrachtung des Sachverhaltes oder der Problemstellung von verschiedenen Perspektiven ergibt. Auf Grundlage dieser Erkenntnisse können Entscheidungen getroffen werden, die auf einer breiteren Datenlage basieren, und so erscheinen, als wenn nur die SSA und die CRA zu Grunde legt wäre.

Die Anwendung der SWOT-Analyse kann sowohl für das Gesamtunternehmen als auch für einzelne strategische Geschäftseinheiten durchgeführt werden, wobei sich letzteres in der Praxis bewährt hat, denn jede strategische Geschäftseinheit hat seine eigenen und unterschiedlichen Stärken und Schwächen, welche dann verschiedensten Umweltbedingungen gegenüberstehen. Diese Herangehensweise liegt der Eigenschaft einer Strategischen Geschäftseinheit (SGE) zu Grunde, welche in „Grundbegriffe des Marketing: marktorientiertes globales Managementwissen" von *Zentes und Swoboda* wieder zu finden ist. Hier ist zu lesen: *„SGEs sind das Ergebnis einer Segmentierung und Gliederung der Geschäftsaktivitäten nach unternehmensinternen und unternehmensexternen Kriterien in einzelne, autonome Bereiche mit klarer Kompetenz- und Verantwortungszuordnung […]".* [133]

Die Darstellung der SWOT-Analyse kann z. B. in Tabellenform, als kartesisches Koordinatensystem und als freie Grafik erfolgen.

#### 2.4.2.5. Verwendbarkeit der SSA, CRA und SWOT-Analyse zur Beurteilung neuer Bauverfahren

Die SSA eignet sich zur Beschreibung einer Situation. In Verbindung mit anderen Bewertungsverfahren stellt sie sich als Instrument dar, welches vorliegende Daten (z. B. eines Bauverfahrens) in einer gewissen Struktur ordnet und somit vergleichbar macht. Hierzu ist eine Datenstruktur nach Kriterien anzustreben. Mit einer SSA können keine monetären sondern nur nichtmonetären Einschätzungen verschiedener Merkmale eines Bauverfahrens erfolgen. So eignet sich dieses Instrument dazu, die Grundlage für einen Untersuchungszyklus zu legen und stets die quantitativen Fortschritte im Verlauf des Zyklus zu beurteilen. Für den qualitativen Vergleich zwischen mehreren Alternativen an Bauverfahren eignet sich die SSA nur bedingt. Die SSA wird zur Bewertung von neuen Bauverfahren als *bedingt geeignet* eingestuft.

---

[131] Gabler definiert den Umweltbegriff wie folgt: „[…] Umwelt, spezifische Umgebung eines Systems oder einer Lebenseinheit, welche(s) mit dieser in wechselseitigen Beziehungen steht.", Gabler, Wirtschaftslexikon, 2004, S.3003.

[132] Das heißt, ändert man einen Faktor, so können sich mehrere Änderungen an anderen Stellen ergeben.

[133] Zentes, Swoboda, Grundbegriffe des Marketings, 2001, S. 507.

Die CRA bildet isoliert wie die SSA nur einen Teil einer umfänglichen Bewertungsmethode ab. So beurteilt dieses Instrument weitgehend die externen Einflüsse eines Sachverhaltes. Bei einem Bauverfahren sind dieses Einflüsse aus Termine, Kosten, Umwelt, Arbeitssicherheit und Qualität [134]. Somit erscheint es möglich, auf Basis einer vorliegenden Datensammlung Chancen und Risiken eines neuen Bauverfahrens abzuleiten. In einer CRA ist jedoch keine direkte Möglichkeit vorgesehen die Ergebnisse zu dimensionieren und zu gewichten. Außerdem kann es problematisch werden, wenn nicht genügend Daten vorliegen.

Dennoch kann die CRA ein geeignetes Hilfsmittel sein, um zu Beginn einer Untersuchung eine SOLL-Situation hervorzuheben, an der im Laufe eines Untersuchungszyklus Verbesserungen vorgenommen werden. Die CRA wird zur Bewertung von neuen Bauverfahren als *bedingt geeignet* eingestuft.

Die SWOT-Analyse fasst die SSA und die CRA zusammen. Um einen gleichbleibenden Grad der Subjektivität zu sichern, empfiehlt es sich, bei der Analyse der Stärken und Schwächen, sowie der Chancen und Risiken auf das gleiche Team zurückzugreifen. Eine SWOT-Analyse kann eine Orientierung für einen Datenerhebungsprozess bieten. Sollten bei mehreren Alternativen bestimmte Kriterien als Struktur vorgegeben sein, so würden bisher nicht untersuchte Kriterien im Rahmen einer SWOT-Analyse nicht dargestellt werden können. Die Lücken bei einer solchen Betrachtung können jedoch wieder zu einer systematischen Datenerhebung und Datenanalyse motivieren. Eine erneute SWOT-Analyse am Ende einer umfänglichen Datenerhebung würde dann ein sehr viel vollständigeres Bild des neuen Bauverfahrens skizzieren. Damit kann dieses eine gute Grundlage für einen Anwender sein, die Potenziale und Chancen einer baubetrieblichen Innovation (neues Bauverfahren) abzuwägen und gleichzeitig die Risiken zu erkennen. Die SWOT-Analyse wird zur Bewertung von neuen Bauverfahren als *geeignet* eingestuft.

### 2.4.3. Untersuchte Methode - Kosten-Risiko-Analyse

Die Kosten-Risiko-Analyse (KRA) untersucht das Kostenänderungsrisiko eines Projekts und geht davon aus, dass jeder untersuchte Sachverhalt geplant und damit in die Zukunft gerichtet ist. Damit unterliegen diese Sachverhalte zwangsläufig Risiken. Die KRA soll weitestgehend sicherstellen, dass die einer Entscheidung zu einem Projekt zugrunde gelegten Kosten eingehalten werden. Neben der KRA ist ein projektbegleitendes Kosten- und Risikomanagement diesem Ziel dienlich. [135] Eine KRA die alle Kostenrisiken umfasst, wird es aber kaum geben. Der Blick in die Zukunft ist naturgemäß beschränkt und ein ungünstiges Aufwand-Nutzen-Verhältnis steht einer allumfänglichen Betrachtung entgegen. [136]

Um die Risiken in eine auswertbare Form zu überführen, werden stochastische Abhängigkeiten eingeführt. Die Auswertung wird in der Praxis aufgrund der großen Datenmenge und komplexen Zusammenhänge mittels EDV erfolgen oder zu mindestens mittels EDV unterstützt.

#### 2.4.3.1. Aufbau der Kosten-Risiko-Analyse

Der dargestellte Aufbau orientiert sich an *Götze.* [137] Es sind fünf Phasen benannt. Die in Klammern ergänzten Bezeichnungen orientieren sich an den Ausführungen von *Naumann.* [138]

---

[134] Vgl. Abschnitt 2.3.2.3.

[135] Vgl. ebd., S. 3.

[136] Vgl. ebd., S. 111.

[137] Vgl. Götze, Investitionsrechnung, 2008, S. 376.

1. Auswahl des Entscheidungsmodels (Risikoidentifikation mit Risikostrukturierung),
2. Ermittlung der Wahrscheinlichkeiten und Auswirkungen für die einzelnen Risiken (Risikobewertung),
3. Bestimmung stochastischer Abhängigkeiten der Kostenpunkte untereinander,
4. Berechnung der Wahrscheinlichkeit für die Zielgröße (Risikoklassifizierung mit Risikoaggregation),
5. Interpretation der Ergebnisse.

*Zu 1.: Auswahl des Entscheidungsmodels (Risikoidentifikation mit Risikostrukturierung)*

Als erster Schritt müssen die zu untersuchenden, risikobehafteten Eingangsparameter der Analyse aufgestellt werden. Hier kann dem Grundsatz Folge geleistet werden, dass nahezu alle Kosten einem Risiko unterliegen. [139] Der Analyst identifiziert in dieser Phase jedes relevante Einzelrisiko, welches sich im Gesamtkontext des Sachverhaltes ergeben.

*Zu 2.: Ermittlung der Wahrscheinlichkeiten und Auswirkungen für die einzelnen Risiken (Risikobewertung)*

Mit dieser Phase werden für jedes Einzelrisiko die Eintrittswahrscheinlichkeiten und die Ausmaße der Auswirkungen erarbeitet. Es ist also jeder potenzielle Zustand zu ermitteln, der möglicherweise eine negative oder positive Abweichung vom Erwartungswert einer Kostenart hervorrufen kann. Um den Aufwand in Grenzen zu halten, ist es möglich, sich auf maßgebende Einzelrisiken zu beschränkten. [140] Für die betrachteten Einzelrisiken sind die Zielabweichungen zu quantifizieren. Dies erfolgt über eine Zuordnung der Größe von Kostenerhöhung beziehungsweise Kostensenkung eines Zustands zur Eintrittswahrscheinlichkeit des Zustands. [141] Diese Wahrscheinlichkeiten der Risiken werden im Allgemeinen ursachenbezogen bestimmt und in Prozent angegeben. Die Auswirkungen werden wirkungsbezogen angegeben. [142]

Die Verteilung der Einzelrisiken wird durch diskrete oder kontinuierliche Eintrittswahrscheinlichkeiten ausgedrückt. [143] Die Darstellung erfolgt im Baubetrieb in der Regel durch fünf Verteilungsfunktionen: Normalverteilung, Gleichgewichtsverteilung, Binomialverteilung, Poissonverteilung und Exponentialverteilung. Die Normalverteilung [144] stellt dabei eine der wichtigsten Verteilungen dar.

*Zu 3.: Bestimmung stochastischer Abhängigkeiten der Kostenpunkte untereinander*

Im Schritt zuvor wurden die Größen stochastisch unabhängig untersucht. Die ermittelten Wahrscheinlichkeiten sind also unbedingt. Da sich die Einzelrisiken jedoch teilweise gegenseitig beeinflussen, hat jede Änderung einer Größe sofort Auswirkungen auf die anderen Größen. Diese stochastische Abhängigkeit führt zu bedingten Wahrscheinlichkeiten. [145]

---

[138] Vgl. Naumann, Kosten-Risiko-Analyse für Verkehrsinfrastrukturprojekte, 2007, S. 111.

[139] Seltene Ausnahmen können beispielsweise festgesetzte Gebühren für Genehmigungen oder andere staatliche Abgaben sein. Hier ist aber zu beachten, dass diese auch nur kurz- bis mittelfristig fest sind und langfristig auch änderbar sind.

[140] Diese Auswahl der Einzelrisiken kann z. B. mit einer ABC-Analyse (vgl. Abschnitt 2.4.7) erfolgen.

[141] Vgl. Naumann, Kosten-Risiko-Analyse für Verkehrsinfrastrukturprojekte, 2007, S. 121 f.

[142] Vgl., Ebd., S. 122.

[143] Vgl. Götze, Investitionsrechnung, 2008, S. 377.

[144] Auch Gaußverteilung oder Glockenkurve genannt.

[145] Vgl. Naumann, Kosten-Risiko-Analyse für Verkehrsinfrastrukturprojekte, 2007, S. 119.

Es kann grundlegend in einseitige und zweiseitige Abhängigkeiten zweier Wahrscheinlichkeitsgrößen $X_1$ und $X_2$ unterschieden werden. Die stochastische Abhängigkeit an sich geht von einer einseitigen Beeinflussung aus. Die wechselseitige Abhängigkeit zwischen zwei Größen wird als Korrelation bezeichnet. [146] Neben diesen beiden grundlegenden Abhängigkeiten nennt *Naumann* noch weitere stochastische Abhängigkeiten. Hierzu zählen eine teilweise Beeinflussung, [147] die Fremdsteuerung, [148] die Komplexe Steuerung [149] und der Vollständigkeitshalber die Unabhängigkeit [150] der Wahrscheinlichkeitsgrößen $X_1$ und $X_2$ zueinander. [151] Diese Abhängigkeitsbeziehungen sind mittels stochastischer Funktionen in das Gesamtschema der KRA einzupflegen. Bei einer großen Anzahl an Untersuchungskriterien wird die angesprochene Notwendigkeit der EDV zur Bearbeitung deutlich.

*Zu 4.: Berechnung der Wahrscheinlichkeit für die Zielgröße (Risikoaggregation)*

Um ein Kostenrisiko für die Maßnahme zu erhalten, müssen die zuvor bestimmten Einzelrisiken zusammengefasst werden. Eine Aufsummierung der durchschnittlichen Einzelrisiken ist dabei nicht ausreichend. Erstens wird dabei die Abhängigkeit der Risikogrößen nicht abgebildet und zweites stellt es nur ein mögliches Szenario dar, nicht aber das wahrscheinlichste Gesamtrisiko. Diese Effekte werden mit der Risikoaggregation betrachtet, welche mit einer Simulation durchgeführt werden. [152]

Bei der Simulation wird eine Vielzahl von Rechenläufen durchgeführt. Mit ermittelten Zufallszahlen wird in jedem Rechenlauf eine mögliche Wahrscheinlichkeitsverteilung der Risikogrößen durchgerechnet. Die unterschiedlich hohen Eintrittswahrscheinlichkeiten für bestimmte Szenarien werden berücksichtigt, genauso wie die Abhängigkeiten der Größen untereinander. Die Anzahl der Rechenläufe sollte dabei ausreichend groß sein, um die Gesamtheit der Zufallsszenarien als repräsentativ anzusehen. Das Ergebnis ist eine Wahrscheinlichkeitsverteilung der Zielwerte. [153]

*Zu 5.: Interpretation der Ergebnisse*

In dieser abschließenden Phase der KRA werden die Ergebnisse der vorherigen Phasen ausgewertet und bewertet. Es erfolgt die Schlussfolgerung auf spätere Handlungsanweisungen und Folgen im Rahmen des untersuchten Projektes bzw. Sachverhaltes.

#### 2.4.3.2. Verwendbarkeit der KRA zur Beurteilung neuer Bauverfahren

Alle mit einem Bauverfahren verbundenen Kosten unterliegen einem Kostenänderungsrisiko. So ist das Risiko einer Lohnänderung anders einzuschätzen als das einer Materialpreisänderung. Die Materialpreisänderungen unterscheiden sich wiederum von Baustoff zu Baustoff. Weiterhin ist zu prüfen, ob Störungseinflüsse und Mängelanfälligkeit der untersuchten Bauverfahren in der Kostenstruktur eingeflossen sind.

Diese würden die Mangelanfälligkeit der Bauverfahren mit betrachten, da durch mögliche Gewährleistungsansprüche ebenfalls ein Kostenrisiko gegeben ist.

---

146 Eine einseitige Abhängigkeit besteht zum Beispiel von der Absatzmenge eines Zeitraums auf die Absatzmenge des Folgemonats. Dahingegen besteht zwischen dem Verkaufspreis und der Absatzmenge eine Korrelation.

147 $X_3$ beeinflusst $X_1$ und $X_2$, gleichzeitig beeinflusst durch $X_1$ und $X_2$

148 $X_3$ beeinflusst $X_1$ und $X_2$, ohne Einfluss von $X_1$ und $X_2$.

149 Komplexe Ketten von Variablen (außerhalb des Zielbereichs der Untersuchung) beeinflusst $X_1$.

150 $X_1$ und $X_2$ haben keine Wechselwirkung untereinander.

151 Vgl. Naumann, Kosten-Risiko-Analyse für Verkehrsinfrastrukturprojekte, 2007, S. 222 f.

152 Vgl. ebd., 2007, S. 123.

153 Vgl. Götze, Investitionsrechnung, 2008, S. 377.

Eine Bauverfahrensbeurteilung oder ein Bauverfahrensvergleich mit einer KRA ist im Prinzip möglich. In den meisten Fällen kann aber keine große Aussagekraft erwartet werden, da alle Bauverfahren gleiche Kostengruppen (Lohn, Stoffkosten, Gerätekosten) beinhalten, welche alle einem Preisänderungsrisiko unterliegen. Je länger die geplante Einsatzzeit eines Bauverfahrens anzusetzen ist und je unterschiedlicher die alternativen Bauverfahren in ihrer Merkmalsausprägung sind, desto wichtiger sind die Ergebnisse der KRA einzuordnen. Mangelhafter Kenntnisstand zu baubetrieblichen Daten (insbesondere monetärer Kennwerte), die als Einzelrisiken im Sinne einer KRA zu sehen sind, erschweren eine monetäre Bewertung der Merkmale bei neuen Bauverfahren. Damit wird die KRA für eine singuläre Bewertung eines neuen Bauverfahrens nur als *bedingt geeignet* eingestuft.

### 2.4.4. Untersuchte Methode: Kosten-Nutzen-Analyse

Die Kosten-Nutzen-Analyse (KNA) ist das bekannteste und verbreiteteste Verfahren für Wirtschaftlichkeitsbetrachtungen im öffentlichen Sektor. Gemäß § 7 der Bundeshaushaltsordnung und § 2 des Haushaltsgrundsätzegesetzes müssen alle größeren öffentlichen Investitionen einer Kosten-Nutzen-Analyse unterzogen werden. [154] Neben dem öffentlichen Sektor, kommt die KNA gleichfalls in anderen Institutionen und Bereichen zur Anwendung.

Bei der KNA handelt es sich um ein so genanntes multikriterielle Bewertungsverfahren. Es sind alle Auswirkungen eines Sachverhaltes (z. B. Baumaßnahme oder Investition) monetär zu bewerten. Die notwendigen Aufwendungen (Kosten) werden dabei den erreichbaren Erträgen (Nutzen) gegenüber gestellt. Dieses Wesen der KNA basiert auf dem so genannten Wohlfahrtsprinzip, welches die gesellschaftliche Wohlfahrt [155] als Ziel allen Handelns einer Volkswirtschaft verfolgt. [156] Dabei sollen stets die Vor- und Nachteile von Investitionen in Form von monetären Messgrößen ausgedrückt werden.

#### 2.4.4.1. Aufbau der Kosten-Nutzen-Analyse

In der Literatur sind verschiedene Angaben über die Elemente einer KNA zu finden. Die Abweichungen sind jedoch nicht von grundlegendem Ausmaß. Nachfolgend wird die Gliederung nach *Schach* vorgestellt: [157]

1. Formulierung der Projektalternativen,
2. Aufstellen eines Zielkriteriensystems,
3. Bewertung der Nutzenkomponenten,
4. Bewertung der Kostenkomponenten,
5. Berechnung des Kosten-Nutzen-Quotienten,
6. Durchführung der Sensitivitätsanalyse,
7. Aufstellen des Kosten-Nutzen-Diagramms.

---

[154] Vgl. Schach, Jehle, Naumann, Transrapid und Rad Schiene-Hochgeschwindigkeitsbahnen, 2006, S. 340 mit Verweis auf Eckey, Stock, Verkehrsökonomie, 2000, S. 270.

[155] Nach Gabler ist dieser Begriff gleichbedeutend mit Wohlfahrtsoptimum und damit gesellschaftlich wünschenswertes Maximum der ökonomischen Wohlfahrt in einer Volkswirtschaft. Ziel der Wohlfahrtsökonomie ist es, auf der Basis der Wertefreiheit die Bedingungen für die Erreichung eines gesamtwirtschaftlichen Wohlfahrtsoptimums zu formulieren. Vgl. Gabler, Wirtschaftslexikon, 2004, S. 3395 f.

[156] Vgl. Schach, Jehle, Naumann, Transrapid und Rad Schiene-Hochgeschwindigkeitsbahnen, 2006, S. 340 f., Hanusch, Nutzen-Kosten-Analyse, 2011, S. 1 f. und Mühlenkamp, Öffentliche Unternehmen: Einführung unter Berücksichtigung betriebswirtschaftlicher, volkswirtschaftlicher und rechtlicher Aspekte, 1994, S. 3 ff.

[157] Vgl. Schach, Jehle, Naumann, Transrapid und Rad Schiene-Hochgeschwindigkeitsbahnen, 2006, S. 341 f.

*Zu 1.: Formulierung der Projektalternativen*

Im öffentlichen Sektor ist es üblich, dass politische Entscheidungsträger konkret Maßnahmen vorgeben, die mittels KNA untersucht werden sollen. Allerdings ist es hier und in nicht öffentlichen Bereichen auch möglich, dass Analysten selbst Handlungsalternativen formulieren. Gibt es eine Vielzahl von Alternativen so ist mit einer Kurzanalyse festzustellen, welche ökonomisch sinnvoll erscheinen und umsetzbar sind. Ohne große Kosten zu verursachen, erhöhen Kurzanalysen den Informationsgehalt und stellen somit sicher, dass schlechte Ideen nicht weiter verfolgt und gute genauer untersucht werden. Weiterhin sind die Alternativen auf ihre Vereinbarkeit mit den vorzufindenden Nebenbedingungen [158] zu prüfen.

Ein Sonderfall für eine Alternative ist der aktuelle Zustand („status quo"). Durch Beibehaltung des „status-quo" und demzufolge der Untersuchung des Ohne-Falls wird ein neuer Referenzfall geschaffen, der somit eine Alternative darstellt.

*Zu 2.: Aufstellen des Zielkriteriensystems*

Im Rahmen dieser Phase werden Ziele definiert, die konkret dem Sachverhalt zugeordnet werden können. Dabei werden alle Ziele in einzelne Kriterien gefasst und beschrieben. Der Analyst orientiert sich bei der Bewertung der einzelnen Alternativen konkret an diesem Zielkriteriensystem.

*Zu 3.: Bewertung der Nutzenkomponenten*

Die festgelegten Kriterien werden hinsichtlich ihrer positiven Wirkungen bewertet. Diese Wirkungen stellen den Nutzenaspekt eines Kriteriums dar.

*Zu 4.: Bewertung der Kostenkomponenten*

Die festgelegten Kriterien werden hinsichtlich ihrer negativen Wirkungen bewertet. Diese Wirkungen beschreiben den Kostenaspekt eines Kriteriums. Es gibt hier direkte Kriterien, deren Wirkungen sich unmittelbar quantifizieren lassen. Zum Beispiel sind dieses: Investitionskosten, Erhaltungskosten, Betriebskosten eines Sachverhaltes. Komplizierter ist die Ableitung von quantifizierbaren Meßgrößen aus qualitativen Wirkungen, wie z. B. Unfallkosten, ökologische Kosten oder Verlagerungseffekte. Hier kommen Äquivalenzkostenansätze zum Einsatz, um geeignete Quantifizierungen zu schaffen. [159]

*Zu 5.: Berechnung des Kosten-Nutzen-Quotienten*

Der Quotient aus den quantifizierten Kosten und Nutzen jeder Alternative wird ermittelt. Dieser schafft somit einen vergleichbaren Kennwert.

*Zu 6.: Durchführung einer Sensitivitätsanalyse*

Mit diesem Schritt wird die Sensitivität der einzelnen Zielkriterien hinsichtlich Abweichungen der Kosten und Nutzen Messgrößen simuliert. Dieses dient dazu, die Werthaltigkeit der einzelnen Ergebnisse besser einordnen zu können. [160]

---

[158] Nebenbedingungen sind im Vorfeld abzuklären. Physische Nebenbedingungen geben einen Aufschluss über die materiellen Ressourcen, die für die Umsetzung einer geplanten Maßnahme zur Verfügung stehen. Z. B. kann ein Mangel an qualifizierten Arbeitskräften vor Ort eine beschränkende Größe sein. Ein Ausweg hier wäre der Einsatz von auswärtigen Kräften. Eine Begrenzung der zu Verfügung stehenden Geldmittel kann ebenfalls starken Einfluss auf die Wertung einer KNA haben.

[159] Vgl. Schach, Jehle, Naumann, Transrapid und Rad Schiene-Hochgeschwindigkeitsbahnen, 2006, S. 341.

[160] Vgl. Abschnitt 2.4.8.

*Zu 7.: Aufstellen des Kosten-Nutzen-Diagramms*

Die Gesamtauswirkungen der einzelnen Alternativen hinsichtlich der maximalen gesellschaftlichen Wohlfahrt sind gegenseitig abzuwägen. Hierzu dient die Darstellung der Kosten-Nutzen-Quotienten in einem Diagramm. Das Arbeitsergebnis der KNA ist zusätzlich in einem Endbericht zusammenzustellen. Darin sollten Vorgehensweise, verwendete Datengrundlage und aufgetretene Probleme der Bearbeitung enthalten sein.

#### 2.4.4.2. Verwendbarkeit der KNA zur Beurteilung neuer Bauverfahren

Das Wesen der KNA liegt in der Ermittlung der Kosten und der Nutzen für einen zu untersuchenden Sachverhalt (z. B. Investition). Bei der KNA wird unterstellt, dass alle Kriterien als Nutzen oder Kosten bewertbar oder messbar und monetär quantifizierbar sind.

Die Kosten, die durch das Anwenden eines Bauverfahrens entstehen sind verhältnismäßig einfach zu erfassen. Ein Anwender ermittelt die Kosten über seine Kalkulation. [161] In der Regel erfolgt dieses in der Strukturierung in Kostenarten (z. B. Lohn, Geräte, Stoffe, Fremdleistungen). Die Kalkulation basiert weitgehend auf messbaren Größen, wie Kostenkennwerten, Aufwandskennwerten und Verbräuchen. Ihrer Natur entsprechend sind beispielsweise Investitionskosten, Betriebskosten, Personalkosten oder Materialkosten bereits monetär quantifiziert. Werden in einem frühen Stadium des Planungs- und Bauprozesses verschiedene Ausführungsalternativen geprüft, können Kostenvergleiche vorgenommen werden.

Bei Vergleichen von verschiedenen Bauverfahren oder der Beurteilung eines einzelnen Bauverfahrens ist fraglich, ob und wie sich der Nutzen für den Anwender tatsächlich darstellt. [162] Der Nutzen eines Bauverfahrens spiegelt sich z. B. indirekt in der prognostizierten Bauzeit, den angestrebten Ressourcenverbräuchen und den zu erwartenden Störungsanfälligkeit wieder. Der Nutzen für den Anwender ist gleichfalls selten direkt monetär genau zu bestimmen. [163] Kriterien, wie unter anderem Qualität, ökologische Auswirkungen, Sicherheit und Gesundheitsschutz sowie Risiken bei der Anwendung des Bauverfahrens, werden bei der KNA anhand von Äquivalenzkostenansätzen beschrieben und damit vergleichbar.

Bei neuen Bauverfahren stellt sich die Situation schwieriger dar. Es liegen noch keine validierten Äquivalenzkostenansätzen vor. Aufwandskennwerte sind vielleicht vorhanden, jedoch meist nicht oft genug in der Anwendung überprüft und daraufhin optimiert. Es können unter Umständen lediglich Hochrechnungen vorgenommen werden. Dieses erfordert jedoch mindestens eine vertiefte Datenbasis zu Aufwandskennwerten und Kostenkennwerten aller Teilprozesse eines neuen Bauverfahrens. Bei bekannten Bauverfahren scheint diese Methodik demnach eher geeignet zu sein, als bei neuen. Aus diesem Grund wird die Anwendung der KNA zur Beurteilung eines neuen Bauverfahrens als *bedingt geeignet* eingestuft.

---

161 Im Gegensatz dazu ermittelt ein Bauherr die Kosten z. B. über das Einholen von Angeboten.

162 Für den Bauherrn als späteren Nutzer ist der Nutzen verschiedener Bauverfahren eher offenkundig. Z. B. bringen unterschiedliche Bauverfahren mit unterschiedlichen Materialien und Konstruktiven Lösungen wiederum verschiedene Eigenschaften zu Brandschutz, Schallschutz, etc. mit sich.

163 Z. B. kann ein schnelles Bauverfahren einen höheren Nutzen für den Anwender bringen, als ein langsames, da Ressourcen eingespart werden können.

### 2.4.5. Untersuchte Methode: Nutzwertanalyse

Die Nutzwertanalyse (NWA) ist ein multikriterielles Bewertungsverfahren. Sie dient Analysten, eine Entscheidung über die Vorteilhaftigkeit einer von mehreren bewerteten Alternativen zu treffen. [164] Eine NWA für sich kann keine Aussage über die absolute Vorteilhaftigkeit eines Sachverhaltes oder eines Vorhabens treffen. Allerdings liefert sie gute Aussagen über die relative Vorteilhaftigkeit von Alternativen. Daraus resultiert eine Rangfolge der verschiedenen Alternativen unter Maßgabe der vorherrschenden Zielerreichungskriterien. Die Mindestgröße für eine NWA umfasst somit den Mit-Fall und den Ohne-Fall. [165] Ein stets gleichbleibendes Kriteriensystem bildet die systematische Grundlage für diese relativistische Bewertung. Auf eine Monetarisierung der Wirkungen einzelner Kriterien wird bei der NWA verzichtet. [166] Der erhaltene Gesamtnutzwert dient lediglich als Ordnungsindex. Durch den schematischen und formalisierten Aufbau ist die NWA transparent und liefert plausible Ergebnisse. Durch den Verzicht auf eine monetäre Bewertung der Wirkungen, können mit der NWA außerdem bedeutend mehr Aspekte untersucht werden als mit der KNA. Besonders ist dies der Fall, wenn wenigen monetären Wirkungsgrößen viele qualitative Wirkungsgrößen gegenüber-stehen. [167] Weiterhin ist positiv zu bemerken, dass eine NWA schnell durchzuführen ist. Allerdings ist die NWA sehr stark subjektiv geprägt, da der Analyst qualitative Größen in quantifizierbare Werte umwandelt. Dieser Prozess unterliegt einer Scheingenauigkeit, da die Werte eindeutiger wirken, als die realen Gegebenheiten sind. [168] Neben diesem Effekt der Scheingenauigkeit, ist gleichfalls das gegenteilige Phänomen anzutreffen. So werden präzise Angaben (z. B. monetäre Größen oder Flächen) durch eine Transformation unscharf. Der damit verbundene Informationsverlust mindert die Qualität der Analyse. [169]

#### 2.4.5.1. Aufbau der Nutzwertanalyse

Der formelle Aufbau einer NWA kann folgendermaßen abgebildet werden. [170]

1. Formulierung und Vorauswahl von Alternativen,
2. Aufstellung des Zielkriteriensystems,
3. Gewichtung der Zielkriterien,
4. Bewertungstabelle erstellen,
5. Bestimmung des Teilnutzens,
6. Berechnung der Teil- und Gesamtnutzwerte,
7. Durchführung einer Sensitivitätsbetrachtungen,
8. Vergleich der Alternativen.

---

[164] Vgl. Schach, Jehle, Naumann, Transrapid und Rad Schiene-Hochgeschwindigkeitsbahnen, 2006, S. 343 mit Verweis auf Zangemeister, Nutzwertanalyse in der Systemtechnik, 1976, S. 45.

[165] Vgl. Diederichs, Führungswissen für Bau- und Immobilienwirtschaft,1999, S. 173.

[166] Vgl. Schach, Jehle, Naumann, Transrapid und Rad Schiene-Hochgeschwindigkeitsbahnen, 2006, S. 343 mit Verweis auf Aberle, Transportwirtschaft, 2009, S. 474.

[167] Vgl. Adams, Bewertungsverfahren für verschiedene intermodale Straßenverkehrsmaßnahmen 2008, S. 48 f.

[168] Vgl. Zilker, Automatisierung unscharfer Bewertungsverfahren, 2001, S. 77 f.

[169] Vgl. ebd., 2001, S. 79.

[170] Vgl. Götze, Investitionsrechnung, 2008, S. 181 und Schach, Jehle, Naumann, Transrapid und Rad Schiene-Hochgeschwindigkeitsbahnen, 2006, S. 345.

In der Literatur sind auch Ablaufschemata zu finden, die den Punkt der Bestimmung des Teilnutzens vor der Gewichtung der Zielkriterien anführen. Von der Theorie her ist die Vorgehensreihenfolge beliebig, da aber die Gewichtungen einem größeren subjektiven Einfluss unterliegen, ist die Gefahr der unbewussten Ergebnisbeeinflussung bei späterer Gewichtung größer. Die oben gewählte Reihenfolge soll somit bewusst zur Sicherstellung der Aussagekraft des Ergebnisses beitragen. [171, 172]

*Zu 1.: Formulierung und Vorauswahl von Alternativen*

Zunächst müssen die im Rahmen der NWA zu untersuchenden Alternativen inklusive des Ohne-Falls definiert und beschrieben werden.

*Zu 2.: Aufstellung des Zielkriteriensystems*

Die Zielkriterien, die in die NWA mit einfließen sollen, müssen in dieser Phase formuliert werden. Es sollte sichergestellt werden, dass keine Mehrfacherfassung von Aspekten erfolgen. Die Zielkriterien müssen deutlich voneinander abgegrenzt und nutzenunabhängig [173] sein. Eine vollkommene Nutzenabhängigkeit ist dennoch schwer erreichbar. Zum bestmöglichen Erreichen sollten abhängige Kriterien zusammengefasst werden. [174] In dem Gebot der Nutzenunabhängigkeit liegt der Grund, weshalb monetäre Betrachtungsgrößen in der Regel nicht mit erfasst werden. Die monetären Größen hängen nahezu immer mit anderen Auswirkungen des Betrachtungssachverhaltes zusammen, welche ihrerseits erfasst werden. [175] Zur Erhaltung der Übersicht kann es bei komplexen Problemstellungen sinnvoll sein, Ziele mehrstufig, also mit entsprechenden Unterkategorien, aufzubauen. Je niedriger die Hierarchieebene gewählt wird, desto konkreter ist die Zielformulierung. [176]

*Zu 3.: Gewichtung der Zielkriterien*

Die aufgestellten Zielkriterien werden nun mit Gewichtungen belegt. Damit wird die unterschiedliche Bedeutung der Zielkriterien für das Gesamtziel beurteilt. An dieser Stelle besteht erstmals bei der NWA die Gefahr der Subjektivität. Möglich ist hier eine Befragung aller beteiligten Stellen eines Betrachtungssachverhaltes, damit eine einseitige Sichtweise vermieden wird. [177] Die Gewichtung kann zwischen 0 und 1 (0 % und 100 %) liegen. Die Summe der Gewichtungen auf der höchsten Ebene beträgt dabei 1 (100 %). Gleiches gilt für die Summe aller Unterkriterien eines Oberpunktes. [178] Zu verdeutlichen ist hier, dass die Gewichtung unabhängig vom Teilnutzen ist. In der Realität kann aber davon ausgegangen werden, dass die Bedeutung eines Zielkriteriums subjektiv für den Analysten geringer wird, wenn sein Teilnutzen steigt. [179]

*Zu 4.: Bewertungstabelle erstellen*

Die Darstellung der Kriterien, Gewichtungen und Bewertungen einer NWA kann tabellarisch erfolgen. Eine mögliche Form der Darstellung wird in Tabelle 2 gezeigt. Die Werte $g_m$ stehen für die angesetzte Gewichtung und die Werte $w_{mn}$ für die noch zu bestimmenden Teilnutzwerte. Die Multiplikation der

[171] Vgl. Hanusch, Nutzen-Kosten-Analyse, 2011, S. 175.

[172] Vgl. Zilker, Automatisierung unscharfer Bewertungsverfahren, 2001, S. 77 f.

[173] Nutzenunabhängig bedeutet hier, dass ein Zielkriterium stets ohne die Erfüllung eines anderen Zielkriteriums bewertbar sein muss.

[174] Vgl. Götze, Investitionsrechnung, 2008, S. 181

[175] Vgl. ebd., 2008, S. 181.

[176] Vgl. ebd., S. 182.

[177] Vgl. Diederichs, Führungswissen für Bau- und Immobilienwirtschaft,1999, S. 175.

[178] Vgl. Zilker, Automatisierung unscharfer Bewertungsverfahren, 2001, S. 78.

[179] Vgl. Hanusch, Nutzen-Kosten-Analyse, 2011, S. 178 f.

Teilnutzwerte mit den Gewichtungen ergibt die Gesamtnutzwerte eines Zielkriteriums. Die Summe dieser einzelnen Gesamtnutzwerte der Zielkriterien bildet folglich den zu kalkulierenden Gesamtnutzwert jeder Alternative ab.

Tabelle 2 Berechnungstabelle einer NWA [180]

| Zielkriterien | Gewichtung | Teilnutzwerte | | Gesamtnutzwerte | |
|---|---|---|---|---|---|
| | | Alternative 1 | Alternative 2 | Alternative 1 | Alternative 2 |
| Kriterium 1 | $g_1$ | $w_{11}$ | $w_{12}$ | $g_1 \cdot w_{11}$ | $g_1 \cdot w_{12}$ |
| Kriterium 2 | $g_2$ | $w_{21}$ | $w_{22}$ | $g_2 \cdot w_{21}$ | $g_2 \cdot w_{22}$ |
| Kriterium 3 | $g_3$ | $w_{31}$ | $w_{32}$ | $g_3 \cdot w_{31}$ | $g_3 \cdot w_{32}$ |
| Kriterium n | $g_n$ | $w_{n1}$ | $w_{n2}$ | $g_n \cdot w_{n1}$ | $g_n \cdot w_{n2}$ |
| Summe | 100 % | | | $\Sigma(g_n \cdot w_{n1})$ | $\Sigma(g_n \cdot w_{n2})$ |

*Zu 5.: Bestimmen des Teilnutzens*

In dieser Phase erfolgt die Bewertung jeder Alternative hinsichtlich jedes Zielkriteriums. Damit wird ein Teilnutzwert ermittelt. Der Teilnutzwert drückt den transformierten Zielerreichungswert der Alternative im jeweiligen Kriterium aus. Ein Zielerreichungswert kann dabei in einer Nominal-, Ordinal- oder Kardinalskala vorhanden sein und wird zur Schaffung einer Vergleichbarkeit in einen Kardinalskalenwert transformiert. In der Praxis werden Skalen in Größen 1 bis 5, 1 bis 10 oder 1 bis 100 Punkten verwendet. [181] Die Teilnutzwerte können in der Bewertungstabelle systematisch eingetragen werden. Wie oben schon beschrieben unterliegt die Transformation starken subjektiven Einflüssen. [182]

*Zu 6.: Berechnung der Teil- und Gesamtnutzwerte*

In dieser Phase erfolgt die Berechnung der Teilnutzwerte für jedes einzelne Zielkriterium bezüglich jeder Alternative. Anschließend werden die Teilnutzwerte addiert und der jeweilige Gesamtnutzwert einer Alternative entsteht.

*Zu 7.: Durchführung einer Sensitivitätsbetrachtung*

Mit diesem Schritt wird die Sensitivität der einzelnen Zielkriterien hinsichtlich Abweichungen der Bewertungen und Teilnutzwerte simuliert. Dies dient dazu, die Werthaltigkeit der einzelnen Ergebnisse besser einordnen zu können. [183]

*Zu 8.: Vergleich der Alternativen*

In der Schlussbetrachtung einer NWA werden die Alternativen miteinander verglichen. Dies erfolgt durch einen Vergleich der Gesamtnutzwerte und eine Rangordnung. In einem Abschlussbericht können die Ergebnisse auf Basis der Sensitivitätsbetrachtung verbalisiert werden und als Entscheidungsgrundlage aufgewertet werden.

[180] Vgl. Hanusch, Nutzen-Kosten-Analyse, 2011, S. 181.

[181] Vgl. ebd., S. 176.

[182] Zur Sicherstellung einer möglichst genauen Transformation besteht die Möglichkeit Transformationsfunktionen (TFF) einzusetzen. Götze unterscheidet drei Typen: diskrete TFF, (weist bestimmten Zielerreichungswerten einen spezifischen Teilnutzwert zu), die stückweise-konstante TFF (weist einem Intervall von Zielerreichungswerten einen Teilnutzwert zu) und die stetige TFF (weist jedem Zielerreichungswert genau einen Teilnutzwert zu). Vgl. Götze, Investitionsrechnung, 2008, S. 182 f.

[183] Vgl. Abschnitt 2.4.8.

### 2.4.5.2. Verwendbarkeit der NWA zur Beurteilung neuer Bauverfahren

Das Wesen der NWA basiert auf einer nicht monetären Beurteilung verschiedener Merkmale eines Sachverhaltes. Die Merkmale eines Bauverfahrens werden primär in die Einflusskomponenten Termine, Kosten, Umwelt, Arbeitssicherheit und Qualität beschrieben. [184] Bei der NWA wird weniger auf Basis von konkreten Kennwerten beurteilt. Vielmehr bewertet der Analyst die Alternativen nach konkreten Zielkriterien die weit darüber hinaus gehen. Die Zielkriterien werden subjektiv hinsichtlich des zu erwartenden Nutzens für den Anwender bewertet. Sollten Kenntnislücken bei einzelnen Zielkriterien vorhanden sein, würde sich dieses z. B. durch eine negative Bewertung durch den Analysten wiederspiegeln lassen. Damit ist die NWA relativ unabhängig von einer detaillierten Datenlage. Sie eignet sich also primär dafür, einen Sachverhalt hinsichtlich seiner vorhandenen Daten zu beurteilen. Konkrete monetäre Daten können ergänzend einfließen, sind jedoch qualitativ nicht gefordert. Der Fokus liegt auf einer quantitativen Bewertung des Verfahrens. Gleichfalls kann der Anwender des Bauverfahrens sogar Nutzenvorteile des späteren Nutzers (Bauherrn) mit in die Bewertungen einfließen lassen. [185]

Das Wesen eines neuen Bauverfahrens ist dadurch charakterisiert, dass nicht vollumfänglich Daten vorhanden sind. Daten können jedoch im Verlauf der Anwendung und durch Versuche verbessert und vervielfältigt werden. Durch die Eignung der NWA verschiedene Alternativen relativ zueinander zu beurteilen (Mit- und Ohne-Fall) könnte die NWA geeignet sein, einen Zustand vor einer Verbesserung und einen Zustand nach einer Verbesserung miteinander zu vergleichen. Die Problematik der Subjektivität kann mit einer konsequenten Durchführung der Bewertung aller Alternativen durch denselben Analysten behoben und minimiert werden. Die NWA wird demzufolge als *gut geeignet* zur Beurteilung eines neuen Bauverfahrens eingestuft.

### 2.4.6. Untersuchte Methode: Kosten-Wirksamkeits-Analyse

Die Kosten-Wirksamkeits-Analyse (KWA) vereint Elemente der KNA und NWA. Die Schwierigkeit im Umgang mit nicht monetären Kriterien bei der KNA und der mangelnde Kostenbezug der NWA werden vermieden, ohne dabei neue Nachteile hervorzubringen. [186] Nach *Schach* unter Verweis auf *Aberle* erlaubt die KWA *„[...] damit einen monetären Vergleich verschiedener Alternativen (z. B. Investitionsmodelle) auch dann, wenn die Nutzenwirkungen nicht wie die Kosten monetär bewertet werden können oder sollen."* [187] *Schach* schreibt weiter: *„[...] Grundlage der Methode ist die gedankliche Zerlegung der Wirkungsanalyse in ein Wirksamkeits- und ein Kostenmodell. Wie bei der NWA werden die Wirksamkeiten in gewichteten Teilnutzen ausgedrückt und dann den Kosten gegenübergestellt. Im Auswahlprozess wird diejenige Alternative bevorzugt, die bei gleicher Wirksamkeit die geringsten Kosten verursacht."* [188] Aufgrund der unterschiedlichen Dimensionen von Kosten und Wirksamkeit bei der KWA, ist keine Aussage über die gesamtwirtschaftliche Vorteilhaftigkeit einzelner Maßnahmen zu treffen. Ob der Mitteleinsatz gegenüber Maßnahmen in anderen Sektoren sinnvoll ist, kann nicht abgeleitet werden. Mit der KWA können folglich lediglich solche Alternativen vergleichen wer-

---

[184] Vgl. Abschnitt 2.3.2.3.

[185] Z. B. über die Fragestellung, ob und in wieweit Mindestanforderungen an das Bauwerk hinsichtlich Schallschutz und Brandschutz durch das Bauverfahren geleistet werden können.

[186] Vgl. Diederichs, Führungswissen für Bau- und Immobilienwirtschaft,1999, S. 177.

[187] Schach, Jehle, Naumann, Transrapid und Rad Schiene-Hochgeschwindigkeitsbahnen, 2006, S. 346 mit Verweis auf Aberle, Transportwirtschaft, 2009, S. 476 f.

[188] Schach, Jehle, Naumann, Transrapid und Rad Schiene-Hochgeschwindigkeitsbahnen, 2006, S. 346.

den, die einem gleichen Zielsystem dienen. [189] Außerdem ist hier gleichfalls die hohe subjektive Beeinflussbarkeit der Nutzenbewertung uneingeschränkt zu berücksichtigen.

#### 2.4.6.1. Aufbau der Kosten-Wirksamkeits-Analyse

Bei der Durchführung der KWA werden Kosten und Wirkungen getrennt voneinander betrachtet und erst bei der Auswertung zusammengeführt. Folgenden Aufbau orientiert sich an den Ausführungen von *Schach*. [190]

1. Formulierung und Vorauswahl von Alternativen,
2. Aufstellung des Zielkriteriensystems,
3. Gewichtung der Zielkriterien für die Wirksamkeit,
4. Bewertungstabelle für die Wirksamkeiten (Teilnutzen) erstellen,
5. Ermittlung der Kosten der Alternativen,
6. Bestimmung der Wirksamkeiten (Teilnutzen) der Alternativen,
7. Ermittlung des Kosten-Wirksamkeits-Quotienten,
8. Durchführung einer Sensitivitätsbetrachtung,
9. Vergleich der Alternativen.

Die Formulierung und Vorauswahl von Alternativen und das Aufstellen des Zielkriteriensystems orientiert sich im Wesentlichen an den Ausführungen zur NWA. [191] Hier gilt gleichfalls: *„Analysiert man eine konkrete Maßnahme, so sind der Mit-Fall und der Ohne-Fall die Untersuchungsvarianten.“* [192] Die Gewichtung der Zielkriterien für die Wirksamkeiten kann von der Gewichtung, wie sie bei der NWA vorgenommen wurde, abweichen, wird aber in der gleichen Systematik vollzogen. [193]

Als Bewertungstabelle kann die Tabelle 2 für die NWA nachempfunden werden. Im Unterschied zur NWA bilden jedoch die Werte $g_m$ die angesetzte Gewichtung der Zielkriterien für Wirksamkeiten ab. Die Werte $w_{mn}$ stehen für die noch zu bestimmenden Wirksamkeiten einzelnen Alternativen. Die Multiplikation der Wirksamkeiten mit den Gewichtungen ergibt die Gesamtwirksamkeit eines Zielkriteriums. Die Summe dieser einzelnen Gesamtwirksamkeiten der Zielkriterien bildet folglich die Gesamtwirksamkeit jeder Alternative ab.

Die Ermittlung der Kosten für jede Alternative kann sich an dem Zielkriteriensystem orientieren. Hier ist jedoch zu vermuten, dass dieses nicht immer in der Detailtiefe möglich ist, so dass eher die Gesamtkosten der Alternative zu Grunde gelegt werden.

Der Kosten-Wirksamkeits-Quotient (KWQ) ergibt sich durch eine Division der ermittelten Kosten mit der zuvor in der Bewertungstabelle ermittelten Gesamtwirksamkeiten einer Alternative. Für jede Alternative entsteht ein separater KWQ, der im Rahmen der Schlussbetrachtung miteinander vergleichen und ausgewertet wird. Zum Verständnis ist es wichtig zu wissen, dass dieser Quotient keine absolute Vorteilhaftigkeit eines untersuchten Sachverhaltes abbildet, sondern nur durch den Vergleich der Al-

---

[189] Vgl. Hanusch, Nutzen-Kosten-Analyse, 2011, S. 170.

[190] Schach, Jehle, Naumann, Transrapid und Rad Schiene-Hochgeschwindigkeitsbahnen, 2006, S. 347.

[191] Vgl. Abschnitt 2.4.5.1.

[192] Vgl. Diederichs, Führungswissen für Bau- und Immobilienwirtschaft,1999, S. 177.

[193] Vgl. Abschnitt 2.4.5.1.

ternativen Lösungen bewertbar wird. [194] Ein kleinerer KWQ steht dabei für eine effektivere Mittelverwendung. Werden zwei Quotienten miteinander verglichen, so lässt sich nur eine Lage auf einer Ordinalskala bestimmen (z. B. „effektiver als“). Eine Ableitung auf den Abstand der Werte, wie auf einer Kardinalskala, sind nicht möglich (z. B. „doppelt so effektiv wie“). Dieser Effekt tritt auf, weil die Nutzbewertung (Wirksamkeiten) mit ihrem Punktesystem eine Vergleichbarkeit über alle Kriterien nicht abbilden kann.

Weiterhin ist es möglich, Kosten und Wirksamkeit in einer Matrix gegenüberzustellen. Zu einer besseren Übersichtlichkeit können die Werte der Matrix in einem Diagramm dargestellt werden. In Abbildung 4 sind drei Diagramme gezeigt, an denen die möglichen Auswertungsvorgehensweisen verdeutlicht werden.

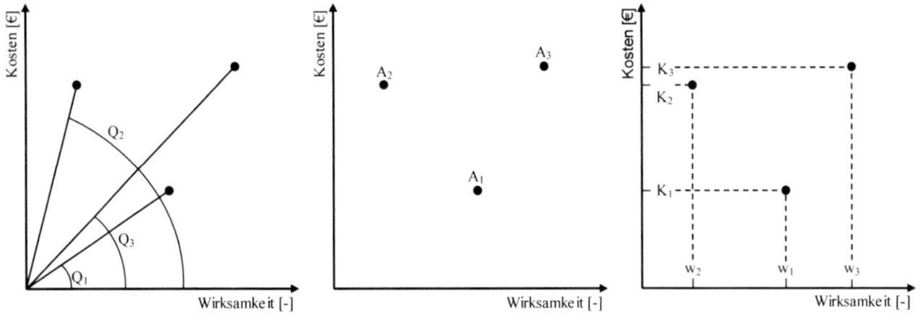


Abbildung 4: Beispielhafte Darstellungsformen der KWA

Einerseits kann der Anstieg der Geraden zwischen Punkt und Koordinatenursprung ausgewertet werden. Der Anstieg der Geraden entspricht dem Kosten-Wirksamkeits-Quotienten. Je steiler der Anstieg, desto ungünstiger beziehungsweise ineffektiver ist das Verhältnis der eingesetzten Kosten gegenüber den erzielten Wirkungen.

Andererseits ist im Vergleich zu den anderen Alternativen jeweils ein vertikaler und ein horizontaler Lageunterschied zu erkennen. Der am niedrigsten gelegene Punkt steht für die Alternative, die mit den geringsten Kosten verbunden ist. Ganz rechts steht die Alternative mit der größten Wirksamkeit.

Als Erweiterung der gezeigten Diagramme könnten die Ergebnisse einer Sensitivitätsbetrachtung noch mit in das Diagramm einfließen. Ein Kreis oder eine Ellipse um den Diagrammpunkt einer Alternative zeigt dabei die mögliche Lage des Punkts bei Abweichung von den getroffenen Annahmen.

### 2.4.6.2. Verwendbarkeit der KWA zur Beurteilung neuer Bauverfahren

Die KWA verbindet Elemente der KNA und der NWA. Folglich ist zu vermuten, dass sich dieses auf die Eignung zur Beurteilung eines neuen Bauverfahrens fortsetzt.

Auf der Seite der Kosten ist das gleiche zu sagen, wie bei der KNA. [195] Es bleibt die Tatsache, dass die Datenvielfalt bei einem neuen Bauverfahren ungleich geringer ist, als bei einem bekannten Bauverfahren. Insbesondere die Kostenaussage ist damit erschwert möglich. Wie bei der KNA bleibt nur die Prognose und Schätzung als Hilfsmittel.

---

[194] Da ein Kosten-Nutzen-Quotient allein keine vergleichsfähige Größe darstellt.

[195] Vgl. Abschnitt 2.4.4.1.

Bei der Betrachtung der Wirksamkeit gilt das zur NWA dargestellte. Die Nachteile bei der monetären Nutzenermittlung der KNA werden durch die Quantifizierung der Daten im Rahmen der Wirksamkeitsbetrachtung ersetzt. Die KWA scheint somit in der Lage zu sein, die Zielkriterien für die Bauverfahrensbewertung in ihrer ursprünglichen monetären oder nichtmonetären Form zu verarbeiten.

Die allumfängliche Betrachtung von Kosten und Wirksamkeit machen die KWA somit zu einer *geeigneten* Methode zur Bewertung eines neuen Bauverfahrens.

### 2.4.7. Untersuchte Methode: ABC-Analyse

#### 2.4.7.1. Das Wesen der ABC-Analyse

Nach *Töpfer* wird mit einer ABC-Analyse die Wichtigkeit von Prozessen und Produkten für ein Unternehmen untersucht. Ziel ist dabei, die Vielzahl komplexer Daten mit einem Prioritätsgrad zu versehen. Zu Grunde liegt der Gedanke, dass nur wenige Prozesse eine übergeordnete Bedeutung besitzen. [196] Weit verbreitet ist die ABC-Analyse auch im Bereich der Logistik. [197] Neben diesen Anwendungsgebieten können Risiken untersucht werden. Zum Beispiel können mit der ABC-Analyse Risiken im Rahmen einer anstehenden KRA vorsortiert werden. [198]

Das Hauptmerkmal der ABC-Analyse ist die Klassifizierung der Untersuchungsobjekte eines Sachverhaltes. *Töpfer* klassifiziert z. B. Prozesse in drei Klassen: A (sehr wichtig), B (wichtig) und C (weniger wichtig). *Coenenberg* spricht im Zusammenhang mit Produktionsgütern für ein Projekt von Teilen mit hoher Bedeutung (A), mittlerer Bedeutung (B) und geringer Bedeutung (C). [199] Bei Risiken nennt *Naumann* drei Risikoklassen: sehr behandlungsbedürftige Risiken (A), behandlungsbedürftige Risiken (B) und weniger behandlungsbedürftige Risiken (C). [200]

Die Einteilung in die Klassen wird in der Regel nach Prozentsätzen vorgenommen. Die Angabe über die Höhe der Prozentwerte schwankt in der Literatur. Als Orientierung werden in der Literatur folgende Einteilungsbeispiele genannt: *Naumann* [201] 70 % - 20 % - 10 %, [202] *Töpfer* [203] 75 % - 15 % - 10 %, *Buscher* [204] 80 % - 15 % - 5 %. Die genaue Festlegung der Einteilung ist unternehmensspezifisch [205] und an den jeweiligen Sachverhalt anzupassen.

---

[196] Vgl. Töpfer, Betriebswirtschaftslehre, 2007, S. 1095.

[197] Z. B. werden für einen repräsentativen Verbrauchszeitraum die Mengen und Kosten der verbrauchten Güter erfasst. Abzusehende Änderungen im zukünftigen Produktionsverlauf sind dabei einzubeziehen. Für jedes Gut oder jede Gruppe an ähnlichen Gütern ist nun die Menge mit den Beschaffungskosten pro Stück zu multiplizieren. Als Zwischenergebnis erhält man eine Auflistung mit Anzahl und Kosten je Gut, welche absteigend nach den Kosten zu sortieren ist. Für jedes Gut werden nun Mengen und Kosten ins Verhältnis zur jeweiligen Summe aller Güter gesetzt. Vgl. Buscher, Daub, Götze, et al., Produktion und Logistik, 2010, S. 140 f.

[198] Vgl. Abschnitt 2.4.6.

[199] Vgl. Coenenberg, Fischer, Günther, Kostenrechnung und Kostenanalyse, 2012, S. 590.

[200] Die Einordnung kann dabei z. B. auf Grundlage der Eintrittswahrscheinlichkeiten, der Auswirkungen oder des Erwartungswerts erfolgen. Vgl. Naumann, Kosten-Risiko-Analyse für Verkehrsinfrastrukturprojekte, 2007, S. 126.

[201] Vgl. Naumann, Kosten-Risiko-Analyse für Verkehrsinfrastrukturprojekte, 2007, S. 126.

[202] Angegeben ist die Verteilung in die Klassen A-B-C anteilig von der Basisgröße.

[203] Vgl. Töpfer, Betriebswirtschaftslehre, 2007, S. 1095.

[204] Buscher, Daub, Götze, et al., Produktion und Logistik, 2010, S. 141.

[205] Vgl. Töpfer, Betriebswirtschaftslehre, 2007, S. 731.

Ist eine Einteilung in die Klassen A, B und C vorgenommen, sind die Untersuchungsobjekte im folgenden Verlauf mit abgestufter Differenzierung und Detaillierung zu bearbeiten. [206]

Ganz allgemein lässt sich festhalten, dass im Umgang mit Elementen der Klasse A besonders sorgfältig vorgegangen werden muss. Je nach Anwendungsgebiet bedürfen Entscheidungen in diesem Bereich einer breiten Informationsgrundlage und sorgfältigen Untersuchungen. Überlegungen zu A-Elementen sollten langfristig und tiefgründig erfolgen.

Bei Elementen der Klassen B und C ist im Gegensatz dazu weniger Detailarbeit erforderlich. Eher sollte ein reibungsloser Gesamtablauf der gewährleitet werden. Aufgrund der geringeren Einflusstiefe des Einzelelements ist ein sparsamerer Umgang mit Ressourcen (z. B. Zeit, Geld, Platz) anzustreben.

#### 2.4.7.2. Verwendbarkeit der ABC-Analyse zur Beurteilung neuer Bauverfahren

Mit einer ABC-Analyse werden die Kriterien nach ihrer Einflussgröße und ihrer Wichtigkeit gruppiert. Mit Ausnahme der Gruppierung erfolgt keine weitere Bewertung. Lediglich das Herausfiltern von wichtigen Faktoren kann bei anderen Bauverfahren hilfreich eingesetzt werden. Zum Beispiel ist bekannt, dass die ABC-Analyse in der Logistik Anwendung findet. Dieses kann gleichfalls auf die Baulogistik im Rahmen eines neuen Bauverfahrens angewendet werden. Weiterhin ist bekannt, dass die Vorauswahl von Risiken und Zielkriterien durch diese Methode möglich ist. Schlussfolgernd kann die ABC-Analyse zur umfänglichen Bauverfahrensbewertung *ungeeignet* eingestuft werden. Sie kann ergänzend bei der KRA, KNA, NWA und KWA eingesetzt werden.

### 2.4.8. Untersuchte Methode: Sensitivitätsanalyse

#### 2.4.8.1. Das Wesen der Sensitivitätsanalyse

Eine Sensitivitätsanalyse (SensA) misst die Auswirkungen der Änderung einer Eingangsgröße [207] auf das Ergebnis der Ausgangsgröße. [208] *„Hierzu wird [...] der Wert jeweils einer Eingangsgröße [...] angehoben oder gesenkt und die Auswirkung auf die Änderung des Wirtschaftlichkeitsmerkmals [...]"* (Zielgröße) untersucht. [209]

Schon an dieser Stelle wird deutlich, dass die SensA ein anderes Bewertungsverfahren auswertet, aber kein eigenständiges Entscheidungsmodell ist. [210] Die Abhängigkeiten von Eingangs- und Ausgangsgrößen werden durch die SensA untersucht. Hergestellt werden sie durch ein anderes Verfahren. Führt eine große Veränderung einer Eingangsgröße nur zu einer geringen Änderung der Ausgangsgröße, so ist die Sensitivität niedrig. Weist im Gegensatz dazu die Zielgröße schon bei geringfügiger Abweichung der Eingangsgröße vom angenommen Wert eine deutliche Änderung auf, so liegt eine hohe

[206] Veranschaulicht werden soll dies an zwei Beispielen aus der Flugzeugindustrie. Die Triebwerke sind A-Güter, welche in der Regel als Ganzes von externen Herstellern bezogen werden. Sie machen einen hohen Anteil (25 - 35 %) des Gesamtwerts des Flugzeuges aus. Sie werden erst zum Ende der Fertigung angeschafft. Für das Unternehmen, welches das Flugzeug baut, entsteht somit eine möglichst kurze Zeitspanne, bis zur Auslieferung des Flugzeugs und Bezahlung durch den Kunden. Die Platten für die Verkleidung der Kabine sind dagegen B- oder C-Güter, die in größeren Mengen für mehrere Flugzeuge beschafft werden, um einen möglichst günstigen Einzelpreis durch die große Anzahl zu erreichen. Vgl. Töpfer, Betriebswirtschaftslehre, 2007, S. 732.

[207] Verschiedene Autoren sprechen im gleichen Zusammenhang von Einflussgrößen.

[208] Verschiedene Autoren sprechen im gleichen Zusammenhang von Zielgrößen.

[209] Hoffmeister, Investitionsrechnung und Nutzwertanalyse : eine entscheidungsorientierte Darstellung mit vielen Beispielen und Übungen, 2008, S. 189.

[210] Vgl. Götze, Investitionsrechnung, 2008, S. 363 ff.

Sensitivität vor. Aus den Ergebnissen einer SensA lässt sich also auch ein Rückschluss auf den Umgang mit den Einzelkriterien ziehen. Eingangsgrößen denen gegenüber die Ausgangsgröße eine hohe Sensitivität aufweist bedürfen besonderer Beachtung. Diese sollten genau untersucht und möglichst exakt ermittelt werden.

Methodisch gibt es zwei theoretische Ansätze. Zum einen ist dieses die Ergebnisänderungsrechnung. Diese Methode betrachtet die Stabilität einer Lösung durch die Änderung einer oder mehrerer Eingangsgrößen. Die Änderung der Eingangsgrößen bei einer vergleichenden Betrachtung wird verglichen, ohne dass eine andere Maßnahme eine größere Vorteilhaftigkeit erreicht. Um dieses zu lösen, muss ein Zusammenhang zwischen den Zielwerten der untersuchten Maßnahmen und den jeweils dazu gehörenden Sensitivitäten auf die Eingangsgrößen hergestellt werden.

Die zweite Methode ist die der kritischen Werte. Dabei wird eine obere und eine unter Grenze für die Ergebnisgröße vorgegeben. Die Eingangswerte werden in verschieden Kombinationen so geändert, dass sich die Ergebnisgröße immer im gesetzten Rahmen befindet. Damit werden die kritischen Werte und Wertekombinationen gefunden. [211] *Glatte* bezeichnet die zwei Methoden als so genannte Parameter-Variationsbetrachtung (entspricht der o. g. Ergebnisänderungsrechnung) [212] und die Extremwertbetrachtung (entspricht der o. g. Methode der kritischen Werte). [213]

Die Auswertung der SensA kann nach *Götze* in einem kartesischen Koordinatensystem erfolgen. [214] Auf der Abszissenachse wird die Änderung der Eingangsgröße in Prozent abgebildet. Auf der Ordinatenachse wird die dazugehörige Änderung der Ausgangsgröße in Prozent dargestellt.

Die Richtung der in diesem Koordinatensystem dargestellten Graphen dürfte in den seltensten Fällen eine Überraschung offenbaren, da die Einflussart der Eingangsgrößen in vielen Fällen offensichtlich ist. Wie stark sich aber die Änderung auf den Ausgangsgrößen niederschlägt (also der Anstieg des Graphen), ist weitaus weniger offensichtlich.

### 2.4.8.2. Verwendbarkeit der SensA zur Beurteilung neuer Bauverfahren

Da die SensA lediglich der Beurteilung einer anderen Methode dient, wird der Einsatz eines der zuvor genannten Bewertungsverfahren vorausgesetzt. Gleichfalls muss das Bewertungsverfahren von festen Eingangswerten ausgehen. Diese werden z. B. bei einem Bauverfahren durch schwankende Materialpreise, Arbeitszeiteinsätze oder Umweltbedingungen beeinflusst. Somit können die Ausgangswerte unterschiedliche Werte annehmen. Um subjektive Schwankungen auszugleichen und die Festlegungen auf eine Quantität zu validieren, wird diese Schwankung in einer Sensitivitätsbetrachtung charakterisiert. Die SensA ist also zur Beurteilung eines neuen Bauverfahrens nur in Verbindung mit einem anderen Bewertungsverfahren tauglich.

---

[211] Vgl. Naumann, Kosten-Risiko-Analyse für Verkehrsinfrastrukturprojekte, 2007, S. 247 f.

[212] Vgl. Glatte, Die internationalen Produktionsstandortsuche im immobilienwirtschaftlichen Kontext, 2012, S. 131 mit Verweis auf Werners, Grundlagen des Operations Research, 2008, S. 109 ff., siehe auch Abschnitt 4.3.3.8

[213] Vgl. Glatte, Die internationalen Produktionsstandortsuche im immobilienwirtschaftlichen Kontext, 2012, S. 131, siehe auch Abschnitt 4.3.3.8.

[214] Vgl. Götze, Investitionsrechnung, 2008, S. 367.

## 2.5. Zusammenfassende Würdigung

Bevor dieses erste theoretische Kapitel dieser Arbeit abgeschlossen wird, sollen die zuvor vorgenommenen Beurteilungen zu Methoden noch einmal zusammen gefasst werden.

So zeigen die Ergebnisse zu den untersuchten Bewertungsmethoden und deren Eignung zur Bewertung eines neuen Bauverfahrens mannigfaltige Ausprägungen. Zusammenfassend sind die Eignungen in der Tabelle 3 dargestellt.

Tabelle 3: Zusammenfassung der Bewertungsverfahren für baubetriebliche Innovationen

| Bewertungsverfahren | Eignung für baubetriebliche Innovationen |
|---|---|
| Situationsanalyse (Instrument SWOT-Analyse) | geeignet |
| Kosten-Risiko-Analyse (KRA) | bedingt geeignet |
| Kosten-Nutzen-Analyse (KNA) | bedingt geeignet |
| Nutzwertanalyse (NWA) | gut geeignet |
| Kosten-Wirksamkeits-Analyse (KWA) | geeignet |
| ABC-Analyse | ergänzend zu KRA, KNA, NWA, KWA |
| Sensitivitätsanalyse | ergänzend zu KNA, NWA, KWA |

Es hat sich z. B. gezeigt, dass die SWOT-Analyse als Instrument der Situationsanalyse geeignet ist, ein neues Bauverfahren als baubetriebliche Innovation im engeren Sinne zu bewerten. Ungeeigneter erscheint diese Methode jedoch für eine vergleichende Bewertung mehrere Verfahrensalternativen oder mehrerer Bewertungen zu unterschiedlichen Bewertungszeitpunkten zueinander. Bei den multikriteriellen Bewertungsverfahren hat sich die Nutzwertanalyse als Vorzugsvariante herausgestellt. Diese korreliert mit dem Charakter eines neuen Bauverfahrens besonders gut. Sie eignet sich, um qualitative Daten zu quantifizieren. Sie eignet sich zudem, ein Scheitern der Bewertung bei unterschiedlicher Datenvielfalt einzelner Alternativen vorzubeugen. Außerdem kann das neuen Bauverfahren mit einer Nutzwertanalyse an beliebig vielen Zeitpunkten im Rahmen eines Untersuchungszyklus bewertet und damit relativiert werden. Bei den ergänzenden Methoden ist die Sensitivitätsanalyse besonders zu würdigen, da diese die Eingangsparameter eines anderen Verfahrens besonders untersucht und auf Werthaltigkeit prüft.

Abschließend erscheint somit die Behauptung möglich, dass z. B. die Nutzwertanalyse in Verbindung mit der Sensitivitätsanalyse geeignet ist, einen Status-Quo, verschiedene Entwicklungsstufen und/oder den Wissensstand einer baubetrieblichen Innovation im engeren Sinn bewertbar zu machen.

Eine ausführliche Würdigung der definitorischen Aspekte dieses Kapitel 2 erfolgt später am Ende des Kapitel 3, da sich damit der Zusammenhang beider Kapitel und der beiden theoretischen Themengebiete (baubetriebliche Innovation sowie Methoden zur Innovationoptimierung) besser abbilden lässt, bevor daraus das neue Modell abgeleitet wird. Zunächst soll jetzt im Kapitel 3 das methodische Wissen erweitert und dabei der Fokus auf die Optimierung einer Innovation branchenübergreifend und bauwirtschaftsbezogen gelegt werden.

# 3 Methodenwissen zur Optimierung von Innovationen

## 3.1. Vorüberlegungen

Erfahrungen und Motive für diese Arbeit ergaben sich maßgeblich aus eigenen Forschungen an baubetrieblichen Innovationen. So konnte festgestellt werden, dass es keinen einheitlichen Umgang mit baubetrieblichen Innovationen gibt und auch die Motivation bei den Beteiligten höchst heterogen war. Aus diesen Erkenntnissen heraus warf sich die Frage auf, wie der Innovationsprozess einer baubetrieblichen Innovation verbessert und optimiert werden kann.

Vielleicht gibt es in anderen Wissenschaftsgebieten ähnliche Probleme und/oder bereits Lösungen. Der Gesamtkontext der Arbeit könnte z. B. vermutet lassen, dass die anfänglich formulierten Thesen und die Lösung der formulierten Problemstellung im bereits oft erprobten Kontext des Innovationsmanagements zu finden sind. Hierzu ist zunächst zu klären, welche Fachbereiche und Branchen von dieser Methodik partizipieren und ob es Unterschiede im Verständnis gibt. Es soll aufgezeigt werden, welche Abgrenzung zu Begriffen wie Technologiemanagement, Forschungs- und Entwicklungsmanagement, sowie Forschungs- und Entwicklungs-Controlling vorzunehmen sind, um daraus den Fokus der Arbeit in diesen Themengebieten einzuordnen. Diese recht theoretische Betrachtungsweise des Innovationsmanagements mündet danach in einer praxisorientierteren Analyse zum Einsatz des Innovationsmanagements in der Bauwirtschaft mit Fokus auf den Baubetrieb. Es sollen verschiedene Studien ausgewertet werden, deren Untersuchungsinhalt die Frage beantworten sollten:

Ist diese Methode im Baubetrieb tragfähig oder bereits erprobt um baubetriebliche Innovationen erfolgreich in die Praxis einzuführen?

Aus den Ergebnissen wird eine Rückkopplung zu möglichen Barrieren gebaut, um dieses wiederum als Grundlage zu verwenden, gezielt nach einer alternativen Methode zu suchen.

Eines der erfolgreichsten Managementmethoden zur Optimierung betrieblicher Prozesse ist der Kontinuierliche Verbesserungsprozess (KVP). Dieses wird zum Anlass genommen, hier einen vertiefenden Einblick in dessen Wesen zu liefern, um auf dieser Grundlage und im neuen Lösungsansatz eine Verbindung zur Ausgangsproblemstellung herzustellen.

## 3.2. Innovationsmanagement und branchenübergreifende Ausprägung

Ähnlich wie bei der Begriffsherleitung *Innovation* gibt es für den Begriff Innovationsmanagement einen weitumfassenden Literaturbestand. Einige Autoren führen den Begriff in ihren Arbeiten so ein, dass sie von schillernden Bedeutungen sprechen. So handelt es sich laut *Hauschildt und Salomo* um eine Wortzusammenführung der schillernden Begriffe „*Innovation*" und „*Management*". [215] Demnach verlangt Letzterer zunächst eine eigene Definition. Management wird dabei in zahlreichen Literaturen in Institution und Funktion unterschieden. „*Die Institution bezeichnet formal die organisatorisch zuständigen, inhaltlich die faktischen Träger der betrieblichen Macht. Die Funktion umschließt stets dispositive, nicht hingegen ausführende Tätigkeiten.*" Weiter definieren *Hauschildt und Salomo*: „*Management ist dadurch gekennzeichnet, dass es Strategien und Ziele definiert und verfolgt, Ent-*

---

[215] Vgl. Hauschildt, Salomo, Innovationsmanagement, 2011, S. 29.

*scheidungen trifft, Informationsflüsse bestimmt und beeinflusst, soziale Beziehungen herstellt und gestaltet, auf die Partner in diesem sozialen Beziehungen einwirkt, um die getroffenen Entscheidungen zu realisieren.“* [216]

Wie bereits im Abschnitt 2.2 dieser Arbeit hervorgehoben, gehen die Ursprünge des Begriffes Innovation unter anderen auf Prägungen von *Schumpeter* zurück. Dieser stellt den einzelnen Innovationsprozess ins Zentrum der Betrachtung und ist in das System Unternehmung einzugliedern. [217] In dieser Gedankenfolge fassen *Hauschildt und Salomo* die Begriffe Innovation und Management zusammen und definieren schlussendlich:

*„Innovationsmanagement ist dispositive Gestaltung von Innovationsprozessen.“* [218]

Laut dem Wirtschaftslexikon von *Gabler* unter Autorenschaft von *Möhrle* wird ergänzend darauf verwiesen, dass es sich beim Innovationsmanagement um eine *betriebliche Kerntätigkeit* handelt. Außerdem wir hier noch von dem Zweck des Innovationsmanagements zur *Wertsteigerung des Unternehmens* in Anlehnung an Schumpeter gesprochen. [219]

### 3.2.1. Verwandte Begriffe im vergleichbaren Kontext

Neben dem Begriff Innovationsmanagement gibt es einige Begriffe, die im gleichen Zusammenhang verwendet werden. Dennoch obliegen diese einer Abgrenzung zueinander und bilden dadurch ein noch deutlicheres Verständnis von Innovationsmanagement aus.

#### 3.2.1.1. Abgrenzung zum Technologiemanagement

Unter Technologiemanagement versteht *Möhrle* vorrangig die Bereitstellung und Weiterentwicklung der technologieorientierten Ressourcen. Ressourcen sind in diesem Zusammenhang die Produktionsfaktoren, die nach *„[...] Durchführung von Veredelungsprozessen erstens über Relevanz für Absatzmärkte verfügen, zweitens eine Behauptung gegenüber Konkurrenten ermöglichen und drittens im Wettbewerbsvergleich heterogen sind.“* Im Gegensatz berücksichtigt das Innovationsmanagement eben nur die neuartige Kombination von Ressourcen. [220]

Für *Specht und Mieke* ist das Ziel eines Technologiemanagement *„[...] die Wettbewerbsfähigkeit von Unternehmen durch den Aufbau und die Weiterentwicklung technologiebasierender Erfolgsfaktoren langfristig zu sichern. Es umfasst die Planung, Organisation, Führung und Kontrolle der Unternehmensprozesse.“* [221] Diese Begriffe führen *Specht und Mieke* in einer Prozesskette zusammen, wobei sie auf neue Begrifflichkeiten zurückgreifen (Abbildung 5).

[216] Hauschildt, Salomo, Innovationsmanagement, 2011, S. 29.

[217] Vgl. ebd., 2011, S. 29 mit Verweis auf Schumpeter, Theorie der wirtschaftlichen Entwicklung, 1912, S. 177.

[218] Hauschildt, Salomo, Innovationsmanagement, 2011, S. 29.

[219] Vgl. Gabler, Wirtschaftslexikon Band E-J, 2004, S. 1.500.

[220] Vgl. ebd., 2004, S. 1.500.

[221] Vgl. Gabler, Wirtschaftslexikon Band S-Z, 2004, S. 2.902.

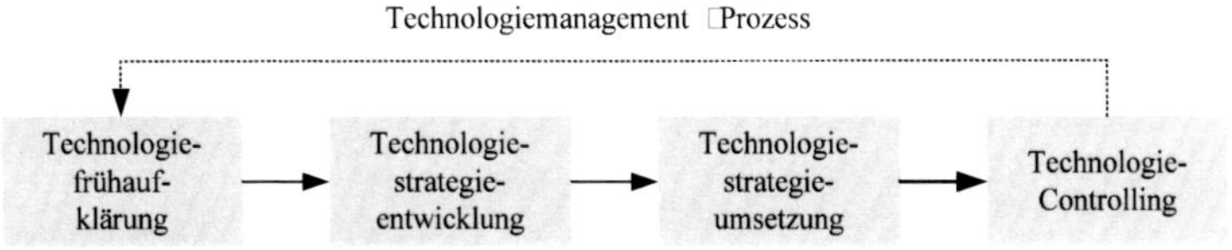


Abbildung 5: Technologiemanagement Prozesse nach Specht, Mieke [222]

Beide Autoren verweisen gleichfalls auf Überschneidungen dieser Definition zum Innovationsmanagement und zusätzlich noch zum Forschungs- und Entwicklungsmanagement.

### 3.2.1.2. Abgrenzung zum Forschungs- und Entwicklungsmanagement

Laut Definition bezieht sich diese Begrifflichkeit auf den Prozess, etwas Neuartiges zu schaffen. *Forschung* umschreibt den generellen Erwerb neuer Erkenntnisse. Hingegen bedeutet *Entwicklung* die erstmalige konkretisierende Anwendung und praktische Umsetzung dieses neuen Wissens. [223] In der Literatur hat sich eine Aufteilung der Forschung und Entwicklung in drei wesentliche Phasen durchgesetzt. *Brockhoff* nennt z. B. mit Verweis auf die OECD Festlegungen von 1992 die *Grundlagenforschung*, die *angewandte Forschung* und die *Entwicklung.* [224] Eine weitere Benennung dieser Phasen ist in der Verordnung Nr. 800/2008 der Kommission der Europäischen Gemeinschaft vom 06.08.2008 eingeführt. Darin werden unter Artikel 30 Beihilfen für Forschung und Entwicklung sowie Innovationen begrifflich erläutert und die Phasen *Grundlagenforschung*, die *industrielle Forschung* und die *experimentelle Entwicklung* benannt. [225]

Die prozessorientierte Einbindung aller Aktivitäten erfolgt ähnlich wie beim Technologiemanagement beim Forschungs- und Entwicklungsmanagement (F&E-Management) in vier Phasen. Diese Phasen sind laut *Brockhoff*: Planung, Organisation, Führung sowie Kontrolle. [226] Alle vier Phasen grenzen den Ressourcenrahmen ein, auf dessen Grundlage sich ein F&E-Management bei der Erbringung seiner Aufgaben stützen kann. Für vertiefende Betrachtungen der Phasen wird auf *Brockhoff* verwiesen und soll hier nicht weiter ausgeführt werden. [227]

Schlussendlich bleibt noch, die Abgrenzung dieses F&E-Managements gegenüber dem Innovationsmanagements hervorzuheben. Auch hier hat *Brockhoff* Eindeutiges hergeleitet. Er sieht Forschung und Entwicklung als nur eine Phase eines Innovationsprozesses. Demnach ist sein Verständnis eines *Innovationsmanagement im weiteren Sinne* viel umfassender als F&E-Management. Er ergänzt, dass dieses nur dann anders gesehen werden kann, *„[...] wenn Innovationsmanagement sich allein auf die der Forschung und Entwicklung folgenden Phasen in der Einführung von Neuerungen bezieht (Innovationsmanagement im engeren Sinne).“* [228] Noch deutlicher wird diese Abgrenzung in Abbildung 6, in der Innovationsmanagement im weiteren Sinne systematisiert ist.

---

222 Quelle: Gabler, Wirtschaftslexikon Band S-Z, 2004, S. 2.902.

223 Vgl. Gabler, Wirtschaftslexikon Band E-J, 2004, S. 1.088.

224 Vgl. Brockhoff, Forschung und Entwicklung, 1999, S. 49 ff.

225 Eine tiefe Beschreibung dieser Phasen und Wertung hinsichtlich der differenten Interessenslage erfolgt im Abschnitt 3.3.4.3 dieser Arbeit.

226 Gabler spricht hier nur von drei Phasen und verzichtet auf die Führung. Vgl. Gabler, Wirtschaftslexikon Band E-J, 2004, S. 1.088.

227 Vgl. Brockhoff, Forschung und Entwicklung, 1999, S. 71.

228 Brockhoff, Forschung und Entwicklung, 1999, S. 70.

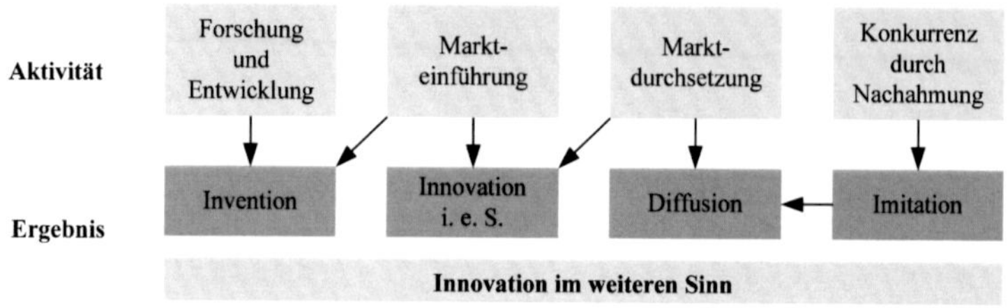


Abbildung 6: Innovationsmanagement im weiteren Sinne nach Brockhoff[229]

### 3.2.1.3. Abgrenzung zum Forschungs- und Entwicklungs-Controlling

Laut *Pekrul* erfolgt das *„bewusste Erarbeiten von neuen Erkenntnissen [...] durch die Forschung und Entwicklung (F&E), wobei die Forschung den generellen Erwerb neuer Kenntnisse, die Entwicklung deren erstmalige konkrete Anwendung und praktische Umsetzung bezeichnet.“* [230]

Wie bereits im vorherigen Abschnitt herausgearbeitet, gibt es unterschiedliche Auffassungen über die einzelnen Phasen eines F&E-Management und den damit verbundenen Aufgaben und Prozessen. *Brockhoff* spricht von vier Phasen (Planung, Organisation, Führung, Kontrolle). *Gabler* verzichtet auf die Phase Führung. Eine dritte Sichtweise liefert *Schorb*, mit Bezug auf *Commes und Lienert*, der das *Forschungs- und Entwicklungs-Controlling* (F&E-Controlling) stärker hervorhebt. [231] Demnach hat ein F&E-Controlling laut *Schorb* die Aufgabe, das F&E-Management in allen Phasen zu unterstützen. Als Phasen für F&E versteht er die Strategische Orientierung, die Ideenfindung, die Bewertung und Auswahl sowie die Produktentwicklung. [232] Hinter den Aufgabenbegriff versteht er zum einen strukturelle Aufgaben wie „organisatorische Aspekte“ und gleichfalls das „Personalmanagement“ und die „Information und Kommunikation“. Außerdem sieht er eine Vielzahl von strategischen und operativen Prozessen im Bereich des F&E-Controlling. Schlussendlich gliedert er das F&E-Controlling als Teil des F&E-Managements in drei Teile auf: [233]

- Strategischen F&E-Controlling (Steuerung von Erfolgspotenzialen, die der langfristigen Existenzsicherung eines Unternehmens dienen und sich erst später in monetären Größen auswirken),
- Operatives F&E-Controlling (Steuerung von monetären Zielgrößen [234]) und
- F&E-Controlling zur Verbesserung der Rahmenbedingungen in F&E (Unterstützung des F&E-Managements in Organisation-, Personalmanagement- sowie Informations- und Kommunikationsprozessen). [235]

[229] Quelle: Brockhoff, Forschung und Entwicklung, 1999, S. 38.

[230] Pekrul, Strategien und Maßnahmen zur Steigerung der Wettbewerbsfähigkeit deutscher Bauunternehmen, 2006, S. 111 mit Verweis auf Kalkowski, Innovationsstrategien, 1997, S.91.

[231] Vgl. Schorb, Verhaltensorientiertes FuE-Controlling, 1994, S. 124 mit Verweis auf Commes, Lienert, Controlling im FuE-Bereich, 1983, S. 349.

[232] Vgl. Schorb, Verhaltensorientiertes FuE-Controlling, 1994, S. 124.

[233] Vgl. ebd., 1994, S. 124 f.

[234] Vgl. ebd., 1994, S. 130.

[235] Vgl. ebd., 1994, S. 262.

#### 3.2.1.4. Begriffsfestlegung Innovationsmanagement

Nachdem in den vorherigen Abschnitten die Unterschiede zwischen einzelnen Managementmethoden erarbeitet wurden, soll hier abschließend eine allgemeingültige Festlegung getroffen werden, wie Innovationsmanagement im Kontext der Arbeit verwendet wird. Dieses ist auch deshalb nötig, da die Mannigfaltigkeit der Quellen und Literatur eine Vielzahl an unterschiedlichen Sichtweisen und Differenzierungen aufweisen.

Grundsätzlich folgt diese Begriffsfestlegung der Sichtweise von *Schorb* und wird hier nur in einem technischen Kontext gesehen. Außerdem ist zwischen Innovationsmanagement im weiteren Sinne (IMiwS) und Innovationsmanagement im engeren Sinne (IMieS) zu unterscheiden.

IMiwS umfasst die Gesamtheit der Aktivitäten und Prozesse, die in einzelnen Phasen eines Innovationsprozesses erforderlich sind. Laut Abbildung 6 sind dieses die Forschung und Entwicklung, die Markteinführung, die Marktdurchsetzung und die Beobachtung der Konkurrenz und Nachahmung. Die einzelnen Phasen mit ihren Aktivitäten führen zu Zwischenergebnissen, die wiederum in einer Korrelation zu einander stehen. Zeitlich betrachtet erstreckt sich damit das IMiwS von der ersten Idee zu einer möglichen Innovation bis hin zur Sicherung des nachhaltigen Markterfolges im Wettbewerb auf unbestimmte Zeit.

Beim IMieS handelt es sich demnach um die isolierte Betrachtung der Forschungs- und Entwicklungsphase bis hin zur Markteinführung. Das IMieS ist dabei in drei grundsätzliche Phasen zu unterteilen: Die Grundlagenforschung, die industrielle Forschung und die experimentelle Entwicklung. Das Ergebnis einer IMieS ist eine marktreife Innovation (hier Produkte oder Verfahren), das sich gegenüber der Ausgangssituation vor der Forschung und Entwicklungsphase deutlich abhebt.[236]

### 3.2.2. Verbreitung des Innovationsmanagements

Die Ausprägung und Verbreitung des Innovationsmanagements in den verschiedenen Bereichen der Wirtschaft, Politik und Gesellschaft ist sehr mannigfaltig. Um hier einen Überblick zu erhalten in welchen Bereichen sich die Literatur unter wissenschaftlichen Gesichtspunkten mit Innovationsmanagement beschäftigt, lohnt ein Blick in den Fundus der Sächsischen Staats- und Universitätsbibliothek (SLUB).

Allein unter der Titelabfrage „innovation management“ als englischsprachigen Ausdruck ergeben sich 5.376 Ergebnisse im Katalog. Dieser Trefferliste setzt sich aus einem großen Anteil an Aufsätzen (4.092), Text-Ressourcen (976), Rezensionen (740), Büchern (28), Zeitschriften (7), Zeitungsartikeln (1) und Conference Proceedings (1) zusammen. [237]

Wird die Suchabfrage auf den deutschsprachigen Titel eingeschränkt und wird „Innovationsmanagement“ gesucht, ergeben sich immer noch 184 Ergebnisse. Diese wiederum verteilen sich auf Bücher (159), Aufsätze (6), Rezensionen (1), Sonstigen Textressourcen (1) und Anderen Medien (17). [238]

Der Großteil der tangierten Bereiche umfasst wirtschaftswissenschaftliche Fachliteratur ohne besonderen Branchenbezug. Dennoch gibt es eine Auswahl an speziellen deutschsprachiger Quellen, die sich tiefgründiger mit einzelnen Branchen und Fachbereichen hinsichtlich Innovationsmanagements auseinander setzen. In der Tabelle 4 sind die Ergebnisse dieser Literaturrecherche aufgezeigt.

---

[236] Vgl. Definition von Innovation im Abschnitt 2.2.

[237] Recherche in OPAC unter www.slub-dresden.de am 01.02.2012, 14.40 Uhr.

[238] Recherche in OPAC unter www.slub-dresden.de am 01.02.2012, 14.50 Uhr.

Tabelle 4: Literaturrecherche zu Innovationsmanagement in einzelnen Branchen (Auszugsweise)

| Nr. | Titel | Autor | Jahr | Verlag |
|---|---|---|---|---|
| 1 | **Bankenwesen**: Innovationsmanagement: Methoden, Ideen, Beispiele | n. n. | 1996 | Deutsche Bank |
| 2 | **Gesundheits- und Innovationsmanagement** | n. n. | n. n. | Rainer Hampp |
| 3 | Innovationsmanagement: Theorie und Praxis im **Kulturvergleich** | Albach, Horst [Hrsg.] | 1990 | Gabler |
| 4 | Strategisches Innovationsmanagement: Eine Analyse betrieblicher Innovationssysteme in der **spezialchemischen Industrie** in Deutschland | Au, Dominik von | 2011 | Gabler |
| 5 | Innovation und Innovationsmanagement in **kleinen und mittleren Unternehmen** | Blessin, Bernd | 1998 | EFLR |
| 6 | Integriertes Technologie- und Innovationsmanagement: Konzepte zur Stärkung der Wettbewerbskraft von **High-Tech-Unternehmen** | Booz, Allen en Hamilton Internationaal NV | 1991 | Erich Schmidt |
| 7 | Management und Führung von Kooperationen: Theorie, Empirie und Gestaltung für **Biotechnologieunternehmen** | Bouncken, Ricarda Barbara; Golze, Andreas | 2007 | Rainer Hampp |
| 8 | E-Innovationsmanagement in der **Automobilindustrie** | Breckner, Carsten | 2004 | Josef Eul |
| 9 | Innovationsmanagement **konsumtiver Dienstleistungen** im tertiären Sektor | Bruckner, Jörg | 2000 | n. n. |
| 10 | Innovationsmanagement **industrieller Dienstleistungen**: Theoretische Grundlagen und praktische Gestaltungsmöglichkeiten | Busse, Daniel | 2005 | Deutscher Universitäts Verlag |
| 11 | Innovationsmanagement für **technische Produkte** mit Fallbeispielen | Eversheim, Walter | 2003 | Springer |
| 12 | Regionales Innovationsmanagement unter den Bedingungen einer regionalisierten Strukturpolitik: Das Beispiel der **altindustriellen Regionen** Nord-Pas-de-Calais und Emscher Lippe | Feldotto, Petra | 1997 | Duncker & Humblot |
| 13 | Erfolg durch Innovation: strategisches Innovationsmanagement in **Bibliotheken** und **öffentlichen Informationseinrichtungen** | Georgy, Ursula | 2010 | Dinges & Frick |
| 14 | Innovationsmanagement in der **deutschen Luftfahrtindustrie** unter dem Einfluss europäischer und deutscher Innovationspolitik | Gotthardt, Cordula | 2007 | Josef Eul |
| 15 | Innovationsmanagement **in der DDR** 1973/79 - 1989: Der sozialistische Manager zwischen ökonomischen Herausforderungen und Systemblockaden | Knortz, Heike | 2004 | Duncker & Humblot |
| 16 | Innovationsmanagement für die **Deutsche Bahn** | Kontz, Ludwig Udo Deutsche Bahn AG | 1990 | Deutsche Bundesbahn |
| 17 | **Integrierter Umweltschutz**: eine Herausforderung an das Innovationsmanagement | Kreikebaum, Hartmut [Hrsg.] | 1991 | Gabler |
| 18 | Innovationsmanagement in der **Gesetzlichen Krankenversicherung** | Elisabeth Panke, Joan | 2009 | n. n. |
| 19 | Innovationsmanagement in **Gesundheitssystemen** | Rebscher, Herbert; Kaufmann, Stefan | 2010 | Medhochzwei |
| 20 | Markteinführung von **erneuerbaren Energien**: Lock- out- Effekte und innovationspolitische Konsequenzen für elektrische Wind- und Solarnutzung | Reichel, Markus | 1998 | Deutscher Universitäts Verlag |
| 21 | **Nutzerorientierung** im Innovationsmanagement: neue Ergebnisse der Sozialforschung über Technikbedarf und Technikentwicklung | Rose, Helmuth [Hrsg.] | 1995 | Campus |
| 22 | Innovationsmanagement im **öffentlich-rechtlichen Bereich** | Schori, Kurt; Taverna, Claudia | 2010 | Haupt |
| 23 | Innovationsmanagement bei **Finanzdienstleistungen** | Stein, Johann Heinrich von; Adams, Hans et al. | 1988 | Knapp |
| 24 | Ansatzpunkte und Methoden zur Effizienzsteigerung im Innovationsmanagement der **Ernährungsindustrie** | Stockmeyer, Bernhard | 2002 | VVF |
| 25 | Von der Idee zum fertigen Produkt: Innovationsmanagement bei **Trumpf** | Weiler, Sascha; Sutter, Dirk; Koerber, Christian | 2008 | n. n. |
| 26 | Das adaptive Streckbiegen von **Aluminiumhohlprofilen,** ein Beitrag zum integrierten Technologie- und Innovationsmanagement | Weippert, Roland Gerhard | 1997 | VDI |
| 27 | Innovationsmanagement bei **Energieversorgungsunternehmen**: Grundprinzip zum Innovationsmanagement als Ansatz zur Bewältigung von Herausforderungen von kommunalen und regionalen Energieversorgungsunternehmen | Wengeler, Fritz | 2004 | www.dissertation.de |
| 28 | Wettbewerb im **deutschen TV- Produktionssektor**: Produktionsprozesse, Innovationsmanagement und Timing- Strategien | Zabel, Christian | 2009 | Verlag für Sozialwissens. |
| 29 | Innovationsmanagement in der **Biotechnologie** | Zuber, Pascal | 2008 | Gabler |

Vergleichbare umfängliche Ergebnisse liefert die freie Recherche im Internet. Hier gibt es allein in der Suchmaschine „Google“ unter der Schlagwortabfrage „Innovationsmanagement“ ungefähr 4.15 Mio. Ergebnisse. Auch hier übersteigt die internationale Suche um ein Vielfaches die deutschsprachige Ergebnismenge. Mit etwa 43 Mio. Treffern des Begriffs „innovation management“ kann auf eine sehr umfängliche Beachtung und Bedeutung dieses Themengebietes geschlussfolgert werden.[239]

Kritisch muss an dieser Stelle hinsichtlich dieser groben Auswahl an Literaturquellen angemerkt werden, dass Innovationsmanagement oft als Teilgebiet anderer Wissenschaftsgebiete betrachtet wird. So findet sich Innovationsmanagement gleichfalls in Quellen, die sich mit Strategischer Unternehmensführung, Unternehmensführung allgemein und Managementmethoden befassen. Gleichfalls können Wettbewerb und Markt relevante Schlagworte sein, hinter denen sich Innovationsmanagementaspekte verbergen könnten.

## 3.3. Innovationsmanagement im Baubetrieb

### 3.3.1. Stand der deutschsprachigen Literatur zu Innovationsmanagement im Baubetrieb

Eines wird jedoch bei der Recherche in der SLUB und in der freien Quellensuche im Internet deutlich. Die Verbindung von Innovationsmanagement und Bauwirtschaft und/oder Innovationsmanagement und Baubetrieb oder ähnliche Kombinationen sind im Ergebnis deutlich unterrepräsentiert. Werden die Recherche hinsichtlich der zuvor benannten weitergefassten Begriffe der Unternehmensführung und des Management vertieft, erscheinen wenigstens einige Quellen bedeutsam. Vage kann damit an dieser Stelle geschlussfolgert werden, dass diese geringe Beachtung des Themengebietes Innovationsmanagement in der Bauwirtschaft ein erstes Indiz für geringe Wertschätzung in dieser Branche sein könnte. Um diese Vermutung näher zu erörtern, werden nachfolgend deutschsprachige Quellen benannt, in denen das Spektrum an Publikationen aufgezeigt werden soll:

*Seeling, R., Unternehmensplanung im Baubetrieb, 1995, G. Teubner Verlag, S. 120 f.*

In diesem Buch werden Aspekte der Unternehmensplanung betrachtet. Speziell unter dem Dachthema strategisches Controlling werden Ansätze zum Themenkomplex erläutert. Hier wird der Begriff Innovationskraft als Steuerungsgröße für strategisches Controlling benannt.

*Diederichs, C. J., Handbuch der strategischen und taktischen Bauunternehmensführung, 1996, Bauverlag, S. 445 – 462.*

Dem Themengebiet Forschung und Entwicklung wird hier ein ganzes Kapitel gewidmet. Auf 17 Seiten wird am Beispiel des Baukonzerns Hochtief ein Praxisbeispiel für Forschung und Entwicklungsexpertise in Baukonzernen geliefert. Auf spezielle Aspekte des Innovationsmanagements wird dabei weniger eingegangen.

*Brüssel, W., Baubetrieb von A bis Z, 1998, Werner-Verlag, S. 198.*

In diesem Buch werden unter der Schlagwortsortierung wichtige Begriffe aus dem Baubetrieb erläutert. Der Begriff Innovation erhält hier eine Würdigung von drei Zeilen und bildet damit eine erschreckend geringe Gesamtheit dieses Themenkomplexes in diesem Fachbuch ab.

---

[239] Vgl. Internetrecherche bei http://www.google.de/search?q=innovationsmanagement&ie=utf-8&oe=utf-8&aq=t&rls=org.mozilla:de:official&client=firefox-a am 01.02.2012, 14.51 Uhr.

*Diederichs, C. J., Führungswissen für Bau- und Immobilienfachleute, 1999, Springer-Verlag, S. 197 f.*

Dieses Fachwerk umfasst ein Kapitel zu Unternehmensführung in der Bauwirtschaft. Dabei wird zwar auf wenige strategische Aspekte eingegangen. Vertiefende Ausführungen zu Forschungs- und Entwicklungsmanagement bzw. Innovationsmanagement bleiben jedoch aus.

*Breyer, W., Unternehmerhandbuch Bau, 2005, Vieweg Verlag.*

Hier werden verschiedene Aspekte des Baubetriebes und der Bauunternehmensführung beschrieben. Eine explizite Berücksichtigung der Bereiche Forschung und Entwicklung und/oder Innovationsmanagement fehlt gänzlich.

*Hartmann, A., Innovationsmanagement in Bauunternehmen, 2004, Eigenverlag ETH Zürich.*

Bereits der Titel dieses Werkes suggeriert eine umfängliche Würdigung des untersuchten Themas. In Folge einiger Fachbeiträge in branchenspezifischen Zeitschriften durch die Autoren *Hartmann und Girmscheid* wird mit dieser Dissertation von *Hartmann* das Thema Innovationsmanagement in einem umfassenden Themenkomplex Bauwirtschaft überführt. Der Autor geht dabei ausgehend von allgemeinen Theorien des Innovationsmanagements bis hin zu speziellen Aspekte in der Bauwirtsschaft und den Bauunternehmen ein. Er orientiert sich dabei an vier Forschungsfragen: Zunächst beantwortet er Merkmale von Innovationsaufgaben. Anschließend untersucht er Bedingungsgrößen, die sich aus Innovationsaufgaben ergeben. Zum dritten geht er auf die Frage tiefer ein, welches Generierungs- und Realisierungspotenzial es bei innovativen baulichen Gesamtlösungen gibt. Und schlussendlich wird eine Lösung gefunden, welche organisatorischen Gestaltungsmaßnahmen zur Bewältigung strategisch definierter Innovationsaufgaben möglich sind. Zur Lösung des Problems untersucht *Hartmann* empirisch-explorativ drei Schweizer Unternehmen und deren Innovationsverhalten.

Als Zwischenresümee bleibt festzustellen, dass *Hartmann* in Zusammenarbeit mit *Girmscheid* scheinbar die einzigen Autoren sind, die sich in Fachbeiträgen und Fachliteratur bis zu diesem Zeitpunkt ausführlich diesem Thema widmen. Aber auch dabei bleiben z. B. spezielle Betrachtungen des Innovationsmanagements in einem Kontext, der dem Innovationsmanagement im engeren Sinn nach *Schorb* vergleichbar wäre, undiskutiert. Insbesondere werden zwar Instrumente für bauliche Gesamtlösungen dargestellt, spezielle Methoden aus Sicht der Bauunternehmen werden nur ansatzweise benannt.

In der zeitlichen Folge dieser Forschungen von *Hartmann* folgen zwei weitere Dissertationen mit guten Ansätzen, jedoch nur geringer Fortschreibungstiefe, wie sie die Arbeit von *Hartmann* hätte erwarten lassen können.

*Pietsch, R.-S., Aspekte der Marktorientierten Unternehmensführung mittelständischer Bauunternehmen, 2005, Eigenverlag TU Berlin, S. 146 ff.*

Der Autor *Pietsch* geht in seiner Dissertation speziellen Marktkriterien auf den Grund und untersucht Chancen und Auswirkungen für mittelständische Bauunternehmen. Ein Unterkapitel widmet er dabei dem Innovationsmanagement im Speziellen. Dabei wird auf zwei Seiten eine Untersuchung ausgewertet, inwieweit die befragten Bauunternehmen diesen Themenkomplex in ihren strategischen Überlegungen berücksichtigen und welchen Stellenwert sie dem Thema Innovationsmanagement zuordnen. Darüber hinaus werden in diesem Buch Möglichkeiten und Trends ausgeführt. Eine detaillierte Analyse von Werkzeugen und Instrumenten oder eine Anlehnung an andere Branchen bleibt auch in diesem Werk aus. Ebenso wird in dieser Quelle in keinster Weise die zuvor erschiene umfängliche Betrachtung von *Hartmann* berücksichtigt.

*Pekrul, St., Strategien und Maßnahmen zur Steigerung der Wettbewerbsfähigkeit deutscher Bauunternehmen, 2006, Eigenverlag TU Berlin, S. 26, 95 ff., 101 ff., 111 f.*

Diese Dissertation geht auf spezielle Strategien für deutsche Bauunternehmen ein. Dabei wird auf die Themen Forschung und Entwicklung in mehreren Zusammenhängen eingegangen. Außerdem werden verschiedene Untersuchungen zusammengefasst und ausgewertet, in denen Fragen nach Strategien und Wettbewerbsverhalten in Unternehmen abgefragt wurden. Hieraus können weitere Tendenzen und Schlussfolgerungen auf Grundlage konkreter Studienergebnissen getroffen werden, welche Bedeutung das Innovationsmanagement als strategisches Managementinstrument in der Bauwirtschaft und den Unternehmen dieser Branche erfährt. Jedoch bleibt eine Berücksichtigung des umfangreichen Werkes von *Hartmann* aus, wobei auf vereinzelte Ausführungen von *Girmscheid* als Vordenker von Hartmanns Theorie aus den Jahren 1997 bis 2003 eingegangen wird.

*Girmscheid, G., Strategisches Bauunternehmensmanagement, 2006, 2010, Springer Verlag, S. 1.049 ff.*

*Girmscheid* geht in diesem Werk zu Strategien für Bauunternehmen explizit auf das organisatorische Gestaltungsmodell zur Generierung von baulichen Gesamtlösungen von *Hartmann* ein. Dabei vertieft er einzelne Aspekte an konkreten Beispielen. Die weiterführenden Forschungsanreize von *Hartmann* bleiben jedoch auch hier weitgehend unberücksichtigt.

*Butzin, A., Rehfeld, D., Innovationsbiographien in der Bauwirtschaft, 2008, Fraunhofer IRB Verlag.*

Zwar geht diese bereits einleitend benannte Quelle von *Butzin und Rehfeld* nicht direkt auf den Begriff Innovationsmanagement ein, jedoch ist es ein wichtiges Werk, um Innovationen in der Bauwirtschaft besser verstehen und einordnen zu können. Neben zahlreichen Statistiken über die Quantität von Innovationsvorkommen zeigt dieses Werk vorrangig anhand von Beispielen auf, wo und wie Produktinnovationen sowie Prozessinnovationen in verschiedenen Bereichen der Bauwirtschaft vorkommen. Auszugsweise wurde in der Einleitung dieser hier vorliegenden Arbeit auf diese Quelle und darin benannte Statistiken verwiesen.

*Nordhause-Janz, J., Welschhoff, J., Rehfeld, D., Innovationsstrategien am Bau im internationalen Vergleich, 2011, Bundesministerium für Verkehr, Bau und Stadtentwicklung (BMVBS).*

Diese frei zugängliche Veröffentlichung des BMVBS erscheint im Kontext dieser Arbeit gleichfalls als bedeutsam. So vergleichen die Autoren verschiedene europäische Länder hinsichtlich des Umganges mit Innovationen im Bauwesen mit dem Umgang in Deutschland. Dabei spielen interne Prozesse in Bauunternehmen, zwischenbetriebliche Prozesse genauso eine Rolle, wie das Thema Innovationsförderung u. a. Der Begriff Innovationsmanagement wird durch die selektive Betrachtung einzelner Aspekte im Umgang mit Innovationen tangiert, aber nicht explizit hervor gestellt.

### 3.3.2. Begriffsfestlegung Innovationsmanagement im Baubetrieb

Infolge der Würdigung literarischer Quellen zum Begriff Innovationmanagement, soll in diesem Abschnitt eine Begriffsfestlegung hinsichtlich Innovationsmanagements im Baubetrieb erfolgen. Die Darstellungen und Überlegungen orientieren sich an *Hartmann*, die in dem vorherigen Abschnitt bereits eingeführt wurden.

#### 3.3.2.1. Organisatorisches Gestaltungsmodell nach Hartmann [240]

In den Abschnitten 2.3.3 wurden die Definitionen für baubetriebliche Innovationen hergeleitet und im Verständnis dieser Arbeit festgelegt. In diesen Abschnitten wurde z. B. eine Definition von *Girmscheid und Hartmann* eingeführt, die in dieser hier vorliegenden Arbeit als eine baubetriebliche Innovation im weiteren Sinne aufgefasst ist. So wurden Innovationen in der Bauwirtschaft entsprechend der Innovationsobjekte und dem Innovationsgrad beschrieben. Hervorgehoben wurde die Definition einer baubetrieblichen Innovation in einer engeren Betrachtung. Dabei lehnt die Definition eher an einen allgemeingültigen technologischen Hintergrund an, als an einer weitumfassenden Betrachtung innovativer Prozesse im Baubetrieb und den Bauunternehmen.

In einer vergleichbaren Weise, soll nun das Innovationsmanagement betrachtet werden. Im Abschnitt 3.2.1 ist die allgemeine Ausprägung aufgezeigt, wie sich Technologiemanagement, F&E-Management, schließlich ein Innovationsmanagement im engeren Sinne hin zu einem Innovationsmanagement im weiteren Sinne erstreckt. Ähnlich kann die Sichtweise von *Hartmann* in seinem Gestaltungsmodell für die Generierung innovativer baulicher Gesamtlösungen beschrieben werden. So ist dieses Gestaltungsmodell ein umfassender Rahmen, für alle innovationstypischen Prozesse, die in der Bauwirtschaft im Allgemeinen und innerhalb und außerhalb von Bauunternehmen im Speziellen erfolgen. Nach *Hartmann* umfasst sein Gestaltungsmodell fünf Strukturkategorien. Vier seiner Strukturkategorien stammen aus dem Rahmenkonzept des baubetrieblichen Innovationsmanagements. Dieses sind die *Innovationsstrategien* (z. B. über die Wissensorientierung, Wettbewerbsorientierung, Zeitorientierung), *Interne* und *externe Innovationsbedingungen* (z. B. Auftragssicherheit, Leistungsangebot, Finanzstärke als externe und Kundenabhängigkeit, Ortsabhängigkeit, Innovationsakzeptanz als interne), das *Innovationsverhalten* (gemessen an der Innovationsfähigkeit und der Innovationsbereitschaft) sowie die *Innovationsorganisation* (z. B. Rahmenstruktur und Detailstruktur). Im Zentrum des Modells sieht *Hartmann* die eigentliche *Innovationsaufgabe* (z. B. mit Funktionscharakteristik, Prozesscharakteristik). [241] Alle einzelnen Strukturkategorien des Gestaltungsmodells stehen dabei in einer bestimmten Interaktion mit benachbarten Strukturkategorien. Innerhalb der Strukturkategorien werden Kriterien und Abhängigkeiten durch Regelkreise beschrieben. Die Übersicht dieses Gestaltungsmodells ist in Abbildung 7 dargestellt.

---

[240] Die Folgenden Ausführungen in diesem Abschnitt beruhen auf den Forschungen von Hartmann. Vgl. Hartmann, Innovationsmanagement in Bauunternehmen, 2004.

[241] Vgl. Hartmann, Innovationsmanagement in Bauunternehmen, 2004, S. 257.

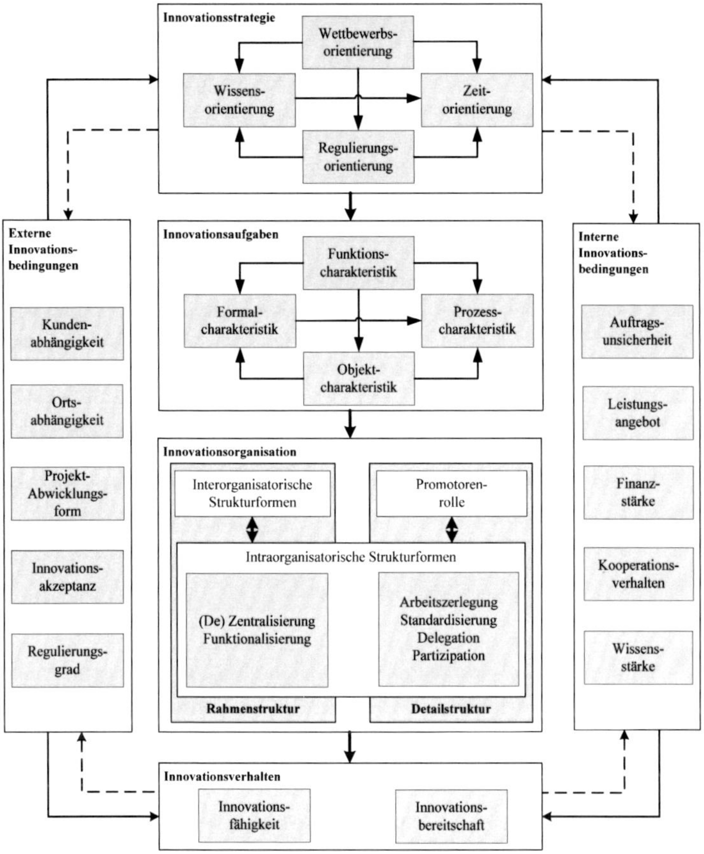


Abbildung 7: Organisatorisches Gestaltungsmodell zur Generierung innovativer baulicher Gesamtlösungen in Bauunternehmen nach Hartmann [242]

Auf eine ausführliche Erläuterung wird in dieser hier vorliegenden Arbeit bewusst verzichtet. Hierzu wird auf die Literatur von *Hartmann* verwiesen. [243] Einzelne wichtige Aspekte, die für den Kontext dieser Arbeit bedeutet sind, werden nachfolgend vertiefend diskutiert.

### 3.3.2.2. Innovationspotenziale baulicher Gesamtlösungen

Um schlussendlich eine Wertschöpfungssteigerung (eines der zentralen Ziele von Innovationen) für Bauunternehmen aus diesem Gestaltungsmodell abzuleiten, benennt *Hartmann* Generierungspotenziale und Realisierungspotenziale. Erstere unterteilt er in drei [244] wesentliche Potenzialquellen, die sich

---

[242] Quelle: Hartmann, Innovationsmanagement in Bauunternehmen, 2004, S. 256.

[243] Vgl. Hartmann, Innovationsmanagement in Bauunternehmen, 2004.

[244] Hartmann nennt noch eine weitere Quelle, die er jedoch eher als Unterstützung sieht. Dieses ist die methodische Unterstützung durch ein Quality Function Deployment. Vgl. Hartmann, Innovationsmanagement in Bauunternehmen, 2004, S. 286 ff.

aus den Innovationsaufgaben heraus ergeben und stets zu untersuchen und berücksichtigen sind. Hierzu wird im nachfolgenden Abschnitt 3.3.2.3 vertiefend eingegangen, weil diese für den Kontext dieser Arbeit von besonderer Bedeutung sind. So ist nämlich eine dieser Potenzialquellen der eigentliche *Innovationsprozess* mit seinen Phasen.

Als weitere Ursprünge für Potenziale baulicher Gesamtlösungen sieht *Hartmann* die *Realisierungspotenziale* durch Innovationsbedingungen und deren Ausprägung im organisatorischen Gestaltungsmodell (vgl. Abbildung 7). Diese sollen im Rahmen dieser Arbeit nur genannt werden. Auf weitere Ausführungen wird im Wesentlichen verzichtet. Es handelt sich um das Problemlösungspotenzial, [245] das Diffusionspotenzial, [246] das Differenzierungspotenzial [247] und das Implementierungspotenzial. [248] Als wichtigste Methode zur Analyse dieser einzelnen Subpotenziale des Realisierungspotenzials verweist *Hartmann* auf die Anwendung von Portfolio-Modellen. Im Wesentlichen meint er damit auch die Implementierung einer SWOT-Analyse. [249,250] Kritisch sieht *Hartmann* jedoch in diesem Zusammenhang, dass diese Analysen keineswegs alle Aspekte berücksichtigen. So schreibt er unter Verweis auf *Wolfrum*: *„Letztlich darf der Beitrag des Portfolios zur Ableitung von Handlungsempfehlungen nicht überbewertet werden. Seine Leistung besteht vor allem darin, dass es zur Diskussion über die für unternehmerische Entscheidungen als relevant zu erachtenden Einflussgrößen anregt und die Form eines Kommunikationsinstrumentes übernimmt, das aufgrund seiner Transparenz und Anschaulichkeit zwischen differenten, problembezogenen Anschauungen verschiedener Unternehmensbereiche und Hierarchieebenen vermitteln kann."* [251]

### 3.3.2.3. Phasen des Innovationsprozesses als Potenziale

Wie bereits im vorherigen Abschnitt angekündigt, stellt *Hartmann* bei den Ausführungen zu Generierungspotenzialen drei Potenziale besonders hervor. Dieses sind wiederum zunächst die Potenziale, die sich in Bezug auf das *Innovationsobjekt* und den *Innovationsgrad* ergeben. [252] Dabei versteht *Hartmann* eine tiefgründige Analyse der einzelnen Potenziale, welche sich z. B. bei Konstruktionsprinzipien, Baustoffen und Bauverfahren hinsichtlich der Realisierung einer bestimmten Bauprojektes oder generell für mehrere Bauprojekte ergeben könnten (Innovationsobjekte). Außerdem wird bei einer Potenzialuntersuchung abzuleiten sein, wie hoch der innovative Charakter eines identifizierte Innovationsobjektes sein kann. Dabei können Innovationen in einem baubetrieblichen Kontext z. B. in Elementinnovationen, Verknüpfungsinnovationen, Modulinnovationen und Systeminnovationen eingeordnet werden. [253]

Als zweite wesentliche Potenzialquelle benennt *Hartmann* die *Innovationsfunktion*. Hierzu zählen die zu verfolgenden Innovationsaufgaben im Rahmen eines gesamtheitlichen Innovationsmanagements. So ist z. B. zu analysieren, ob und in welchem Umfang einzelne Aufgaben erforderlich sind und in welchen zeitlichen Kontext diese z. B. in bauprojektabhängigen innovativen Lösungsansätzen einzugliedern sind. Hierbei ist z. B. eine zeitliche Unterteilung in den Phasen Entwurfsplanung, Ausfüh-

---

[245] Vgl. Hartmann, Innovationsmanagement in Bauunternehmen, 2004, S. 290 ff.

[246] Vgl. ebd., S. 292 ff.

[247] Vgl. ebd., S. 295 ff.

[248] Vgl. ebd., S. 297 ff.

[249] Vgl. Abschnitt 2.4.2.4.

[250] Vgl. Hartmann, Innovationsmanagement in Bauunternehmen, 2004, S. 301 ff.

[251] Vgl. ebd., S. 303 mit Verweis auf Wolfrum, Technologiemanagement, 1994, S. 244.

[252] Vgl. Abschnitt 2.3.1.

[253] Vgl. Hartmann, Innovationsmanagement in Bauunternehmen, 2004, S. 260 ff.

rungsplanung und Ausführung zu sehen. Die einzelnen Aufgaben (z. B. ästhetisches-funktionales Entwerfen, statisch konstruktives Entwerfen) in diesen Phasen differieren selbstverständlich. In Bezug auf einen projektunabhängigen innovativen Lösungsansatz zielt *Hartmann* aufbauend auf dem bauprojektabhängigen Lösungsansatz darauf ab, dass Lösungsansätze hinsichtlich einer Art Verwertungspotenzial zu charakterisieren sind. [254]

Als dritte wesentliche Potenzialquelle zählt für *Hartmann* der *Innovationsprozess*. Diese Sichtweise erinnert stark an die in den vorherigen Abschnitten beschriebenen Phasen eines Technologiemanagements, eines F&E-Managements bzw. eines Innovationsmanagement im engeren Sinn. [255] Demnach erstreckt sich für *Hartmann* der gesamte Innovationsprozess für ein Bauunternehmen über fünf Phasen. [256] Dies sind: [257]

- Generierungsphase,
- Bewertungsphase,
- Entwicklungsphase,
- Implementierungsphase,
- Rückmeldephase.

In der *Generierungsphase* werden innovative Ideen identifiziert. Als Quelle können hier spezielle Bauprojekte oder spezielle Anforderungen aus Problemen dienen. Außerdem können bereits abgewickelte Projekte in der Nachbetrachtung Anstöße liefern, wo Verbesserungspotenzial vorhanden ist. Als Ergebnis dieser Phase entsteht eine Zusammenstellung an konkreten oder weniger konkreten Ideen. [258]

Im Rahmen der *Bewertungsphase* sollen die *„[...] generierten Ideen hinsichtlich ihrer Eignung“* bewertet werden. Als Kriterien für diese Bewertung sind unter Anderem konkrete Problemlösungsansätze herauszuarbeiten. Besonders in dieser Phase werden zudem strategische Überlegungen und Bewertungskriterien berücksichtigt, die die Gesamtausrichtung des Bauunternehmens betreffen. *Hartmann* nennt hier z. B. die frühzeitige Fokussierung auf eine spezifische Anwendung wie einem Großprojekt. Ziel dieser Phase ist stets die Entscheidung für eine oder mehrere Ideen zur Weiterverfolgung. Sollte zu diesem Zeitpunkt keine der Ideen ein genügend hohes Potenzial aufweisen, wird erneut die Generierungsphase durchlaufen. Abgeschlossen wird die Phase im Falle einer gefundenen potenziellen Idee und der Bereitstellung der damit verbundenen finanziellen, technischen, personellen und zeitlichen Ressourcen. Dieses bezieht sich sowohl auf die unmittelbar anstehende Entwicklungsphase, als auch auf die spätere Nutzungsphase der potenziellen Innovation. Zusammengestellt werden diese Informationen und Bedürfnisse in einem Pflichtenheft, welches insbesondere dem Controlling dienlich ist. [259]

Die anschließende *Entwicklungsphase* wird die potenzielle Idee bis zu einer anwendungsfreien Lösung ausgearbeitet. Der Umfang dieser Phase kann sehr differieren und ist maßgeblich von den bereits be-

---

[254] Vgl. Hartmann, Innovationsmanagement in Bauunternehmen, 2004, S. 278 ff.

[255] Vgl. Abschnitte 3.2.1.1, 3.2.1.3, 3.2.1.4.

[256] Pietsch spricht z. B. von drei Phasen (Idee, Entwicklung/Realisierung, Nutzung) und lehnt sich dabei an Trommsdorff an (Vgl. Pietsch, Aspekte der Marktorientierten Unternehmensführung mittelständischer Bauunternehmen, 2005, S. 149, unter Verweis auf Trommsdorff, Innovationsmanagement in kleinen und mittleren Betrieben, 1990, S. 8 ff.). Laut Mirow, gibt es jedoch eine Vielzahl verschiedener Phasenmodelle. (vgl. Mirow, Innovationsbarrieren, 2010, S. 22 mit Verweis auf Staudt und Auffermann, Der Innovationsprozess im Unternehmen, 1996, S. 47 ff. mit 91 Modellen und Verweis auf Peterson, Der Verlauf innovativer Entscheidungsprozesse: Eine empirische Untersuchung am Beispiel der Bilanzanalyse, 1988 mit 49 Modellen.)

[257] Vgl. Hartmann, Innovationsmanagement in Bauunternehmen, 2004, S. 284 f.

[258] Vgl. ebd., 2004, S. 284 f.

[259] Vgl. ebd., 2004, S. 285.

kannten Größen der potenziellen Idee abhängig. Außerdem kann es ratsam sein, die zu lösende Problemstellung in verschiedene Teilprobleme zu zerlegen, die separat zu betrachten sind. Die eigentliche Weiterentwicklung der potenziellen Idee mündet in einer konkreten Anwendung im Rahmen eines Projektes (z. B. Baustellenversuche). Hierbei ist dann auch darauf zu achten, dass das beteiligte Personal eingewiesen ist und dass mögliche Interessenskonflikte mit anderen Projektbeteiligten oder/und verbundenen Ressourcen vorgebeugt werden. Hier ist eine ausführliche und stetig dem Bedarf anzupassende Kommunikation der innovativen Lösung wichtig. [260]

Nachdem die anwendungsreife innovative Idee und Lösung entwickelt wurde, folgt die *Implementierungsphase.* Hier ist zwingend eine Überführung der Idee in ein konkretes Projekt vorgesehen. Ziel soll es dabei sein, neben der eigentlichen Erprobung unter Praxisbedingungen neue Erkenntnisse oder noch vorhandene Schwächen zu identifizieren. Hier könnten sich zusätzliche Fragestellungen im Zusammenhang mit der innovativen Lösung herauskristallisieren. [261]

Die fünfte und letzte Phase dieses Innovationsprozesses von *Hartmann* berücksichtigt eine ausführliche Rückmeldung zum Verlauf des Innovationsprozesses. In dieser *Rückmeldephase* sollen Erfolge genauso bewertet werden, wie Misserfolge. Operativ soll diese Phase in Anlehnung an ein Bauprojekt durch Befragung der Projektbeteiligten erfolgen. Hier ist die gesamte Projektlaufzeit berücksichtigen und in die Rückmeldung einzubinden. [262] Am Ende dieser Phase steht die vollständige *„[...] Dokumentation der wesentlichen Ergebnisse des gesamten Innovationsprozesses und der Informationen im Unternehmen über die realisierte Neuerung."* [263]

### 3.3.2.4. Abgrenzung des Begriffs Innovationsmanagement in Bauunternehmen

Abschließend zur Begriffsabgrenzung Innovationsmanagement, soll im aktuellen Abschnitt eine Begriffsfestlegung erfolgen, die für die vorliegende Arbeit bedeutsam ist und in Korrelation zu der Definition einer baubetrieblichen Innovation im engeren Sinn steht.

Ähnlich der Definition einer baubetrieblichen Innovation im engeren Sinn als Spezialisierung einer Innovation im baubetrieblichen Kontext im weiteren Sinn kann Innovationsmanagement in Bauunternehmen im weiteren Sinn und im engeren Sinn verstanden werden.

Innovationsmanagement im weiteren Sinn bezeichnet demnach annähernd die Betrachtungsweise von *Hartmann* und umfasst dabei eine umfangreichen Erfassung aller möglichen Innovationen und Blickwinkel auf Innovationen für alle Unternehmen der Bauwirtschaft. [264]

Ein Innovationsmanagement im engeren Sinn wird speziell aus Sicht eines bauausführenden Unternehmens definiert. In Anlehnung an die Abbildung 6 beschränkt es sich dabei auf den Innovationsprozess im Rahmen einer Forschung und Entwicklung für Materialien, Bauverfahren und deren Zusammenwirken in Verfahrensprozessen. Dieser Innovationsprozess umfasst die fünf Phasen, die in Abschnitt 3.3.2.3 in Anlehnung an *Hartmann* vorgestellt werden. Aufgabe eines Innovationsmanagements im engeren Sinn ist es demnach, ein praxisreifes Produkt, Bauverfahren und die damit verwandten Prozesse und Merkmale zu erforschen und zu entwickeln. Alle Forschungs- und Entwicklungspro-

---

[260] Vgl. ebd., 2004, S. 286.

[261] Vgl. ebd., S. 286.

[262] Vgl. ebd., 2004, S. 287.

[263] Hartmann, Innovationsmanagement in Bauunternehmen, 2004, S. 287.

[264] Vgl. Abschnitt 3.3.2.1.

zesse werden demnach in den fünf Phasen Generierungsphase, Bewertungsphase, Entwicklungsphase, Implementierungsphase und Rückmeldephase umgesetzt.

### 3.3.3. Studien zur Akzeptanz des Innovationsmanagement in der Praxis

In Anlehnung an die theoretische Recherche zur Beachtung von Innovationsmanagement in der Bauwirtschaft durch die Literatur soll nun im aktuellen Abschnitt ein zusammenfassender Überblick zu Praxisstudien gegeben werden. Dadurch soll die Frage beantwortet werden, welchen Stellenwert Innovationsmanagement in Unternehmen, die dem Baubetrieb nahe stehen, einnimmt und welche Erfolgsmerkmale aus Unternehmenssicht bedeutsam sind, um Unternehmen erfolgreich zu entwickeln.

#### 3.3.3.1. Roland Berger – Erfolgsfaktoren in der Bauindustrie [265]

Zentrale Fragestellung dieser Studie sind die Erfolgsfaktoren, die für die Bauindustrie im europäischen Kontext maßgebend sind. Dazu wurden 200 Führungskräfte (davon 54 % Vorstände und Geschäftsführer, 21 % obere Managementebene, 25 % sonstige Führungskräfte) in der Bau- und Bauzulieferindustrie befragt. Laut *Pekrul* ist das Ergebnis für die deutsche Bauindustrie offenkundig. Demnach kristallisiert sich im Jahr 2003 für die Zukunft ein deutlicher Handlungsbedarf für deutsche Unternehmen der befragten Bereiche heraus. Neben effektiven Risikomanagement, Spezialisierung, schlanker Organisationsstruktur, Etablierung von Betreibermodellen als Geschäftsfeld wird der Faktor Innovationen hervorgehoben. Laut der Studie gibt es besonders in deutschen Unternehmen erhöhten Handlungsbedarf.

#### 3.3.3.2. Bosch/Rehfeld – Zukunftsstudie Baugewerbe NRW [266]

Diese von *Pekrul* zitierte Studie beinhaltet die wesentlichen Erkenntnisse verschiedener sekundärer Studien. Außerdem wurden Expertenbefragungen und Workshops zur Informationsgewinnung durchgeführt. Zentrales Ergebnis dieser Studie sind die Aufzählungen notwendiger Kompetenzentwicklungen für strategische Neuausrichtungen der Unternehmen. Hervorgehoben werden sollen hier: Innerbetriebliche Optimierung der Produkte und Prozesse, zwischenbetriebliche Kooperationen, Innovationsnetzwerke und der Punkt Innovationsnetzwerke innerhalb der Produktionsketten zur Innovationsgewinnung. Laut *Pekrul* muss Innovationsmanagement betrieben werden. Außerdem ist *„zur Förderung der Innovationsfähigkeit der gesamten Bauwirtschaft ein Innovationstransfer zwischen zahlreichen Akteuren der Bauwirtschaft sicherzustellen. [...] Innovationsimpulse innerhalb der gesamten Branche sollen durch Innovationsnetzwerke alle Transferbeteiligten der deutschen Bauwirtschaft erreichen.“* [267]

[265] Vgl. Pekrul, Strategien und Maßnahmen zur Steigerung der Wettbewerbsfähigkeit deutscher Bauunternehmen, 2006, S. 101 f. mit Verweis auf Roland Berger Consultans: Erfolgsfaktoren in der Bauindustrie, europaweite Studie, 2003.

[266] Vgl. Pekrul, Strategien und Maßnahmen zur Steigerung der Wettbewerbsfähigkeit deutscher Bauunternehmen, 2006, S. 104 f. mit Verweis auf Bosch, Rehfeld, Zukunftstudie Baugewerbe Nordrhein-Westfalen – Endbericht, 2003.

[267] Pekrul, Strategien und Maßnahmen zur Steigerung der Wettbewerbsfähigkeit deutscher Bauunternehmen, 2006, S. 104 f.

### 3.3.3.3. Pietsch - Empirische Untersuchung zu Innovationsbereitschaft [268]

Diese dritte hier aufzuführende Studie greift die Aspekte Innovationsbereitschaft bezüglich der Neuentwicklung von Produkten oder Dienstleistungen auf. In dieser empirischen Untersuchung wurden die Ergebnisse in drei Hauptgruppen mit zugehörigem Kriterium sortiert und ausgewertet.

Dieses sind zunächst alle befragten *Unternehmen der mittelständischen Bauwirtschaft* (Hauptgruppe A) zusammen. Zum zweiten ist dieses die Differenzierung nach *Unternehmensgröße* aus diesen Unternehmen (Hauptgruppe B). Und zum dritten wurden die Ergebnisse der Studie nach dem *Unternehmenserfolg* der Unternehmen (Hauptgruppe C) unterschieden. In der Tabelle 5 sind die Einteilungen der Hauptgruppen in dieser Studie quantitativ dargestellt.

Tabelle 5: Einteilung der Hauptgruppen und Untergruppen nach Pietsch [269]

| Hauptgruppe | Untergruppe | Kriterium | Spanne/Kriterium | Anzahl Fragebögen |
|---|---|---|---|---|
| A | --- | Gesamt | --- | 57 |
| B | B1<br>B2<br>B3<br>B4 | Betriebsgröße, Mitarbeiterzahl | 10 bis 19<br>20 bis 49<br>50 bis 199<br>200 bis 500 | 10<br>15<br>20<br>12 |
| C | C1<br>C2<br>C3 | Ergebniszufriedenheit/ Unternehmenserfolg | überhaupt nicht zufrieden, erfolglos<br>nicht zufrieden, Tendenz positiv<br>(sehr) zufrieden, erfolgreich | 12<br>24<br>21 |

Die Ergebnisse dieser Studie wurden prozentualen Bewertungen und/oder einer Bewertung nach gewichteter Zustimmung innerhalb einer Benotung von 1 (positiv) bis 5 (negativ) unterzogen.

Folgende Ergebnisse zur *Innovationsfreude* (1 = Maximale Innovationsfreude, 5 = keine Innovationsfreude) können aus dieser Studie zusammengefasst werden:

Die Zustimmung der Unternehmen der mittelständischen Bauwirtschaft (Hauptgruppe A) beträgt 3,9 und verweist damit eher auf eine geringere Innovationsfreude der befragten Unternehmen.

Bei der Differenzierung nach Unternehmensgröße (Hauptgruppe B) gaben die großen Unternehmen (Untergruppe B4) eine durchschnittliche Zustimmung von 2,1 und die kleinen Unternehmen (Untergruppe B1) durchschnittlich 5,0 an. Das weist auf eine höhere Innovationsfreude bei größeren in Vergleich zu kleineren Unternehmen hin.

Die Unterscheidung in Unternehmenserfolgt zeigte wiederum einen leichten Vorteil bei der Innovationsfreude von erfolgreichen Unternehmen (Untergruppe C3) mit einer durchschnittlichen Zustimmung von 3,7 gegenüber weniger erfolgreichen Unternehmen (Untergruppe C1) mit 4,0 durchschnittlicher Zustimmung.

Sehr interessant sind zudem in dieser Studie die Untersuchungen hinsichtlich der Nutzung von *Innovationsquellen*. Die Ergebnisse von *Pietsch* können hier in interne Quellen (Kreativität der Mitarbeiter) und externe Quellen (Ideen und Anregungen der Kunden) unterschieden werden.

---

268 Vgl. Pietsch, Aspekte der marktorientierten Unternehmensführung mittelständischer Bauunternehmen, 2005, S. 146 ff.

269 Quelle: Pietsch, Aspekte der marktorientierten Unternehmensführung mittelständischer Bauunternehmen, 2005, S. 59.

Bei der Gesamtheit der befragten Unternehmen der mittelständischen Bauwirtschaft (Hauptgruppe A) nutzten 77 % die Kreativität der Mitarbeiter und 67 % die Ideen und Anregungen der Kunden.

Bei der Unterscheidung der befragten Unternehmen nach Unternehmensgröße (Hauptgruppe B) waren die großen Unternehmen (Untergruppe B4) mit 92 % deutlich mehr an den Potenzialen der eigenen Mitarbeiter interessiert als dieses bei kleinen Unternehmen (Untergruppe B1 = 50 %) der Fall war. Hinsichtlich der externen Quelle für Innovationspotenziale war der Trend ähnlich (große Unternehmen = 83 % und kleine Unternehmen = 70 %).

Hinsichtlich der Differenzierung der befragten Unternehmen nach Unternehmenserfolg nutzten etwa 67 % der weniger erfolgreichen Unternehmen und 76 % der erfolgreichen Unternehmen interne Innovationsquellen (eigene Mitarbeiter). Die Nutzung der externen Quellen (Kunden) strebten etwa 50 % der weniger erfolgreichen Unternehmen und etwa 63 % der erfolgreichen Unternehmen an.

Alle ausführlichen Ergebnisse sind in der Studie von *Pietsch* nachzulesen und werden in der vorliegenden Arbeit nicht weiter ausgeführt. [270]

### 3.3.3.4. Butzin/Rehfeld - Innovationsbiographien in der Bauwirtschaft [271]

Im Abschnitt 3.3.1 dieser Arbeit wird die Studie von *Butzin und Rehfeld* erwähnt und die Berücksichtigung des Themenschwerpunktes im Rahmen der Studie diskutiert.

### 3.3.3.5. Nordhause-Janz/Welschhoff/Rehfeld - Innovationsstrategien am Bau im internationalen Vergleich [272]

Im Abschnitt 3.3.1 dieser Arbeit wird die Studie von *Nordhause-Janz, Welschhoff und Rehfeld* erwähnt und die Berücksichtigung des Themenschwerpunktes im Rahmen der Studie diskutiert.

### 3.3.4. Barrieren für erfolgreiches Innovationsmanagement

In der zuvor zitierten Studie von *Pietsch* spricht selbiger resümierend davon, dass sich die *„[...] im Vergleich zu anderen Branchen wenig innovationsfreudige Bauwirtschaft, im Speziellen die Unternehmen der mittelständischen Bauwirtschaft, nicht dem allgemeinen technischen Fortschritt entziehen können.“* [273] In Anlehnung an die Bedeutung von Innovationen in anderen Branchen kann sich die Bauwirtschaft diesem tatsächlich nicht entziehen. Die erfolgreiche Teilnahme an einem Wettbewerb im Markt sollte demnach trotz begrenzter Ressourcen und Möglichkeiten, wie es durch die Bauwirtschaft oft proklamiert wird, [274] nicht leiden. Ziel muss es sein, bestehende Produkte und Bauverfahren zu verbessern und/oder sich intensiv mit diesen zu befassen um daraus einen Wettbewerbsvorteil zu erzielen. [275]

---

[270] Vgl. Pietsch, Aspekte der marktorientierten Unternehmensführung mittelständischer Bauunternehmen, 2005, S. 146 ff.

[271] Quelle: Butzin, Rehfeld, Innovationsbiografien in der Bauwirtschaft, 2009.

[272] Quelle: Nordhause-Janz, Welschhoff, Rehfeld, Innovationsstrategien am Bau im internationalen Vergleich, 2011.

[273] Pietsch, Aspekte der marktorientierten Unternehmensführung mittelständischer Bauunternehmen, 2005, S. 149.

[274] Vgl. Girmscheid, Hartmann, Innovationsmanagement in Bauunternehmen, 2003, S. 719.

[275] Vgl. Pietsch, Aspekte der marktorientierten Unternehmensführung mittelständischer Bauunternehmen, 2005, S. 149.

Aus dieser Feststellung und der Betrachtung der Ergebnisse der Studien ist jedoch eine gewisse Asymmetrie erkennbar. Wie in den Abschnitten zuvor erarbeitet, gibt es zwar gute theoretische Grundlagen zum Innovationsmanagement in der Bauwirtschaft und Baubetrieb dennoch zeigten die praxisrelevanten Untersuchungen, dass diese Theorien entweder nicht beachtet werden, oder doch weniger praktikabel sind.

Demnach muss es bestimmt Ursachen geben, warum gerade in der Bauwirtschaft Innovationsmanagement und die Bedeutung von Innovationen im Allgemeinen als weniger wertschöpfend angesehen wird, als in anderen Branchen. Zur Analyse dieses Sachverhaltes lohnt zunächst ein Blick auf allgemeine Grundsätze zu Innovationsbarrieren. Anschließend sollen Besonderheiten der Bauwirtschaft und speziell des Baubetriebs diskutiert werden, die zu speziellen Innovationsbarrieren beitragen.

#### 3.3.4.1. Begriffsfestlegung zu Innovationsbarrieren

So wie viele andere vorherig eingeführten Begriffe wird auch *Innovationsbarriere* in der Literatur umfänglich und vielseitig diskutiert. In dieser hier vorliegenden Arbeit soll darauf verzichtet werden, ausführliche Diskussionen auszuführen. Stattdessen soll beispielhaft auf eine Begriffsdefinition verwiesen werden, die einer ausführlichen Betrachtung und Herleitung entstammt. Nach *Mirow* gilt: *„Eine Barriere ist ein von Akteuren im Innovationsprozess erlebter und den Innovationsprozess im Unternehmen beeinflussender Faktor, der eine Innovation verhindert, verzögert oder verformt.“* [276]

Gleiche Definition soll für baubetriebliche Innovationen im engeren Sinn gelten.

Der Sichtweise von *Mirow* weiter folgend, gibt es zentrale Merkmale von Innovationsbarrieren. *„Dieses sind die Struktur von Innovationsbarrieren, die Ebenenabhängigkeit, die Phasenabhängigkeit sowie die Perspektivabhängigkeit von Innovationsbarrieren.“* [277]

Die Struktur von Innovationsbarrieren begründet *Mirow* in dem Vorhandensein von *sichtbaren Symptomen* und *latenten Ursachen* für Innovationsbarrieren. Demnach kann es sein, dass mehrere Ursachen immer wieder zu einem Symptom führen (vgl. Abbildung 8).

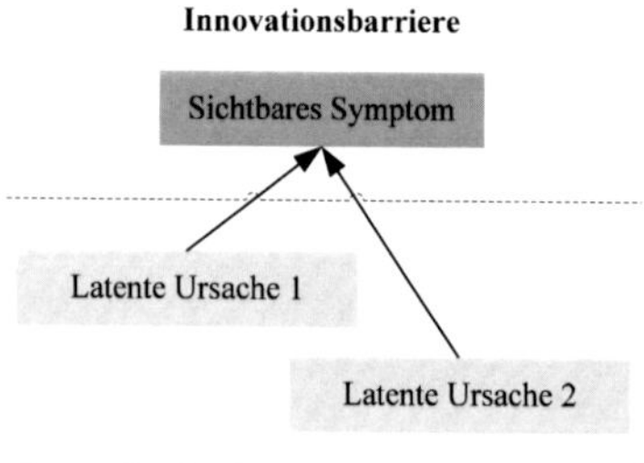


Abbildung 8: Struktur von Innovationsbarrieren in Anlehnung an Mirow [278]

Hinsichtlich des zweiten Merkmals einer Innovationsbarriere, der Ebenenabhängigkeit, diskutiert *Mirow* vielfältige Varianten und schlägt final vor, sich auf zwei Ebenen zu konzentrieren. Als Ebenen versteht er in diesem Zusammenhang unterschiedliche Perspektiven der Organisationsforschung eines Unternehmens. Demnach sollte eine Mikro-Perspektive (Betrachtung der handelnden Individuen eines

[276] Mirow, Innovationsbarrieren, 2010, S. 12.

[277] Ebd., 2010, S. 17.

[278] Quelle: Mirow, Innovationsbarrieren, 2010, S. 19.

Unternehmens) und eine Makro-Perspektive (Betrachtung von der leitenden Ebene eines Unternehmens) gleichermaßen berücksichtigt werden, da sich beide gegenseitig bedingen. [279]

Das dritte Merkmal einer Innovationsbarriere verweist auf die Stufen oder Phasen eines Innovationsprozesses. Demnach sind Innovationsbarrieren z. B. unterschiedlich in ihrer Struktur (Symptom und Ursache) zu bewerten, wenn die hier festgelegten fünf Phasen eines Innovationsprozesses [280] einzeln betrachtet werden. [281]

Hinsichtlich der Perspektivabhängigkeit folgt *Mirow* dem Grundsatz, dass das Ergebnis einer Innovationsbarriere ein sehr stark subjektiv geprägtes Phänomen ist und durch individuelle Charaktereigenschaften der entscheidenden Person geprägt sein kann. Demnach ist eine dezidierte Unterscheidung der Perspektive und deren Ursachen und Wirkungen auf die Innovationsbarriere essentiell. [282]

Zusammenfassend soll die Tabelle 6 diese Merkmale von Innovationsbarrieren darstellen und damit die Begriffsfestlegung abschließen.

Tabelle 6: Übersicht der Merkmale von Innovationsbarrieren nach Mirow [283]

| Merkmal | Erkenntnis | Konsequenz für die Studie von Mirow |
|---|---|---|
| Struktur | Innovationsbarrieren haben eine komplexe Struktur. | Barrieren werden in Symptome und Ursachen unterteilt. |
| Ebene | Innovationsbarrieren werden durch mehrere Ebenen einer Organisation beeinflusst. Die Betrachtung nur einer Ebene der Organisation reicht nicht aus. | Der Bezugsrahmen zur Erklärung von Innovationsbarrieren umfasst mehrere Ebenen. |
| Phase | Eine Phasenabhängigkeit der Innovationsbarriere kann vermutet werden, ist aber noch nicht bestätigt worden. | Die Theorie umfasst alle Phasen eines Innovationsprozesses. Die mögliche Phasenabhängigkeit der Innovationsbarriere muss überprüft werden. |
| Perspektive | Die Perspektive auf Innovationsbarrieren beeinflusst die Wahrnehmung und Einschätzung der Innovationsbarriere. | Für die Messung von Innovationsbarrieren muss die Perspektive auf Innovationsbarrieren spezifiziert und kontrolliert werden. |

Nachfolgend werden einzelne Aspekte zu Innovationsbarrieren in der Bauwirtschaft als Ursache für ein sehr eingeschränktes Innovationsverhalten in dieser Branche diskutiert.

### 3.3.4.2. Unterschiedliche Blickwinkel bei Innovationsentwicklung

Strukturstarke Regionen glänzen in der Regel nicht nur durch eine hohe Produktivität der zahlreichen lokal ansässigen Unternehmen. Diese Regionen sind oft dadurch geprägt, dass es einen intensiven Austausch an Wissen zwischen universitären Einrichtungen und Wirtschaft gibt. Traditionell befassen sich technologieorientierte Einrichtungen an Hochschulen mit der Erforschung von Grundlagen, z. B. in eigenen Laboratorien.

Der Austausch dieses Wissens erfolgt dann, wenn persönliche Kontakte zwischen den Forschungseinrichtungen und den Vertretern der Wirtschaft existieren. Diese Kontakte werden regelmäßig belebt. Beider Seiten sind sich der gegenseitigen Möglichkeiten zur Steigerung der Wertschöpfung bewusst. Zum Beispiel sind in universitären Forschungseinrichtungen bei der Entwicklung von Innovationen

[279] Vgl. Mirow, Innovationsbarrieren, 2010, S. 19 ff.

[280] Vgl. Abschnitt 3.3.2.3.

[281] Vgl. Mirow, Innovationsbarrieren, 2010, S. 22 ff.

[282] Vgl. ebd., 2010, S. 24 ff.

[283] Quelle: Mirow, Innovationsbarrieren, 2010, S. 26.

die notwendigen technischen Ausstattungen vorrätig, die zur Untersuchung notwendig sind. Nicht vorrätig sind oft eine Vielzahl an Projekten und freizugängliche Anwendungsoptionen der neuen Erkenntnisse in den verschiedenen Entwicklungsstufen außerhalb der Labore.

Im Kontext der demographischen Entwicklung und ganz besonders dieser Entwicklung in strukturschwächeren Regionen (z. B. in ostdeutschen Gebieten), stellt sich zusätzlich eine abgewandelte Situation dar. Hier besteht seitens der Hochschulen generell eine noch größere Verantwortung, gerade für die Regionen und die hiesige Wirtschaftsentwicklung einen Beitrag zu liefern. [284] Hochschulen und hochschuleigene Labore sind oft die einzige Möglichkeit an Innovationen zu forschen. Es gilt also die Annahme, dass Innovationen für eine Region zum einen ein Kriterium sind, nach dem die Leistungsfähigkeit beurteilt werden kann. Zum anderen gilt, dass Innovationen für eine Region nur dann hilfreich und wertschöpfend sind, wenn die Verteilung und Ausschöpfung der Innovationspotenziale auch in der Region vollzogen werden.

Generell muss beachtet werden, dass Wirtschaft und Wissenschaft jeweils signifikante Systemlogiken folgen. Dieses zeigt sich besonders dann, wenn Zielkonflikte und speziell Innovationsbarrieren entstehen. Zum Beispiel sind Unternehmen in der Regel an der schnellen Realisierung und Verwendbarkeit der Ergebnisse von Innovationsprozessen interessiert. Forschungseinrichtungen blicken hier regelmäßig mehr auf die Lösung des jeweiligen technischen oder technologischen Problems. Zunehmend wird auch bei Forschern das Erlangen wissenschaftlicher Reputation eher im Vordergrund stehen, als seitens der Wirtschaft. *Behr und Thieme* beschreiben in diesem Kontext einen noch spezielleren Konflikt. Zwischen dem Arbeitsfeld Grundlagenforschung und Industrieforschung existiert demnach ein Konflikt. [285]

### 3.3.4.3. Stufen der Innovationsentwicklung aus Sicht des Gesetzgebers

Wie im Abschnitt 3.2.1.2 erwähnt wird, hat die Kommission der Europäischen Gemeinschaft am 06.08.2008 die Verordnung Nr. 800/2008 veröffentlicht. Darin werden unter Artikel 30 Beihilfen für Forschung und Entwicklung und Innovation begrifflich erläutert. Es lassen sich drei bedeutende Phasen der Forschung ableiten. Dieses sind die Grundlagenforschung, die industrielle Forschung und die experimentelle Entwicklung.

Gemäß der Verordnung bedeutet die erste Phase *„[...] experimentelle oder theoretische Arbeiten, die in erster Linie dem Erwerb neuen Grundlagenwissens ohne erkennbare direkte praktische Anwendungsmöglichkeiten dienen“.* [286] Dies trifft gleichermaßen für den Bereich der wissenschaftlichen Untersuchungen an Hochschulen und hochschulähnlichen Einrichtungen wie für die Forschungs- und Entwicklungsabteilungen der Industrie aller Branchen zu. Die zweite Phase wird folgendermaßen beschrieben: *„[...] „industrielle Forschung“: planmäßiges Forschen oder kritisches Erforschen zur Gewinnung neuer Kenntnisse und Fertigkeiten mit dem Ziel, neue Produkte, Verfahren oder Dienstleistungen zu entwickeln oder zur Verwirklichung erheblicher Verbesserungen bei bestehenden Produkten, Verfahren oder Dienstleistungen nutzen zu können. Hierzu zählt auch die Entwicklung von Teilen komplexer Systeme, die für die industrielle Forschung und insbesondere die Validierung von technologischen Grundlagen notwendig sind, mit Ausnahme von Prototypen;“* [287] In der dritten Phase

---

[284] Schlussfolgerung abgeleitet aus Behr, Thieme, Von den Paralleluniversen zur neuen Kooperationsdynamik, 2009, S. 82.

[285] Vgl. Behr, Thieme, Von den Paralleluniversen zur neuen Kooperationsdynamik, 2009, S. 82.

[286] Verordnung Nr. 800/2008 vom 06.08.2008, Artikel 30, 1.

[287] Ebd., Artikel 30, 2.

heißt es unter anderem: *„[...] „experimentelle Entwicklung“: „Erwerb, Kombination, Gestaltung und Verwendung vorhandener wissenschaftlicher, technischer, wirtschaftlicher und sonstiger einschlägiger Kenntnisse und Fertigkeiten zur Erarbeitung von Plänen und Schemata oder Entwürfen für neue, veränderte oder verbesserte Produkte, Verfahren oder Dienstleistungen.“* [288] Diese Aufgaben der letzen beiden Phasen können durch (Industrie-) Unternehmen und/oder durch wissenschaftliche Einrichtungen aller Branchen erbracht werden. Zudem sind Forschungskooperationen [289] denkbar und üblich.

Mit dieser Verordnung gibt der Gesetzgeber einen klaren Rahmen für die Spielräume der ihn unterstellten Institutionen vor. Hierzu zählen z. B. die Universitäten, staatliche geförderte Forschungseinrichtungen, andere Hochschulen und ähnliche. Diese müssen sich stets bemühen, im Rahmen ihrer Ressourcen und Möglichkeiten an staatlich geförderten Programmen Anteile zu gewinnen, um daraus ihre Forschungsarbeit zu finanzieren.

Eine weitere Möglichkeit der Forschung schlägt der Gesetzgeber besonders für spätere Phasen der Forschung vor, wenn er die Kooperation mit der Industrie und anderen Unternehmen gezielt fördert. Genau aus dieser Kooperationskonstellation heraus ergeben sich jedoch die anfänglich bereits angedeuteten Schwierigkeiten, da besonders Unternehmen einer anderen Existenzsicherungssystematik unterliegen als rein staatlich geförderte Forschungsinstitutionen.

### 3.3.4.4. Innovationsentwicklung aus Sicht des Unternehmers

Die Existenzsicherung und Fortentwicklung von Unternehmen basiert darauf, dass mit Effizienz und Kontinuität Faktoren wie Arbeit, Kapital, Werkstoffe und Wissen transformiert werden. Die Ergebnisse dieser Umwandlung werden dann in zivilrelevanten Leistungen sichtbar. Zum Beispiel sind dieses neben Konsumgütern und Dienstleistungen eben auch Bauwerke und Technologien. [290] Hierbei soll ein maximaler Gewinn unter Beachtung verschiedener Nebenbedingungen erzielt werden. [291] Der Begriff Existenzsicherung ist im Zuge eines sich ständig wandelnden und dynamischen Marktes stets damit verknüpft, sich einen Wettbewerbsvorteil zu verschaffen. Dieser Wettbewerbsvorteil ist essentiell, um sich innerhalb eines Marktsegmentes zu behaupten. In jedem Wettbewerb hat der jeweilige Marktteilnehmer dabei konkrete Wettbewerbsziele. Diese können sich auf die Kundenzufriedenheit und die Wettbewerbsstärke gegenüber Mitbewerbern beziehen.

Unternehmen in der Bauwirtschaft sind in erster Linie Bauunternehmen. *Pietsch* definiert Bauunternehmen unter Verweis auf das Baustatistische Jahrbuch 2003 folgendermaßen: *„Ein Bauunternehmen liegt immer dann vor, wenn es seinem wirtschaftlichen Schwerpunkt nach zum Baugewerbe zählt. Als Baubetrieb, durch deren Erfassung eine bessere regionale Verteilung der Bautätigkeit ermöglicht wird, gelten auch die Niederlassungen von Bauunternehmen, nicht jedoch die Baustellen.“* [292] Ziele, Strategien und die Art und Weise der Leistungserbringung können differieren. Zum Beispiel können mittelständische Bauunternehmen mit einer Beschäftigtenzahl von 10 bis 500 Mitarbeitern [293] primär Hoch- und Tiefbauleistungen mit eigenem Personal erbringen. Großunternehmen mit einer Beschäftigtenzahl von mehr als 500 Mitarbeitern erbringen umgekehrt baugewerbliche Arbeiten in der Regel nicht durch eigenes gewerbliches Personal, sondern binden hier Nachunternehmerketten ein, welche

---

288 Verordnung Nr. 800/2008 vom 06.08.2008, Artikel 30, 3.

289 Vgl. Brockhoff, Forschung und Entwicklung, 1999, S. 62 f.

290 Vgl. Girmscheid, Motzko, Kalkulation und Preisbildung in Bauunternehmen, 2007, S. 1.

291 Vgl. Pietsch, Aspekte der Marktorientiertem Unternehmensführung mittelständischer Bauunternehmen, S. 24.

292 Ebd., S. 5 mit Verweis auf das Baustatistisches Jahrbuch 2003, S. 6.

293 Vgl. Pietsch, Aspekte der Marktorientiertem Unternehmensführung mittelständischer Bauunternehmen, S. 7

wiederum in die Gruppe der mittelständigen Bauunternehmen einzusortieren sind. Wird dieser Gedankengang weitergeführt und die unterschiedlichen Größen und Kernleistungen von Unternehmen im Bereich der Bauwirtschaft hinsichtlich eigener Forschungs- und Entwicklungsbemühungen an Innovationen projiziert, entstehen gleichfalls sehr differenzierte Ergebnisse.

Weitergefasst kann jedoch aus Sicht der Unternehmen in der Bauwirtschaft geschlussfolgert werden, dass ab einen bestimmten Zeitpunkt bei allen baubetrieblichen Innovationen eine gezielte Einbindung und Verknüpfung mit den bis zu diesem Zeitpunkt nur partiell eingebunden Unternehmen dieses Bereiches erfolgen muss. Zum Beispiel besteht auch hier ein reges Interesse an Kooperationsvereinbarungen und eigens initiierten Transferprojekten, um dabei die Erkenntnisse der Grundlagenforschung zu Materialien, Baustoffen und Bauverfahren zu bündeln und so aufzubereiten, dass eine erfolgreiche Einführung und Anwendung in der Baupraxis möglich wird. Das Wesen solcher Transferprojekte wird dadurch charakterisiert, dass sowohl Zielstellungen der bisherigen Akteure auf Seiten der universitären Forschung als auch die Interessen und Ziele der Bau- und Baustoffindustrie Berücksichtigung finden. Der Transfer des Wissens kann zusätzlich durch Pilotprojekte [294] flankiert werden. [295]

Dennoch wirft sich selbst bei der Einbindung von Unternehmen in die Forschungs- und Entwicklungsarbeit eine weitere Frage auf. Dieses ist die Frage nach der gesetzlichen Legitimierung. Baubetriebliche Innovationen unterliegen in Deutschland allgemeingültigen Anforderungen und Zulassungsvoraussetzungen, die insbesondere den Interessen und Möglichkeiten von Unternehmen als Praxisanwender der Innovationen entgegen wirken können.

### 3.3.4.5. Allgemeine Einschränkungen durch Zulassungsverfahren

Generell wird in vielen Branchen nach *allgemein anerkannten Regeln der Technik* produziert, hergestellt und gebaut. So müssen z. B. in der Bauwirtschaft grundsätzlich stets vielerlei Nachweise erbracht werden, dass z. B. Bauverfahren, Baustoffe und/oder Konstruktionsprinzipien entsprechend der Forderung der VOB/B gerecht werden. Darin heißt es: *„Dabei hat er (der Auftragnehmer) die anerkannten Regeln der Technik und die gesetzlichen und behördlichen Bestimmungen zu beachten.“* [296]

Diese anerkannten Regeln der Technik werden in der Rechtsprechung und in der Literatur mit zweierlei Kriterien definiert:

„[...]

- *Die theoretische Richtigkeit der betreffenden Regeln muss wissenschaftlich erwiesen sein,*
- *die Regel muss sich in der Praxis bewährt haben und in den Kreisen der betreffenden, mit der entsprechenden Vorbildung ausgestatteten Fachleute bekannt und als richtig anerkannt sein“.* [297]

Um eine Beurteilung von Baustoffen, Bauverfahren und Konstruktionsprinzipien zu erleichtern und zu systematisieren, werden die Erkenntnisse aus Forschung und Entwicklung zu Baustoffen, Bauverfahren und Konstruktionsprinzipien in der Regel in Normen festgehalten. Eine Norm *„enthält kodifizierte*

---

[294] Vergleichbar mit Prototypen in der stationären Industrie.

[295] Vgl. Hirschfeld, Forschung und Entwicklung, 1996, in Diederichs, Handbuch der strategischen und taktischen Bauunternehmensführung, 1996, S. 458.

[296] Vgl. § 4 Abs. (2) VOB/B.

[297] Brüssel, Baubetrieb von A bis Z, 2002, S. 19.

*Regeln der Technik [...].“* [298] Normen werden demnach nach verschiedenen Kriterien unterschieden. Zum Beispiel sind dieses die Merkmale und Faktoren zu Bauverfahren und Baustoffen.

Für den Forschungs- und Entwicklungsprozess an baubetriebliche Innovationen im engeren Sinn bringt diese Forderung und Normung besondere Herausforderungen mit sich, die oft im Verhältnis zu anderen Branchen besonders zeitintensiv sind. So müssen z. B. speziell genormte Prüfverfahren und Prüfzeugnisse erbracht werden, damit neue innovative Produkte oder Verfahren gemäß des Bauordnungsrechts als geregelte Bauprodukte und Bauarten anerkannt werden können. Es bedarf zudem umfänglichem Wissensstand zu der baubetrieblichen Innovation, die gemäß der in dieser Arbeit zu Grunde gelegten Definition einer baubetrieblichen Innovation im engeren Sinn erst sukzessive erarbeitet werden kann. [299]

Andererseits wird in der Verordnung Nr. 800/2008 der Kommission der Europäischen Gemeinschaft vom 06.08.2008 ein dreistufiger Innovationsprozess (Grundlagenforschung, industriellen Forschung, experimentelle Entwicklungen) bis hin zu prototypischen Praxisanwendungen der innovativen Bauverfahren und/oder Baustoffe empfohlen. Würden die Innovatoren und Forscher und/oder beteiligten Transferpartner stets dieser Verordnung folgen, hätte das die Folge, dass die baubetrieblichen Innovationen stets in realen Praxisprojekten einzusetzen sind, um den Wissenszuwachs zu steigern und damit später eine Zulassung zu erwirken. Bauprodukte und Bauarten müssen jedoch nach dem Bauordnungsrecht geregelt sein, damit sie der o. g. Forderung der VOB/B gerecht werden und angewendet werden können. Als Ausweg aus diesem sich aufzeigenden Dilemma hat der Gesetzgeber die Möglichkeit eingeräumt, Bauprodukte und Bauarten (also z. B. baubetriebliche Innovationen) nach dem Bauordnungsrecht mit einer Zustimmung im Einzelfall durch die oberste Bauaufsichtsbehörde zu regeln. [300] In Sachsen erfolgt diese Zustimmung dann auf Grundlage des § 4 der Sächsischen Bauprodukten- und Bauartenverordnung vom 29.07.2004. Für die Antragstellung müssen jedoch zahlreiche Unterlagen eingereicht werden, die wiederum z. B. einen ausreichenden Wissensstand zur baubetrieblichen Innovation dokumentieren sollen.

Aus dieser Systemlogik wird deutlich, dass die Anforderungen des Gesetzgebers in der Bauwirtschaft und besonders Unternehmen, die dem Baubetreib nahe stehen abschreckend auf Innovatoren und Forscher wirken können. Dieses wiederum kann für diese Unternehmen eine signifikante und nicht zu vernachlässigende Barriere sein, sich mit Innovationen unter Einsatz eigener materieller, personeller und finanzieller Ressourcen zu beschäftigen. Für diese Unternehmen könnte es eher interessant sein, sich zunächst nicht aktiv in einen Innovationsprozess zu begeben, sondern vielmehr als sogenannter *später Folger* [301] erst nach einer erfolgreichen Etablierung einer baubetrieblichen Innovation in der Bauwirtschaft dieser zuzuwenden. [302]

### 3.3.5. Ungelöste Aspekte des Innovationsmanagements als Methode

In den vorausgegangenen Abschnitten zum Thema Innovationsmanagement als Methode wurde zunächst ein Überblick gegeben, wie dieses branchenübergreifend angewendet und definiert wird. Auf Grundlage der vorhandenen Literatur wurde eine gültige Begriffsfestlegung für die Bauwirtschaft er-

---

[298] Ebd., S. 263 f.

[299] Vgl. hierzu § 3 Absatz 1 Sächsische Bauordnung.

[300] Vgl. hierzu § 20 Absatz 1 oder § 21 Absatz 1 Nr. 2 Sächsische Bauordnung.

[301] Das Pendant zum späten Folger ist nach Hartmann ein früher Folger, der als Innovator aktiv die Forschung und Entwicklung einer Innovation vorantreibt und begleitet. Frühe Folger starten demnach mit einem höherem Ausfallrisiko, könnten jedoch aber auch die ersten mit dem neuen Produkt am Markt sein.

[302] Vgl. Hartmann, Innovationsmanagement in Bauunternehmen, 2004, S. 335.

arbeitet. Die Diskussion folgte anschließend der praktischen Umsetzung und Akzeptanz eines Innovationsmanagements in der Bauwirtschaft mit Fokus auf den Baubetrieb und belegte hier eine sehr geringe Würdigung durch Studien bis ins Jahr 2005. Abschließend wurde genauer diskutiert, warum eine solch schwache Akzeptanz gerade in diesem Bereich signifikant erkennbar ist. Die Weiterverfolgung der Literaturrecherche zu aktueller Literatur, die auf den oben genannten Studienergebnissen aufbauen, zeigten, dass es nach wie vor ungelöste Aspekte gibt. Gerade dadurch wird aber der Umgang in Unternehmen mit baubetrieblichen Innovationen und in Anwendung eines Innovationsmanagements erschwert.

Zum Beispiel zeigen einige Autoren zwar gesamtheitliches Innovationsmanagement in Theorie und teilweise an Praxisbeispielen auf, doch bleiben vertiefende Methodenanwendungen offen. So weist *Hartmann* weiteren Forschungsbedarf aus, indem geeignete Innovationsinstrumente untersucht werden müssen, die weit über die von ihm benannte Quality Function Deployment und die Portfolio-Modelle hinausgehen. [303] *„Weitere Forschungsbemühungen könnten sich darauf konzentrieren, diese Hilfsmittel für ihre innovationsbezogene Anwendung weiter auszugestalten bzw. detaillierte Handlungsempfehlungen für die Anwendung in der baubetrieblichen Praxis zu erarbeiten. Dazu wären Innovationsvorhaben in Bauunternehmen unter Einsatz der Hilfsmittel durchzuführen bzw. zu betreuen. Darüber hinaus sollte geprüft werden, welche weiteren Hilfsmittel methodische Unterstützung für die Realisierung von Innovationsaufgaben liefern können und wie ihr Einsatz zu gestalten ist. Zu diesen Hilfsmitteln gehören z. B. verschiedene Kreativitätstechniken oder die Wertanalyse. Aber auch die Methode der Risikoanalyse und -bewertung zählen dazu, erlauben sie doch Innovationrisiken besser einzuschätzen und adäquat zu bewältigen.“* [304]

Neben *Hartmann* gibt es, wie im Abschnitt 3.3.1 angesprochen, einige Autoren, die sich mit den Themen Innovationsmanagement und Forschung und Entwicklung in Bauunternehmen befassen. Ein vertiefter Nachweis an einer konkret durchgeführten baubetrieblichen Innovation, wie und mit welchen Methoden Bauunternehmen in einen aktiven Innovationsprozess arbeiten können, erfolgte nicht. Offen ist zudem, wie baubetriebliche Innovationen im engeren Sinn so optimiert und bewertet werden können, dass deren Wissenslücken sukzessive geschlossen werden können.

Methoden zur Bewertbarkeit einer baubetrieblichen Innovation im engeren Sinn wurden im Rahmen dieser Arbeit bereits untersucht. [305] Eine Managementmethode als Alternative zum Innovationsmanagement, als Ideenpool für einen neuen methodischen Ansatz oder als Instrument für einen Innovationsprozess, wird nun in den nachfolgenden Abschnitten vorgestellt. Dieses dient als weitere Grundlage, um im Anschluss daran die Lösung der oben genannten ungelösten Aspekte durch einen neuen methodischen Ansatz vorzustellen.

---

[303] Vgl. Hartmann, Innovationsmanagement in Bauunternehmen, 2004, S. 286 ff., 301 ff.

[304] Hartmann, Innovationsmanagement in Bauunternehmen, 2004, S. 408.

[305] Vgl. Abschnitt 2.4.

## 3.4. Managementmethode - Kontinuierlicher Verbesserungsprozess [306]

In der Einleitung der Arbeit wird der Kontinuierliche Verbesserungsprozess (KVP) bereits als mögliche Managementmethode vorgestellt, um Anregungen und Ideen für eine Optimierung einer baubetrieblichen Innovation zu finden. Nachfolgend werden zur Hinführung auf ein Modell zur Optimierung und Bewertung baubetrieblicher Innovationen alternativ zur zuvor eingeführten Methode „Innovationsmanagement“ die Geschichte, das Wesen, Methoden und Auswirkungen des KVP vorgestellt.

### 3.4.1. Ursprünge des KVP

Die Wurzeln des KVP liegen in der Kaizen-Bewegung, [307] welche in der japanischen Industrie nach dem Ende des zweiten Weltkrieges einsetzte. Durch die schwerwiegenden Kriegsfolgen, einschließlich zweier Atombombenangriffe in Hiroshima und Nagasaki kam es zu einer Instabilität in der gesamten Gesellschaft. Für die Wirtschaft Japans hatte dies weitreichende Konsequenzen. Die Gesamtsituation war noch schlechter als zur selben Zeit in Deutschland. Es gab keinen Marshall-Plan [308] für Japan und das nur marginal vorhandene Kapital sowie die wenigen Devisen reichten nicht aus, die japanische Wirtschaft wieder aufzubauen. Es war unmöglich, die neuesten westlichen Produktionseinrichtungen zu kaufen. Man wurde somit zum sparsamen Umgang mit den vorhandenen Ressourcen gezwungen. Zudem drangen ausländische Produzenten auf den japanischen Markt. Gleichzeitig verteidigten die anderen Staaten ihre eigenen Binnenmärkte mit Schutzzöllen. Diese Umstände zwangen die japanischen Unternehmen nach 1945 zur Entwicklung und Herstellung verschiedener eigener Produkte in geringer Stückzahl, in hoher Qualität und zu einem niedrigen Preis.

Unter diesen Randbedingungen und Anforderungen begann der amerikanische Statistiker *W. Edwards Deming* in Japan mit der Einführung der Qualitätskontrolle. [309] Nach seiner Auffassung sind Qualitätsmängel immer auf Systemfehler zurückzuführen. Im Umkehrschluss kann höhere Qualität nur durch Verbesserungen am System und nicht durch verstärkte Kontrollen oder Nacharbeit erreicht werden. [310] Zusammen mit *Joseph M. Juran* erklärte sich *Deming* einverstanden, ein landesweites Programm zur Qualitätsverbesserung in Gang zu setzen und somit die Exporte von Japan zu erhöhen. [311] Im gleichen Zeitraum wurde das Vorschlagswesen der US Air Force und der amerikanischen Organisation „Training Within Industries“ nach Japan übernommen. [312] In den 1960er Jahren wurde Quality

---

[306] Die nachfolgenden Ausführungen zur Theorie des Kontinuierlichen Verbesserungsprozesses (Abschnitte 3.4.1 bis 3.4.6) basieren auf einer Idee des Autors dieser hier vorliegenden Arbeit, die Einbindung des KVP in verschiedenen Geschäftsprozessen von Bauunternehmen zu untersuchen. Diese Untersuchung erfolgte in Zusammenarbeit mit dem Diplomanden Herrn Martin König. Die Ergebnisse und Erkenntnisse dieser Untersuchungen sind in der Diplomarbeit von Herrn König im Jahr 2009 unter maßgeblicher Mitwirkung des universitären Betreuers (Autor dieser hier vorliegenden Arbeit) zusammengetragen. In den folgenden Abschnitten 3.4.1 bis 3.4.6 wird darauf verzichtet, explizit den Autor dieser Diplomarbeit jeweils einzeln zu benennen, sondern lediglich auf die verwendeten Sekundärquellen verwiesen.

[307] Kaizen, CIP und KVP sind in der Literatur, u. a. bei *Kraus*, *Steinbeck* und *Wahren* Begriffe aus unterschiedlichen Ländern, für eine weitestgehend gleiche Idee und Bedeutung.

[308] Offiziell European Recovery Program (kurz: ERP) genannt, war ein großes Wirtschafts-Wiederaufbauprogramm der USA, das nach dem Zweiten Weltkrieg dem kriegsgeschädigten Westeuropa zugutekam. Es bestand aus Krediten, Rohstoffen, Lebensmitteln und Waren. Internetquelle: Wikipedia - http://de.wikipedia.org/wiki/Marshallplan - Stand: 07.09.2011, 11.11 Uhr.

[309] Im englischen wird Qualitätskontrolle als Quality Control bezeichnet.

[310] Vgl. Augustin, Mit Kaizen zum schlanken Unternehmen, 1992, S. 20.

[311] Vgl. Burati Jr., et al., Quality Management in Construction Industry, 1991, S. 342.

[312] Vgl. Wolbold, Budgetierung bei Kontinuierlichen Verbesserungsprozessen, 1995, S. 12.

Control zum Total Quality Control [313] weiter entwickelt. Dadurch konnten unternehmensweit Kaizen-Aktivitäten zur Leistungsverbesserung im Hinblick auf Qualität, Kosten, Termintreue, Personalentwicklung und Entwicklung neuer Produkte organisiert werden.

In Deutschland und in anderen Teilen der westlichen Welt fanden die japanischen Elemente des Kaizens erst in den 1980er Jahren erste Anwendungen. [314, 315] Flächenhaft fand das Thema Kaizen durch das Buch von J. P. Womack *„Die zweite Revolution in der Autoindustrie"* in Deutschland erst Anfang 1993 Verbreitung. [316]

### 3.4.2. Begriffsdefinition des KVP

Der Begriff „Continuous Improvement Process" wurde mit der Bezeichnung „kontinuierlicher Verbesserungsprozess" in den deutschen Sprachgebrauch übertragen. Hierbei ist zu beachten, dass Improvement nicht nur mit Verbesserung, sondern ebenso mit Vervollkommnung, Fortschritt oder Anhebung auf ein höheres Niveau zu übersetzen ist. [317] Das Wort Kaizen bezieht sich auf die gleiche Bedeutung. Es setzt sich aus den japanischen Wortstämmen „Kai" und „Zen" zusammen. Dabei bedeutet „Kai" so viel wie „Veränderung" und „Zen" „zum Besseren". *Imai* sieht in Kaizen einen Aspekt der Unternehmenskultur [318] in deren Kern die *„ständige Verbesserung unter Einbeziehung aller Mitarbeiter"* [319] darstellt wird. *Imai* fasst zusammen: *„[...] es soll kein Tag ohne irgendeine Verbesserung vergehen."* [320]

Kaizen wird nach *Wolbold* als eigenständiges Konzept dargestellt, das unter Berücksichtigung von Qualität, Zeit und Kosten zu einer Niveauverbesserung führt. Dabei werden angewandte Prozesse und Produkte konsequent und kontinuierlich verbessert.

Aufgrund neuer Tendenzen zur Geschäftsprozessverbesserung, wie z. B. Business Process Reengineering [321] oder Unternehmenskonzeptionen wie Mass Customization, [322] erhält das Zusammenwirken von Verbesserung und Innovation neue Bedeutung. Der KVP hebt in seiner nachfolgenden Definition nach *Wolbold* den Prozesscharakter hervor und grenzt sich folglich von diskontinuierlichen Ansätzen ab:

*„Der kontinuierliche Verbesserungsprozess wird definiert als stetige, d. h. ständige inkrementelle Verbesserung von Prozessen mit einem definierten Input und einem definierten Output sowie einer bestimmten Teilprozessstruktur über einen längeren Zeitraum durch einen formalisierten Algorithmus oder ohne methodische Konzepte, indem eine Optimierung der Teilprozesse hinsichtlich Kosten, Qua-*

---

313 Vgl. Abschnitt 3.4.4.2.

314 Imai, Kaizen – Der Schlüssel zum Erfolg der Japaner im Wettbewerb, 1992.

315 Vgl. Howaldt,Kopp, Winther, Kontinuierlicher Verbesserungsprozess, 1998, S. 28.

316 Steinbeck, CIP Kaizen KVP, 1995, S. 19 mit Verweis auf Womack et. al., Die zweite Revolution der Autoindustrie, 1992.

317 Vgl. Wahren, Das lernende Unternehmen, 1998, S. 7.

318 Vgl. Heß, TQM/Kaizen – Praxishandbuch, 1995, S. 24.

319 Ebd.

320 Imai, Kaizen – Der Schlüssel zum Erfolg der Japaner im Wettbewerb, 1992, S. 24.

321 Vgl. Hammer, Champy, Reegineering the Corporation, 1993, S. 43.

322 Mass Customization ist ein Konzept zur Produktion, in dem einerseits die Vorzüge der Massenproduktion genutzt werden und andererseits dem Wunsch des Kunden nach Individualität seines Produktes Rechnung getragen wird.; Vgl. Hammer, Champy, Reegineering the Corporation, 1993, S. 43.

*lität und Termintreue erfolgt, ohne dass deren Struktur sowie deren Output hinsichtlich seines Funktionsumfangs verändert wird.* "[323]

Das Ergebnis dieser Definition kann somit als Idee der kontinuierlichen Verbesserung von Prozessen, Produkten und Handlungen verstanden werden.

### 3.4.3. Wesen der kontinuierlichen Verbesserung

In der KVP-Literatur werden die Ansätze für Verbesserungen üblicherweise nach drei Bereichen gegliedert:[324]

- Verbesserungen im Bereich der Kosten als Folge der Reduzierung von Verschwendung,
- Verbesserungen im Bereich der Qualität als Folge der Reduzierung von Ausschuss und Nacharbeit,
- Verbesserungen im Bereich der Liefer-, Durchlauf-, bzw. Reaktionszeiten als Folge von Verkürzung oder Beschleunigung von Prozessen.

Deshalb bezeichnet auch *Imai* zusammenfassend Verbesserungen in der Qualität, den Kosten und der Lieferzeit (QCD) [325] als ultimatives Ziel von Kaizen-Strategien.

Der Schwerpunkt von Verbesserungsmaßnahmen führt aus obigen Überlegungen immer wieder auf die systematische Eliminierung von Verschwendung zurück. Es wird nach *Schuh* und *Ohno* zwischen sieben verschiedenen Arten von Verschwendung unterschieden, welche unter dem japanischen Begriff „muda" zusammengefasst sind:[326]

- Verschwendung durch Überproduktion,
- Verschwendung durch Warte- und Liegezeiten,
- Verschwendung durch unnötigen Transport,
- Verschwendung durch unnötige Lager- und Pufferbestände,
- Verschwendung durch einen nicht sachgerechten Arbeitsprozess,
- Verschwendung durch unnötige Bewegung,
- Verschwendung durch Fehler und Fehlerbehebung.

Ideal im Sinne des KVP ist es, wenn alle Mitarbeiter eines Unternehmens immer wieder Prozesse auf Verschwendung hin untersuchen, um vorhandene Fehler aufzuspüren, Mängel und Hindernisse in der Erledigung ihrer Arbeitsaufgaben zu identifizieren und zu beseitigen.

### 3.4.4. Konzepte zur erfolgreichen Umsetzung des KVP in Unternehmen

Um den langfristigen Erfolg des KVP sicherzustellen, bedarf es verschiedener Herangehensweisen, die die nötigen Rahmenbedingungen für KVP-Aktivitäten schaffen.

---

[323] Wolbold, Budgetierung bei Kontinuierlichen Verbesserungsprozessen, 1995, S. 13 f.

[324] Vgl. Imai, Kaizen – Der Schlüssel zum Erfolg der Japaner im Wettbewerb, 1992, S. 24.

[325] Akronym aus dem Englischen für die zuvor genannten Ziele: **QCD**: **Q**uality, **C**ost, **D**elivery; Vgl. Imai, Kaizen – Der Schlüssel zum Erfolg der Japaner im Wettbewerb, 1992, S. 24.

[326] Vgl. Schuh, Produktionsplanung und -steuerung : Grundlagen, Gestaltung und Konzepte, 2006, S. 305.

#### 3.4.4.1. Einbeziehung aller Mitarbeiter und Rahmenbedingungen des Managements

Nach der Auffassung von *Imai* hat das Management in Japan vor allem zwei Hauptaufgaben: Erhaltung und Verbesserung. Unter Erhaltung sind jene Aktivitäten zu verstehen, die zur Aufrechterhaltung bestehender technologischer, arbeits- und ablaufmäßiger Standards angewandt werden. Zur Verbesserung werden Aktivitäten genutzt, die zur Optimierung der bestehenden Standards führen. Das Management sorgt für Rahmenbedingungen, sodass jeder im Unternehmen die Vorschriften zum Standardablauf befolgen kann. Als Rahmenbedingungen gelten Unternehmenspolitik, Regeln, sowie Anweisungen und Richtlinien. Zu Beginn wird ein Mitarbeiter auf der untersten Hierarchiestufe seine Zeit hauptsächlich mit dem Ausführen von Anweisungen verbringen. Nach der Einarbeitungszeit beginnt er über die Verbesserung der durch das Management vorgegebenen Standards nachzudenken und trägt im Rahmen von Einzel- oder Gruppenverbesserungsvorschlägen zur Verbesserung des Arbeitsablaufes bei. Somit wird *„[...] Kaizen ein Instrument, um die Potenziale der Menschen zugänglich zu machen.“* [327]

Damit der KVP reibungslos und dauerhaft funktioniert, ist eine sinnvolle Organisation erforderlich, die die Richtung vorgibt, den Verbesserungsprozess anschiebt, durch Regelungen Ordnung schafft und zusätzliche Impulse gibt. Es ist wichtig, dass die verschiedenen Aufgaben des KVP formal und eindeutig zugewiesen werden. Zum Beispiel müssen spezielle KVP-Verantwortliche berufen werden, die sich für die Funktionsfähigkeit des KVP zuständig fühlen. Die KVP-Verantwortlichen werden die Quelle für immer neue Impulse bilden. Dazu muss gewährleistet sein, dass die Aufgaben von den KVP-Verantwortlichen nicht nur nebenbei erledigt werden, sondern hierfür genügend Zeit zur Verfügung steht. [328]

#### 3.4.4.2. Beginn der Qualitätsverbesserungen am Ort der Produktion

Das Ziel des KVP ist eine stetige Verbesserung. Der Beginn jeder Verbesserung ist das Bewusstsein ihrer Notwendigkeit. Hierzu muss wiederum erkannt werden, dass überhaupt ein Problem besteht, welches durch Verbesserungen beseitigt werden soll. Da ohne Problemerkennung die Notwendigkeit einer Verbesserung nicht sichtbar werden kann, muss das Problembewusstsein eines jeden Mitarbeiters geschärft werden. Daher bietet der KVP Techniken an, Probleme aufzudecken. Eine davon ist die Qualitätskontrolle.

Zu Beginn der Kaizen-Entwicklung wurden Qualitätskontrollen ausschließlich für die Herstellung des Produktes selbst durchgeführt. Dabei wurden in vielen Unternehmen die Qualitätskontrollen insbesondere auf die Inspektion fehlerhafter Zwischenprodukte reduziert oder erst am Ende der Produktionslinie durchgeführt. Diese Herangehensweise trug nicht zur vollständigen Qualität eines Produktes bei. Gleichfalls erkannte damit das westliche Management Qualitätskontrollen nicht als ihr Aufgabengebiet an. [329] So wurde später erst mit steigender Kundenanforderung schon beim Design auf Qualität geachtet. Danach konnte noch einen Schritt weiter gegangen werden und es wurde schon im Entwicklungsprozess auf die geforderte Qualität des späteren Produktes geachtet. Der Umfang dieser Qualitätskontrolle bezieht sich also auf den Ort der Produktion in allen Phasen des Produktes. [330] Im japanischen Teil der Kaizen-Bewegung wird diese Qualitätskontrolle als Total Quality Control (TQC) bezeichnet.

---

[327] Banerjee, Celling the Japanese method, 1993, S. 115.

[328] Witt, Witt, Der kontinuierliche Verbesserungsprozess (KVP), 2006, S. 40.

[329] Vgl. Imai, Kaizen – Der Schlüssel zum Erfolg der Japaner im Wettbewerb, 1992, S. 30 ff.

[330] Vgl. ebd., 1992, S. 30 ff.

TQC ist in Japan eine Bewegung mit Hauptaugenmerk auf die Leistungsverbesserung in allen Führungsebenen. Der Schwerpunkt von TQC lag ursprünglich in den folgenden Aktivitäten: Qualitätssicherung, Kostensenkung, Erfüllung des Produktionsprogramms, Einhaltung von Lieferterminen, Arbeitssicherheit, Entwicklung von neuen Produkten, Produktivitätsverbesserung, Beziehungen von Lieferanten. Mittlerweile wird TQC als Instrument zur Verbesserung der Gesamtleistung genutzt. Das bezieht Unternehmensbereiche wie z. B. Kundendienst, Marketing oder Personalabteilungen mit ein und kann sogar nach *Imai* Managementaufgaben wie die Organisationsentwicklung beeinflussen. [331]

### 3.4.4.3. Vorschlagswesen im KVP zum Nutzen des Mitarbeiterpotenzials

Im KVP wird schrittweise eine Verbesserung angestrebt, bei der jeder befähigt und aufgefordert ist, sich zu beteiligen. Im Mittelpunkt steht der kompetente und kreative Mitarbeiter, der auf die permanent wechselnden Rahmenbedingungen des Marktes reagieren kann. Nicht ausreichend ist es, sporadisch Kästen für Beschwerden aufzustellen und Anregungen einzusammeln. Vielmehr sollen Führungskräfte ihre Mitarbeiter zu selbstverantwortlichem Handeln befähigen und ermutigen. Durch die Einbindung und Beteiligung von Mitarbeitern können Kreativitätspotenziale genutzt werden und die Mitarbeiter identifizieren sich stärker mit ihrer eigenen Arbeit. [332]

Diese Mitarbeiterintegration wird hauptsächlich durch das Vorschlagswesen erreicht. Anhand der abgegebenen Verbesserungsvorschläge wird so z. B. in Japan die Leistung eines Meisters bewertet. *Imai* schreibt dazu: *„Von Vorgesetzten des Meisters wird andererseits erwartet, dass dieser ihm (dem Meister) hilft, seine Mitarbeiter zum Abgeben von Vorschlägen zu motivieren."* [333] Mit der verstärkten Einführung eines Kaizen-Vorschlagswesens in westlichen Industrieländern bildeten sich Unterschiede zum japanischen Vorbild heraus. *Steinbeck* sah 1995 einen wesentlichen Unterschied im Anreizsystem mit Prämienzahlungen. [334] [335]

Im Westen wurden die Mitarbeiter zur Abgabe von Vorschlägen durch hohe monetäre Anreize motiviert, die weitgehend konstant blieben. Allerdings gab es auf Vorschläge mit geringen Auswirkungen keine Beteiligungsprämien. Oftmals wurden die Vorschläge selbst als ungeeignet eingestuft und abgelehnt. Eine Förderung erfuhren Vorschläge mit mittlerem oder hohem Wirkungsgrad. Bei dem japanischen Vorschlagswesen wurden alle Vorschläge aller Mitarbeiter prämiert und somit auch gefördert. Es galt so viele Arbeiter wie möglich zu Verbesserungsaktivitäten anzuspornen. Dabei betrug der Prämiensatz laut *Steinbeck* nur einen Bruchteil dessen, was westliche Industrieländer zahlten. Vergütungen, welche nur einen geringen Nutzen ergaben, wurden als Beteiligungsprämie angesehen. [336]

Diese Praxis führte dazu, dass sich die Mitarbeiter in den westlichen Unternehmen häufig enttäuscht und entmutigt fühlten, sich aktiv am Vorschlagswesen zu beteiligen. Im Gegensatz dazu umwarb das japanische Modell des Vorschlagswesens geradezu die Mitarbeiter, wobei es jedoch viele unbrauchbare Vorschläge mit sich brachte. [337]

---

[331] Imai, Kaizen – Der Schlüssel zum Erfolg der Japaner im Wettbewerb, 1992, S. 30 ff.

[332] Vgl. Kostka, Kostka, Der Kontinuierliche Verbesserungsprozess, 2011, S. 15 f.

[333] Imai, Kaizen – Der Schlüssel zum Erfolg der Japaner im Wettbewerb, 1992, S. 37.

[334] Im Allgemeinen können die Prämienzahlungen mittels Prämiensatz gemessen werden. Dieser Prämiensatz berechnet sich aus der Division der Prämie durch den Wert der Auswirkung einer Verbesserung. Vgl. Steinbeck, CIP Kaizen KVP, 1995,,S. 45.

[335] Steinbeck, CIP Kaizen KVP, 1995, S. 43.

[336] Vgl. Steinbeck, CIP Kaizen KVP, 1995, S. 46-49.

[337] Vgl. ebd., 1995, S. 46-49.

### 3.4.5. Methoden zur Umsetzung des KVP

#### 3.4.5.1. PDCA-Zyklus im kontinuierlichen Verbesserungsprozess

Wie in Abschnitt 3.4.4.3 beschrieben, bedeutet die stetige Verbesserung für alle Mitarbeiter eines Unternehmens das Bestehende ständig zu hinterfragen und jeden Tag ein bisschen besser zu machen, um auf Dauer konkurrenzfähig zu sein. Damit unterscheidet sich der kontinuierliche Verbesserungsprozess deutlich von Rationalisierungskonzepten, die häufig auf Innovationen setzen. Die Vorgehensweise des kontinuierlichen Verbesserungsprozesses beruht auf der Methode des PDCA-Zyklus.[338] Dieser wurde in den 1950er Jahren von dem US-Amerikaner *Deming* entwickelt. Dabei steht das Akronym für die vier, ständig sich wiederholende Teilschritte:

- Planen (**P**lan),
- Durchführen (**D**o),
- Prüfen (**C**heck),
- Agieren und Verbessern (**A**ct).

Mittels des PDCA-Zyklus werden Verbesserungen systematisch initiiert, verfolgt und reflektiert. Als Überblick können diese Begriffe wie in Abbildung 9 dargestellt werden.

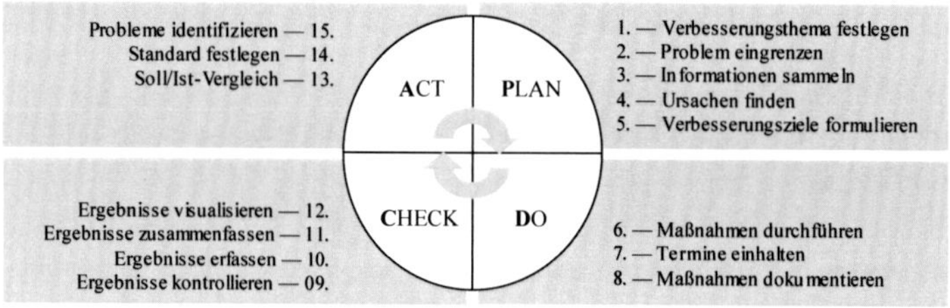


Abbildung 9: PDCA-Zyklus nach Kostka[339]

*Plan-Phase*

Der erste Abschnitt im PDCA-Zyklus ist die Plan-Phase. In dieser Phase wird zunächst das Verbesserungsthema festgelegt. Dabei werden die Ziele, die wichtigsten angestrebten Ergebnisse und größten Hindernisse formuliert. Im Anschluss daran gilt es, die Momentansituation zu erfassen. Das zu untersuchende Problem wird abgegrenzt und genau beschrieben. Hierfür notwendige Daten müssen gesammelt werden. Anhand der Daten sind die Verbesserungspotenziale, die Teilziele und entsprechende Maßnahmen auf quantitativer Basis abzuleiten. Nach *Jankulik* et al. werden die Daten mit Hilfe der sieben statistischen Werkzeuge[340] der Qualitätskontrolle erfasst:[341]

---

[338] Der PDCA- Zyklus ist gleichfalls unter den Synonymen Demingkreis, Deming-Rad und Shewhart cycle bekannt.

[339] Quelle: Kostka, Kostka, Der Kontinuierliche Verbesserungsprozess, 2011, S. 35.

[340] Mittlerweile gibt es zusätzlich die sogenannten „neuen sieben Werkzeuge". Denn es gibt Situationen, in denen nicht genügend Daten für eine Analyse zur Verfügung stehen. Dies ist z. B. bei der Entwicklung eines neuen Produktes der Fall. In solchen Situationen verlässt man den analytischen Ansatz, um sich der Problemlösung mit dem Planungsansatz zuzuwenden. Weiterführend sei auf Imai, Kaizen – Der Schlüssel zum Erfolg der Japaner im Wettbewerb, 1992, S. 283 verwiesen.

[341] Vgl. Jankulik, Kuhlang, Piff, Projektmanagement und Prozessmessung, 2005, S. 89.

- Pareto-Diagramm,
- Ursache-Wirkungs-Diagramm,
- Histogramm,
- Kontrollkarten,
- Streuungsdiagramm,
- Grafiken,
- Prüfformulare.

Wichtig ist, dass die Datensammlung in dieser Phase umfassend ist. Prioritäten können sonst nicht festgelegt werden. Bei mangelnder Datensammlung ist es außerdem schwer möglich, quantifizierbare Ziele festzulegen. Die Mitarbeiter aller Hierarchiestufen haben folglich keine Möglichkeit, den Bedarf an notwendigen Verbesserungen zu erkennen. Sie werden wesentlich schlechter motiviert am KVP teilzunehmen, da Erfolge ohne Vergleichsdaten durch die Anwendung des KVP nicht nachgewiesen werden können. [342] Durch eine mangelhafte Erfassung der Ist-Daten, ist folglich ein Erfolg des KVP insgesamt fraglich und kann schnell zu Frustration und Ablehnung bei den Mitarbeitern führen.

Nachdem die Ziele im Anschluss an die Ursachenermittlung mit Hilfe von Kennzahlen festgelegt wurden, folgt das Herausarbeiten von möglichen Maßnahmen. Diese werden nach und nach konkretisiert und anhand von Erfolgswahrscheinlichkeiten, Nutzen und Aufwand bewertet, sowie in weiterer Folge selektiert.

*Do-Phase*

Die aus der Planphase festgelegten Maßnahmen werden in der Do-Phase umgesetzt. Es kann dabei wieder in die Plan-Phase zurückgegangen werden, um z. B. aufgrund unerwarteter Probleme neue Informationen zu beschaffen.

Während der Durchführungsphase wird entgegen weit verbreiteter Auffassung nicht die Einführung und Umsetzung auf breiter Front vollzogen. Vielmehr liegt die Konzentration auf folgenden Kriterien:

- Das Ausprobieren, bzw. Testen und das praktische Optimieren des Konzeptes,
- Das Einsetzen einfacher und schnell realisierbarer Maßnahmen,
- Die Einbindung der Mitarbeiter des Verbesserungsbereiches,
- Ausreichende Dokumentation der Arbeitsschritte.

Die Dokumentation ist daher wichtig, damit zu einem späteren Zeitpunkt die Ergebnisse gut nachvollziehbar sind. Dies könnte z. B. ein neuer Durchlauf im PDCA-Zyklus sein.

*Check-Phase*

Die Auswirkungen der geplanten Maßnahmen werden in der Check-Phase des PDCA-Zyklus auf den Prüfstand gestellt. Es wird untersucht, ob die in der Plan-Phase gestellten Ziele in der Do-Phase erreicht werden konnten. Eine Quantifizierung der Ergebnisse erfolgt durch die zuvor durchgeführte Definition von Kennzahlen. Durch kontinuierliches Kontrollieren (eine Art Controllingprozess) kann festgestellt werden, ob die Ziele erreicht werden konnten. Im Falle des Verfehlens der Ziele muss geprüft werden, warum die Ergebnisse Abweichungen vom Soll aufweisen. Die Ergebnisse dieser Ana-

---

[342] Vgl. Kostka, Kostka, Der Kontinuierliche Verbesserungsprozess, 2011, S. 36 f.

lyse müssen ausreichend dokumentiert werden, denn auch Misserfolge können für den kontinuierlichen Verbesserungsprozess hilfreich sein.

*Act-Phase*

In der Act-Phase werden die Ergebnisse schließlich auf breiter Front eingeführt. Dazu gehört, dass anhand der Festlegung erfolgreiche Größen als Standard, die drei durchlaufenen Phasen reflektiert und die Erfahrungen gesichert werden. Mit den Erkenntnissen der vorherigen Phasen sollen auch nachfolgende PDCA-Durchläufe angestoßen werden.

Beim mehrmaligen Durchlaufen des Zyklus werden die auftretenden Probleme immer weiter eingegrenzt und verringert, da die Erfahrungen der vorherigen Zyklen mit einfließen. Es gibt nach der japanischen Sichtweise keine perfekten Lösungen und somit auch keinen Stillstand der Verbesserungsmaßnahmen. Man kann sich nicht auf den erreichten Standards ausruhen. Sobald das Verbesserte institutionalisiert ist, werden durch dieses Gedankengut neue Verbesserungen herausgefordert. Damit wird das Verbessern zum Prozess entwickelt. [343]

### 3.4.5.2. Standardisierung zur Verbesserung von Arbeitsabläufen

Wenn ein neuer Standard in der Act-Phase des PDCA-Zyklus festgelegt worden ist, weist trotzdem zu Beginn jeder Prozess gewisse Abweichungen beim Durchlaufen auf. Bevor der PDCA-Zyklus erneut angewendet wird, muss die Ausgangssituation stabil sein, sonst kann der Prozess gänzlich instabil werden und das Erreichte somit wieder verloren gehen. [344] Es bedarf deswegen gewisser Anstrengungen den Prozess zu stabilisieren. Das Akronym **SDCA** steht für **S**tandardize-**D**o-**C**heck-**A**ct-Zyklus und stellt eine Möglichkeit dar, diese neuen Standards zu festigen.

In der ersten Phase des SDCA-Zyklus, der Standardize-Phase wird das neu erreichte Niveau für die Praxisanwendung genauer definiert. Der Standard wird in der Praxis während der Do-Phase eingesetzt. In der Check-Phase werden wie im PDCA-Zyklus Auswirkungen ausgewertet und mit den Erwartungen verglichen. Am Schluss erfolgt in der Act-Phase eine Anpassung des Standards gemäß den gewonnenen Erkenntnissen.

Entspricht der gültige Standard nicht mehr den Anforderungen, werden durch einen neuen PDCA-Zyklus die notwendigen Daten gesammelt, um einen neuen Standard zu definieren. Erst wenn dieser im Rahmen des SDCA-Zyklus überprüft und stabilisiert wurde, ist der alte Standard nicht mehr relevant. [345]

### 3.4.5.3. Vier-Phasen-Modell des KVP im Unternehmen

Oftmals wird fälschlicherweise der gesamte KVP als Projekt verstanden, was insofern nicht zutreffend ist, da er kein zeitlich definiertes Ende hat. Anhand eines erfolgreich eingeführten und praktizierten KVP lässt sich ein Modell nach *Kostka* ableiten, welches in vier Phasen unterteilt werden kann: [346]

- Sensibilisierungsphase,
- Startphase,

[343] Vgl. Imai, Kaizen – Der Schlüssel zum Erfolg der Japaner im Wettbewerb, 1992, S. 91.

[344] Vgl. Bullinger et.al, Neue Organisationsformen im Unternehmen, 2003, S. 510.

[345] Vgl. Shiba, Walden, Graham, Engagement and Alignment of Organisation Members, 2001, S. 289.

[346] Vgl. Kostka, Kostka, Der Kontinuierliche Verbesserungsprozess, 2011, S. 43 f.

- Implementierungsphase,
- Stabilisierungsphase.

Das Vier-Phasen-Modell nach *Kostka* stellt somit einen *„Fahrplan zur Implementierung und nachhaltigen Förderung des KVP im betrieblichen Umfeld“* [347] dar, der den jeweiligen unternehmensspezifischen Gegebenheiten angepasst werden muss. Es spielt dabei keine Rolle, ob das Modell unternehmensweit oder z. B. in einzelnen Standorten Anwendung findet. [348]

### 3.4.6. KVP und organisationales Lernen

Da der KVP in der Regel in Unternehmen bereichsübergreifend als strategisches Managementmethode eingeführt wird, kann mithilfe eines KVPs ein großer Teil der Mitarbeiter in einen bereichsübergreifenden Lernprozess des gesamten Unternehmens eingebunden werden. In diesen globalen Arbeitsgruppen lernen die Beteiligten viel über die Hintergründe von Entscheidungen und Zusammenhänge in dem gesamten Unternehmen. Sie erfahren, wie ihre Kollegen oder Vorgesetzten bestimmte Dinge wahrnehmen und welche Ideen, respektive Ziele von ihnen verfolgt werden. Diese Erkenntnisse führen zu neuen kollektiven Erfahrungen, zu neuen Sichtweisen und zu neuem organisationalem Wissen. Die Mitarbeiter können zu einem späteren Zeitpunkt das akquirierte fachübergreifende Wissen zum Wohle des Unternehmens wieder einsetzen. Unternehmen werden dadurch befähigt sich flexibler auf neue Gegebenheiten einzustellen.

## 3.5. Zusammenfassende Würdigung

Bevor im kommenden Kapitel 4 ein neues Modell zur Optimierung und Verbesserung von baubetrieblichen Innovationen vorgestellt wird, soll in diesem Abschnitt noch einmal abschließend ein zusammenfassender Überblick zu den vorgestellten Sachverhalten und Methoden gegeben werden.

Als Grundlage für dieses neue Modell wurde zunächst die eindeutige Abgrenzung des Begriffes „baubetriebliche Innovation“ als wichtig erachtet. In Kapitel 2 wurde deshalb unter Einführung verschiedener branchenübergreifender Definitionen hierzu eine Begriffsfestlegung vorgenommen. Es wurde deutlich, dass eine Vielzahl an Definitionen existiert und jede für sich unterschiedliche Arten der Neuerung als Mittel zur Wertsteigerung in Unternehmen darstellt. Für die Bauwirtschaft fand sich in der Literatur eine weniger umfängliche Diskussion zur Bedeutung und zum Begriff Innovation. Deutlich wurde dennoch, dass Innovation in einem baubetrieblichen Kontext oft sehr ganzheitlich gesehen wird. Dieses schließt Prozessinnovationen, Materialinnovationen und Konstruktionsinnovationen genauso ein, wie Dienstleistungsinnovationen oder Innovationen der allgemeinen Geschäftsprozesse in Unternehmen der Bauwirtschaft. Dieser Innovationsbegriff wurde deshalb als Innovation im weiteren Sinn zusammengefasst. Der Fokus der Arbeit zielt jedoch konkret auf eine Sicht der bauausführenden Unternehmen ab, so dass dieser weitergefasste Kontext einer Innovation als eher weniger zutreffend eingeordnet wurde. Der Autor dieser Arbeit entschied sich daher eine baubetriebliche Innovation im engeren Sinn zu definieren, die in der Folge als Grundlage für diese Arbeit gelten soll. Dieses wurde bisher in der analysierten Literatur noch nicht in diesem Maße gewürdigt.

---

[347] Kostka, Kostka, Der Kontinuierliche Verbesserungsprozess, 2011, S. 44.

[348] Auf vertiefende Betrachtungen der vier Phasen nach Kostka wird in dieser Arbeit verzichtet und auf Kostka, Kostka, Der Kontinuierliche Verbesserungsprozess, 2011, S. 44 ff. verwiesen.

Demnach stehen im Zentrum der baubetrieblichen Innovation im engeren Sinn die Produktionsfaktoren als signifikante Merkmale von Bauverfahren. Diese Merkmale werden im Rahmen der fünf Einflusskomponenten Kosten, Termine, Arbeitssicherheit, Umwelt und Qualität eingefasst. Grafisch betrachtet, ergibt sich somit ein Fünfeck, welches aus mehreren Fünfeckscheiben besteht und nach außen hin größer wird. Das innere Fünfeck symbolisiert demnach einen durch das bauausführende Unternehmen zu bestimmenden Wissensstand für eine baubetriebliche Innovation im engeren Sinn. Dieser Wissensstand ist nach der in dieser Arbeit eingeführten Definition nicht vollständig, kann und sollte aber durch neues Wissen zu den jeweiligen Einflusskomponenten sukzessive erhöht werden. In der Abbildung 2 wurde dieser Zusammenhang als Wissenszugewinn im Rahmen der Einflusskomponenten dargestellt.

Aufbauend auf dieser Definition wurde in Kapitel 2 zudem untersucht, wie baubetriebliche Innovationen im engeren Sinn bewertet werden können. Als Ausgangsinformation dienten hier die Kenntnisse zur Vergleichbarkeit bekannter Bauverfahren mit den Methoden *Absoluter kalkulatorischer Vergleich, Grenzkostenbestimmung durch kalkulatorischen Vergleich* und *Auswertung des Grenzkostenvergleichs* sowie die *Nutzwertanalyse.* Allerdings wurden für die Analyse im Rahmen dieser Arbeit mehrere darüber hinausgehende Bewertungsverfahren als besonders untersuchungswert eingeschätzt. Dieses ist zum einen die Situationsanalyse mit ihren einzelnen Instrumenten. Zum Anderen sind dieses die multikriteriellen Bewertungsverfahren Kosten-Risiko-Analyse, Kosten-Nutzen-Analyse, Nutzwertanalyse und die Kosten-Wirksamkeits-Analyse. Und zum dritten sind dies ergänzende Methoden, wie die ABC-Analyse und die Sensitivitätsanalyse.

Es hat sich z. B. gezeigt, dass die SWOT-Analyse als Instrument der Situationsanalyse geeignet ist, ein neues Bauverfahren als baubetriebliche Innovation im engeren Sinne zu bewerten. Ungeeigneter erscheint diese Methode jedoch für eine vergleichende Bewertung mehrere Verfahrensalternativen oder die Bewertung an mehreren Bewertungszeitpunkten zueinander. Bei den multikriteriellen Bewertungsverfahren eignet sich u. a. die Kosten-Wirksamkeits-Analyse. Allerdings stellte sich die Nutzwertanalyse als Vorzugsvariante dieser Verfahrenskategorie heraus. Diese korreliert mit dem Charakter eines neuen Bauverfahrens besonders gut. Sie eignet sich, um qualitative Daten zu quantifizieren. Sie eignet sich zudem, ein Scheitern der Bewertung bei unterschiedlicher Datenvielfalt einzelner Alternativen vorzubeugen. Außerdem kann das neuen Bauverfahren mit einer Nutzwertanalyse an beliebig vielen Zeitpunkten im Rahmen eines Untersuchungszyklus bewertet und damit relativiert werden. Bei den ergänzenden Methoden ist die Sensitivitätsanalyse besonders zu würdigen, da diese die Eingangsparameter eines anderen Verfahrens besonders untersucht und auf Werthaltigkeit prüft. Im Ergebnis dieser Analyse wurde demnach die Nutzwertanalyse als besonders gut geeignet zur Bewertung von baubetrieblichen Innovationen identifiziert und wird in Verbindung mit der Sensitivitätsanalyse für das neue Modell in den folgenden Kapiteln verwendet.

Im Kapitel 3 dieser Arbeit wurden nunmehr aufbauend auf dem definitorischen Wissen zu baubetrieblichen Innovationen und deren Bewertbarkeit aus Kapitel 2 Methoden untersucht, die einem Optimierungsprozess von baubetrieblichen Innovationen darstellen bzw. diesen dienlich sein können. So wurde das weit verbreitete und sehr mannigfaltig angewendete Innovationsmanagement tiefgründig untersucht. Über einleitende Definitionen, Abgrenzungen zu anderen Methoden, wie Technologiemanagement, Forschungs- und Entwicklungsmanagement sowie F&E-Controlling und sehr unterschiedlichen Interpretationen eines Innovationsprozesses wurde schlussendlich eine allgemeingültige Begriffsfestlegung für diese hier vorliegende Arbeit geschaffen.

Nach dieser Definition ist ein Innovationsprozess im Rahmen eines Innovationsmanagement im engeren Sinn stets in aufeinander aufbauende Phasen zu unterteilen. Alle untersuchten Autoren gehen von chronologisch ablaufenden Phasen aus. Für die nachfolgenden Untersuchungen im Kapitel 3 wurden fünf Phasen als wesentlich erachtet. Dieses sind die Generierungsphase, die Bewertungsphase, die Entwicklungsphase, die Implementierungsphase und die Rückmeldephase (vgl. Abbildung 10).

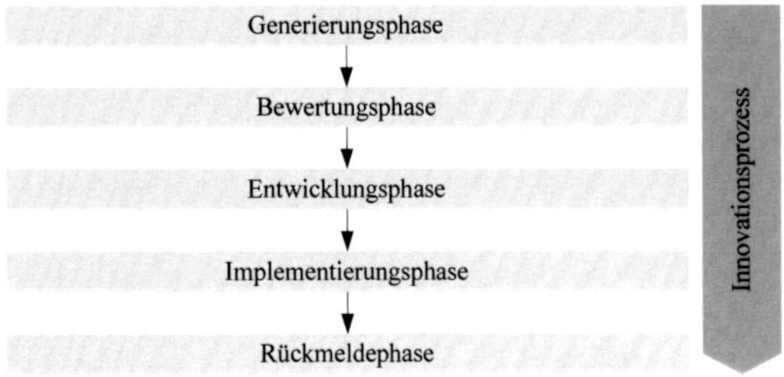


Abbildung 10: Innovationsprozess in chronologischer Phasenfolge in Anlehnung an Hartmann[349]

Diese Definition eines Innovationsprozesses bildete die Grundlage, vertiefter zu untersuchen, welche Bedeutung und Würdigung Innovationsmanagement in der Bauwirtschaft mit Fokus auf den Baubetrieb erlangt. Die Untersuchungen stützten sich dabei sowohl auf fachliterarische Quellen als auch auf Studien zur Akzeptanz des Innovationsmanagements in der Praxis. Das Ergebnis weist auf eine deutlich unterrepräsentierte Anerkennung und Würdigung gerade in diesem untersuchten Branchenumfeld hin. Aus diesem Grund wurden Ursachen für diese geringe Beachtung diskutiert und eruiert. Hier zeigte sich deutlich, dass sowohl systemische Besonderheiten der Bauwirtschaft, unterschiedliche Systemlogiken bei den Beteiligten in Innovationsprozessen, rechtliche Besonderheiten bis hin zu rechtlichen Widersprüchen, die seitens des Gesetzgebers gefordert werden, zu sehr starken Barrieren führen. Gleichfalls muss unterstellt werden, dass das bisherige Verständnis eines Innovationsprozesses eher an den Systemen anderer Branchen angepasst wurde und gerade besondere Merkmale der Bauwirtschaft unbeachtet geblieben sind. Entscheidungsträger und Beteiligte in Innovationsprozessen scheuen deshalb den Weg der Innovation oder eines Innovationsprozesses nach bekannten Mustern zu gehen, da Ausfallrisiken als sehr hoch eingeschätzt werden.

Deutlich wurde in dieser Untersuchung zum Innovationsmanagement in der Bauwirtschaft auch, dass diese Innovationsbarrieren auf ein hohes Maß ungelöster Aspekte beim Umgang mit baubetrieblichen Innovationen hinweisen. Zum Beispiel zeigen einige Autoren zwar gesamtheitliches Innovationsmanagement in Theorie und teilweise an Praxisbeispielen auf, doch bleiben vertiefende Methodenanwendungen offen. Erste geeignete Methoden sind in Kapitel 2 dieser hier vorliegenden Arbeit z. B. mit der Nutzwertanalyse identifiziert wurden. Eine alternative Methode als Ideenpool für einen neuen methodischen Ansatz oder als Instrument für einen Innovationsprozess wurde mit dem KVP im Kapitel 3 vorgestellt. So gab es in vielen Branchen schon vor der Entwicklung des KVP Bemühungen, Abläufe in Unternehmen zu verbessern. In der Bauwirtschaft sind Verbesserungen von Strukturen und Geschäftsmodellen in Unternehmen gleichfalls üblich und erprobt. Zum Beispiel können allgemeine Geschäftsprozesse und spezielle Prozesse der Wertschöpfung (Planung und Ausführung von Baumaßnahmen mit Bauverfahren) regelmäßig verbessert werden, um dadurch die Wettbewerbsfähigkeit zu steigern. Die Implementierung von KVP in Bauunternehmen wurde z. B. von *Borner* untersucht.[350] Auch *Köster* setzte sich mit der Frage aus einander, wie Methoden der klassischen Betriebswirt-

---

[349] Vgl. Hartmann, Innovationsmanagement in Bauunternehmen, 2004, S. 284 f.

[350] Vgl. Borner, Prozessmodell für Projekt- und Erfolgsorientiertes Wissensmanagement zur kontinuierlichen Verbesserung in Bauunternehmen, 2004.

schaftslehre in Bauunternehmen eingegliedert werden können.[351] Somit scheint diese Herangehensweise des Methodentransfers und der Methodenadaption in vielerlei Hinsicht Akzeptanz zu finden.

Eine Implementierung des KVP zur Optimierung eines neuen Bauverfahrens und/oder einer baubetrieblichen Innovation erfolgte jedoch bisher nicht. Wird die Ausgangsproblemstellung erneut betrachtet und der Zielkonflikt zwischen der Wissenschaft und der bauausführenden Praxis noch einmal verdeutlicht, könnte es jedoch zeitgemäß sein, neuen Methoden gegenüber konventionellen Methoden eine Chance einzuräumen und somit mindestens einen theoretischen Adaptionsprozess zuzulassen. Außerdem sollte die Möglichkeit beachtet werden, den klassischen Innovationsprozess als chronologischen Ablauf mehrerer Phasen zu überarbeiten und einen neuen Innovationsprozess zu entwickeln.

[351] Vgl. Köster, Marketing und Prozessgestaltung am Baumarkt, 2007.

# 4 Optimierung und Bewertung von baubetrieblichen Innovationen

## 4.1. Vorüberlegungen

Die ausgearbeiteten Aspekte, die im vorherigen Kapitel offenkundig gewordene Barrieren im Umgang mit Innovationen und anerkannten Systemlogiken des Innovationsmanagements motivieren dazu, einen Lösungsansatz speziell für bauausführende Unternehmen (Anwender von baubetrieblichen Innovationen im engeren Sinn) zu finden, mit dem in einem Innovationsprozess möglichst effizient und zielorientiert Daten gesammelt werden können, wodurch ein signifikanter Wissenszugewinn zu einer baubetrieblichen Innovation im engeren Sinn generiert werden kann. Noch besser wäre es, wenn diese Daten und dieses Wissen in einem kontinuierlich ablaufenden Innovationsprozess ständig optimiert werden, um die Wertschöpfung aus einer Innovation zu maximieren. Dieses erfordert gleichzeitig einen Entwicklungsprozess sowie einen Bewertungsprozess in dem sämtliche anwendungsorientierten Daten einer baubetrieblichen Innovation systematisch verbessert und beurteilt werden können.

Aufbauend auf den zuvor hergeleiteten, ungelösten Aspekten bei der Optimierung und Bewertung einer baubetrieblichen Innovation, wird in diesem Kapitel ein neues Modell eines Innovationsprozesses vorgestellt. Dabei sollen bekannte Systematiken aufgegriffen und so erweitert werden, dass bisherig zu Innovationbarrieren führende Aspekte eliminiert oder durch bessere ersetzt werden. Zudem werden Erweiterungen vorgenommen, die deutlicher auf die Bedürfnisse und Entscheidungsprozesse aus Sicht eines bauausführenden Unternehmens zugeschnitten sind.

## 4.2. Modell des Kontinuierlichen Innovationsprozesses

Das in Abbildung 11 gezeigte neue Modell zur Optimierung und Bewertung einer baubetrieblichen Innovation, lehnt an dem Innovationsprozess in fünf Phasen von *Hartmann* an, verändert dieses jedoch in seiner Systemlogik. Neu ist, dass die Phasen nicht mehr wie bisher [352] in chronologischer Folge hintereinander ablaufen, sondern dass diese Phasen sich teilweise tangieren und parallel ablaufen. Das Verständnis der einzelnen Phasen wird an der neuen Definition einer baubetrieblichen Innovation im engeren Sinn orientiert und somit bisheriges Phasenverständnis grundhaft angepasst. Außerdem werden die zwei letzeren Phasen von *Hartmann* in einer Phase zusammengefasst. Demnach grenzt sich dieser so entstehende Kontinuierliche Innovationsprozess in genau zweierlei Aspekten von bisherigen Systemlogiken ab.

Zum einen ist dieses die Phasenanzahl und -reihenfolge. Bei dem hier vorgestellten Modell setzt sich ein Kontinuierlicher Innovationsprozess für eine baubetriebliche Innovation im engeren Sinn aus vier Phasen zusammen. Die erste Phase ist die Generierungsphase. Darauf folgen die Kontinuierliche Bewertungsphase sowie die Kontinuierliche Entwicklungsphase gleichermaßen. Nach letzterer folgt die Implementierungs- und Rückmeldephase.

Zum zweiten ist dieses das Wesen der zwei wichtigsten Phasen (Kontinuierliche Entwicklungsphase und Kontinuierliche Bewertungsphase). Beide Phasen stützen sich dabei auf Wesenselemente der anerkannten Managementmethode des Kontinuierlichen Verbesserungsprozesses (KVP). So wird z. B. der PDCA-Zyklus des KVP in die neue Phasenstruktur eingebunden. In der Kontinuierlichen Entwick-

[352] Vgl. Abschnitt 3.3.2.3 und Abschnitt 3.5.

lungsphase werden die beiden ersten Phasen des PDCA-Zyklus (Plan- und Do-Phase) adaptiert. Dieses sorgt damit für eine regelmäßige Erneuerung und Erweiterung der Erkenntnisse. In der Kontinuierlichen Bewertungsphase wird zudem nicht nur anfänglich eine Bewertung durchgeführt, wie es in bisherigen Sichtweisen verschiedener Autoren beschrieben ist, sondern eine kontinuierliche Bewertungen der baubetrieblichen Innovation im engeren Sinn über den gesamten Entwicklungsprozess erstreckend angestrebt. Damit bekommt diese Kontinuierliche Bewertungsphase den Charakter der dritten Phase des PDCA-Zyklus, der „Check-Phase" und lehnt damit wiederum am KVP an. Die vierte Phase des PDCA-Zyklus (Act-Phase) geht nunmehr für diesen hier eingeführten Kontinuierlichen Innovationsprozess in der Implementierungs- und Rückmeldephase auf.

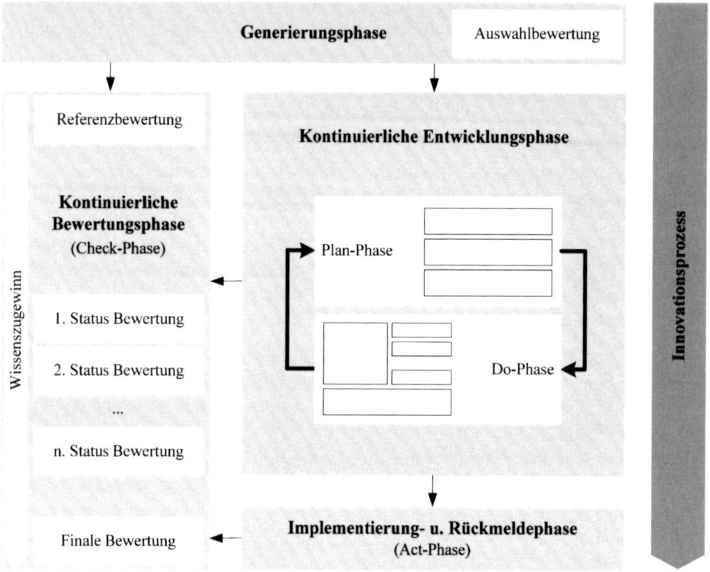


Abbildung 11: Modell des Kontinuierlichen Innovationsprozesses zur Optimierung und Bewertung einer baubetrieblichen Innovation im engeren Sinn[353]

Damit wird das Wesen einer baubetrieblichen Innovation im engeren Sinn besser in die Systematik eines Innovationsprozesses eingebunden. Der Wissenszugewinn der definitorisch bei einer baubetrieblichen Innovation im engeren Sinn ermöglicht sein muss, kann somit kontinuierlich erfolgen und kann über eine kontinuierliche Bewertung des Wissensstandes quantifiziert werden.

Im Endeffekt hat dieses Modell zur Folge, dass zu jedem Zeitpunkt im Innovationsprozess eine bewertbare Aussage zur Qualität und Quantität der baubetrieblichen Innovation im engeren Sinn getroffen werden kann. Damit ist die wesentliche Komponente für strategische unternehmerische Entscheidung auf Grundlagen von Wissen jederzeit gegeben. In den nachfolgenden Abschnitten wird nun detailliert das Wesen der einzelnen Phasen vorgestellt. Dabei werden Methoden und Instrumente genauso erläutert, wie organisatorische Aspekte und die Interaktion zwischen den Phasen des Kontinuierli-

[353] Die detaillierten Inhalte der einzelnen Phasen mit detaillierten Abbildungen sind in den Abschnitten 4.3, 4.4, 4.5, 4.6 vertieft.

chen Innovationsprozesses. Abschließend wird dieser Innovationsprozess zusammenfassend in einen organisatorischen Ablauf im Unternehmen eingegliedert.

## 4.3. Die Generierungsphase

Die Generierung von innovativen Ideen wird von drei Seiten betrachtet. Zum einen ist dieses das Wissen um die Fragestellungen und aufgetauchte Problemstellungen, die gelöst werden sollen. Zum zweiten ist dieses die Identifikation von vorliegenden Erkenntnissen zu innovativen Lösungsansätzen aus externen und internen Quellen. Und zum dritten ist dieses die abschließende Auswahl einer potenziellen baubetrieblichen Innovation aus dem Portfolio an innovativen Ideen.

Wichtige Impulse für eine erfolgreiche Generierungsphase können dabei wiederum aus der Managementmethode KVP gewonnen werden, denn auch in diesem Modell wird von dem Grundsatz ausgegangen, dass zu Beginn jeder Verbesserung das Bewusstsein ihrer Notwendigkeit erlangt werden muss. Es muss erkannt werden, dass überhaupt ein Problem besteht, welches durch innovative Ideen beseitigt werden kann. Fragestellungen können z. B. bei speziellen Bauprojekten oder spezielle Anforderungen aus Problemen entstehen. Darüber hinaus können neue Bauaufgaben und anstehende Projekte kurzfristig neue Lösungen zur Leistungserbringung erfordern. Nachträglich betrachtet, dienen bereits abgewickelte Projekte als Anstöße für offene Problemfelder, wo Verbesserungspotenziale vorhanden sind. Des Weiteren können strategische Entscheidungen der Unternehmensleitung Anlass geben, perspektivisch nach neuen Lösungskonzepten für zukünftige Auftragsakquirierungen zu suchen. Diese aufgezählten Ansatzstellen für Fragen und Probleme bildet damit die erste zu beachtende Seite einer Generierungsphase.

Als Inputquelle zur Identifikation bereits vorhandener Lösungskonzepte für verschiedene Fragestellungen dienen z. B. externe Forschungseinrichtungen, wie Universitäten, Fachhochschulen, Fraunhofer Gesellschaften etc. Hier muss nach dem Untersuchungsstadium bei den innovativen Ideen unterschieden werden. So können erste Ideen bereits aus vorhandenen Grundlagenforschungen identifiziert werden. Konkreter könnte die Lösung einer Fragestellung mit Ergebnissen aus bereits durchgeführten industriellen Forschungen eingestuft werden. Zum dritten sollten Ideen aus dem späten Forschungsstadium der experimentellen Entwicklung beachtet werden. Welche Quellen als Ideengeber dienen, hängt dabei maßgeblich von der Strategie der Unternehmensführung ab. Für den Fall, dass im Rahmen folgender Phasen des Innovationsprozesses Bereitschaft existiert, eigene industrielle Forschungen durchzuführen, kann es außerdem hilfreich sein, noch recht unerforschte Konzepte aus der Grundlagenforschung einzubeziehen. Sollte die Bereitschaft zur intensiven Forschungs- und Entwicklungsarbeit im Unternehmen nicht hoch angesetzt sein, bzw. wenig Ressourcen zur Verfügung stehen, bietet es sich an, eher in den späten Stadien der Entwicklung nach Lösungskonzepten zu suchen, die entweder nur noch angewendet werden müssen, oder die in Forschungskooperationen zwischen der Industrie und den Forschungseinrichtungen vervollständigt werden.

Grundsätzlich ist es aber auch möglich, dass vollkommen unerforschte Ansätze und innovative Ideen generiert werden. Genauso kann es strategisch interessant sein, bereits markterprobte Konzepte und Lösungen für bestimmte Fragestellungen als innovative Idee für das eigene Unternehmen zu identifizieren.

Als Ergebnis dieser Generierungsphase aus zweierlei Einflussrichtungen entsteht somit in der Regel eine Zusammenstellung (Portfolio) an konkreten oder weniger konkreten innovativen Ideen (vgl. Abbildung 12).

Abbildung 12: Generierung von innovativen Ideen mit finaler Auswahlbewertung

Im Zentrum dieser Abbildung ist zudem die dritte zu beachtende Seite einer Generierungsphase benannt. Dieses ist die Auswahlbewertung, bei der das zuvor entwickelte Portfolio bewertet wird und die potenzielle baubetriebliche Innovation im engeren Sinn anhand konkreter Kriterien identifiziert wird.

### 4.3.1. Methoden zur Erkenntnis von Fragestellung und Problemfällen

Um Fragestellungen und Problemfälle zu erkennen, können methodisch mehrere Konzepte und Ansätze hilfreich sein.

Generell ist die Basis für eine Problemerkenntnis, dass Probleme offen innerhalb des Unternehmens und der Projektteams diskutiert und dokumentiert werden. Hierfür ist eine faire Unternehmenskultur notwendig, die vom Management vorgelebt wird. Probleme sollten durch das Management und die Leitungsebene offen zur Kenntnis und wichtig genommen werden. Gleichfalls sollte sich der Mitarbeiter regelmäßig trauen, Probleme offen anzusprechen und diese der Leitungsebene zu berichten, damit es zu einer Diskussion und bestenfalls perspektivisch einem Lösungsansatz kommt. Diese Diskussionskultur hat neben der Erkenntnis der Probleme den Effekt, dass verschiedene Blickwinkel auf Probleme eingebracht werden. Dieses könnte bereits in diesem Diskussionsprozess zur Eliminierung und/oder schnellen Lösung des Problems führen.

Im Konkreten kann dieses daran erläutert werden, wie Probleme und Erkenntnisse bei laufenden Projekten oder Projektbearbeitungen entdeckt werden können. So sorgt zunächst das Management für die Rahmenbedingungen, sodass jeder im Unternehmen die Vorschriften zum Standardablauf bzw. die Vorschriften bei der Bearbeitung von Projekten befolgen kann. Als Rahmenbedingungen gelten Unternehmenspolitik, Regeln, sowie Anweisungen und Richtlinien. Gleiches gilt hier für Bauverfahren, der Einsatz von Stoffen und Personal oder z. B. Abwicklungsprozessen bei Aufträgen. Zu Beginn werden Mitarbeiter auf untersten Hierarchiestufen die Zeit hauptsächlich mit dem Ausführen von Anweisungen und Routinen verbringen, die vorgegeben sind. Nach der Einarbeitungszeit beginnen Mitarbeiter jedoch über mögliche Optimierung und Verbesserungen der vorgegebenen Standards, Regelabläufe, Bauverfahren, eingesetzten Materialien, personellen Ressourcen sowie umwelt- und sicherheitstechnische Aspekte nachzudenken und entwickeln somit unbewusst offene Fragestellungen und Lösungsansätze.

Bei laufenden Projekten und Auftragsabwicklungen werden Probleme in der Regel in den Besprechungen angesprochen und diskutiert. Sollten sich dabei nicht sofort Lösungen generieren lassen, würden diese Probleme dokumentiert und somit für eine spätere Generierung im Rahmen eines Innovationsprozesses aufgegriffen. Gleiches gilt bei neuen Anforderungen, die sich im Laufe der Projekte oder grundsätzlich in Folge neuer gesetzlicher Rahmenbedingungen oder Vorgaben ergeben. Auch hierzu muss frühzeitig das aktive Gespräch zur Lösung gesucht werden, damit mit den eigenen Leistungsangebot auf diese neuen Anforderungen gegebenenfalls mit innovativen Ideen reagiert werden kann.

Eine weitere Methode, die für eine Generierungsphase hilfreich sein kann, kann aus der Theorie des KVP übernommen werden. Dieses betrifft die Qualitätskontrolle für laufende Projekte mit seiner Erweiterung der totalen Qualitätskontrolle (englisch: Total Quality Control, kurz: TQC). Der Umfang dieser Qualitätskontrolle bezieht sich dabei auf den Ort der Produktion bzw. Herstellung im Rahmen einer Projektabwicklung in allen Phasen des Projektes. Der Schwerpunkt von TQC liegt dabei in den Aktivitäten wie z. B.: Qualitätssicherung, Kostensenkung, Erfüllung des Produktionsprogramms, Einhaltung von Lieferterminen, Arbeitssicherheit, Entwicklung von neuen Produkten, Produktivitätsverbesserung, Beziehungen von Lieferanten und Kundenzufriedenheit. [354]

Des Weiteren ist es wichtig, dass abgeschlossene Projekte lückenlos dokumentiert werden. Diese Projektdokumentation dient einer zeitversetzen und späteren Identifikation von Fragestellungen/Problemfällen aus abgeschlossenen Projekten als Quelle. In jedem Fall sollten Dokumentationen entsprechend standardisiert sein. Im besten Fall gibt es Unternehmensrichtlinien, die die Dokumentation spezieller Fragestellungen/Problemfälle während der Projektabwicklung als klare Prozesse regeln und somit einer späteren zielgerichtete Identifikation im Rahmen eines Innovationsprozesses dienlich sind.

Bei eine strategischen Neuausrichtung des Unternehmens können zum einen neue Marktpotenziale hinsichtlich räumlicher Zuordnung erschlossen werden (räumlicher Akquisitionsradius wird erweitert). Zum Anderen könnte die Neuausrichtung hinsichtlich seiner Leistungsfelder stattfinden. In diesem Fall müssen für das Unternehmen innovative Ideen generiert werden, die für das neue Leistungsportfolio wertschöpfend sein können. Anregungen können in diesem Fall durch Marktrecherchen und Konkurrenzanalysen geschaffen werden.

### 4.3.2. Methoden zur Identifikation von Lösungskonzepten (Portfolio innovativer Ideen)

Informations- und Datenbeschaffung und deren erste Analyse ist für die Identifikation von Lösungsansätzen ein übergeordneter Ansatz. Um Daten analysieren zu können, sind jedoch generell Daten notwendig. Diese auf den ersten Blick trivial erscheinende Logik ist wissenschaftlich betrachtet komplexer als es der Satz an sich vermuten lässt.

#### 4.3.2.1. Überblick zur Datenerhebung

Der Begriff der *Datenerhebung* beschreibt *„[...] die gezielte und systematische Aktivität zur Beschaffung von Informationen“.* [355] In der Regel erfolgen Datenerhebungen als Stichproben, da diese Daten schneller und kostengünstiger generiert werden können als Vollerhebungen. Außerdem weisen erstere im Allgemeinen eine höhere Präzision auf. [356] Des Weiteren können bei der Informationsgewinnung zwei Vorgehensweisen unterschieden werden. Zum einen besteht die Möglichkeit der *Primärerhebung,* innerhalb der originäre Daten unter festgelegten Zielvorgaben erfasst, aufbereitet und erschlossen werden. Zum anderen existiert das Verfahren der *Sekundärerhebung*, welches auf bereits für ähnliche oder andere Zwecke zu einem früheren Zeitpunkt erhobenes Datenmaterial zurückgreift und des-

[354] Vgl. Abschnitt 3.4.4.2.

[355] Hammann, Erichson, Marktforschung, 2000, S. 81.

[356] Vgl. Stier, Empirische Forschungsmethoden, 1999, S.115 f.

sen Analyse und Auswertung vornimmt. Aus ökonomischen Gründen ist zunächst eine Sichtung und Analyse bereits vorhandener Daten empfehlenswert. In einem zweiten Schritt kann *„[...] eine Studie zur Erhebung noch fehlender Informationen“* [357] formuliert werden. [358] Für den besseren Überblick werden einzelne Methoden dieser beiden Vorgehendweisen in der Abbildung 13 dargestellt.

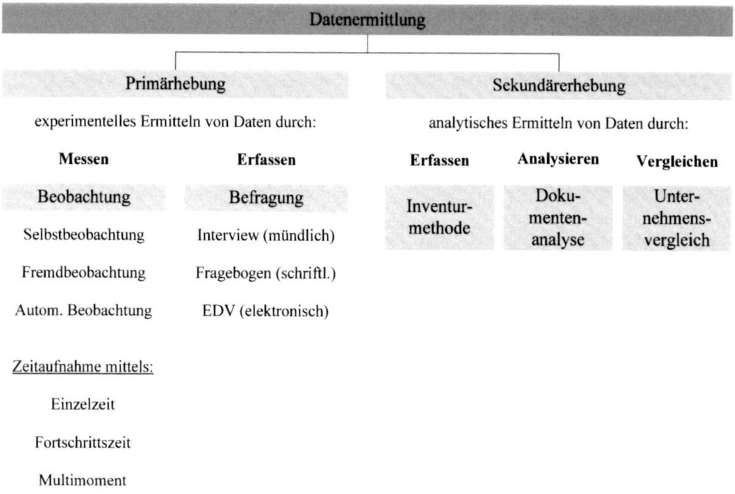


Abbildung 13: Überblick Datenerhebungsmethoden [359]

#### 4.3.2.2. Geeignete Methoden der Primär- und Sekundärerhebung

Besonders geeignet erscheinen Primär- und Sekundärerhebung, um vorhandene Informationen gebündelt zu sammeln und einem Generierungsprozess zugänglich zu machen. So könnten besonders mit diesen Methoden Informationen zu Lösungskonzepten aus den Stadien der Grundlagenforschung, industriellen Forschung, experimentellen Entwicklung sowie markterprobten Konzepten gesammelt werden. Dennoch sind nicht alle Methoden in einer Generierungsphase geeignet, um vorhandene Lösungskonzepte zu identifizieren.

So verursachen Aktivitäten der Primärerhebung in der Regel einen gewissen Zeit- und Kostenaufwande. [360] Hilfreich könnten aber z. B. *Befragungen* sein. So könnten auf empirischem Weg Informationen zu Lösungskonzepten für einzelne Problemfälle eingeholt werden. Der Analyst, der mit der Generierung beauftragt ist, erweitert damit seinen Informationsradius. Geeignet könnten zudem gezielte *Interviews* mit internen und externen Experten sein, aus denen Anregungen für vorhandene Lösungskonzepte hervorgehen. Hinsichtlich ausführlicher Spezifika der Befragung, insbesondere der Interviewführung mit standardisierten, teilstandardisierten und nicht standardisierten Interview wird auf *Schach,*

[357] Koch, Marktforschung, 2001, S. 58.

[358] Vgl. Hömberg, Jodin, Leppin, Methoden der Informations- und Datenerhebung, 2004, S. 5 f.

[359] Abbildung abgeleitet aus Kaya, in Albers, Methodik der empirischen Forschung, 2009, S. 51 und REFA, Datenermittlung, 1997.

[360] Vgl. Kaya, in Albers, Methodik der empirischen Forschung, 2009, S. 49 mit Verweis auf Hammann, Erichson, Marktforschung, 2000, S. 75.

*Hentschel, Wach et. al* [361] und für weitere Informationen zu Befragungsmethoden zudem auf die Literatur von *Scholl* [362], *Schnell et. al.* [363], *Bortz et. al.* [364] und *Hömberg et. al.* [365] verwiesen.

Neben diesen primären Methoden können sekundäre Forschungsmethoden besonders dienlich sein. So können bei der *Dokumentenanalyse* wichtige Anregungen aus Literatur und Praxis zu geeigneten Lösungskonzepten für Problemstellungen in einer Generierungsphase gewonnen werden. Diese stellt auf bereits zu einem anderen Untersuchungszweck generiertes Datenmaterial ab, welches in erster Linie für zuvor untersuchte Zwecke (z. B. betriebliche) erstellt wurde. [366] Die Dokumentenanalyse umfasst auch Datenbankabfragen oder -analysen und dient der Vorinformation und Ergänzung sowie Kontrolle der mit Hilfe anderer Erhebungsmethoden gewonnenen Informationen. Sie zeichnet sich durch einen geringen Aufwand in der Informationsbeschaffung aus und bedingt keine Störungen im Betriebsablauf, da Mitarbeiter und/oder Arbeitsabläufe des Untersuchungsbereiches nicht tangiert werden. [367]

Weitere Aspekte könnte der *Unternehmensvergleich* (oft auch als „Benchmarking“ bezeichnet) liefern. *Benchmarking* stellt einen zielgerichteten, kontinuierlichen Prozess dar, bei dem Vergleichsobjekte möglichst branchenunabhängig miteinander verglichen werden. Dieses Vorgehen versucht, Unterschiede inklusive ihrer Ursachen und Möglichkeiten zur Verbesserung zu ermitteln. *„Vergleichsobjekte sind Produkte, Geschäftsprozesse, Dienstleistungen, Methoden, Unternehmen sowie die Unternehmensumwelt.“* [368] Die Devise lautet demzufolge: *„Lernen von den Besten“* und spiegelt den Willen wider, mit führenden Unternehmen gleichzuziehen oder sie gegebenenfalls zu übertreffen. [369] In dieser Logik können also auch Benchmarks von vorhandenen Forschungserkenntnissen in Grundlagenforschung, industrieller Forschung und experimenteller Entwicklung von den besten Universitäten, Instituten, Unternehmen etc. identifiziert werden.

#### 4.3.2.3. Geeignete Methoden der Kreativitätstechniken

Im Gegensatz zu den in Abschnitt 4.3.2.2 vorgestellten primären und sekundären Datenerhebungsmethoden eignen sich so genannte Kreativitätstechniken und/oder Ideenfindungsmethoden besonders für die Identifikation und Findung kreativer innovativer Ideen auf bestimmte Problemfälle bei bauausführenden Unternehmen. Laut *Gabler* sind dieses *„[...] Suchregeln oder Heuristiken, die individuelle Gedankengänge oder gruppenorientierte Suchprozesse stimulieren (Stimulation eines kreativen Prozesses).“* [370]

---

[361] Vgl. Schach, Hentschel, Wach et al.; Entwicklung von Instrumenten zur Integration der Koordination nach Baustellenverordnung in die Wertschöpfungskette Bauen, 2010, S. 33 ff und Hentschel, Wach, Gute Koordination nach Baustellverordnung, 2010. S. 252 ff. unter Anlehnung an Schulte-Zurhausen, Organisiation, 2012.

[362] Vgl. Ebd.

[363] Vgl. Scholl, 2009, S. 29 ff.

[364] Vgl. Schnell, Hill, Esser, 2011, S. 315 ff.

[365] Vgl. Bortz, Döring; Forschungsmethoden und Evaluation, 2009, S. 236 ff.

[366] Vgl. Escher in Strohm, Unternehmen arbeitspsychologisch bewerten: Ein Mehr-Ebenen-Ansatz unter besonderer Berücksichtigung von Mensch, Technik und Organisation, 1997, S. 50.

[367] Vgl. Hömberg, Jodin, Leppin, Methoden der Informations- und Datenerhebung, 2004, S. 24 f., unter Berufung auf Wittlage, Methoden und Techniken praktischer Organisationsarbeit, 1993, und VDI 2689, Leitfaden für Materialuntersuchungen, 1974.

[368] Siebert, Kempf, Benchmarking, 2008, S. 8.

[369] Vgl. Puschmann, Benchmarking: Organisation, Prinzipien und Methoden, 2000, S. 3.

[370] Gabler, Wirtschaftslexikon, Band K-R, 2004, S. 1793.

Auch bei diesen Methoden sind Unterscheidungen und Abgrenzungen vorzunehmen. Hier ist zwischen so genannten systematisch-analytischen und kreativ-intuitiven Kreativitätstechniken zu differenzieren. Einen Überblick über eine Auswahl an Methoden nach *Gabler* sind in Abbildung 14 dargestellt.

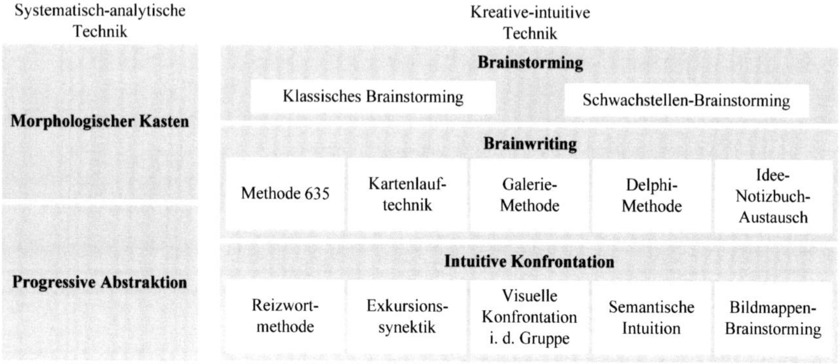


Abbildung 14: Überblick zu Kreativitätstechniken in Anlehnung an Gabler [371]

Besonders hilfreich für neue technische Lösungen oder Prozessgestaltungen erscheint die Methode *Morphologischer Kasten*. Dabei wird systematisch anhand von vorgegebenen und bekannten Kriterien und Eigenschaften aus bekannten Produkten und Bauverfahren ein neuer innovativer Lösungsansatz entwickelt. Da hier sehr analytisch vorgegangen wird, ist dieses besonders in Gruppen anzuwenden, die es gewohnt sind, auf diese Art und Weise Probleme zu lösen. [372]

Das *Brainstorming,* welches sich in Klassisches-Brainstorming und Schwachstellen-Brainstorming unterscheiden lässt, ist besonders aus der Gruppe der kreativen-intuitiven Techniken hervorzuheben, um eine innovative Ideenfindung positiv zu beeinflussen. Bei dieser Methode sammeln mehrere Personen in einer Gruppe nach bestimmten Regeln und unter Leitung eines Diskussionsleiters (Moderator) Lösungsalternativen. Wichtig ist dabei, dass zunächst nicht über Qualität und Wichtigkeit einzelner Ideen geurteilt wird.

Das Pendant zu dieser mündlichen Methode ist das *Brainwriting*, bei dem schriftliche Impulse weitergeleitet werden. [373] Aus dieser schriftlichen Art der Ideenfindung lassen sich einzelne Methoden herauslösen, die für die Zwecke einer Generierungsphase geeignet erscheinen, hier aber nur genannt werden sollen. Dieses sind die Methode 635, [374] die Delphi-Methode [375] und der Ideen-Notizbuch-Austausch. [376] Vorsicht ist bei diesen Methoden gefordert, da sie stets darauf beruhen, den angesprochenen Personenkreis künstlich unter Kreativitätsdruck zu setzen. Wer dieses nicht gewohnt ist, könnte dadurch zunächst zur Unproduktivität neigen. Um dieses auszutarieren, sind erfahrene Moderatoren in jeder Generierungsphase hilfreich.

[371] Quelle: Gabler, Wirtschaftslexikon, Band K-R, 2004, S. 1793.

[372] Vgl. Backerra et al, Kreativitätstechniken – Kreative Prozesse anstoßen, Innovationen fördern, 2002, S. 80 f.

[373] Vgl. Gabler, Wirtschaftslexikon, Band A-D, 2004, S. 517.

[374] Vgl. Planegg, Kreativitätstechniken, 2002, S. 67 ff.

[375] Vgl. Gabler, Wirtschaftslexikon, Band A-D, 2004, S. 668 f.

[376] Vgl. Planegg, Kreativitätstechniken, 2002.

### 4.3.3. Methode zur Auswahl einer baubetrieblichen Innovation im engeren Sinn (NWA-1)

Methodisch wurden im Rahmen dieser Arbeit bereits die SWOT-Analyse, die Kosten-Wirksamkeits-Analyse und besonders die Nutzwertanalyse als geeignete Methoden zur Bewertung einer baubetrieblichen Innovation im engeren Sinn herausgefiltert. Für die Anforderung, verschiedene Alternativen voneinander abzugrenzen, erwies sich die Nutzwertanalyse als gut geeignet. Aus diesem Grund, soll die Nutzwertanalyse im Rahmen dieses neuen Modells zur Optimierung und Bewertung einer baubetrieblichen Innovation im engeren Sinn eine zentrale Rolle übernehmen. Zum Abschluss der hier beschriebenen Generierungsphase wird anhand einer speziellen Art der Nutzwertanalyse die Auswahl aus den alternativen innovativen Ideen vorgenommen. Deshalb wird modellhaft beschrieben, wie die nachfolgend als Nutzwertanalyse 1 (NWA-1) [377] bezeichnete Methode in dieser Generierungsphase eingesetzt werden kann. Wie in jeder Nutzwertanalyse gibt es dabei mehrere aufeinander aufbauende Schritte (vgl. Abbildung 15).

1. Übernahme und Vorauswahl von innovativen Ideen
2. Aufstellung des Zielkriterienkataloges
3. Gewichtung der Zielkriterien
4. Erstellen der Bewertungstabelle
5. Bestimmung des Teilnutzens der Zielkriterien für jede innovative Idee
6. Berechnung der Teil- und Gesamtnutzwerte jeder innovativen Idee
7. Vergleich der innovativen Ideen und Festlegung einer Referenzbewertung
8. Durchführung einer Sensitivitätsbetrachtung

Abbildung 15: Aufbau und Schritte der NWA-1 für die Auswahlbewertung

#### 4.3.3.1. Übernahme und Vorauswahl von innovativen Ideen

Zunächst müssen die zu untersuchenden innovativen Ideen festgelegt werden. In der Regel wird dieses genau das gleiche Portfolio sein, welches aus der Identifikation von Lösungsansätzen hervorgeht. Dieser Arbeitsschritt dient demnach auch als abschließende Strukturierung der innovativen Ideen in ein Portfolio, falls dieses noch nicht zuvor in ausreichendem Maße erfolgte.

#### 4.3.3.2. Aufstellung des Zielkriterienkataloges

Generell müssen die Zielkriterien, welche in die NWA-1 mit einfließen, in diesem Schritt formuliert werden. Mehrfacherfassung von Aspekten muss vermieden werden. Demnach müssen die Zielkriterien deutlich voneinander abgegrenzt werden und weitgehend ohne die Erfüllung eines anderen Zielkriteriums bewertbar sein (Nutzungsunabhängigkeit). Eine Zusammenfassung der Kriterien kann zudem hilfreich sein.

Im Konkreten wird dieser Zielkriterienkatalog von den strategisch verfolgten Zielen des bauausführenden Unternehmens abhängen. Ziel soll es schließlich sein, anhand dieser Zielkriterien alle innovativen Ideen zu bewerten und mindestens jene herauszufiltern, die genügend Potenzial für die weiterführenden Phasen des Kontinuierlichen Innovationsprozesses hat. Beachtet werden sollte in diesem Zu-

[377] Eine zweite spezielle Art der Nutzwertanalyse (NWA-2) kommt demnach in der Kontinuierlichen Bewertungsphase zum Tragen (vgl. Abschnitt 4.4.2).

sammenhang, dass die innovativen Ideen höchst mannigfaltig sein können. Dieses betrifft sowohl die inhaltliche Ausrichtung (also zu Grunde liegende Problemstellung) als auch das bereits vorhandene Wissen. So können einige innovative Ideen vollkommen neu sein, einige können der Phase einer Grundlagenforschungen entstammen und wiederum andere können z. B. bereits markterprobt sein. Aus dieser Unterscheidung könnte sich z. B. ein Anhaltspunkt ergeben, wie ein entsprechendes Zielkriterium aussieht. Zum Beispiel können klare Vorgaben der Unternehmensführung bestehen, wie tiefgründig und unter welchem Ressourceneinsatz ein Innovationsprozess durchgeführt werden soll. Demnach muss die Ausrichtung der Zielkriterien so sein, dass genau dieser Ressourcenbedarf zur Forschung und Entwicklung für jeweilige innovative Ideen bewertbar wird. Ein anderer Ansatz für ein Zielkriterium könnten Leistungsportfolien des bauausführenden Unternehmens sein. Mit einem solchen Zielkriterium würde bewertet werden, ob und wie sich eine innovative Idee in das zukünftig anvisierte Leistungsportfolio eingliedern lässt. Eine dritte Idee könnte sein, dass sich Zielkriterien besonders auf vorhandene Markttrends beziehen. Beispielsweise sind hier der Trend zur Nachhaltigkeit zu nennen. Das Zielkriterium würde demnach besonders nachhaltige innovative Ideen aus dem Portfolio herausfiltern. Gleiches ist beim Aspekt der Arbeitssicherheit denkbar. Ideen zu Kriterien können für diese NWA-1 zudem bei der Sichtung von Fachliteratur entwickelt werden. So hat z. B. *Proporowitz* anhand einer Checkliste verschiedene Kriterien zusammengetragen. Als übergeordnete Kriterien nennt er dabei unter anderen bauwerksbedingte Kriterien (z. B. Bauwerksart und -größe), verfahrensbedingte Kriterien (z. B. Anforderungen an die Arbeitsvorbereitung, Arbeitssicherheit) und unternehmensinterne Kriterien (z. B. vorhandenes Know-How, Verfügbarkeit der Ressourcen).[378]

#### 4.3.3.3. Gewichtung der Zielkriterien

Die aufgestellten Zielkriterien werden nun mit Gewichtungen belegt. Damit wird die unterschiedliche Bedeutung der Zielkriterien für die hier durchzuführende Auswahlbewertung beurteilt. Eine Gewichtung kann quantitativ zwischen 0 und 1 (0 % und 100 %) liegen. Sollte ein mehrstufiger Zielkriterienkatalog zu Grunde liegen, ist die Summe der Gewichtungen auf einer Ebene jeweils 1 (100 %).

#### 4.3.3.4. Erstellen der Bewertungstabelle

Die Darstellung der zentralen Punkte der NWA-1 kann tabellarisch erfolgen. Eine mögliche Form der Darstellung wird in Tabelle 7 gezeigt. Die Werte $g_m$ stehen für die angesetzte Gewichtung und die Werte $w_{mn}$ für die noch zu bestimmenden Teilnutzwerte. Die Multiplikation der Teilnutzwerte mit den Gewichtungen ergibt die Gesamtnutzwerte eines Zielkriteriums. Die Summe dieser einzelnen Gesamtnutzwerte der Zielkriterien bildet folglich den zu kalkulierenden Gesamtnutzwert jeder innovativen Idee ab.

[378] Vgl. Proporowitz, Baubetrieb –Bauverfahren, 2008, S. 18.

Tabelle 7: Bewertungstabelle der NWA-1 für die Auswahlbewertung (Schema)

| Zielkriterien | Gewichtung | Teilnutzwerte in 0 bis 100 Punkte | | | Gesamtnutzwerte | | |
|---|---|---|---|---|---|---|---|
| | in % | Idee 1 | Idee 2 | Idee m | Idee 1 | Idee 2 | Idee m |
| Kriterium 1 | $g_1$ | $w_{11}$ | $w_{12}$ | $w_{1m}$ | $g_1 \cdot w_{11}$ | $g_1 \cdot w_{12}$ | $g_1 \cdot w_{1m}$ |
| Kriterium 2 | $g_2$ | $w_{21}$ | $w_{22}$ | $w_{2m}$ | $g_2 \cdot w_{21}$ | $g_2 \cdot w_{22}$ | $g_2 \cdot w_{2m}$ |
| Kriterium 3 | $g_3$ | $w_{31}$ | $w_{32}$ | $w_{3m}$ | $g_3 \cdot w_{31}$ | $g_3 \cdot w_{32}$ | $g_3 \cdot w_{3m}$ |
| Kriterium n | $g_n$ | $w_{n1}$ | $w_{n2}$ | $w_{nm}$ | $g_n \cdot w_{n1}$ | $g_n \cdot w_{n2}$ | $g_n \cdot w_{nm}$ |
| Summe | 100 % | | | | $\Sigma(g_n \cdot w_{n1})$ | $\Sigma(g_n \cdot w_{n2})$ | $\Sigma(g_n \cdot w_{nm})$ |

#### 4.3.3.5. Bestimmen des Teilnutzens der Zielkriterien für jede innovative Idee

In dieser Phase erfolgt die Bewertung jeder innovativen Idee anhand der einzelnen Zielkriterien. Die Bewertungsskala für jedes Zielkriterium wird mit praxisüblichen Größen zwischen 0,0 bis 100,0 Punkten empfohlen. Diese Größen werden systematisch in die Bewertungstabelle eingetragen.

#### 4.3.3.6. Berechnung der Teil- und Gesamtnutzwerte jeder innovativen Idee

In diesem Schritt erfolgt die Kalkulation der Gesamtnutzwerte für jedes einzelne Zielkriterium bezüglich jeder innovativen Idee. Dieses erfolgt direkt in der Bewertungstabelle. Die Summe $\Sigma\ (g_m \cdot w_{mn})$ der einzelnen Gesamtnutzwerte jedes Zielkriteriums einer innovativen Idee ergibt den Gesamtnutzwert der innovativen Idee und bildet somit die Grundlage für die Auswertung.

#### 4.3.3.7. Vergleich der innovativen Ideen und Auswahl der geeignetsten Idee

Ziel dieser NWA-1 ist die Auswahlbewertung aller innovativen Idee. Die Auswahl erfolgt anhand des Vergleiches der Gesamtnutzwerte der bewerteten innovativen Ideen. Ob dabei nur die Idee mit dem höchsten Gesamtnutzwert favorisiert wird, oder mehrere Platzierungen berücksichtigt werden, obliegt der abschließenden Entscheidung durch die zuständigen Analysten oder die Unternehmensführung. Hier können vorher vereinbarte Kennwerte helfen. Zum Beispiel könnte vereinbart werden, dass nur innovative Ideen für weitere Innovationsprozessschritte in Frage kommen, die in der Auswahlbewertung einen bestimmten Gesamtnutzwert erreichen. Bei knappen Ergebnissen könnten auch die Ergebnisse der Sensitivitätsbetrachtung [379] hinzugezogen werden. In jedem Fall empfiehlt es sich, die Ergebnisse in verbalisierter Form in einen Abschlussbericht zu fassen und somit als Entscheidungsdokumentation jederzeit nachvollziehbar zu machen.

Grundsätzlich kann auf Basis dieser Ergebnisse einer NWA-1 geschlussfolgert werden, dass die ausgewählte potenzielle innovative Idee somit als potenzielle baubetriebliche Innovation im engeren Sinn eingestuft werden kann. Für alle weiteren Prozesse im Rahmen des hier vorgestellten Innovationsprozesses zur Optimierung und Bewertung einer baubetrieblichen Innovation ist es wichtig, eine erste Quantifizierung hinsichtlich der Definition und des Wissensstandes zu dieser baubetrieblichen Innovation vorzunehmen. Diese Quantifizierung erfolgt anhand ähnlicher aber dennoch differenzierter Zielkriterien im Rahmen der NWA-2 in der Kontinuierlichen Bewertungsphase. [380]

[379] Vgl. Abschnitt 4.3.3.8.

[380] Vgl. Abschnitt 4.4.2.1.

#### 4.3.3.8. Durchführung einer Sensitivitätsbetrachtung

Abschließend wird auf die Sensitivitätsbetrachtung eingegangen. Im Rahmen einer NWA-1 kann die Sensitivitätsbetrachtung als abgewandelte Form der Sensitivitätsanalyse erfolgen. Diese wird in der Regel durchgeführt, um die Brauchbarkeit und Aussagekraft einzelner Faktoren einer Nutzwertanalyse zu untersuchen. Grundsätzlich kann dabei zwischen zwei Herangehensweisen differenziert werden: [381]

- <u>Parameter-Variations-Betrachtung:</u> *„Diese Betrachtungsweise untersucht die Auswirkungen auf das Ergebnis bei einer leichten Variation der Eingangsparameter. Es handelt sich hierbei um Abweichungen von beispielsweise +/- 5 % bis +/- 30 %. Dieses Vorgehen verfolgt das Ziel herauszustellen, welche Parameter einen wesentlichen und welche einen unwesentlichen Einfluss auf das Gesamtergebnis haben."* [382]
- <u>Extremwert-Betrachtung:</u> *„Hierbei werden im Gegensatz zur vorangegangenen Betrachtungsweise für einen oder mehrere Eingangsparameter Extremwerte angesetzt und deren Auswirkungen auf das Ergebnis analysiert. Dieser Ansatz ist insbesondere für Risikobetrachtungen interessant, d. h. wie belastbar die untersuchten Alternativen bei einer drastischen Veränderung der Ausgangslage für die Analyse ist."* [383]

Aus den somit gebildeten Szenarien lassen sich absolute und relative Abweichungen bestimmen, welche für die Wirksamkeit eines Faktors (z. B. Gewichtung, Teilnutzwert) unter den bestimmten Eingangsparameters stehen. Es obliegt nun dem Analysten, ob bei dieser Sensitivitätsbetrachtung weiteren Szenarien entwickelt werden, die die zuvor verglichenen Ergebnisse relativieren. Eine Sensitivitätsbetrachtung kann außerdem bereits vor der Auswertung durchgeführt werden oder bereits simulativ nach dem Erstellen des Zielkriterienkataloges, ohne dabei die realen Bewertungen zu berücksichtigen.

### 4.3.4. Organisatorische Aspekte in der Generierungsphase [384]

Wie in den vorausgegangenen Abschnitten zu Methoden bereits angeklungen ist, erfordert diese Generierungsphase sequenziell eine zentrale personelle Führung. Dieses kann z. B. durch einen speziell für diese Aufgaben freigestellten Mitarbeiter auf Projektleiterebene erfolgreich umgesetzt werden. Eine solche Person hat einen gewissen Überblick über regelmäßig auftauchende Problemstellungen, sie hat gleichzeitig aber auch die Kompetenz, Fragestellungen zu sondieren, Menschen zu inspirieren und zu motivieren. Besonders letztere Eigenschaften sind erforderlich, um in Kreativitätsphasen der Generierungsphase Mitarbeiter zu kreativen Ideen zu bewegen. Die ausgewählte Person ist zudem dafür verantwortlich, Recherchen innovativer Ideen mittels temporär zusammengestellter Teams zu koordinieren. Dieses Team in einer Generierungsphase kann sich z. B. aus einzelnen Mitarbeitern unterschiedlicher Ebenen zusammen setzen. Präferiert werden jene Mitarbeiter, welche in jüngster Vergangenheit Problemfälle erkannten oder diese in weiter zurückliegenden Projekten dokumentierten. Weitere Aufgabe einer führenden Persönlichkeit in einem Generierungsprozess sollte es sein, einen engen informellen Austausch mit der Unternehmensführung zu wahren, um dadurch strategischen Entscheidun-

---

[381] Vgl. Glatte, Die internationalen Produktionsstandortsuche im immobilienwirtschaftlichen Kontext, 2012, S. 131 mit Verweis auf Schach, Jehle, Naumann, Transrapid und Rad-Schiene-Hochgeschwindigkeitsbahn, 2006, S. 365.

[382] Vgl. Glatte, Die internationalen Produktionsstandortsuche im immobilienwirtschaftlichen Kontext, 2012, S. 131 mit Verweis auf Werners, Grundlagen des Operations Research, 2008, S. 109 ff.

[383] Vgl. Glatte, Die internationalen Produktionsstandortsuche im immobilienwirtschaftlichen Kontext, 2012, S. 131.

[384] Vgl. auch die gesamtheitlichen und Phasenübergreifenden organisatorischen Betrachtungen am Ende dieses Kapitels. Vgl. Abschnitt 4.7.

gen hinsichtlich anschließender Phasen eines Innovationsprozesses vorzudenken und darüber hinaus strategische Entscheidungen der Unternehmensführung im Rahmen einer Generierungsphase umzusetzen und damit neue Innovationsprozesse zu ermöglichen.

Neben der Frage der Führungsrolle in dieser Phase ist es wichtig, den subjektiven Faktor in den einzelnen Schritten (z. B. NWA-1) weitgehend zu kontrollieren und auszugleichen. Auch hier kann eine Teambildung vorgeschlagen werden. Ein so genanntes Kompetenzteam würde sich aus verschiedenen Kompetenzträgern eines Innovationsprozesses zusammensetzen. Besonders wichtig ist für die Teamzusammensetzung, dass es einerseits Mitglieder gibt, die die strategischen Belange des Unternehmens verfolgen und gleichfalls andere, die einen gewissen Überblick über technische Details im Rahmen des Leistungsportfolios des Unternehmens haben. Denkbar für die Teamzusammensetzung sind demnach folgende Personenkreise:

- Mitglieder der Geschäftsführung,
- Mitglieder der kaufmännischen Ebene,
- Mitglieder der aufsichtsführenden und/oder technischen Ebene,
- Mitglieder der Forschungs- und Entwicklungsabteilung des Unternehmens,
- Mitglieder der beteiligten Partnerunternehmen (z. B. Baustofflieferanten, etc.),
- Mitglieder potenzieller Forschungseinrichtungen (z. B. wissenschaftliche Mitarbeiter, leitende Professoren),
- Mitglieder aus Gutachterkreisen und sonstigen Fachleuten,
- Mitglieder der gewerblichen Ebene des Unternehmens.

Eine Teambewertung einzelnen Zielkriterien der oben beschriebenen NWA-1 hätte zudem die positive Folge, dass unterschiedliche Bewertungen der Zielkriterien zunächst diskutiert werden, wobei das Ziel sein muss, hier einen gemeinsamen Teilnutzwert für jedes Zielkriterium und für jede Bewertungsstufe zu finden. Eine Individualisierung der Bewertung wird damit weitgehend eliminiert.

Zeitlich betrachtet wird in der Generierungsphase wiederum nach den oben genannten Inputrichtungen unterschieden. So sollte im Unternehmen eine Kultur der Problemlösung und Problemansprache existieren, die dazu führt, dass ständig Bereitschaft und Sensibilität zur Diskussion und Dokumentation aktueller Problemfälle möglich ist. Die Problemfindung erfolgt also kontinuierlich und wird ständig fortgeschrieben. In bestimmten Abschnitten (z. B. viertel- oder halbjährig) können diese Problemfälle dann gebündelt und fokussiert werden. Dieses initiiert der oben vorgeschlagene führende Mitarbeiter in einer Generierungsphase. Er fokussiert somit die Ergebnisse in regelmäßigen Turnus und leitet diese in die zweite Inputrichtung über, in der innovative Ideen recherchiert, erhoben oder kreativ erarbeitet werden. Auch hierzu bedient er sich regelmäßiger Besprechungszyklen, bei denen das Kompetenzteam zusammentritt und somit temporär strategische unternehmerische Aufgaben übernimmt. Hier ist je nach Bedarf und Ressourcenumfang ein fester Rhythmus durch die Unternehmensführung aktiv zu unterstützen. Gleiches gilt für die abschließende Bewertung mit einer NWA-1.

### 4.3.5. Informationsfluss zur Verknüpfung des Innovationsprozesses

Als Zwischenergebnis der Generierungsphase entsteht eine Liste bzw. ein Portfolio mit verschiedenen innovativen Ideen bezogen auf jeweils eine Problemstellung oder Frage. In der Auswahlbewertung werden eine oder mehrere mögliche innovative Ideen als potenzielle baubetriebliche Innovationen im engeren Sinn identifiziert. Diese Idee selbst und die bis dahin recherchierten und vorliegenden Informationen zur innovativen Idee als potenzielle baubetriebliche Innovation werden schlussendlich an die folgenden Phasen (Kontinuierliche Entwicklungsphase und Kontinuierliche Bewertungsphase) übermittelt.

## 4.4. Die Kontinuierliche Bewertungsphase

Im Großteil der Fachliteratur und insbesondere der Fachliteratur zur Innovationen in der Bauwirtschaft wird eine Bewertungsphase beschrieben, die dazu dient, in einer einmaligen Bewertung aus dem Portfolio aller zuvor ermittelten innovativen Ideen eine potenzielle Idee zu identifizieren. Dieser Zweck wird nunmehr in der Generierungsphase abschließend durchgeführt, nachdem eine Vielzahl von Fragestellungen gefiltert und dazugehörige innovative Ideen auf verschiedenen Wegen identifiziert wurden. Diese so entstandene potenzielle baubetriebliche Innovation wird im Rahmen der anschließenden Phasen optimiert und bewertet. Diese Bewertung wird dabei in der hier beschriebenen Kontinuierlichen Bewertungsphase durchgeführt.

### 4.4.1. Bewertungsstufen einer baubetrieblichen Innovation

Das Wesen der Kontinuierlichen Bewertungsphase dient weniger dem strategischen Auswahlprozess einer baubetrieblichen Innovation, als vielmehr dem Zweck, den kontinuierlich erworbenen Wissensstand zu bewerten. Diese Bewertungsart hat den Vorteil, dass das bauausführende Unternehmen bzw. sein Management und die mit dem Innovationsprozess vertrauten Personenkreise stets den aktuellen Status zur Forschung und Entwicklung an einer identifizierten baubetriebliche Innovation im engeren Sinn ermitteln können. Alle Bewertungen dieser Phase markieren zudem wichtige Entscheidungspunkte für das Management, welches den Innovationsprozess begleitet.

Begonnen wird deshalb zunächst mit einer Referenzbewertung, die für folgende Bewertungen als Vergleichsbasis dient. In Tabelle 8 wird die Abfolge der kontinuierlichen Bewertung aufgezeigt. Dabei wird insbesondere eine erste Nennung der Methoden in der jeweiligen Bewertungsstufe vorgenommen. Darüber hinaus werden Informationen zur Häufigkeit, dem personellen Besonderheiten und dem Informationsfluss zu anderen Phasen aufgezeigt. Vertiefende Ausführungen zu Methodik und organisatorischen Aspekten sowie zum Informationsfluss in den einzelnen Phasen erfolgen in den folgenden Abschnitten dieser Arbeit.

Tabelle 8: Bewertungsstufen einer Kontinuierlichen Bewertungsphase

| Bewertungsstufen | Methodik | Personelle Besonderheiten | Häufigkeit | Informationsfluss |
|---|---|---|---|---|
| Referenzbewertung | Bewertungs-methodik (NWA-2) und Zielkriterien hängen von Art und Charakteristik der baubetrieblichen Innovation ab | Teambewertung mit leitender und moderierender Person | für jede baubetriebliche Innovation einmalig durchzuführen | Einfluss der Informationen aus der Generierungsphase und erster Datendokumentation einer kontinuierlichen Entwicklungsphase |
| 1. bis n. Status-Bewertung | | | für jede baubetriebliche Innovation mindestens einmalig durchzuführen und nach Bedarf zu wiederholen | Einfluss der Informationen aus der kontinuierlichen Entwicklungsphase. |
| Finale Bewertung | | | für jede baubetriebliche Innovation einmalig durchzuführen | Einfluss der Informationen aus der Implementierungs- und Rückmeldephase |

### 4.4.2. Methode zur kontinuierlichen Bewertungen baubetrieblicher Innovationen (NWA-2)

Als Bewertungsmethode kommt erneut die Nutzwertanalyse zum Einsatz. Dabei wird hier eine spezielle Art der Nutzwertanalyse entwickelt, die den Anforderungen einer kontinuierlichen Bewertungsphase entspricht. In Analogie zur NWA-1 der Generierungsphase wird diese Analyse Nutzwertanalyse 2 (NWA-2) genannt. Diese NWA-2 dient dem Zweck, aufbauend auf einer Referenzbewertung den Wissenszugewinn einer baubetrieblichen Innovation im engeren Sinn zu quantifizieren und damit eine fortschreibbare Entscheidungsgrundlage zu schaffen.

Der systemische Unterschied zwischen der NWA 1 und der NWA 2 ist folgendermaßen zu erklären. Die Auswahlbewertung (vgl. NWA-1) verfolgt eher eine strategisch orientierte Zielstellung und Ausrichtung (z. B. über die Zielkriterien). Der dadurch entstandene Zielkriterienkatalog orientiert sich an den strategischen Grundsätzen und Zielen des Unternehmens hinsichtlich der angestrebten Forschung- und Entwicklungsstrategie. Der Zielkriterienkatalog für die NWA-1 wird einmalig erstellt und zur Bewertung verschiedenartiger innovative Ideen eingesetzt. Der Zielkriterienkatalog der NWA-2 wird gleichfalls nur einmal erstellt. Dieser wird jedoch spezifisch auf die Merkmals- und Informationsstruktur der zuvor ausgewählten potenziellen baubetrieblichen Innovation angepasst. Die wiederholte Anwendung des Zielkriterienkataloges der NWA-2 wird damit nur im Rahmen eines bestimmten Innovationsprozesses für eine bestimmte baubetriebliche Innovation regelmäßig zur Bewertung angewendet.

Grundsätzlich folgt die NWA-2 in diesem entwickelten Modell den in Abbildung 16 aufgezeigten Schritten. Deutlich wird dabei, dass es keine Auswahl an Bewertungsalternativen in dieser Art der Nutzwertanalyse gibt. An die Stelle der Alternativen rücken bei dieser NWA-2 die einzelnen Bewertungsstufen. Demnach gibt es genau eine Referenzbewertung. Es gibt beliebig viele Status-Bewertungen. Abschließend folgt die Finale Bewertung. Schließlich ist das Ziel dieser NWA-2 die verschiedenen Bewertungsstufen zueinander vergleichbar zu machen und somit den Wissensgewinn zu quantifizieren.

| | |
|---|---|
| 1. | Aufstellung des Zielkriterienkataloges für die baubetrieblichen Innovation |
| 2. | Gewichtung der Zielkriterien |
| 3. | Erstellen einer Bewertungstabelle |
| 4. | Bestimmung des Teilnutzens in der jeweiligen Bewertungsstufe |
| 5. | Berechnung der Teil- und Gesamtnutzwerte der jeweiligen Bewertungsstufe |
| 6. | Darstellung des Wissenszugewinnes |
| 7. | Vergleich der jeweiligen Bewertungsstufe mit der Referenzbewertung |
| 8. | Durchführung einer Sensitivitätsbetrachtung |

Abbildung 16: Aufbau einer NWA-2 in der kontinuierlichen Bewertungsphase

#### 4.4.2.1. Aufstellung des Zielkriterienkataloges

Wie bereits einleitend angedeutet, orientiert sich der Zielkriterienkatalog für die NWA-2 an der Definition einer baubetrieblichen Innovation im engeren Sinn. Demnach werden alle Merkmale und Faktoren, die eine baubetriebliche Innovation charakterisieren von den übergeordneten Rahmen der Einflusskomponenten Termine, Kosten, Umwelt, Arbeitssicherheit und Qualität eingegrenzt. Diese Struktur wird in dem Zielkriterienkatalog zunächst als oberste Ebene festgelegt. Da das Wesen einer baubetrieblichen Innovation sehr mannigfaltig sein kann, müssen die Unterkriterien spezifisch an die jeweilig ausgewählte potenzielle baubetriebliche Innovation angepasst werden. Eine allgemeingültige Festlegung würde die Bandbreite der mit dieser NWA-2 bewertbaren baubetrieblichen Innovationen im engeren Sinn zu sehr einschränken. Demnach wird an dieser Stelle auf weiterführende Untergliederungen verzichtet und auf die Fallstudie in Kapitel 6 verwiesen.

Beachtet werden sollte, dass die Zielkriterien exakt definiert sein müssen. Das heißt, es muss dem Analysten klar sein, was bei jedem einzelnem Zielkriterium für ein Bewertungsziel verfolgt wird (Blickwinkel auf das Zielkriterium). Daran orientiert sich später die eigentliche Bewertung. Hier können z. B. quantitative Bewertungsziele und qualitative Bewertungsziele in Frage kommen. Zur Festlegung bietet sich hier eine tabellarische Übersicht an (vgl. Fallstudie in Kapitel 6).

Zusammenfassend soll an dieser Stelle ähnlich wie bei der NWA-1 auf die Checkliste *Proporowitz* verwiesen werden, in der Ideen für Kriterien zusammengetragen sind. [385] In der Regel sind die verwendeten Kriterien für die NWA-1 und die NWA-2 unterschiedlich, da sie unterschiedliche Bewertungszielen folgen. Sie können jedoch vereinzelt auch in beiden Analysen erscheinen, wenn dieses als sinnvoll erachtet wird.

#### 4.4.2.2. Gewichtung der Zielkriterien

Vergleichbar mit der NWA-1 werden bei der hier betrachteten NWA-2 die aufgestellten Zielkriterien mit Gewichtungen belegt. Diese sind grundsätzlich quantitativ zwischen 0 % und 100 % festzulegen. Die Summe der Gewichtungen aller Zielkriterien innerhalb einer Einflusskomponente muss 100 % ergeben.

[385] Vgl. Abschnitt 4.3.3.2.

### 4.4.2.3. Erstellen der Bewertungstabelle

Eine schematische Bewertungstabelle für eine beispielhafte Bewertungsstufe der NWA-2 ist in Tabelle 9 dargestellt. Der Unterschied zur vorherigen Bewertungstabelle der NWA-1 ist, dass diese Bewertungstabelle in der NWA-2 dem Zweck dienen soll, die Zielkriterien einzelner Bewertungsstufen zu bewertet, damit nachfolgend der Wissenszugewinn über alle Bewertungsstufen hinweg ermittelt werden kann.[386] Diese dargestellte Bewertungstabelle würde demnach für jede einzelne Bewertungsstufe angelegt werden (Spalten [1] bis [3]). Der zuvor erstellte Zielkriterienkatalog (Spalten [4] bis [6]) würde stets gleich bleiben.

Tabelle 9: Bewertungstabelle der NWA-2 für die kontinuierlichen Bewertungen

| Zielkriterium | | Gewichtung | Bewertungsstufe (hier beispielhaft: Referenzbewertung (RB)) | | |
|---|---|---|---|---|---|
| Nr. | Kurzbezeichnung | in Prozent | Qualitative Begründung durch das Bewertungsteam | Abgestimmte Teilnutzwerte | GNW |
| [1] | [2] | [3] | [4] | [5] | [6] |
| Termine | | | Gesamtnutzwert (GNW) Einflusskomponente: | | $\Sigma(g_{Tn} \cdot w_{TnRB})$ |
| T1 | Zielkriterium T1 | $g_{T1}$ | | $w_{T1RB}$ | $g_{T1} \cdot w_{T1RB}$ |
| T2 | Zielkriterium T2 | $g_{T2}$ | | $w_{T2RB}$ | $g_{T2} \cdot w_{T2RB}$ |
| Tn | Zielkriterium Tn | $g_{Tn}$ | | $w_{TnRB}$ | $g_{Tn} \cdot w_{TnRB}$ |
| Kosten | | | Gesamtnutzwert (GNW) Einflusskomponente: | | $\Sigma(g_{Kn} \cdot w_{KnRB})$ |
| K1 | Zielkriterium K1 | $g_{K1}$ | | $w_{K1RB}$ | $g_{K1} \cdot w_{K1RB}$ |
| K2 | Zielkriterium K2 | $g_{K2}$ | | $w_{K2RB}$ | $g_{K2} \cdot w_{K2RB}$ |
| Kn | Zielkriterium Kn | $g_{Kn}$ | | $w_{KnRB}$ | $g_{Kn} \cdot w_{KnRB}$ |
| Umwelt | | | Gesamtnutzwert (GNW) Einflusskomponente: | | $\Sigma(g_{Un} \cdot w_{UnRB})$ |
| U1 | Zielkriterium U1 | $g_{U1}$ | | $w_{U1RB}$ | $g_{U1} \cdot w_{U1RB}$ |
| U2 | Zielkriterium U2 | $g_{U2}$ | | $w_{U2RB}$ | $g_{U2} \cdot w_{U2RB}$ |
| Un | Zielkriterium Un | $g_{Un}$ | | $w_{UnRB}$ | $g_{Un} \cdot w_{UnRB}$ |
| Arbeitssicherheit | | | Gesamtnutzwert (GNW) Einflusskomponente: | | $\Sigma(g_{An} \cdot w_{AnRB})$ |
| A1 | Zielkriterium A1 | $g_{A1}$ | | $w_{A1RB}$ | $g_{A1} \cdot w_{A1RB}$ |
| A2 | Zielkriterium A2 | $g_{A2}$ | | $w_{A2RB}$ | $g_{A2} \cdot w_{A2RB}$ |
| An | Zielkriterium An | $g_{An}$ | | $w_{AnRB}$ | $g_{An} \cdot w_{AnRB}$ |
| Qualität | | | Gesamtnutzwert (GNW) Einflusskomponente: | | $\Sigma(g_{Qn} \cdot w_{QnRB})$ |
| Q1 | Zielkriterium Q1 | $g_{Q1}$ | | $w_{Q1RB}$ | $g_{Q1} \cdot w_{Q1RB}$ |
| Q2 | Zielkriterium Q2 | $g_{Q2}$ | | $w_{Q2RB}$ | $g_{Q2} \cdot w_{Q2RB}$ |
| Qn | Zielkriterium Qn | $g_{Qn}$ | | $w_{QnRB}$ | $g_{Qn} \cdot w_{QnRB}$ |

### 4.4.2.4. Bestimmung des Teilnutzens in der jeweiligen Bewertungsphase

In diesem Schritt erfolgt die Bewertung der einzelnen Zielkriterien zum Zeitpunkt der jeweiligen Bewertungsstufe. Die verwendbare Bewertungsskala wird mit praxisüblichen Größen zwischen 0 bis 100 Punkten empfohlen. Diese Teilnutzwerte werden systematisch in die Bewertungstabelle eingetragen, wobei sich der Analyst (Bewerter) oder das Bewertungsteam an der zuvor qualitativ festgelegten Begründung orientieren sollte.

[386] Vgl. Abschnitt 4.4.2.6.

#### 4.4.2.5. Berechnung der Teil- und Gesamtnutzwerte der jeweiligen Bewertungsstufe

Es folgen rein mathematische Arbeitsschritte. Das erste Zwischenergebnis ergibt sich aus der Multiplikation der zuvor festgelegten Gewichtungen und Teilnutzwerte der jeweiligen Zielkriterien ($g_{Tn} \cdot w_{TnRB}$). Der abschließende Berechnungsschritt ist die Addition aller Gesamtnutzwerte der Zielkriterien einer jeweiligen Einflusskomponente zu einem Gesamtnutzwert ($\Sigma(g_{Tn} \cdot w_{TnRB})$).

#### 4.4.2.6. Darstellung des Wissenszugewinns

Zunächst werden die Ergebnisse der Gesamtnutzwerte der Einflusskomponenten aus der Bewertungstabelle der jeweiligen Bewertungsstufe übernommen und wie in Tabelle 10 beispielshaft zusammengefasst. Die minimalen und maximalen Wissensstände ergeben sich aus der zuvor in Abschnitt 4.4.2.4 empfohlenen Bewertung der Teilnutzwerte innerhalb einer Bandbreite von 0 bis 100 Punkten.

Eine Zusammenführung der Gesamtnutzwerte einzelne Einflusskomponenten zu einem Gesamtnutzwert dieser untersuchten baubetrieblichen Innovation in der jeweiligen Bewertungsstufe könnte durch einfache Addition erfolgen. Dabei müsste beachtet werden, dass sich die minimalen und maximalen Wissensstände zwischen 0 und 500 Punkten bewegen. In diesem hier dargestellten Beispiel ist alternativ eine Durchschnittsberechnung dargestellt, wodurch die minimalen und maximalen Wissensstände unverändert zwischen 0 bis 100 Punkten liegen.

Außerdem lässt sich mit diesen Angaben der absolute oder relative Wissenszugewinn durch einfache Subtraktion oder Division der Wissensstände über mehrere Bewertungsstufen hinweg ermitteln. Dieser Anwendungsfall ist in Kapitel 6 im Fallbeispiel vorgestellt.

Tabelle 10: Gesamtnutzwerte als Wissensstände nach Bewertungsstufen (Beispiel)

| Einflusskomponenten | Gesamtnutzwerte als Wissensstände nach | | |
|---|---|---|---|
| | Referenzbewertung | n. Status-Bewertung | Finale-Bewertung |
| [1] | [2] | [3] | [4] |
| | → Wissensstand wächst (Wissenszugewinn) → | | |
| Termine | 30,0 | 70,0 | 100,0 |
| Kosten | 10,0 | 60,0 | 100,0 |
| Umwelt | 80,0 | 80,0 | 90,0 |
| Arbeitssicherheit | 30,0 | 50,0 | 80,0 |
| Qualität | 70,0 | 70,0 | 90,0 |
| Gesamtnutzwerte der jeweiligen Bewertungsstufe (hier: Durchschnittswert) | 44,0 | 66,0 | 92,0 |

Plakativer können die Ergebnisse der jeweiligen Bewertungsstufen dargestellt werden, wenn die definitorische Darstellung einer baubetrieblichen Innovation im engeren Sinn aus Abschnitt 2.3.3 hinzugezogen wird. In Abbildung 17 wird beispielhaft das Ergebnisbild der Tabelle 10 als Fünfeck-Sterndiagramm-Darstellung gezeigt. Die jeweiligen Wissensstände zu den Einflusskomponenten einer baubetrieblichen Innovation sind somit deutlich erkennbar und ablesbar.

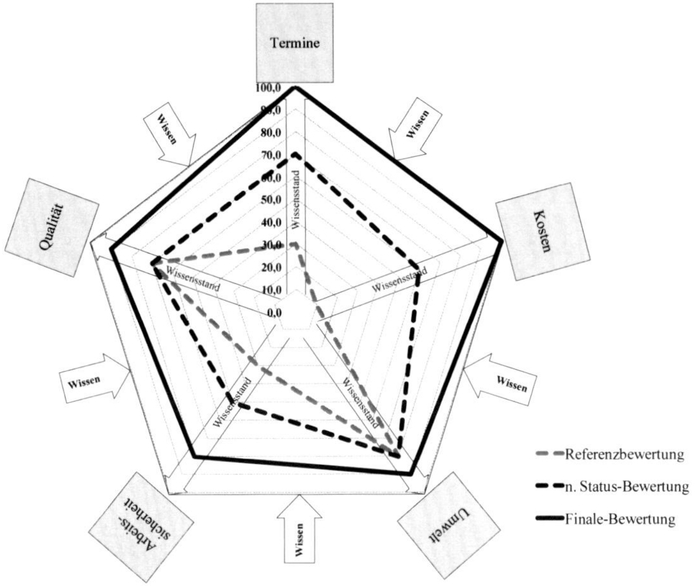


Abbildung 17: Darstellung des Wissensstandes einer NWA-2 (Beispiel)

#### 4.4.2.7. Vergleich der jeweiligen Bewertungsstufe mit der anfänglichen Referenzbewertung

Oberstes Ziel dieser NWA-2 ist es, in jeder Bewertungsstufe eine Entscheidungsgrundlage vorliegen zu haben, welcher Wissenszugewinn im Innovationsprozess jeweils erreicht wurde. Um dieses einschätzen und bewerten zu können, lohnt der absolute Vergleich der Wissensstände mit Bezug zur Referenzbewertung. Dieser wird durch einfache Subtraktion als Differenz zweier Wissensstände ausgedrückt. Alternativ kann es hilfreich sein, die relativen Wissenszugewinne als Prozentangaben zu ermitteln und auf die Referenzbewertung zu beziehen. Damit können relative Aussagen zur Vollständigkeit des Wissensstandes innerhalb einzelner Einflusskomponenten getätigt werden. Beispielhaft wird diese Analyse in der Fallstudie im Kapitel 6 ermittelt und näher vertieft. [387]

Um die Entscheidungsfindung im Rahmen einer kontinuierlichen Bewertungsphase zu vereinfachen und/oder Controllingmöglichkeiten zu schaffen, wäre es denkbar, dass bereits vorab unternehmenseigene Vorgaben existieren, welche Wissensstände zu bestimmten Zeitpunkten eines kontinuierlichen Innovationsprozesses erreicht werden müssen. Würden demnach die ermittelten Wissensstände im Rahmen einer kontinuierlichen Bewertungsphase mit diesen Vorgaben verglichen werden, könnten zum Beispiel weniger ergiebige Entwicklungsphasen schnell erkannt und quantifiziert begründet werden. Dieses könnte dazu führen, dass der jeweilige Kontinuierliche Innovationsprozess infolge der nicht erreichten Vorgaben eingestellt wird. Umgekehrt könnte anhand solcher unternehmenseigenen Vorgaben erkannt werden, wann kontinuierliche Innovationsprozesse beendet werden können. Dieses wäre z. B. eine Schlussfolgerung aus einem Wissensstand, der den Vorgaben entspricht oder übersteigt.

[387] Vgl. Abschnitt 6.5.

#### 4.4.2.8. Durchführung einer Sensitivitätsbetrachtung

Auch in der NWA-2 ist eine Sensitivitätsbetrachtung anstrebenswert und hilfreich. Hierzu wird auf die Ausführungen im Rahmen der NWA-1 und ergänzend auf die Fallstudie im Kapitel 6 verwiesen. [388]

### 4.4.3. Organisatorische Aspekte in der Kontinuierlichen Bewertungsphase [389]

Ähnlich wie in der Generierungsphase sollte es für diese Phase eine leitende Person geben. Diese muss alle erforderlichen Prozesse und Aufgaben, die in den einzelnen Bewertungsstufen zu erbringen sind, koordinieren und protokollieren. Gleichfalls ist auch hier generell wichtig, den subjektiven Faktor in den einzelnen Schritten einer NWA-2 weitgehend zu kontrollieren und auszugleichen.

Auch hier ist wiederum die Möglichkeit einer Teambildung vorzuschlagen. Ein so genanntes Bewertungsteam würde sich aus den Kompetenzträgern des gesamten Kontinuierlichen Innovationsprozesses zusammensetzen. Besonders wichtig sind die Mitglieder aus der Kontinuierlichen Entwicklungsphase, da diese spezifische neuentwickelte Informationen zu der baubetrieblichen Innovation kennen. Dieses sind insbesondere Informationen, die vielleicht noch nicht in jedem Fall einer Dokumentation entnommen werden können. Denkbar für die Teamzusammensetzung sind Personen aus folgenden Bereichen:

- Mitglieder des bauausführenden Personals,
- Mitglieder der Forschungs- und Entwicklungsabteilung des Unternehmens,
- Mitglieder, die den Innovationsprozess begleiten,
- Mitglieder der beteiligten Partnerunternehmen (z. B. Baustofflieferanten, etc.)
- Mitglieder der beteiligten Forschungseinrichtungen (z. B. wissenschaftliche Mitarbeiter, leitende Professoren),
- Mitglieder wichtiger Fachausschüsse oder Gutachter,
- vereinzelte Mitglieder der Geschäftsführung.

Eine Teambewertung einzelner Zielkriterien hätte zudem die positive Folge, dass unterschiedliche Bewertungen der Teilnutzwerte zunächst diskutiert werden, wobei das Ziel sein muss, hier einen gemeinsamen Teilnutzwert jedes Zielkriteriums und für jede Bewertungsstufe zu finden. Sollte sich die Teamzusammensetzung partiell ändern, könnten die verbliebenen Teammitglieder zusammen mit den neuen Teammitgliedern auch in folgenden Bewertungsstufen ähnlichen Bewertungsgrundsätzen folgen. Eine Individualisierung der Bewertung wird damit weitgehend eliminiert.

Hinsichtlich der zeitlichen Ausprägung einer kontinuierlichen Bewertungsphase kann hier keine Vorgabe gegeben werden. Die Entscheidung, wie oft eine Status-Bewertung durchgeführt wird, obliegt dabei dem leitenden Personal des Innovationsprozesses zu einer baubetrieblichen Innovation. Dabei müssen die Bewertungsergebnisse vorausgegangener Bewertungsstufen stets berücksichtigt werden. Welcher Grad des Wissenszugewinnes in Bezug zum maximal möglichen Wissenszugewinn angestrebt werden soll, hängt von verfügbaren finanziellen, personellen und sonstigen Ressourcen ab und wird weitgehend durch die Forschungs- und Entwicklungsstrategie des Unternehmens, ausgehend von der Geschäftsführung, beeinflusst und vorgegeben.

---

[388] Vgl. Abschnitt 4.3.3.8 und Abschnitt 6.6

[389] Vgl. auch die gesamtheitlichen und phasenübergreifenden organisatorischen Betrachtungen am Ende dieses Kapitels. Vgl. Abschnitt 4.7.

### 4.4.4. Informationsfluss zur Verknüpfung des Innovationsprozesses

Besonders in dieser Kontinuierlichen Bewertungsphase des Kontinuierlichen Innovationsprozesses werden Informationen benachbarter Phasen gebündelt und bewertet. So fließen zunächst die Informationen zu ausgewählten innovativen Ideen als potenzielle baubetriebliche Innovation aus der Generierungsphase in die Kontinuierliche Bewertungsphase ein. Anschließend werden alle verfügbaren Informationen aus ersten Schritten der Kontinuierlichen Entwicklungsphase eingebunden und regelmäßig als Bewertungsgrundlage für Status-Bewertungen erneuert. [390] Abschließend fließen die Implementierungs- und Rückmeldeinformationen der letzten Phase des Innovationsprozesses in die Finale Bewertung ein. [391]

## 4.5. Die Kontinuierliche Entwicklungsphase

Neben der Kontinuierlichen Bewertungsphase steht die Kontinuierliche Entwicklungsphase im Zentrum des hier vorgestellten Kontinuierlichen Innovationsprozesses. Ziel in dieser Kontinuierlichen Entwicklungsphase ist es, die baubetriebliche Innovation im engeren Sinn zu optimieren und/oder zu entwickeln. Methodisch kann eine Vielzahl an verschiedenen Werkzeugen zum Einsatz kommen, um den Innovationsprozess in dieser Phase zu absolvieren. Welche die geeignetsten sind und wann welche Methoden und Werkzeuge zum Einsatz gebracht werden können, hängt von einer Reihe verschiedener Faktoren ab. Einige dieser Faktoren werden nachfolgend beispielhaft benannt:

- Art und Charakter der baubetrieblichen Innovation,
- Forschungs- und Entwicklungsstadium der baubetrieblichen Innovation,
- Verfügbarkeit von internen und externen Ressourcen des Unternehmens,
- Kooperationsmöglichkeiten mit externen Forschungseinrichtungen,
- aktiver oder passiver Partner in einem Forschungs- und Entwicklungsstadium,
- zeitliche Vorgaben durch das Unternehmen,
- zeitliche Vorgaben durch Marktregularien,
- rechtliche Erfordernisse und Rahmenbedingungen.

Werden die Faktoren näher betrachtet, so kann an der Mannigfaltigkeit erahnt werden, dass es keine einheitliche Lösung und Vorgabe für eine ideale Entwicklungsphase einer baubetrieblichen Innovation im engeren Sinn geben kann. Möglich ist es jedoch, das Wesen und ausgewählte methodische Grundlagen so zu systematisieren, dass damit eine anwendbare Struktur für einen kontinuierlichen Entwicklungsprozess beschrieben ist.

Die Idee ist dabei, wesentliche Merkmale des KVP mit in den Prozess zur Optimierung einer baubetrieblichen Innovation einfließen zu lassen. In diesem Optimierungsprozess sollen Verbesserungen an der baubetrieblichen Innovation systematisch initiiert, verfolgt und regelmäßig reflektiert werden. Folglich werden in diesen Ideenansatz Teile des PDCA-Zyklus eines KVP verknüpft. Die beiden ersten Phasen „Plan“ und „Do“ werden innerhalb der kontinuierlichen Entwicklungsphase adaptiert. Die dritte Phase „Check“ wird durch die zuvor beschriebene Kontinuierliche Bewertungsphase ersetzt. Die „Act“ Phase geht vom Wesen her in der Implementierungs- und Rückmeldephase auf. In Abbildung 18 wird der Inhalt der Kontinuierlichen Entwicklungsphase und deren Anlehnung an die Phasen eines PDCA-Zyklus grafisch nachvollziehbar dargestellt.

---

390 Vgl. Abschnitt 4.3.

391 Vgl. Abschnitt 4.6.

Eine entscheidende Besonderheit und Neuerung gegenüber bekannten Innovationsprozessen ist zudem, dass in der gesamten Kontinuierlichen Entwicklungsphase und speziell nach einzelnen Durchläufen der Plan- und Do-Phasen eine Rückkopplung und ein Informationstransfer mit der tangential angebundenen Kontinuierlichen Bewertungsphase erfolgt. Diese Phase wertet und analysiert damit die erhobenen Daten und das Wissen aus dieser Kontinuierlichen Entwicklungsphase regelmäßig aus und bereitet diese für Entscheidungsprozesse vor. Außerdem stellt diese Parallelstellung der beiden kontinuierlich ablaufenden Phasen der Entwicklung und Bewertung eine Art Controllingprozess dar, der Qualität sichert.

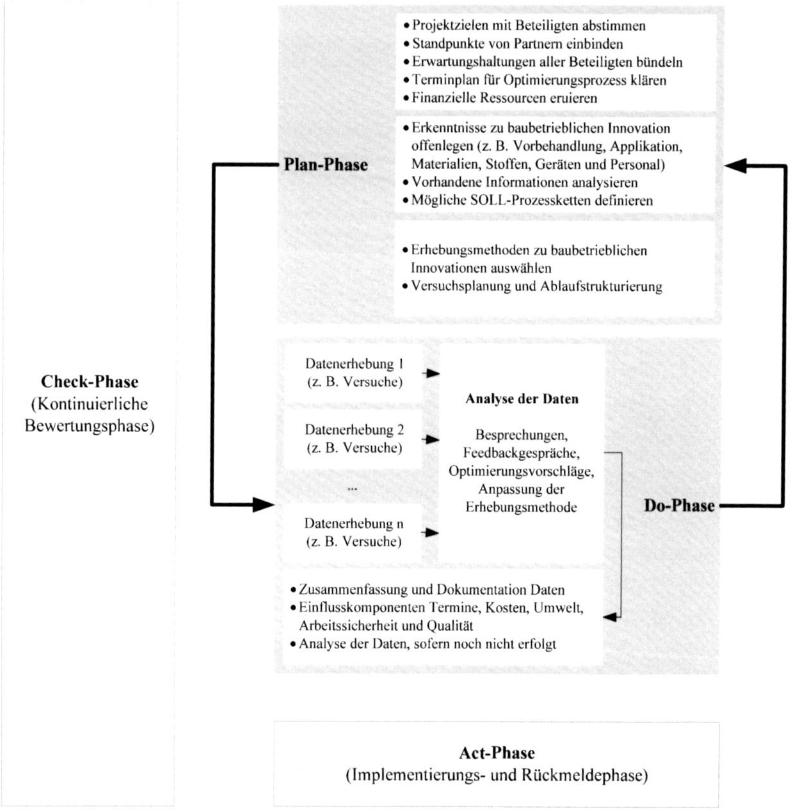


Abbildung 18: Adaption des KVP in der Kontinuierlichen Entwicklungsphase

### 4.5.1. Systematik und methodische Ansätze der Kontinuierlichen Entwicklungsphase

#### 4.5.1.1. Plan-Phase mit Zieldefinition, Informationsidentifikation und Vorbereitung

In der theoretischen Einleitung zum KVP wurde die Systematik des PDCA-Zyklus bereits vorgestellt. [392] Diese dienen für die folgenden Ausführungen als Grundlagen. Die wesentlichen Merkmale

[392] Vgl. Abschnitte 3.4.5.1

einer Plan-Phase können in drei Gruppen zusammengefasst werden. Dies sind die Zieldefinition, die Informationsidentifikation und die Vorbereitung der späteren Do-Phasen mit allen darin befindlichen Aktivitäten. Orientierung kann in diesem Zusammenhang auch die klassische Datenerhebung nach *Hömberg* geben. Ergänzend werden methodische Ansätze dieser eingebunden, um die Prozessabfolge zu beschreiben.[393]

Die ersten Grundlagen einer Plan-Phase sind im Rahmen der Auswahlbewertung (Generierungsphase) durchzuführen. So wird die potenzielle baubetriebliche Innovation ausgewählt. Der erste Schritt und damit erste Anforderung an die Plan-Phase ist es, Ziele festzulegen, die in den Forschungs- und Entwicklungsprozessen mit dieser baubetrieblichen Innovation erreicht werden sollen. Dabei ist es wichtig, dass alle beteiligten Kompetenzträger[394] einen Einfluss auf diese Zieldefinition haben. Zum Beispiel können in dieser Phase durch den Anwender (bauausführendes Unternehmen) und beteiligte Forschungseinrichtungen (z. B. Hochschulen oder anderen Vertretern der Wissenschaft), Kooperationspartner und anderen Fachleuten die Ziele für einen anstehenden Optimierungsprozess definiert werden. Dabei sollen primär der Blickwinkel und der Wissensbedarf des späteren Anwenders fokussiert werden. Es werden Erwartungshaltungen diskutiert und erste Terminpläne für die Untersuchungsphase aufgestellt. Darüber hinaus müssen die finanziellen Möglichkeiten und verfügbaren Ressourcen identifiziert werden. Geeignete Instrumente in dieser Phase sind Besprechungen. Hier kann zwischen großen Abstimmungsrunden und kleinen Arbeitskreisen unterschieden werden. Wichtig ist eine detaillierte Auswertung der Besprechungen und deren Protokollierung, damit alle Beteiligten stets den aktuellen Stand der Untersuchungen und Forschung kennen.

Nach der Klärung der Motive einzelner Beteiligter in der Zieldefinition, wird im zweiten Schritt eine erste Analyse der bisherigen Erkenntnisse zu der baubetrieblichen Innovation durchgeführt. Im Rahmen einer Plan-Phase ist also die Momentansituation zu erfassen. Der zu untersuchende Sachverhalt wird hier weiter abgegrenzt und genau beschrieben. Im besten Fall existiert bereits aus den vorliegenden Informationen einer Generierungsphase eine Abgrenzung und Beschreibung der potentiellen baubetrieblichen Innovation. Diese Informationen dienen dann gemeinsam als Grundlage für die Referenzbewertung im Rahmen der Kontinuierlichen Bewertungsphase.

Alle notwendigen Daten müssen demnach gesammelt werden. Diese Erkenntnisse öffnen einen Blick auf die zu diesem Zeitpunkt nicht verfügbaren Informationen und Merkmale. Die Zusammenführung und Strukturierung der Erkenntnisse wird die Grundlage für alle kommenden Untersuchungen. Instrumentarisch kommen auch hier klassische Methoden der Sekundärerhebung zum Einsatz, wie diese in der Generierungsphase bereits beschrieben wurden.[395] Zum Beispiel liefern Dokumentenanalysen und Unternehmensvergleiche nach bestimmten Suchkriterien wichtige Informationen. Wichtig ist, dass die Datensammlung in dieser Phase umfassend ist. Prioritäten können sonst nicht festgelegt werden. Bei ungenügender Datensammlung wird außerdem erschwert, quantifizierbare Ziele festzulegen, die zur Folge haben, dass später beteiligte Personenkreise und Mitarbeiter in einer Do-Phase den

[393] Auf ausführliche theoretische Ausführungen zur klassischen Datenerhebung wird hier verzichtet. Für vertiefende Recherchen wird auf folgende Quellen verwiesen: Hömberg, Jodin, Leppin, Methoden der Informations- und Datenerhebung, 2004, S. 5 ff., Bortz, Döring, Forschungsmethoden und Evaluation, 2009, S. 3., REFA, Datenermittlung, 1997, S. 13 ff., Kromrey, Empirische Sozialforschung, 2009, S. 251 f., Kaya, in Albers, Methodik der empirischen Forschung, 2009, S. 49 mit Verweis auf Hammann, Erichson, Marktforschung, 2000, S. 75.

[394] Vgl. Abschnitt 4.5.2.

[395] Vgl. Abschnitt 4.3.2.1

Bedarf an notwendigen Verbesserungen eher weniger erkennen. Dieser Fall kann zur Frustration und Ablehnung des gesamten Entwicklungsprozesses führen (vgl. Innovationsbarrieren). [396]

Aus den Zielen und den vorliegenden Informationen aus den beiden ersten Schritten dieser Kontinuierlichen Entwicklungsphase sowie ergänzt durch die parallel vollzogene Referenzbewertung im Rahmen einer Kontinuierlichen Bewertungsphase werden nun in einem dritten Schritt der Plan-Phase die ersten konkreten Vorbereitungen der Do-Phase ausgeführt. Hierzu müssen konkrete Möglichkeiten anhand der Ressourcen und der Charakteristika der baubetrieblichen Innovation eruiert und diskutiert werden. Diese werden nach und nach konkretisiert und anhand von Erfolgsaussichten, Nutzen und Aufwand bewertet, sowie in weiterer Folge selektiert. Außerdem wird in diesem Schritt die konkrete Versuchsplanung (wenn Versuche angestrebt werden) durchgeführt. Das umfasst alle Arbeitsvorbereitungen und Terminplanungen für Versuche und Pilotprojekte (wenn angedacht).

#### 4.5.1.2. Do-Phase mit kontinuierlichen Datenerhebungen, Analysen und Dokumentation

Generell werden die aus der Plan-Phase festgelegten Maßnahmen in der Do-Phase umgesetzt. Grundsätzlich kann dabei jederzeit abgebrochen werden und wieder in die Plan-Phase zurückgegangen werden, um z. B. aufgrund unerwarteter Probleme neue Informationen zu beschaffen und/oder die Methoden anzupassen. Gemäß dem Wesen der Do-Phase aus dem KVP wird in dieser Do-Phase im Rahmen einer Kontinuierlichen Entwicklungsphase das Ausprobieren bzw. Testen und das praktische Optimieren der baubetrieblichen Innovation vollzogen. Dabei werden alle notwendigen und verfügbaren finanziellen, materiellen, personellen und sonstige Ressourcen eingesetzt. Die Ergebnisse und Erkenntnisse hinsichtlich der Faktoren und Merkmale der baubetrieblichen Innovation werden regelmäßig analysiert. Wichtig ist zudem, dass die Dokumentation der Optimierungsschritte (z. B. Versuche etc.) kontinuierlich und strukturiert erfolgt. Diese bildet wiederum die Grundlage für den Transfer dieses Wissens in die begleitende Kontinuierliche Bewertungsphase mit den Status-Bewertungen. Somit erfolgt eine sukzessive Wissensmehrung zu der baubetrieblichen Innovation und deren Merkmale.

Im Speziellen ist in der gesamten Do-Phase darauf zu achten, dass sich notwendige Entscheidungen während des Untersuchungsprozesses konkret an den Bedürfnissen des späteren Anwenders und den in der Plan-Phase erarbeiteten Zielen orientieren.

So können zielgerichtet und hocheffizient Fehlentwicklungen aus baubetrieblicher Sicht schnell behoben und durch Alternativen ersetzt werden. Die Erhebungsmethoden, die bei einer klassischen Datenerhebung einmalig ausgewählt werden würden, werden gleichfalls regelmäßig überprüft. Dabei wird berücksichtigt, ob diese Erhebungsmethoden noch dem konkreten Informationsbedarf dienlich sind, der zu verschiedenen Zeitpunkten der Untersuchungen besteht. Eine kontinuierliche Anpassung der Methoden und damit der Versuchsreihen wird gleichfalls angestrebt. Vorzuschlagen sind in diesem Zusammenhang Methoden einer Primärerhebung (z. B. Beobachtungsverfahren, Zeitaufnahmen). Die Anwendung einiger Methoden im Rahmen einer Do-Phase ist in der beispielhaften Untersuchung im Kapitel 5 beschrieben. [397]

### 4.5.2. Organisatorische Aspekte in der Kontinuierlichen Entwicklungsphase [398]

Die Prozesse in dieser Kontinuierlichen Entwicklungsphase sind sehr mannigfaltig und somit managementintensiv. Dieses erfordert, vergleichbar mit den bereits vorgestellten Prozessen in der Generie-

[396] Vgl. Abschnitt 3.3.4.

[397] Vgl. Abschnitt 5.2.2.

[398] Vgl. Abschnitt 4.7.

rungsphase und der Kontinuierlichen Bewertungsphase, eine führende Persönlichkeit, die alle anfallenden Aufgaben und Schritte steuert. Zudem wird die Einbindung aller im Innovationsprozess beteiligten Partner, leitenden Mitarbeiter und ausführenden Mitarbeitern unterer Ebenen zwingend erforderlich. Zum Beispiel werden die beteiligten Partner und ausführenden Personen im Rahmen der Untersuchungen kontinuierlich an Besprechungszyklen teilnehmen. Es werden Feedbackgespräche geführt, die die Sicht der direkt an der Produktion beteiligten Personen einbinden. Außerdem soll z. B. intuitives Handeln des ausführenden Personals unterstützt werden. Dieses hat im ersten Moment vielleicht nicht die gewünschte Endqualität der baubetrieblichen Innovation zur Folge, jedoch können damit wichtige Rückschlüsse auf die Effizienz der gesamten Prozesskette einer baubetrieblichen Innovation (z. B. neues Bauverfahren). Effizient ist Personal dann, wenn es Arbeiten ausführt, bei denen es sich nicht „verbiegen" muss. So werden überzogene Anforderungen, welche in der Praxis nicht umsetzungsfähig sind, sofort angepasst. Umgekehrt können natürlich Anmerkungen des leitenden Personals hilfreich für das ausführende Personal sein. Letzteres ist erfahrungsgemäß eher weniger in den theoretischen Prozess im Rahmen einer Grundlagenforschung involviert und damit mit weniger Hintergrundwissen versorgt.

Die zeitliche und terminliche Organisation dieser hier betrachteten Kontinuierlichen Entwicklungsphase gestaltet sich abhängig von der baubetrieblichen Innovation unterschiedlich. So kann die spezielle Entwicklungsdauer im Falle einer bereits umfänglich erforschten und bereits angewendeten Innovation als potenzielle baubetriebliche Innovation sehr kurz sein. Hingegen würden für vollkommen neue innovative Ideen, die als potenzielle baubetriebliche Innovation identifiziert werden, eher sehr lange und ressourcenintensive Forschungen notwendig werden. Auf eine detaillierte Szenarienbetrachtung wird in dieser hier vorliegenden Arbeit verzichtet und auf die beispielhafte Anwendung in Kapitel 5 verwiesen. [399]

### 4.5.3. Informationsfluss zur Verknüpfung des Innovationsprozesses

Gerade in der Kontinuierlichen Entwicklungsphase ist ein intensiver Informationstransfer zwingend. Dieses betrifft besonders den Informationsfluss zu der Kontinuierlichen Bewertungsphase. Die Informationen werden demnach durch einzelne Mitglieder und Akteure der Kontinuierlichen Entwicklungsphase getragen und weitergeleitet und schließlich in einem Bewertungsprozess berücksichtigt.

Darüber hinaus erfolgt zu Beginn einer Kontinuierlichen Entwicklungsphase für eine potenzielle baubetriebliche Innovation ein Informationsfluss aus der Generierungsphase. Dieses sind erste Informationen, die für eine anfängliche Referenzbewertung genauso bedeutet sind, wie für eine Plan-Phase, in der z. B. Methoden und Ressourcen bestimmt werden.

Die Informationen werden zudem kontinuierlich im Rahmen der DO-Phase dokumentiert und schlussendlich auf diesem Wege für die folgende Implementierungs- und Rückmeldephase bereit gestellt.

## 4.6. Die Implementierungs- und Rückmeldephase

Bereits in früheren Abschnitten dieses Kapitels wurde darauf hingewiesen, dass die bisherig existierende Variante eines Innovationsprozesses mit fünf Phasen in eine Vier-Phasen-Struktur umgewandelt wurde. Die Reduktion geht dabei auf die Zusammenführung der Prozesse zur Implementierung und Rückmeldung zurück. Dieses hängt mit dem Aufgabenverständnis im Rahmen der zuvor angesiedelten Kontinuierlichen Entwicklungsphase zusammen.

---

[399] Vgl. Abschnitt 5.2.

So werden im Rahmen dieser zuvor beschriebenen Phase in mehreren aufeinander aufbauenden Forschungs- und Entwicklungszyklen verschiedene Forschungsstadien von baubetrieblichen Innovationen durchlaufen. In einem sehr späten Stadium werden z. B. Pilotprojekten hinzugezogen, um die baubetrieblichen Erkenntnisse zu Kosten, Termine, Umwelt, Arbeitssicherheit und Qualität zu vertiefen und letzte Lücken zu schließen. Sollte die beschriebene n-te Status-Bewertung im Rahmen einer Kontinuierlichen Bewertungsphase z. B. zu dem Ergebnis führen, dass nahezu alle notwendigen Informationen vorliegen und damit der Wissensstand nahezu 100 Prozent beträgt, kann eine Implementierung angestrebt werden.

Diese Implementierung unterscheidet sich dabei im Wesentlichen von der bisherigen Anwendung der baubetrieblichen Innovation im Rahmen eines Entwicklungsprozesses z. B. durch das involvierte Team. So wird in der Implementierungsphase erstmals die Anwendung im Rahmen des Leistungsportfolios des Unternehmens angestrebt. Dabei werden die vorgesehenen personellen und sonstigen Ressourcen zum Einsatz gebracht, ungeachtet, ob diese im Rahmen eines Entwicklungsprozesses Vorkenntnisse zur baubetrieblichen Innovation erlangen konnten. Eine Schulung des Personals vor einer Anwendung ist demnach zwingend erforderlich.

Im Ergebnis dieser Implementierung steht die erstmalige Anwendung der baubetrieblichen Innovation unter marktüblichen Bedingungen und mit den zur Verfügung stehenden Ressourcen des ausführenden Unternehmens im Rahmen eines real beauftragten Projektes.

Die aus dieser Implementierung gewonnenen Erkenntnisse werden in einem letzten Schritt des Innovationsprozesses erneut gesammelt und analysiert. Hierzu kommen keine umfänglichen Datenerhebungsmethoden zum Einsatz, wie dieses in der Kontinuierlichen Entwicklungsphase der Fall ist. Vielmehr orientiert sich diese Datenerhebung an den anfänglichen Schritten des in dieser Arbeit beschriebenen Innovationsprozesses. Wie bei der Generierung von Problemstellungen und innovativen Ideen in der Generierungsphase werden hier in Gesprächen mit dem ausführenden gewerblichen und aufsichtsführenden Personal Informationen eingeholt. Dabei sollen die beobachteten Erfahrungen mit der neuen baubetrieblichen Innovation zusammengetragen werden und mit den Annahmen vor der Implementierung verglichen werden. Dadurch können ein letztes Mal im Rahmen dieses Innovationsprozesses Informationen zu der baubetrieblichen Innovation vertieft, gegebenenfalls korrigiert und dokumentiert werden. Am Schluss dieser Rückmeldung erfolgt die Finale Bewertung der baubetrieblichen Innovation und schließt damit den Innovationsprozess ab.

Der Kreis des Innovationsprozesses schließt sich, indem aus dieser Rückmeldung erneut vollkommen bisher unberücksichtigte Problemstellungen oder neue innovative Ansätze hervorgehen, die in einen Generierungsprozess für innovative Ideen einfließen.

Zur Verdeutlichung ist in Abbildung 19 das Wesen dieser Phase mit den wesentlichen Schritten aufgezeigt.

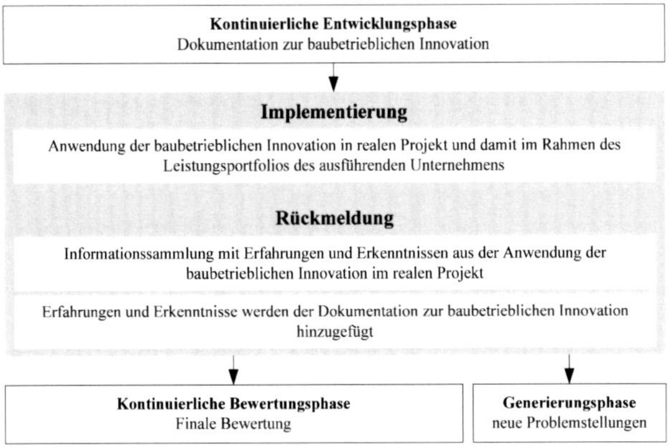


Abbildung 19: Wesentliche Schritte der Implementierungs- und Rückmeldephase

### 4.6.1. Organisatorische Aspekte in der Implementierungs- und Rückmeldephase [400]

Generell muss sich diese Phase an der üblichen Auf- und Ablauforganisation des ausführenden Unternehmens orientieren. Dieses gilt insbesondere, da die baubetriebliche Innovation in eine reale Projektsituation eingliedert werden. Sollten aus den Erkenntnissen der Kontinuierlichen Entwicklungsphase personelle Umstrukturierungen im Rahmen der Projektteams erforderlich sein, sind diese zu berücksichtigen. Hier kann die in der vorherigen Phase bereits beschriebene federführende Person Hilfestellung leisten. Darüber hinaus sollte für den Schulungsbedarf das im Forschungs- und Entwicklungsprozess beteiligte Personal hinzugezogen werden, um Erfahrungen weiterzugeben.

Für die Informationssammlung im Rahmen der Rückmeldung sollten zudem speziell beauftragte Mitarbeiter aus internen und/oder externen Experten zur Verfügung stehen. Eine informelle Verknüpfung dieser Personen mit den Personenkreis, der im Rahmen einer Generierungsphase aktiven Personen, sollte berücksichtigt werden.

### 4.6.2. Informationsfluss zur Verknüpfung des Innovationsprozesses

Aus der obigen Abbildung 19 wird der gesamte Informationsfluss verdeutlicht, der bereits aus dem Blickwinkel der Kontinuierlichen Entwicklungsphase im Abschnitt 4.5.3 beschrieben wurde. Die eingehenden Informationszuflüsse in dieser hier betrachteten Implementierungs- und Rückmeldephase sind primär durch die Dokumentation aus der Kontinuierlichen Entwicklungsphase gespeist. Die ausgehenden Informationsabflüsse richten sich zum Großteil auf die Finale Bewertung im Rahmen der Kontinuierlichen Bewertung aus. Vereinzelt liefern vollkommen neue Informationen jedoch wichtige Daten für eine aktive Generierungsphase im bauausführenden Unternehmen.

---

[400] Vgl. auch die gesamtheitlichen und Phasenübergreifenden organisatorischen Betrachtungen am Ende dieses Kapitels. Vgl. Abschnitt 4.7.

## 4.7. Managementprozesse zur gesamtheitlichen Organisation und Abwicklung des Kontinuierlichen Innovationsprozesses

Ziel dieses Kapitels war es, einen neuartigen Innovationsprozess aufzuzeigen und zu beschreiben, mit dem baubetriebliche Innovationen optimiert und bewertet werden können. Hierzu wurde ein Kontinuierlicher Innovationsprozess eingeführt, der sich in vier Phasen aufteilte. Diese Phasen laufen sowohl hintereinander wie auch parallel zueinander ab. Außerdem geht man davon aus, dass Aufgaben der Generierungsphase sequentiell durchgeführt werden und somit die Geschäftsführung eines bauausführenden Unternehmens kontinuierliche für strategische Entwicklungen begleitet und unterstützt. Die darauf folgende Kontinuierliche Bewertungsphase, die Kontinuierlichen Entwicklungsphase und die abschließende Implementierungs- und Rückmeldephase werden speziell für einzelne potenzielle baubetriebliche Innovationen durchlaufen und bilden damit den Kernzyklus des Kontinuierlichen Innovationsprozesses. Im Rahmen der Ausführungen in den einzelnen Abschnitten zu den Phasen wurden einzelne Aspekte zu Organisation und zeitlichen Orientierung für diesen neuartigen Innovationsprozess erläutert. [401] Offen blieb bisher eine gesamtheitliche Betrachtung, wie dieser Innovationsprozess gemanagte und gesteuert werden kann.

Für eine Steuerung solcher komplexen Prozessfolgen können z. B. hinreichend erprobte Instrumente und Methoden des Projektmanagement (PM) dienlich sein. Nach der DIN 69901 umfasst ein PM *„[...] die Führungsaufgaben, -organisation, -techniken und -mittel zur Abwicklung eines Projekts.“* [402] Noch konkreter beschreibt die Deutsche Gesellschaft für Projektmanagement e. V. den Umfang eines PM mit den Aspekten des Führens: *„[...] Führung ist die Steuerung der verschiedenen Einzelaktivitäten in einem Projekt im Hinblick auf das übergeordnete Projektziel.“* [403] Die obersten Ziele des PM decken sich in der Regel mit den Zielen der Unternehmensleitung, denn die Einhaltung der Termine, das inhaltliche Erreichen der Projektziele und die Koordination des optionalen Einsatzes der Ressourcen sind Hauptaufgaben im Rahmen einen Projektmanagementprozesses. An dieser Stelle soll nicht vertiefend darüber diskutiert werden, welches die geeignetsten Methoden (z. B. für Terminmanagement, Kostenmanagement, Qualitätsmanagement) sind und welche zum Einsatz kommen können. Hierzu wird auf die Fachliteratur von *Kyrein* zum Thema Projektmanagement im Allgemeinen [404] verwiesen. Spezielle Informationen, z. B. zu speziellen Softwarehilfsmitteln für Kosten-Controllingprozesse, werden in weiterführender Fachliteratur behandelt (z. B. *Jacob et al.).* [405] Hinsichtlich der anzustrebenden Organisationsstruktur für einen Innovationsprozess soll in dieser Arbeit nachfolgend eine mögliche Struktur aufgezeigt werden.

Hinsichtlich der organisatorischen Abwicklung dieser zuvor beschriebenen Innovationsprozessphasen liefert *Hartmann* im Rahmen seiner Ausführungen zu Instrumenten eines Innovationsmanagements Ideen. So sieht *Hartmann* die Geschäftsleitung eines Unternehmens an oberster Stelle in einer *„intra-organisatorischen Rahmenstruktur bauprojektübergreifender Innovationen bei Einsatz von Innovationsgruppen“.* [406] Die Geschäftsführung beauftragt demnach einen Koordinator für die Steuerung der wichtigsten Aufgaben. Dieser Koordinator fungiert als interner Dienstleister im Auftrage der Ge-

---

[401] Vgl. Abschnitte 4.3.4, 4.4.3, 4.5.2; 4.6.1.

[402] Schütte, Hobel in Gabler, Wirtschaftslexikon, Band K-R, 2004, S. 2426 mit Verweis auf die DIN 69901.

[403] Schütte, Hobel in Gabler, Wirtschaftslexikon, Band K-R, 2004, S. 2426 mit Verweis auf GPM, PM-Fachmann.

[404] Vgl. Kyrein, Projektmanagement, 2004, S. 100 ff. und S. 363 ff.

[405] Vgl. Jacob et. al, Kalkulieren im Ingenieurbau, 2011, S. 476 ff.

[406] Vgl. Hartmann, Instrumente der Innovationsförderung in Bauunternehmen, 2003, S. 79.

schäftsleitung. Der Koordinator bildet ihm unterstellte Innovationsgruppen, die sich aus einem Moderator und verschiedenen Mitgliedern internen und externen Experten zusammensetzen.[407]

Diese organisatorische Rahmenstruktur wird für die Anforderungen des hier zu managenden Kontinuierlichen Innovationsprozess mit vier Phasen spezifiziert und erweitert. Demnach gibt es für das neue Modell einen Koordinator-Innovationsmanagement, der gleichzeitig die Position des Leiters Forschung und Entwicklung inne haben kann oder sollte. Als direkte Untergliederung bildet dieser Koordinator-Innovationsmanagement aus dem ihm zur Verfügung stehenden Pool an internen und externen Experten mehrere Innovationsteams. Dabei ist zwischen zwei Arten zu unterscheiden.

Zum einen gibt es ein ständig existierendes „Strategisches Innovationsteam", welches sich ausschließlich um die sequenzielle Bearbeitung der Aufgaben einer Generierungsphase kümmert. Zudem übernimmt dieses Strategische Innovationsteam die Auswahl der potenziellen baubetrieblichen Innovationen im Rahmen einer Auswahlbewertung zu Beginn einer Kontinuierlichen Bewertungsphase. Auf die Zusammensetzung eines solchen Teams unter strategischen Gesichtspunkten wurde jeweils in den einzelnen Abschnitten zu den einzelnen Phasen des Innovationsprozesses eingegangen.[408]

Zum zweiten gibt es so genannte „Baubetriebliche Innovationsteams". Diese werden speziell mit dem Auftrag gebildet, eine potenzielle baubetriebliche Innovation zu begleiten. Die Aufgaben dieser Teams umfassen dabei die Kontinuierliche Bewertungsphase, die Kontinuierliche Entwicklungsphase und die abschließende Implementierungs- und Rückmeldephase zu begleiten. Diese Teams, die ähnlich, wie im Strategischen Innovationsteam durch Teilprojektleiter als Moderatoren koordiniert werden, setzen sich aus einem sehr umfangreichen Expertenspektrum zusammen. Eine feste Zuordnung zu dem jeweiligen Baubetrieblichen Innovationsteam sollte jedoch bereits zum Zeitpunkt der ersten Teambildung gefunden werden. Aus diesem Team mit Moderator werden später jeweils operativ orientierte Spezialteams gebildet, um einzelne Aufgaben zu erfüllen. Dabei kann und muss es zu Überscheidungen bei einzelnen Mitgliedern der Teams kommen, damit ein ausreichender Wissenstransfer zwischen den tangierten Phasen des Innovationsprozesses gewährleistet ist. Wichtig ist zudem, dass sich in einem „Baubetrieblichen Innovationsteam" eher weniger strategisch orientierte interne und externe Experten befinden, sondern Fachleute, Gutachter, Forscher und vor allem gewerblich erfahrenes Personal. Dieses bringt traditionell gute Erfahrungen im Umgang mit baubetrieblichen Innovationen im engeren Sinn mit und kann die stofflichen, verfahrenstechnischen oder konstruktiven Charaktermerkmale häufig besser beurteilen als beispielsweise die strategisch orientierte Geschäftsführung eines bauausführenden Unternehmens. Eine abschließende Festlegung, welche internen und externen Experten eines Unternehmens und dessen Umfeld sich im Rahmen eines Innovationsprozesses integrieren sollten, bleibt an dieser Stelle offen. Hierzu wird allgemein auf die Literatur von *Brockhoff* sowie *Hauschildt und Salomo* verwiesen.[409]

Zum Überblick dieser organisatorischen Aspekte im Rahmen des gesamten Kontinuierlichen Innovationsprozesses in vier Phasen wird auf Abbildung 20 verwiesen.

---

[407] Vgl. Hartmann, Instrumente der Innovationsförderung in Bauunternehmen, 2003, S. 79.

[408] Vgl. Abschnitte 4.3.4, 4.4.3, 4.5.2; 4.6.1.

[409] Vgl. Brockhoff, Forschung und Entwicklung, 1999 und Hauschildt, Salomo, Innovationsmanagement, 2011.

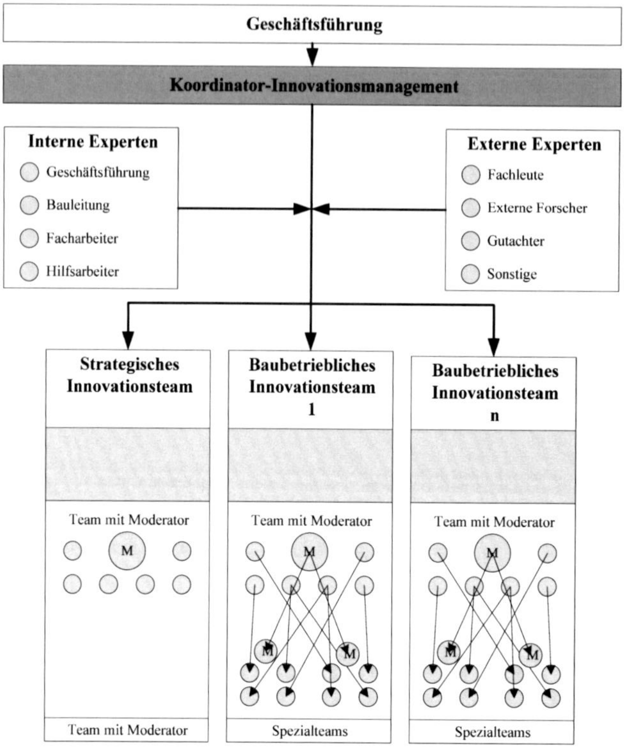


Abbildung 20: Organisatorischer Aufbau zur Umsetzung eines Kontinuierlichen Innovationsprozesses [410]

## 4.8. Zusammenfassende Würdigung

Mit den zuletzt beschriebenen organisatorischen Aspekten, soll das laufende Kapitel 4 abschließen. Das damit umfänglich in der Theorie vorgestellte und phasenbezogen beschriebene Modell des Kontinuierlichen Innovationsprozesses dient speziell der Aufgabe, baubetriebliche Innovationen im engeren Sinn zu erkennen, zu bewerten und zu optimieren. Diese zentralen Aufgaben münden schlussendlich in der Implementierung einer baubetrieblichen Innovation in das Leistungsportfolio eines bauausführenden Unternehmens. Die Herausforderung für das Kapitel 5 und das Kapitel 6 ist es nun, dieses neue Modell ergänzend in einen praxisorientierten Rahmen zu erläutern. Dabei wird dieses Modell und insbesondere die Kontinuierliche Entwicklungsphase und die Kontinuierliche Bewertungsphase auszugsweise in den Entwicklungs- und Optimierungsprozess der baubetrieblichen Innovation „Verstärkungen von Altbetonoberflächen mit textilbewehrtem Beton“ adaptiert.

[410] Als Basis für diesen organisatorischen Aufbau diente der vereinfachte Aufbau von Hartmann, den er im Rahmen seines organisatorischen Gestaltungsmodelles entwickelte. Quelle: Hartmann, Instrumente der Innovationsförderung in Bauunternehmen, 2003, S. 79.

# 5 Baubetriebliche Untersuchungen mit Textilbeton

## 5.1. Vorüberlegungen

Nachdem in Kapitel 4 das neue Modell eines Kontinuierlichen Innovationsprozesses vorgestellt und beschrieben wurde, wird in diesem und dem folgenden Kapitel exemplarisch die konkrete Anwendung dargestellt. Als neue Entwicklung und damit baubetriebliche Innovation wird die Verstärkungen von Altbetonoberflächen mit textilbewehrtem Beton [411] eingebunden.

Dabei muss berücksichtigt werden, dass die baubetrieblichen Untersuchungen zu Verstärkungen mit Textilbeton rückblickend bei Projektinitiierung und Beantragung von finanzieller Forschungsunterstützung nicht unter den Maßstäben des beschriebenen Kontinuierlichen Innovationsprozesses geplant wurden. Außerdem muss festgestellt werden, dass kurzfristige Ressourcenreduktionen infolge nicht genehmigter Fördermittel zu notwendigen kurzfristigen Umplanungen führten. Dieser dadurch initiierte Optimierungsprozess führte zu dem hier in Kapitel 4 in der Theorie vorgestellten Innovationsprozess. In der Folge flossen bereits erste Ansätze der beschriebenen Kontinuierlichen Entwicklungsphase in die durchgeführten Untersuchungen zu Verstärkungen mit Textilbeton ein. Eine idealtypische Anwendung dieser Phase und der anderen Phasen des gesamten Kontinuierlichen Innovationsprozesses ist jedoch aus vielerlei Gründen bei den Untersuchungen nicht erfolgt.

Im Hinblick auf die exemplarische Anwendung eines Kontinuierlichen Innovationsprozesses wird deshalb im Gedankenmodell zunächst unterstellt, dass diese Technologie im Rahmen einer unternehmenseigenen Generierungsphase eines typischen Anwenders als potenzielle baubetriebliche Innovation im engeren Sinn identifiziert wurde. Insbesondere handelt es sich um eine Verfahrensinnovation (neues Bauverfahren). Daraus ergäbe sich die Einleitung der nachfolgenden Kontinuierlichen Entwicklungsphase und der parallel ablaufenden Kontinuierlichen Bewertungsphase.

In diesem Kapitel werden zunächst die organisatorischen und wissenstechnischen Rahmenbedingungen vorgestellt, unter denen die Untersuchungen tatsächlich stattfanden. Dieses soll in Ansätzen aufzeigen, wie eine Kontinuierliche Entwicklungsphase erfolgen könnte. Zum Verständnis werden hier die Untersuchungen und die Erkenntnisse zu baubetrieblichen Aspekten ausführlich beschrieben. Die Dokumentation orientiert sich dabei an der für eine baubetriebliche Innovation im engeren Sinn typischen Struktur. So werden die Merkmale und typischen Faktoren dieser baubetrieblichen Innovation im Rahmen der fünf Einflusskomponenten Termine, Kosten, Umwelt, Arbeitssicherheit und Qualität charakterisiert und beschrieben. Die damit verfasste und recht ausführliche Beschreibung der baubetrieblichen Innovation im Rahmen dieser Arbeit ist außerdem notwendig, da die tatsächlich durchgeführten Untersuchungen durch keine Kontinuierliche Bewertungsphase tangiert und begleitet wurden. Dieses soll nachträglich im Rahmen dieser hier vorliegenden Arbeit in Kapitel 6 als Fallstudie erfolgen. Darüber hinaus wird unterstellt, dass die Implementierungs- und Rückmeldephase zu dieser baubetrieblichen Innovation noch aussteht und demnach keine beispielhafte Anwendung im Rahmen dieser Arbeit findet.

[411] In den nachfolgenden Ausführungen der vorliegenden Arbeit wird dieser Term gekürzt als „Verstärkungen mit Textilbeton" bezeichnet.

## 5.2. Ansatzweise Durchführung einer Kontinuierlichen Entwicklungsphase

Alle bisherigen Untersuchungen zu Verstärkungen mit Textilbeton hinsichtlich Baustoffen, Materialien und Verfahren wurden weitgehend im Rahmen der drei Förderperioden des Sonderforschungsbereiches 528 [412] der Technischen Universität Dresden im Zeitraum von 1999 bis 2008 ermittelt. So befand sich der Kenntnisstand zu Verstärkungen mit Textilbeton vor der vorerst abschließenden vierten Förderperioden (Bewilligungszeitraum zwischen 06/2008 bis 06/2011) bis auf wenige Ausnahmen weitgehend auf der Stufe der durchgeführten Grundlagenforschungen zu Materialien und Verfahren im Labor. Einzelne Pilotversuche und Pilotprojekte mit den erforschten Materialien wurden zuvor durchgeführt. Im Dialog mit regionalen und überregionalen Bauunternehmen stellte sich heraus, dass es Unsicherheit bei der Einführung, also dem Transfer der neuen Technologie, in die Baupraxis gab. Dieses lag z. B. in der Vielseitigkeit der offenen Fragen zu baubetrieblichen Belangen des neuen Bauverfahrens begründet. Um z. B. Risiken und Ungewissheiten für den Anwender des neuen Bauverfahrens zu minimieren, sollten Soll-Vorgaben entwickelt und nachgewiesen werden, die im späteren Praxiseinsatz umsetzbar und realistisch sind. Hierzu wurde in die vierte Forschungsperiode ein so genanntes Transferprojekt eingebunden. Dessen tatsächliche Abwicklung bildet nun die Grundlage, eine anwenderorientierte Darstellung einer Kontinuierlichen Entwicklungsphase beispielhaft für die Anwendung der Forschungen im Rahmen eines bauausführenden Unternehmens aufzuzeigen.

Um den organisatorischen Rahmen einer Kontinuierlichen Entwicklungsphase beispielhaft abbilden zu können, würde zunächst ein so genanntes Baubetriebliche Innovationsteam zusammengestellt werden. [413] Dieses Team kann sich aus internen und externen Experten zusammen setzen. In diesem Transferprojekt setzen sich das Forschungsteam, welches in Ansätzen mit einem solchen Baubetrieblichen Innovationsteam vergleichbar ist, aus folgenden Mitgliedern zusammen:

- Mitglieder der Forschungseinrichtung Technischen Universität Dresden (insbesondere des Instituts für Baubetriebswesen, Instituts für Massivbau und des Instituts für Baustofflehre),
- Mitglieder des Baukonzerns Bilfinger Berger SE als Praxispartner (insbesondere Baustofflabor Leipzig, Niederlassung Bilfinger Berger Leipzig),
- Mitglieder des Baumaschinenkonzerns Putzmeister Holding GmbH,
- Mitglieder des Baustofflieferanten Pagel Spezialbeton GmbH & Co. KG,
- Mitglieder des Fertigteilwerkes Otto Quast GmbH (Niederlassung Coswig/Sachsen),
- Mitglieder der Berufsgenossenschaft Bau (Niederlassung Dresden),
- Mitglieder verschiedener Fachgruppen.

Die Moderation dieses Teams erfolgte durch das Institut für Baubetriebswesen. Aus dem Pool an verfügbaren Mitgliedern wurden im Rahmen der einzelnen Aufgaben und Prozesse der Kontinuierlichen Entwicklungsphase jeweils Spezialteams [414] gebildet, die z. B. die Planung der Versuche durchführten, die Abwicklung einzelnen Versuchsreihen [415] mit zugehöriger Datenerhebung durchführten und/oder die Analyse der gewonnen Daten zu der baubetrieblichen Innovation erbrachten. Ein Austausch der Informationen und Kompetenzen zwischen den temporär eingerichteten Spezialteams wurde durch personelle Überscheidungen gewährleistet.

---

[412] Gefördert von der Deutsche Forschungsgemeinschaft (DFG), www.dfg.de, Stand: 10.08.2011.

[413] Vgl. Abschnitt 4.7.

[414] Vgl. Abschnitt 4.7.

[415] Vgl. Abschnitt 5.2.1.3.

### 5.2.1. Plan-Phase der Kontinuierlichen Entwicklungsphase

Im theoretisch beschriebenen Modell in Kapitel 4 wurde im Rahmen der Kontinuierlichen Entwicklungsphase zunächst eine Plan-Phase eingeführt. Diese orientiert sich an drei wesentlichen Schritten. Zunächst sollten die gemeinsamen Ziele für diese Phase festgelegt werden. Daran orientieren sich die Ressourcenverteilung und die Terminplanung. Weiterhin sollen alle bereits vorhandenen Informationen und Daten zu der baubetrieblichen Innovation im Rahmen einer Situationsanalyse zusammengetragen und analysiert werden. Als dritter Schritt erfolgen eine erste Methodenauswahl und die Planung der Untersuchungen am neuen Bauverfahren. Wichtig ist, dass sich alle Beteiligten stets bewusst sind, dass nach einem durchlaufenen Zyklus (Plan-Do-Check-Phase) ein erneuter Durchlauf dieser Plan Phase erfolgen kann und sollte.

Phasenbegleitend wird ein Projektmanagement eingerichtet, welches besonders für die Kontinuierliche Entwicklungsphase und Bewertungsphase eingesetzt wird. Das Projektmanagement wird dabei durch den Moderator des Baubetrieblichen Innovationsteams vorangetrieben. Es beinhaltet Methoden des Terminmanagements (z. B. mit EDV, wie MS Project, Power Project), des Kostenmanagements, des Personalmanagements, des Ressourcenmanagements (z. B. Stoffe, Geräte, Werkzeuge, Maschinen, Infrastruktur) bis hin zu einem Berichtswesen.

#### 5.2.1.1. Zieldefinition

Die Zieldefinition bietet eine gute Möglichkeit über Motivationen, Wissensstände und Vorgehen zu diskutieren und diese in Fakten zu bündeln. Nachfolgend sind die wichtigsten Fragestellungen, die es im Rahmen dieser Phase zum hier vorgestellten neuen Bauverfahren gab, zusammengefasst. Die Gliederung orientiert sich dabei an den fünf Einflusskomponenten Termine, Kosten, Umwelt, Arbeitssicherheit und Qualität. Diese Fragen können gleichzeitig als Zielformulierungen verstanden werden und bilden eine gute Grundlage, für einen Zielkriterienkatalog, der im Rahmen einer begleitenden Kontinuierlichen Bewertungsphase für die NWA-2 aufzustellen ist. [416]

*Termine*

- Können Prozessketten und Teilprozesse des neuen Bauverfahrens beschrieben werden?
- Wie können Teilprozesse autark ausgeführt werden (z. B. Vorbehandlungsarbeiten, Spritzarbeiten, Textilgelegearbeiten, Mischarbeiten, Nachbehandlung)?
- Können Teilprozesse unabhängig von der Baustelle ablaufen (z. B. Konfektionierung des Textilgeleges)?
- Können Regelprozesse definiert werden?
- Welche Flexibilität besteht innerhalb der Teilprozesse und Prozessketten?
- Welches Verhältnis besteht zwischen vorbereitenden Maßnahmen und dem eigentlichen Produktionsprozessen?
- Welches Verhältnis besteht zwischen den Produktionsprozessen und der Nachbehandlung von verstärkten Oberflächen?
- Wie belastbar sind Aussagen zu Prozessdauern und damit Prognosen zur Gesamtausführungszeit?
- Können Aufwandskennwerte oder Kennwertfunktionen ermittelt werden?

---

[416] Vgl. Kapitel 6

*Kosten*

- Können Kostenkennwerte für das neue Bauverfahren generiert werden?
- Wie können Prognosen für Stoffverbräuche erstellt werden?
- Ist eine Planung des Produktionsfaktors Stoffe möglich?
- Ist eine Planung des Produktionsfaktors Geräte und Maschinen möglich?
- Ist eine Planung des Produktionsfaktors Werkzeuge möglich?
- Ist eine Planung des Produktionsfaktors Gerüste oder Steighilfen möglich?
- Welche Produktionsfaktoren müssen für die Teilprozesse verfügbar sein?
- Welchen Abnutzungsgrad unterliegen die Produktionsfaktoren Geräte, Maschinen, Gerüsten und Werkzeuge?
- Wie hoch ist die Fachpersonalquote für die Teilprozesse?
- Ist mit hohen Ausbildungskosten für die neuen Teilprozesse zu rechnen?

*Umwelt*

- Welche besonderen Maßnahmen sind für die Baustelleneinrichtung vorzusehen?
- Eignet sich das neue Bauverfahren für Verstärkungsarbeiten im Freien?
- Eignet sich das neue Bauverfahren für Verstärkungsarbeiten im Gebäude?
- Sind Teilprozesse hinsichtlich der Umwelteinflüsse autark ausführbar?
- Wie hoch ist die Abhängigkeit des neuen Bauverfahrens von der Sonneneinstrahlung?
- Wie hoch ist die Abhängigkeit des neuen Bauverfahrens von der Außentemperatur?
- Wie hoch ist die Abhängigkeit des neuen Bauverfahrens vom Niederschlag?
- Wie hoch ist die Abhängigkeit des neuen Bauverfahrens von der relativen Luftfeuchtigkeit?
- Wird das Bauumfeld unmittelbaren durch Emissionen (Staub, Lärm) belastet?
- Wie hoch ist die Störanfälligkeit durch andere, parallel ablaufende Gewerke (Immission von Lärm, Schmutz)?
- Besteht ein Risiko durch umliegende Bauwerke oder den Baugrund?
- Sind Schutzmaßnahmen bekannt, um Witterungseinflüsse zu minimieren?
- Sind diese Schutzmaßnahmen sehr aufwendig oder gleichfalls für andere Bauverfahren einsetzbar?

*Arbeitssicherheit*

- Wie kann die Arbeitssicherheit für das beschäftigte Personal gewährleistet werden?
- Gibt es besondere Anforderungen an die Persönliche Schutzausrüstung (PSA)?
- Liegen die Informationen zu den eingesetzten Produktionsfaktoren (Stoffe, Geräte, Maschinen und Werkzeuge) vor?
- Sind Gerüste und Steighilfen einsetzbar und welche sind geeignet?
- Liegen detaillierte Informationen zu den Maßnahmen innerhalb der Teilprozesse vor?
- Sind Kenntnisse zum Arbeitsschutz einfach an parallel auszuführende Gewerke kommunizierbar?

*Qualität*

- Sind die Qualitätsmerkmale des neuen Bauverfahrens bekannt?
- Ist eine homogene Qualität durch den Anwender lieferbar, damit Gewährleistungsansprüche erfüllt werden können?
- Kann die Qualität bei der Anwendung vor Ort gewährleistet werden?
- Ist die Logistik zur Qualitätssicherung vor Ort vertretbar?

- Welche besonderen Maßnahmen sind zur Qualitätssicherung notwendig?
- Werden die Teilprozesse des neuen Bauverfahrens durch Qualitätssicherung und Nachweisverfahren gestört?
- Sind Pilotanwendungen des neuen Bauverfahrens und der Technologie bekannt?
- Ist das neue Bauverfahren bauaufsichtlich zugelassen?
- Kann eine Zulassung im Einzelfall erwirkt werden?

Zu diesem Zeitpunkt und im Anschluss an diese erste Zielfestlegung wird in der Regel ein erster grober Terminplan zu erstellen sein, der den weiteren Fortlauf bestimmt. Dieser Terminplan wird sukzessive verfeinert und angepasst. Damit kann in die folgende Phase übergeleitet und die Herausarbeitung und Feststellung der vorhandenen Datenlage zum Untersuchungssachverhalt begonnen werden.

#### 5.2.1.2. Situationsanalyse zu Verstärkungen aus textilbewehrtem Beton

In der Vergangenheit wurden Untersuchungen zu Verstärkungen mit Textilbeton in der Regel ausschließlich an kleinformatigen Elementen unter konstanten Laborbedingungen durchgeführt. [417, 418, 419] Bauteile mit baustellentypischen Dimensionen sowie in der Praxis auftretende wechselnde Einflüsse konnten und sollten dabei nicht berücksichtigt werden. Dies gilt für Verfahren, Materialien (z. B. Feinbeton), Geräte, Sicherheitsaspekte sowie klimatische Bedingungen. Ferner gilt, dass in diesen Voruntersuchungsphasen und Laborphasen jeweils unterschiedliche Merkmale und Eigenschaften des neuen Verfahrens eingeführt wurden. Zum Beispiel war bekannt, dass beim Auftrag des Feinbetons mit Spritzgeräten, hohe Spritzdrücke zu Schädigungen der eingelegten Textilgelege aus Glas- oder Carbonfasern und damit zu Festigkeitsverlusten führen. Weiterhin wurde erkannt, dass hohe Spritzdrücke auch die Lage (Position und Ebenheit) der textilen Bewehrung negativ beeinflussen können. [420] Andererseits ist bekannt, dass hohe Spritzdrücke zu einer guten Verdichtung und damit zu einem guten Verbund zwischen dem Feinbeton und dem Untergrund führen. Erkenntnisse über den Einsatz von Spritzbetonpumpen, wie diese z. B. bei der Verstärkung oder Sanierung von Betonbauteilen verwendet werden, zeigten, dass diese Geräte für textilbewehrten Beton eher nicht geeignet sind. Diese Erkenntnisse aus der Grundlagenforschung führten wiederum in einer eigenen Phase der Entwicklung im Rahmen von Pilotprojekten unter praxisnahen Bedingungen zu weiteren Erkenntnissen. Zum Beispiel wurden erste Erfahrungen mit der Applikation von Textilbeton auf größeren Flächen bei der Sanierung einer Hyparschale an der Fachhochschule in Schweinfurt [421] und beim Bau einer Brücke in Oschatz [422] gesammelt. Erste Versuche und Kenntnisse aus anderen Bereichen des Betonbaus und von bekannten Bauverfahren führten z. B. zur Erkenntnis, dass der Verbund bei geeigneten Vorbehandlungsmethoden wesentlich verbessert werden kann. Dennoch zeigte sich bei vielen Anwendungen des neuen Bauver-

[417] Vgl. Brückner, Ortlepp, Curbach, Textile Reinforced Conocrete for Strengthening in Bending and Shear, 2006, S. 741-748.

[418] Vgl. Köckritz, Weiland, Curbach, Cherif, In-Situ Polymer Coating of Open Grid Warp Knitted Fabrics for Textil Reinforced Concrete Application, 2008.

[419] Vgl. Jesse, Weiland, Curbach, Flexural strengthening of rc-structures with textile reinforced concrete, 2008.

[420] Vgl. Schach, Hentschel, Verfahrenstechnische Grundlagen für die Verstärkung mit textilbewehrten Beton im Hochbau, 2009, S. 263, mit Verweis auf Jesse, Tragverhalten von Filamentgarnen in zementgebundener Matrix, 2004.

[421] Vgl. Schach, Hentschel, Verfahrenstechnische Grundlagen für die Verstärkung mit textilbewehrten Beton im Hochbau, 2009, S. 263 mit Verweis auf Curbach et. al., Segmentbrücke aus textilbewehrten Beton, 2007, S. 342-352.

[422] Vgl. Schach, Hentschel, Verfahrenstechnische Grundlagen für die Verstärkung mit textilbewehrten Beton im Hochbau, 2009, S. 263 mit Verweis auf Curbach et. al., Textilbewehrter Beton zur verstärkung eines Hyperschalentragwerks in Schweinfurt, 2007, S. 353-361.

fahrens, dass zwar sukzessive eine Qualitätssteigerung erzielt wurde, dieses war aber nur unter großem Aufwand erreichbar. Außerdem entstand dabei keine klar definierte baubetriebliche Basis.

Es blieben insbesondere aus baubetrieblicher Sicht eine Vielzahl von Punkten offen, deren Klärung für einen flächendeckenden Einsatz und eine wirtschaftliche Anwendung der Technologie notwendig sind. Diese decken sich teilweise mit den Fragen, die im Projektteam herausgearbeitet wurden. Einige sind nachfolgend nochmals hervorgehoben:

- Umfassende qualitative Merkmale des neuen Bauverfahrens als Benchmark für zukünftige Anwendungen,
- Prozessdefinitionen und Prozessbeschreibungen des gesamten Bauverfahrens,
- Standardisierung von Abläufen und Bildung von Arbeitskolonnen mit Quantifizierung der erforderlichen Arbeitskräfte,
- Kennzahlen zu Prozesszeiten und Aufwandswerten,
- Materialeinsatz und Materialtechnologien (z. B. Trockenmischungen als Sackware),
- Kennzahlen zu Materialverbräuchen,
- Bautechnische Rahmenbedingungen (z. B. geeigneten Maschinen für die Verarbeitung der Materialien im Wertschöpfungsprozess des neuen Bauverfahrens),
- Beschreibung der Einflüsse und Auswirkungen von Umwelteinflüssen auf das Bauverfahren,
- Übersichten und Beurteilungen zu Gefährdungen bei der Anwendung des Bauverfahrens für alle Baustellenbeteiligte und für die Arbeitskräfte im Speziellen,
- Vorgaben und Rahmenbedingungen für spezielle Baustelleneinrichtungsmaßnahmen und Implementierung dieser in allgemeine Baustelleneinrichtungsmaßnahmen,
- Baustellenlogistik und Definition vorbereitender, begleitender und nachfolgender Prozesse des neuen Bauverfahrens,
- Nachbehandlungsmethoden und deren Notwendigkeit für das neue Bauverfahren,
- Überwachungs- und Qualitätssicherungsmaßnahmen des neuen Bauverfahrens,
- Kosten des neuen Bauverfahrens.

#### 5.2.1.3. Auswahl der Untersuchungs- und Datenerhebungsmethodik

In diesem Abschnitt wird nun zunächst ein Überblick darüber gegeben, welche Datenerhebungsmethoden zur Beantwortung der identifizierten Fragen geeignet erschienen und wie diese systematisch vorbereitet und durchgeführt wurden.

Die Untersuchungsmethodik und Datenerhebung musste drei wesentlichen Anforderung gerecht werden. Es sollten Informationen gesammelt werden, die:

- unter praxisrelevanten Rahmenbedingungen erstellt werden,
- sämtliche relevante baubetrieblichen Einflussfaktoren abbilden und
- unter wissenschaftlichen Gesichtspunkten erarbeitet werden.

Deshalb wurden Großversuchen für die Durchführung gewählt. Die Großversuche wurden in einzelne Versuchsreihen unterteilt. Neben Daten zu Zeitaufwand und Verbrauchsmengen der Produktionsmittel sollten bei den einzelnen Versuchsreihen unterschiedliche Einzelaufgaben und Fragestellungen zu Feinbeton, Konfektionierung des Geleges, Vorbehandlung und Nachbehandlung untersucht werden. Kern dieser Großversuche bildeten jedoch Verstärkungen mit Textilbeton in drei verschiedenen Einbausituationen:

- An der Wand (Spritzauftrag des Feinbetons in horizontaler Richtung nach vorn),

- am Boden (Spritzauftrag des Feinbetons in vertikaler Richtung von oben),
- an der Decke (Spritzauftrag des Feinbetons in vertikaler Richtung von unten).

Zur Simulation der Altbetonoberflächen wurden Fertigteile [423] hergestellt. Ergänzend sollten Pilotprojekte genutzt werden, um die Erkenntnisse aus den Großversuchen zu validieren.

Um die im Rahmen dieser Großversuche entstehenden Daten und Informationen zum neuen Bauverfahren systematisch und kontinuierliche erfassen und auswerten zu können, wurden einzelne Methoden der Primärerhebung eingesetzt. [424] Es wurde davon ausgegangen, dass alle zu erhebenden Daten durch einen externen Beobachter aufgenommen werden (Fremdbeobachtung) [425] müssen, die zu beobachtenden Prozesse recht vielfältig waren und wechselnde Tätigkeiten umfassten. Daraus ergab sich im Speziellen der Fokus auf die Einzelzeit- und Fortschrittszeitaufnahme, bei der ein Arbeiter kontinuierlich beobachtet und fortwährend „erfasst" wird. Dabei wird zwischen den einzelnen Tätigkeiten des Arbeiters unterschieden. Jeder einzelne beteiligte Arbeiter an einem Bauverfahren wird separat betrachtet. Als Hilfsmittel können hier normale Uhren, Stoppuhren oder DV-gestützte Erfassungsgeräte zum Einsatz kommen. [426, 427]

Der Nachteil der ausgewählten Zeitaufnahmemethode liegt grundsätzlich darin, dass diese sehr zeitaufwendig ist. Sie muss während der gesamten Ausführung von Prozessschritten einer Untersuchung zu Verstärkungen mit Textilbeton erfolgen. Dabei muss für jede zu beobachtende Person wiederum eine weitere externe Person vorgehalten werden. Diese Rahmenbedingungen können teilweise durch den Einsatz moderner Dokumentationstechniken optimiert werden. Zum Beispiel können die einzelnen Versuchsreihen vollständig per Videoaufzeichnung dokumentiert werden. Ergänzt wird die Dokumentation durch Fotos, Protokolle und Tonaufzeichnungen der Versuchsleitung. Der Vorteil dieses Vorgehens liegt darin, dass im Anschluss an die Versuchsreihen bequem und ohne Zeitdruck nach Bedarf die „urkundliche" Dokumentation am Computerarbeitsplatz erfolgen kann und lückenlos und jederzeit nachvollziehbar ist.

Neben der Beobachtung als Datenerhebung kommen im Rahmen dieser kontinuierlichen Entwicklungsphase Befragungstechniken zum Einsatz. [428]

### 5.2.1.4. Vorbereitung und Rahmenbedingungen bei den Großversuchen

Wie jedes Bauprojekt erfolgte bei den Großversuchen zunächst eine Planung. Zum Beispiel musste ein geeigneter Versuchsort gefunden werden. Aus wirtschaftlichen Gründen musste dieser potenzielle Versuchsort mehrere Monate verfügbar sein. Ein ständiges Auf- und Abbauen der Versuchseinrichtungen sollte vermieden werden.

Zunächst standen drei mögliche Alternativen für die Versuchsdurchführung zur Diskussion. Dieses waren ein Gelände in der Nähe des Baustofflabors der TU Dresden sowie ein Gelände in der Nähe des

[423] Vgl. Schach, Hentschel, Verfahrenstechnische Grundlagen für die Verstärkung mit textilbewehrten Beton im Hochbau, 2009, S. 263 ff.

[424] Vgl. Abschnitt 4.5.1.2.

[425] Die Fremdbeobachtung steht der Selbstbeobachtung gegenüber, die durch die Person selbst durchgeführt wird, deren Arbeitsprozesse im Blickwinkel stehen. Voraussetzung ist, dass die zu beobachtenden Person diese Dokumentation ohne nennenswerten Mehraufwand und ohne Störung der eigentlichen Arbeitsprozesse vollziehen kann. Vgl. Hömberg, Jodin, Leppin, Methoden der Informations- und Datenerhebung, 2004, S. 5 f. und REFA, Datenermittlung, 1997, S. 65 ff.

[426] Vgl. REFA, Datenermittlung, 1997, S. 65 ff.

[427] Vgl. Berner, Kochendörfer, Schach, Grundlagen der Baubetriebslehre (3), 2009, S. 302 f.

[428] Vgl. Abschnitt 4.5.1.2

Otto-Mohr-Laboratoriums der TU Dresden. Als dritte Alternative wurde die Möglichkeit eruiert, ein außeruniversitäres Gelände in einem Fertigteilwerk anzumieten. Diese letzte Möglichkeit wurde im Rahmen der Ausschreibung der Fertigteile für die Großversuche abgefragt. Nach Prüfung der einzelnen Alternativen erhielt das Fertigteilwerk des Unternehmens Otto Quast Fertigteilbau Sachsen in Coswig den Zuschlag. Das potenziell zur Verfügung stehende Versuchsgelände wurde von einem 40-Tonnen-Kran überstrichen, so dass jederzeit bequem auf Hebezeug zurückgegriffen werden könnte. Auf diesem Gelände wurden alle Versuchsstände für die drei Einbausituationen sowie sämtliche benötigte Baustelleneinrichtung eingerichtet. Das Schema des Versuchsgeländes ist in der als Anlage 1 beigefügten Zeichnung dargestellt.

Neben den eigentlichen Versuchsort musste der genaue Aufbau einzelner Versuchsstände festgelegt werden. So mussten die drei Einbausituationen („an der Wand", „am Boden", „an der Decke") durch spezielle Konstruktionen ermöglicht werden, die durch die Fertigteile ergänzt wurden.

Die Fertigteile für die Einbausituation „an der Wand" hatten eine Abmessung von 2,70 m (Länge), 0,60 m (Breite) und 0,10 m (Dicke). Diese wurden vertikal aufgestellt und mittels Schalungsanker im Boden fest fixiert. Die verfügbare Wandfläche bestand aus zehn aufgereihten Fertigteilplatten und spannte sich über eine vertikale Fläche von 2,70 m Höhe und 6,00 m Länge.

Die Fertigteile für die Verstärkung „am Boden" hatten Abmessungen von jeweils 2,00 m (Länge), 0,60 m (Breite) und 0,10 m (Dicke). Es wurden jeweils 14 Platten nebeneinander gelegt, so dass eine horizontale Versuchsfläche von 8,40 m Länge und 2,00 m Breite entstand.

Die Einbausituation „an der Decke" wurde durch eine Tragkonstruktion gelöst, auf welcher die Fertigteile vergleichbar wie am Boden nebeneinander in 3,00 m Höhe auflagerten. Damit entstand eine horizontale Versuchsfläche von 8,40 m Länge und 2,00 m Breite.

Darüber hinaus mussten die benötigten Produktionsmittel geplant und herangeschafft werden. Dieses umfasste eine Personalplanung für jede einzelne Versuchsreihe. Es umfasste die Materialbestellung für Feinbeton, Textilgelege und sonstigen Stoffen sowie der benötigten Geräte.

### 5.2.2. Do-Phase der Kontinuierlichen Entwicklungsphase

Als zweite wichtige Phase wird die Do-Phase benannt. Diese Phase setzt die zuvor geplanten Untersuchungen und Datenerhebungen zur Optimierung der baubetrieblichen Innovation um. Dabei soll das Ziel verfolgt werden, nach jedem Durchlauf oder nach mehreren Durchläufen Wissenszugewinne zu generieren, die sich anhand der begleitenden kontinuierlichen Bewertung quantifizieren lassen. [429] Im Wesentlichen setzt sich diese Do-Phase aus der Datenerhebung mit einzelnen Versuchsreihen, der Analyse und Auswertung der Daten sowie der regelmäßigen Dokumentation der Daten zusammen. Ansatzweise wurden diese drei wesentlichen Schritte im Rahmen der hier vorgestellten Untersuchungen zu Verstärkungen mit Textilbeton umgesetzt.

#### 5.2.2.1. Kontinuierliche Datenerhebungen in Versuchsreihen

Nach einzelnen Voruntersuchungen zu Stoffen und Geräten waren zunächst sieben Versuchsreihen im Rahmen der Großversuche geplant. Ziel war es, möglichst viele Wiederholungen mit unterschiedlichen Einflusskomponenten durchzuführen. Im Verlaufe des Untersuchungszeitraumes zeigte sich, dass Versuchsreihen verschoben werden mussten. Darüber hinaus wurden Versuchsreihen ergänzt, um weitere offene Fragestellungen zu untersuchen und Daten zu sammeln. Außerdem ergab sich die Mög-

[429] Vgl. Abschnitt 6.5.

lichkeit, Daten bei zwei Pilotprojekten zu erheben, womit die Daten aus den Großversuchen in Coswig validiert und ergänzt werden konnten. Nachträglich betrachtet, gab es für die speziellen Untersuchungen zu baubetrieblicher Einflusskomponenten 16 Termine, an denen Versuche des neuen Bauverfahrens stattfanden und an denen Daten gesammelt werden konnten. Diese Termine umfassen Voruntersuchungen, Großversuche in Coswig sowie Pilotprojekte. Folgende Termine fanden statt:

- Pilotprojekt am 04.09.2008 in Zwickau, [430]
- Voruntersuchungen am 08.10.2008 in Aichtal,
- Großversuche am 13.05.2009 in Coswig,
- Großversuche am 14.05.2009 in Coswig,
- Großversuche am 15.05.2009 in Coswig,
- Großversuche am 28.05.2009 in Coswig,
- Großversuche am 18.06.2009 in Coswig,
- Großversuche am 19.06.2009 in Coswig,
- Großversuche am 01.07.2009 in Coswig,
- Großversuche am 02.07.2009 in Coswig,
- Großversuche am 03.07.2009 in Coswig,
- Großversuche am 20.08.2009 in Coswig,
- Großversuche am 12.10.2009 in Coswig,
- Großversuche am 13.10.2009 in Coswig,
- Großversuche am 21.10.2009 in Coswig,
- Pilotprojekt am 15.01.2010 in Prag.

#### 5.2.2.2. Kontinuierliche Analysen der Daten

Angelehnt an theoretisch beschriebene Vorgehensweise wurden sukzessive Daten gesammelt, die im Datenerhebungsprozess direkt verifiziert und damit verfestigt wurden. Im Abschnitt 3.4.4.1 wurde erläutert, dass die Einbindung aller personellen Ressourcen und damit die effektive Wissenserweiterung ein wichtiger theoretischer Grundsatz des KVP ist. Wissen kann nur im Dialog mit den Beteiligten gesammelt und zielgerichtet analysiert werden. Hierzu stehen nach der Theorie der klassischen Datenerhebung [431] mehrere Möglichkeiten zur Auswahl, die in der Projektbearbeitung abgerufen wurden.

Die Befragungsmethode als primäre Datenquelle für Analysen wurde so angewendet, dass die Personen, die bei den Versuchen beteiligt waren über Gespräche direkt vor Ort (am Ort der Produktion im Sinne des KVP) eingebunden wurden. In der einen Richtung wurden theoretische Vorgaben zu dem neuen Bauverfahren an die agierenden Personen kommuniziert. Im Gegenzug spiegelten diese Personen regelmäßig Verbesserungsvorschläge aus ihrer fachmännischen Sicht und aus ihren intuitiven Erfahrungen mit den speziellen Anwendungsfällen der Produktionsmittel (z. B. Stoffe und Geräte) zurück. Beispielsweise erwiesen sich somit manche anfänglich festgelegten theoretischen Vorgaben zu den Arbeitsprozessen später als ungeeignet.

Ein weiteres wichtiges Analyseinstrument war die regelmäßige Besprechung nach den Versuchsreihen. Hierzu wurden Mitglieder des Baubetrieblichen Innovationsteams eingeladen. Nach strengen Tagesordnungspunkten wurden so systematisch die untersuchten Sachverhalte der vorausgegangenen Versuchsreihen besprochen, die Datenauswertung vorgestellt und dieses analysiert. Zwischen allen

[430] Vgl. Schladitz et. al., Verstärkung einer denkmalgeschützten Tonnenschale mit Textilbeton, 2009, S. 432-437.

[431] Vgl. Abschnitte 4.3.2.2 und 4.5.1.2.

Versuchsreihen wurden vergangene Versuchsreihen thematisiert und z. B. die anfänglich festgelegten Soll-Prozessabfolgen regelmäßig überprüft, modifiziert, reflektiert und damit optimiert. Damit war garantiert, dass veränderliche und unvorhergesehene Einflüsse und Rahmenbedingungen sofort berücksichtigt wurden und in die kommenden Versuchsreihen einflossen. Die modernen Dokumentationstechniken vereinfachten somit ein nachträgliches Nachvollziehen der einzelnen Versuchsreihen und deren Ergebnisse. Zum Beispiel wurden die einzelnen Versuchsreihen vollständig per Videoaufzeichnung dokumentiert und an speziell vorher festgelegten Kamerastandorten mehrere Videoaufnahmegeräte eingesetzt. Mindestens ein Gerät diente dazu, alle Verfahrensschritte einer Versuchsreihe des Bauverfahrens lückenlos aufzuzeichnen. Dabei wurden alle Personen gleichzeitig erfasst. [432] Eine weitere Kamera wurde für Detailaufnahmen des Bauverfahrens verwendet. Ergänzt wurde diese Vorgehensweise durch Fotodokumentationen und Protokolle mit allen wichtigen Daten durch den Versuchsleiter.

Außerdem wurden in dem oben benannten Mitgliederkreis die operativen Entscheidungen zur jeweiligen Fortführung der Kontinuierlichen Entwicklungsphase getroffen. Hier wurde schließlich festgelegt, wie oft der Forschungszyklus im Rahmen dieses Innovationsprozesses durchlaufen wird.

#### 5.2.2.3. Kontinuierliche Dokumentation der Untersuchungsergebnisse

Aus den Versuchsreihen mit Datenerhebungen und den anschließenden Analysen ergaben sich regelmäßig neue Informationen zur untersuchten baubetrieblichen Innovation im engeren Sinn. Diese umfänglichen Informationen sind in protokollierten Zwischenständen zu einzelnen Versuchsreihen erfasst. Im Rahmen dieser hier vorliegenden Arbeit wird auf die Ausführung dieser Zwischenstände im Einzelnen verzichtet. Vielmehr werden in den nachfolgenden Abschnitten die Ergebnisstände nach Abschluss der Untersuchungen zu Verstärkungen mit Textilbeton im Rahmen des hier vorgestellten Forschungsprojektes dokumentiert. Diese wird in Voraussicht auf die Fallstudie zur Kontinuierlichen Bewertungsphase im Kapitel 6 systematisch nach den Einflusskomponenten Termine, Kosten, Umwelt, Arbeitssicherheit und Qualität gegliedert. Diese sehr ausführliche Ergebnisdokumentation schließt damit den Exkurs zu baubetrieblichen Untersuchungen mit Textilbeton und der beispielhaften Darstellung einer Kontinuierlichen Entwicklungsphase ab.

## 5.3. Abschlussdokumentation zur Einflusskomponente Termine

Generell ist die Einflusskomponente Termine eng mit den Kostenkomponenten verknüpft, so dass nicht immer eine genaue Abtrennung zwischen der inhaltlichen Zuordnung möglich ist. In den folgenden Abschnitten sollen zunächst bekannte Grundlagen und Merkmale des neuen Bauverfahrens zusammengefasst werden. Dieses betrifft z. B. notwendige Maßnahmen zur Vorbehandlung der Altbetonoberfläche. Anschließend werden terminliche Aspekte bei der Entwicklung und kontinuierlichen Verbesserung des Feinbetons und Textilgeleges erläutert. Es werden Möglichkeiten vorgestellt, wie der Umgang mit dem Textilgelege auf der Baustelle optimiert werden kann. Dies betrifft z. B. das Konfektionieren in Gelegebahnen. Im Rahmen der Großversuche wurde zudem die Nachbehandlung der Verstärkungen aus Textilbeton näher untersucht. Sämtliche ablauforientierte Erkenntnisse der identifizierten Tätigkeiten des neuen Bauverfahrens münden final in eine Prozessmodellierung der einzelnen Teilprozesse und Aufwandskennwertbetrachtungen.

---

[432] Vgl. Schach, Hentschel, Process Optimisation for the rehabilitation and strengthening with textile- reinforced concrete, 2010, S. 4 f.

### 5.3.1. Vorbehandlung des Altbetons

Die Vorbehandlung der Altbetonoberfläche bei dem neuen Bauverfahren wird bereits bei *Ortlepp* als wichtige Voraussetzung für die statischen und konstruktiven Aspekte der Verstärkungsschichten benannt. *Ortlepp* führte in diesem Zusammenhang Untersuchungen durch, die nachwiesen, dass eine textilbewehrte Betonschicht unter bestimmten Bedingungen der Vorbehandlung genügend stark mit der Altbetonoberfläche verbunden ist. Der Nachweis dieses Sachverhaltes erfolgte über den Haftzugfestigkeitsversuch. [433] Aufgabe und Zielstellung bei den Großversuchen war es, für die Untersuchung der baubetrieblichen Komponenten umfängliche Versuche durchzuführen, bei denen die Vorbehandlungsmethoden unter praxisnahen Bedingungen getestet und untersucht wurden.

Zunächst musste die Altbetonoberfläche so lange sandbestrahlt werden, bis das Größtkorn [434] freigelegt wurde. Ein geeignetes Nachweisverfahren ist das nach *Kaufmann.* [435] Gemessen werden kann dieses experimentell mittels Rauhtiefenbestimmung. [436] Die Abbildung 21 zeigt eine sandgestrahlte Betonoberfläche, die diesen Kriterien entsprach. Es war besonders darauf zu achten, dass die geforderte Rauhtiefe über die gesamte Fläche homogen verteilt erreicht wurde. Bei der abgebildeten Oberfläche in Abbildung 22 wäre dieses z. B. nicht gewährleistet gewesen.

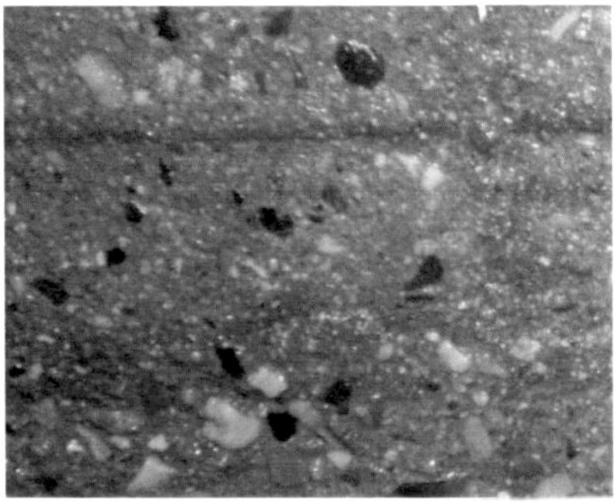

Abbildung 21: Größtkorn ausreichend freigelegt

Abbildung 22: Größtkorn nur partiell freigelegt

Weiterhin wurde bei den Großversuchen festgestellt, dass die sandbestrahlte Oberfläche mit einer Bürste abgestaubt werden musste (Abbildung 23). Anschließend wurde die Oberfläche mit einem Hochdruckluftstrahl abgeblasen (Abbildung 24). Durch Einhaltung dieses Ablaufes konnte gewährleistet werden, dass die feinsten Staubpartikel nicht mit dem später auf die Oberfläche aufzutragenden Wasser über die Kapillarporen ins Innere des Altbetons transportiert wurden. Denn dieses hätte zur Folge gehabt, dass die Staubpartikel beim erneuten Abtrocknen der Oberfläche wieder nach außen wandern und später als Trennschicht zwischen dem Altbeton und der Verstärkungsschicht aus Textilbeton wirken. Die Vorbehandlungsarbeiten wurden abgeschlossen indem die Oberfläche so lange mit Wasser befeuchtet wurde, bis sich die Kapillarporen gänzlich mit Wasser füllten (Abbildung 25). Die

---

[433] Vgl. Ortlepp, Untersuchungen zur Verbundverankerung textilbewehrter Feinbetonverstärkungs-schichten für Betonbauteile, 2007, S. 65 ff.

[434] Vgl. Ebd., S. 67.

[435] Vgl. Ebd., S. 19 mit Verweis auf Kaufmann, Das Sandflächenverfahren. In: Strassenbau-Technik 24 (1971) Nr. 3, S. 131–135.

[436] Vgl. Ortlepp, Untersuchungen zur Verbundverankerung textilbewehrter Feinbetonverstärkungs-schichten für Betonbauteile, 2007, S. 19.

Befeuchtung sollte deshalb regelmäßig über 24 Stunden vor den Verstärkungsarbeiten mit Textilbeton erfolgen.

Abbildung 23: Abbürsten Fläche über Kopf

Abbildung 24: Abblasen Fläche über Kopf

Abbildung 25: Abwässern Fläche über Kopf

Als Nachweis für die Eignung des Vorbehandlungsverfahrens unter realen Baustellenbedingungen wurde eine Haftzugfestigkeitsprüfung durchgeführt. Bei dieser Prüfmethode wurden zunächst kleine Bohrkerne (ca. Durchmesser ca. 4 cm) in die vorbehandelten und verstärkten Altbetonbauteilen gebohrt. Auf diese Bohrkerne wurden Stahlstempel aufgeklebt. Die Klebeverbindung hatte eine höhere Haftzugfestigkeit als die zwischen Textilbeton auf Altbeton und als die Zugfestigkeit von Beton selbst. Diese so mit der Textilbetonoberfläche verbundenen Stempel wurden mit einer speziellen Apparatur verbunden, die eine Zugkraft in diesen Stempel wirken ließ. Ziel war dabei, die Zugkraft so weit zu steigern, bis ein Probekörper aus der Kernbohrung herausbrach. Die Apparatur zeigte schließlich die notwendige Zugkraft an, die notwendig war, um den Probekörper aus dem verstärkten Altbetonoberflächen herauszubrechen. Die Fotos in Abbildung 26 zeigen die herausgelösten und auf dem Kopf stehenden Probekörper 1 bis 5. Aus diesen Probekörpern konnten zudem Erkenntnisse zur Bruchlinie bei dieser Probekörperentnahme geschlussfolgert werden. So lag die Bruchlinie bei dieser durchgeführten

Haftzugfestigkeitsprüfung im Altbeton und nicht im Übergangsbereich zwischen Altbeton und Textilbeton oder im Textilbeton selbst.

Abbildung 26: Fotos der Probekörper nach der Haftzugfestigkeitsprüfung

Die Ergebnisse der Haftzugfestigkeitsprüfung sind in Abbildung 27 dargestellt. Nach *Ortlepp* wird *„[...] für die „Abreissfestigkeit" des Betonuntergrundes ein Mindestwert von 1,5 N/mm² im Mittel gefordert, wobei kein Einzelwert unter 1,0 N/mm² liegen darf."* [437]

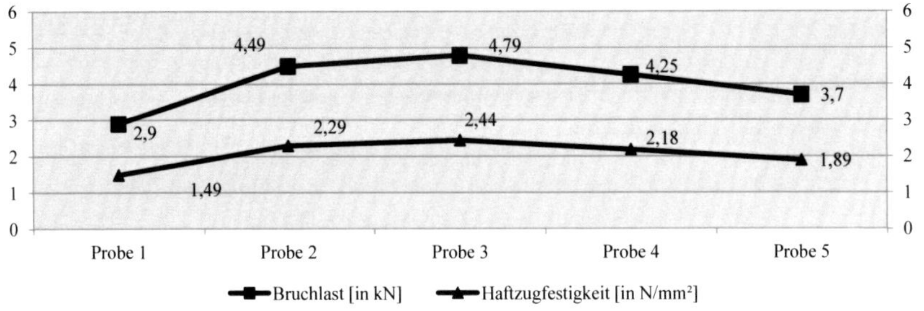


Abbildung 27: Ergebnisse Haftzugfestigkeitsmessungen an fünf Proben

### 5.3.2. Entwicklung einer Trockenmischung auf Basis einer Laborrezeptur

Bei der Vielzahl der in den drei ersten Förderperioden durchgeführten labortechnischen Untersuchungen im Rahmen des Sonderforschungsbereiches 528 wurde für alle Versuche ein Beton mit einer SFB-Referenz-Rezeptur aus CEM III als Standardrezeptur verwendet. [438, 439] Die Herstellung des Frischbetons erfolgte konventionell durch Abwiegen der Zuschlagstoffe und Mischen in einem Zwangsmischer. Um die Wirtschaftlichkeit und die Qualitätsansprüche zu erfüllen, wurde im Rahmen der Großversuche und als Kooperationsleistung zwischen den Praxispartnern, dem Institut für Baustofflehre, dem Institut für Massivbau und federführend dem Institut für Baubetriebswesen eine Betontrockenmischung PAGEL® TUDALIT® Feinbeton als Sackware (25 kg) entwickelt. [440]

Im Verlauf der ersten Großversuche wurden nähere Erkenntnisse zum Umgang mit der Mischung deutlich. Die definierte Trockenmischung erfordert eine genaue Prozedur beim Anmischen. Unter Begleitung der Labortechniker der PAGEL Spezialbetone GmbH wurde festgelegt, dass das An-mischen z. B. in drei Phasen ablaufen sollte. In der ersten Phase werden die für das Mischgerät (hier Tellermi-

---

[437] Vgl. Ortlepp, Untersuchungen zur Verbundverankerung textilbewehrter Feinbetonverstärkungs-schichten für Betonbauteile, 2007, S. 85 mit Verweis auf die Instandsetzungsrichtlinie, 1991/1992 und ZTV-Ing, 2003.

[438] Vgl. Curbach, Jesse, Beton im Textilbeton – Die Entwicklung, 2001.

[439] Vgl. DIN, DVGW, Technische Regel Arbeitsblatt W 300 – Wasserspeicherung – Planung, Bau, Betrieb und Instandhaltung von Wasserbehältern in der Trinkwasserversorgung, Stand: Juni 2005.

[440] Schach, Hentschel, Verfahrenstechnische Grundlagen für die Verstärkung mit textilbewehrten Beton im Hochbau, 2009, S. 263 ff.

scher) notwendige Trockenmischungsmenge in den Mischer eingefüllt. Unter Zugabe eines Anteils des Anmischwassers wird die Trockenmischung benetzt. Diese Benetzung leitet die zweite Phase ein, in der das Feinbetongemisch über drei Minuten mechanisch gemischt wird. Diese Benetzung ist notwendig damit genügend Energie durch Reibung der Teilchen entsteht, um die Additive in der Trockenmischung zum Reagieren zu bringen. Eine Zugabe der vollständigen vordefinierten Wassermenge zu Beginn des Mischvorganges würde sich hier negativ auf die Feinbetonmischung auswirken. Durch einen zu hohen Wasseranteil beim Mischen innerhalb der zweiten Phase würden die Additive lediglich „mitschwimmen" anstatt reagieren. Nach drei Minuten ist eine ausreichende Reaktion der Additive des Feinbetons erreicht, so dass die Restwassermenge hinzugefügt werden kann. Die genauen Wasserverhältnisse können leicht variieren. Es bewährte sich die in Abbildung 28 dargestellte Verteilung. In der dritten Phase des Mischvorganges wird die Mischung mit der vollständigen Wassermenge weitere zwei Minuten an gemischt. Der gesamte Mischvorgang dauert somit mindestens fünf Minuten. Der Beton hat dann die gewünschte Konsistenz erreicht.

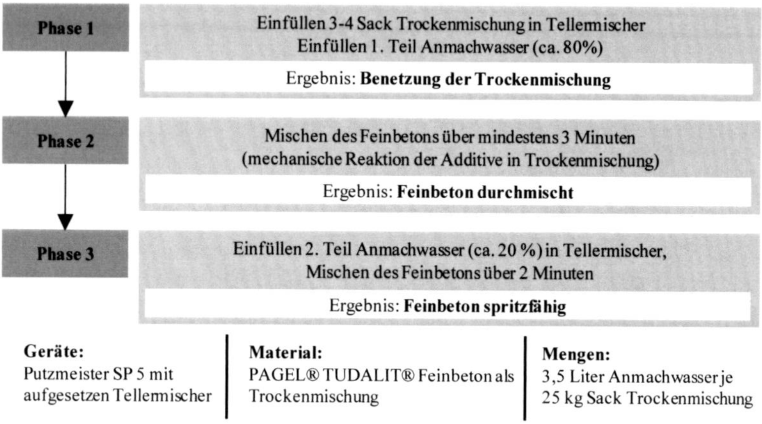


Abbildung 28: Schema – Anmischen des Feinbetons [441]

### 5.3.3. Einbau des Textilgeleges in Feinbeton [442]

Im Rahmen der Großversuche wurden zwei Textilgelegevarianten untersucht. Jedes Gelege besteht aus so genannten Rovings, welche zum einen aus AR-Glas und zum anderen aus Carbon bestehen können. Darüber hinaus werden diese Rovings durch zusätzliche Beschichtungen (z. B. Epoxidharz) verstärkt. Beide verwendeten Textilgelegevarianten wiesen die gleichen Gitterabstände auf, welches der besseren Vergleichbarkeit der Ergebnisse dient.

Zunächst wurde das Textilgelege in Rollen angeliefert und direkt auf dem Versuchsgelände in Gelegebahnen zugeschnitten. Die Größe und benötigte Stückzahl an Gelegebahnen wurde vor Ort ermittelt, wobei hier in der Regel drei Lagen geplant waren.

In Abbildung 29 ist erkennbar, wie bei der Einbausituation „an der Wand" die Oberfläche zunächst durch den Spritzenführer mit einer Schicht Feinbeton bespritz wurde. Die Schichtdicke betrug hier ab-

---

[441] Vgl. Schach, Hentschel, Verfahrenstechnische Grundlagen für die Verstärkung mit textilbewehrten Beton im Hochbau, 2009, S. 268.

[442] Vgl. Schach, Hentschel, Process Optimisation for the rehabilitation and strengthening with textile- reinforced concrete, 2010

hängig von der Oberflächenbeschaffenheit ca. 3 mm bis 6 mm. Anschließend baute das Verlegeteam die Gelegebahnen in der vorgegebenen Verlegerichtung ein. Die Gelegebahnen wurden mit gewöhnlichen Spachtelkellen eingedrückt. Bei der richtigen Abstimmung des Feinbetons war dieses durch leichten Druck problemlos möglich (Abbildung 30). Jede Gelegebahn musste vollständig in den Feinbeton eingelegt und durch diesen benetzt sein (Abbildung 31). In der Summe ergab sich bei drei übereinander liegenden Gelegelagen eine Schichtdicke von etwa 10 bis 12 mm.

Abbildung 29: Spritzarbeiten

Abbildung 30: Einlegen Gelege

Abbildung 31: Glättarbeiten

### 5.3.4. Verlegeschema als Grundlage für die Arbeitsvorbereitung

Bei den Großversuchen zeigte sich, dass das Zuschneiden des Textilgeleges alternativ zur Konfektionierung auf der Baustelle extern (im Voraus) durchgeführt werden kann. Generell müssen vor dem Einsatz des Textilgeleges neben der Gelegeart und Gelegebahnengröße genaue Informationen über Einbaureihenfolge, Einbaurichtung, Überlappung und Gelegelagenanzahl vorliegen. Zum Beispiel kann es konstruktive Gründe geben, die einzelnen Gelegelagen und Gelegebahnen in einer bestimmten Einbaureihenfolge zu verlegen. Außerdem dienen diese Informationen der Arbeitsvorbereitung des neuen Bauverfahrens. Im Rahmen der Großversuche wurden diese Informationen in so genannten Verlegeschemas eingepflegt und protokolliert. In Abbildung 32 und Abbildung 33 sind beispielhafte Verlegeschemas dargestellt. Als Informationen sind in beiden Schemen die Anzahl der Lagen (drei Lagen plus Deckschicht), die Anzahl und Größe der Gelegebahnen je Lage (5 Gelegebahnen á 1,20 x 1,80 m) sowie die Einbaureihenfolge enthalten. Verlegeschema A dokumentiert eine kontinuierliche Einbaureihenfolge. Die Ordnungsnummern 1. bis 15. verdeutlichen dies zusätzlich. Jede Lage wird zunächst vollständig über die gesamte Verstärkungsfläche hergestellt, bevor mit der nächsten Lage begonnen wird. Verlegeschema B beschreibt einen versetzten Einbau der Gelegebahnen über mehrere Lagen verteilt. Zum Schluss wird gemäß beiden Schemas die Deckschicht aus Feinbeton aufgespritzt.

| 5. Bahn | 4. Bahn | 3. Bahn | 2. Bahn | 1. Bahn | 100 mm Überlappung zwischen den Bahnen<br>0,00 m Versatz zwischen den Lagen |
|---|---|---|---|---|---|
| 5. | 4. | 3. | 2. | 1. | 1. Lage Feinbeton (Dicke = 3,0 mm)<br>1. Lage Gelege (5 Bahnen á 1,20x1,80 m) |
| 10. | 9. | 8. | 7. | 6. | 2. Lage Feinbeton (D = 2,5 mm)<br>2. Lage Gelege (5 Bahnen á 1,20x1,80 m) |
| 15. | 14. | 13. | 12. | 11. | 3. Lage Feinbeton (D = 2,5 mm)<br>3. Lage Gelege (5 Bahnen á 1,20x1,80 m) |
| | | | | | 4. Lage Feinbeton (D = 1,5 mm) |

Abbildung 32: Verlegeschema A zum Verstärken Decke mit drei Lagen Gelege in Feinbeton plus Deckschicht (4. Lage)

| 5. Bahn | 4. Bahn | 3. Bahn | 2. Bahn | 1. Bahn | 100 mm Überlappung zwischen den Bahnen<br>0,00 m Versatz zwischen den Lagen |
|---|---|---|---|---|---|
| 7. | 6. | 3. | 2. | 1. | 1. Lage Feinbeton (Dicke = 3,0 mm)<br>1. Lage Gelege (5 Bahnen á 1,20x1,80 m) |
| 13. | 9. | 8. | 5. | 4. | 2. Lage Feinbeton (D = 2,5 mm)<br>2. Lage Gelege (5 Bahnen á 1,20x1,80 m) |
| 15. | 14. | 12. | 11. | 10. | 3. Lage Feinbeton (D = 2,5 mm)<br>3. Lage Gelege (5 Bahnen á 1,20x1,80 m) |
| | | | | | 4. Lage Feinbeton (D = 1,5 mm) |

Abbildung 33: Verlegeschema B zum Verstärken Decke mit drei Lagen Gelege in Feinbeton plus Deckschicht (4. Lage)

Die Überlappung zwischen zwei Gelegebahnen sollte möglichst für alle Bahnen konstant sein. Falls aus konstruktiven Gesichtspunkten ein Versatz zwischen den einzelnen Lagen der Bahnen notwendig ist, muss dieses im Schema gleichfalls als Information enthalten sein. Vergleichbare Verlegeschemas könnten dazu dienen, zukünftig den Transfer dieser Informationen von der Planungsphase hin zur Arbeitsvorbereitung zu standardisieren. Zum Beispiel kann die Arbeitsvorbereitung dann zusammen mit der Kenntnis der Aufwandswerte genaue Abläufe und Termine für den Einbau der entsprechenden Verstärkungsflächen kalkulieren. Die Konfektionierung des Textilgeleges kann gleichfalls auf Basis solcher Schemen erfolgen.

### 5.3.5. Szenarien für Gelegekonfektionierung

In Abschnitt 5.3.4 wurde der Aspekt der Überlappung der Gelegebahnen aufgegriffen. Konstruktive Belange und Vorgaben hinsichtlich Überlappungen und Versätzen müssen in separaten Forschungen untersucht werden. Bei den Großversuchen wurde jedoch festgestellt, dass neben der Überlappung und dem Versatz insbesondere die Gelegebahnlänge Einflüsse auf Termine, Kosten und Qualitäten des neuen Bauverfahrens hat. So unterscheiden sich die Verbräuche an Material ebenso wie die zeitlichen Aufwände für den Einbau. In Tabelle 11 sind mehrere Kriterien für drei differenzierte Gelegebahnlängen (2,00 m, 4,00 m und 10,00 m) in den drei unterschiedlichen Einbausituationen bewertet. Hierzu diente die Methodik der NWA. Demnach wurden acht Zielkriterien identifiziert, gewichtet und bewertet. Die Zielkriterien orientieren sich an den im Forscherteam spezifizierten Fragen, die im Rahmen dieser Gelegebahnuntersuchungen geklärt werden sollten. Da sich im Rahmen dieser speziellen Untersuchungsaspekte bei den beteiligten Forschern unterschiedliche Auffassungen zur Wichtigkeit einzelnen Fragestellungen aufzeigten, wurde festgelegt, alle Fragen gleich zu behandeln. Daraus folgt eine gleichverteilte Gewichtung zu jeweils 12,5 Prozent für jedes Zielkriterium. Die Bewertung orientiert sich an den Erkenntnissen aus den Großversuchen.

Tabelle 11: Bewertung der Gelegebahnlänge in Abhängigkeit von der Einbausituation

| Größe Gelegebahn | Bewertungskriterium | Gewichtung (jeweils 1/8 von 100 %) | Einbausituation | | | | | |
|---|---|---|---|---|---|---|---|---|
| | | | an der Wand | | am Boden | | an der Decke | |
| | | | Bemerkung | Note | Bemerkung | Note | Bemerkung | Note |
| groß (z. B. 1,20 x 10,00 m) | Abrollbarkeit steifes Gelege | 12,5% | sehr gut | 5 | sehr gut | 5 | gut | 4 |
| | Abrollbarkeit weiches Gelege | 12,5% | gut | 3 | sehr gut | 5 | weniger gut | 3 |
| | Flächenumsatz | 12,5% | hoch möglich | 4 | hoch möglich | 4 | hoch möglich | 4 |
| | Personalbedarf | 12,5% | 2 - 3 Personen | 4 | 2 - 3 Personen | 4 | mind. 3 Personen | 3 |
| | Arbeitsergonomie | 12,5% | komfortabel | 5 | wechselhaft | 3 | weniger gut | 1 |
| | Zugänglichkeit/ Gerüst | 12,5% | mit Aufwand gut | 3 | nur von Seite | 3 | mit Aufwand gut | 3 |
| | Eignung Einbau im Freien | 12,5% | u. a. Witterungseinfl. | 3 | u. a. Witterungseinfl. | 1 | u. a. Witterungseinfl. | 3 |
| | Eignung Einbau im Gebäude | 12,5% | kaum Witterung | 5 | kaum Witterung | 5 | kaum Witterung | 5 |
| | **Bewertung Gelegebahn groß** | | | **4,0** | | **3,8** | | **3,3** |
| mittel (z. B. 1,20 x 4,00 m) | Abrollbarkeit steifes Gelege | 12,5% | sehr gut | 5 | bedingt | 3 | bedingt | 3 |
| | Abrollbarkeit weiches Gelege | 12,5% | bedingt | 3 | bedingt | 3 | bedingt | 3 |
| | Flächenumsatz | 12,5% | hoch möglich | 4 | hoch möglich | 4 | hoch möglich | 4 |
| | Personalbedarf | 12,5% | 2 - 3 Personen | 4 | 2 - 3 Personen | 4 | mind. 3 Personen | 3 |
| | Arbeitsergonomie | 12,5% | komfortabel | 5 | wechselhaft | 3 | weniger gut | 1 |
| | Zugänglichkeit/ Gerüst | 12,5% | mit Aufwand gut | 3 | nur von Seite | 3 | mit Aufwand gut | 3 |
| | Eignung Einbau im Freien | 12,5% | u. a. Witterungseinfl. | 3 | u. a. Witterungseinfl. | 2 | u. a. Witterungseinfl. | 3 |
| | Eignung Einbau im Gebäude | 12,5% | kaum Witterung | 5 | kaum Witterung | 5 | kaum Witterung | 5 |
| | **Bewertung Gelegebahn mittel** | | | **4,0** | | **3,4** | | **3,1** |
| klein (z. B. 1,20 x 2,00 m) | Ausrollbarkeit steifes Gelege | 12,5% | sehr gut | 5 | gut | 4 | gut | 4 |
| | Ausrollbarkeit weiches Gelege | 12,5% | sehr gut | 5 | gut | 4 | gut | 4 |
| | Flächenumsatz | 12,5% | hoch möglich | 4 | mittel möglich | 3 | mittel möglich | 3 |
| | Personalbedarf | 12,5% | mind. 2 Personen | 5 | 2 - 3 Personen | 4 | mind. 2 Personen | 5 |
| | Arbeitsergonomie | 12,5% | komfortabel | 5 | wechselhaft | 3 | weniger gut | 1 |
| | Zugänglichkeit/ Gerüst | 12,5% | mit Aufwand gut | 3 | nur von Seite | 3 | mit Aufwand gut | 3 |
| | Eignung Einbau im Freien | 12,5% | u. a. Witterungseinfl. | 4 | u. a. Witterungseinfl. | 3 | u. a. Witterungseinfl. | 4 |
| | Eignung Einbau im Gebäude | 12,5% | kaum Witterung | 5 | kaum Witterung | 5 | kaum Witterung | 5 |
| | **Bewertung Gelegebahn klein** | | | **4,5** | | **3,6** | | **3,6** |

Legende: Note 5 (sehr gut), Note 4 (gut), Note 3 (weniger gut), Note 2 (eher schlecht), Note 1 (schlecht)

Das Tabelle 11 zeigt, dass die Einbausituation „an der Wand“ Vorteile gegenüber den anderen Einbausituationen hat. Im Allgemeinen scheinen sich kleine Gelegebahnen an der Wand und an der Decke besonders gut zu eignen. Am Boden ist dieses Verhältnis umgekehrt. Im Einzelnen ist der Einbau großer Gelegebahnen nur mit der jeweiligen Personenanzahl sowie einer großen Arbeitsbühne (beim Einbau über Kopf) durchzuführen. Die Arbeitsbühne muss dabei mindestens eine volle Gelegebahn unterspannen, damit beim Einbau kein Absetzen und Umbau der Arbeitsbühne notwendig wird. Darüber hinaus ist bei geringer Umbauzeit der Arbeitsfläche eine sehr zügige Arbeitsweise bei großen Gelegebahnen möglich. Die Erkenntnisse deuten darauf hin, dass es keine bevorzugte

Gelegebahnengröße gibt. Eine abschließende Abgrenzung der Einbausituationen untereinander ist gleichfalls nicht in Gänze möglich. Vielmehr müssen die besonderen Rahmenbedingungen des Baubetriebes und die jeweilige Einbausituation berücksichtigt werden.

Neben der Gelegebahnengröße ist eine weitere Überlegung die, wie und wo die Gelegebahnen vorkonfektioniert werden. Erfolgt dieses direkt auf der Baustelle, so muss bei entsprechend großen Bahnen viel Baustelleneinrichtungsfläche zur Verfügung stehen. Da dieses in der Regel nicht der Fall ist oder dieses zu erheblichen Mehrkosten führen kann, sollte dieser Arbeitsschritt extern vorbereitet werden. In Analogie zur Herstellung und Anlieferung von Stahlbewehrungen in vorsortierten Chargen nach Stahlliste und Bewehrungsplan, müsste ein zuvor entwickeltes Verlegeschema existieren. Eine zusätzliche Nummerierung der einzelnen Gelegebahnen wäre denkbar.

### 5.3.6. Untersuchung der Nachbehandlungsmethodik

Im Rahmen der Großversuche wurden verschiedene Möglichkeiten der Nachbehandlung diskutiert und untersucht. Aus anderen Betontechnologien ist bekannt, dass eine geeignete Nachbehandlung der frischen Betonoberflächen deutlich zur Qualitätssicherung beiträgt. Zum Beispiel wird durch regelmäßiges Befeuchten des Frischbetons die Abbinde- und Austrocknungsgeschwindigkeit verringert. Dadurch wird der Rissbildung durch Schwinden entgegengewirkt. Bei dem hier eingesetzten Feinbeton musste zunächst festgestellt werden, wie sich das Austrocknungsverhalten der Feinbetonschichten unter realen Umwelteinflüssen verhält. Das Forscherteam identifizierte verschiedene Quellen und baubetriebliche Einflüsse, die zur Austrocknung und damit zum Ansteifen des Feinbetons beitragen. Diese sind z. B.:

- Das eingesetzte Textilgelege,
- die vorbehandelte Altbetonoberfläche,
- die Klimafaktoren (Sonneneinstrahlung Umgebungstemperatur Luftfeuchtigkeit Niederschlagsentwicklung) vor, während und nach den Verstärkungsarbeiten.

Eine genaue Feststellung des Nachbehandlungsbedarfes wurde über das Verfahren der so genannten Kapillarunterdruckmessungen ermöglicht. Dieses Verfahren und die daraus resultierenden Nachbehandlungsmethoden für Betonflächen werden von *Schmidt et al.* ausführlich erläutert. [443] Bei den Großversuchen wurde das Verfahren eingesetzt, um festzustellen, wie hoch der Nachbehandlungsbedarf über einen bestimmten Zeitraum nach dem Auftrag des Feinbetons auf die Altbetonoberfläche ist. Es zeigt sich, dass z. B. eine mehrstufige Nachbehandlungsstrategie hilfreich sein kann. Außerdem wurde deutlich, dass zwischen Außenflächen (Verstärkungsarbeiten im Freien) und Innenflächen (Verstärkungsarbeiten im Gebäude) unterschieden werden muss. Demnach wirken die Wetterbedingungen (Sonneneinstrahlung, Wind) bei Außenflächen stärker auf den Nachbehandlungsbedarf ein, als bei Innenflächen.

Ein Beispiel für eine mehrstufige Nachbehandlungsstrategie im Außenbereich wäre, dass in der ersten Stufe über einen Zeitraum von mindestens 12 Stunden nach der Fertigstellung, die hergestellten Textilbetonoberflächen mit Wasser benebelt oder besprüht werden, so dass stets ein sichtbarer Wasserfilm auf der Oberfläche erkennbar ist. Ein Fluten sollte jedoch vermieden werden. Dieses erfolgt intervallartig (2 Minuten Benebeln, 13 Minuten warten, 2 Minuten Benebeln, …). In der zweiten Stufe dieser Nachbehandlungsstrategie kann auf das Abdecken und das Abhängen mit Folie oder Flies (wassergetränkt) zurückgegriffen werden. Dabei ist besonders bei vertikalen Flächen darauf zu achten, dass die

[443] Vgl. Schmidt, Slowik, Fritzsch, Auf Kapillardruckmessung basierende Nachbehandlung von Betonflächen im plastischen Materialzustand, 2007.

Ränder von Folien möglichst lückenlos geschlossen sind, um einen Luftstrom zwischen Folie und Verstärkungsschicht zu vermeiden.

Bei Innenflächen orientiert sich die Auswahl der Nachbehandlungsbedarf vorrangig an dem vorzufindenden Klima im Innenbereich. Wenn zum Beispiel Luftströmungen vermieden werden können, konstante Temperaturen und/oder die Luftfeuchtigkeit konstant hoch gehalten werden, kann sich dieses positiv auf den Nachbehandlungsbedarf auswirken. Dadurch können bereits vereinfachte Nachbehandlungsstrategien mit nur einer der oben genannten Methoden zur Nachbehandlung beitragen. Außerdem könnte das Einleiten von warmer und sehr feuchter Luft schon ausreichen, da sich dadurch Tauwasser ausbilden kann. Negative Auswirkungen auf den Nachbehandlungsbedarf im Innenbereich kann in der Regel eine geringere Bauteilfeuchte haben.

Generell richtet sich die jeweilige Dauer der Nachbehandlungsstrategie letztendlich immer nach dem Stand der Technik, wobei ein Richtwert von 50 Prozent der Nennfestigkeit erreicht sein muss, bis die Nachbehandlung eingestellt wird.

Außerdem wurden in den Großversuchen die Praktikabilität verschiedener Methoden getestet. So hat sich gezeigt, dass die Nachbehandlung mit Folie oder Flies für die Einbauszenarien „am Boden" ohne größere konstruktive Maßnahmen möglich ist. Es muss lediglich dafür gesorgt werden, dass die Folien- oder Fliesbahnen nicht vom Wind oder sonstigen Umwelteinflüssen beschädigt oder verschoben werden. Bei der Einbausituation „an der Wand" sind kleine Konstruktionshilfen notwendig, um Folie- oder Fliesbahnen ausreichend zu fixieren. Bei dem Einbau „an der Decke" von unten wären die konstruktiven Maßnahmen (z. B. Unterbau) für den Einbau von Folie- oder Fliesbahnen sehr hoch und würden einer wirtschaftlichen Anwendung des gesamten Bauverfahrens entgegenwirken.

Es hat sich weiterhin gezeigt, dass der Einsatz von Nachbehandlungsmitteln (z. B. Benetzen der Oberfläche durch Curing) bei Verstärkungsarbeiten im Freien ungeeignet ist, da die Filmbildung zu spät eintreten würde. Beim Einsatz dieser Mittel im Gebäude kann davon ausgegangen werden, dass mindestens 60 Prozent Luftfeuchtigkeit herrschen und keine Sonneneinstrahlung auftritt. Diese Bedingungen begünstigen den Einsatz von Nachbehandlungsmitteln im Allgemeinen.

### 5.3.7. Prozessmodellierung mit Teilprozessen

Bei der Analyse und Optimierung mit Prozessen hilft es, sich grundsätzlich am anerkannten Umgang bei der Analyse von Geschäftsprozessen zu orientieren. So gilt bei diesen Analysen, dass die Prozesse zunächst erfasst werden müssen. Nach *Min-Yuan Cheng et al.* ist das eines der schwierigsten und wichtigsten Aufgaben für eine erfolgreiche Optimierung. [444] Voraussetzung für die Erfassung von Geschäftsprozessen ist ein systematisches Vorgehen. Zuerst wird eine Sammlung von Daten über den Tätigkeitsbereich, der verbessert werden soll, erstellt. Dabei werden die Funktion der jeweiligen Tätigkeiten untersucht und daraus Informationen zum Ist-Zustand des Prozessablaufs zusammengestellt.

In einem zweiten Schritt, nach der Sammlung von Daten über die Aktivitäten im Geschäftsprozess, werden die erfassten Informationen in einem Modell zusammengestellt. Hierzu wird in der Praxis oftmals das ARIS-Konzept [445] angewendet. Es nutzt EPK-Diagramme, [446] um Geschäftsprozesse abzubilden. [447] In einem EPK-Diagramm werden die zuvor ermittelten Daten zu Tätigkeiten in sogenannte

[444] Vgl. Cheng et al., Construction management process reengineering: Organizational human resource planning for multiple projects, 2005, S. 791.

[445] ARIS ist ein Akronym für **A**rchitektur integrierter **I**nformations**s**ysteme; Vgl. Scheer, Aris, 2001.

[446] EPK ist ein Akronym für **E**reignisgesteuerte **P**rozess**k**ette.

[447] Vgl. Desel, et al., Business Process Management, 2004, S. 100 f.

*Ereignisse* und *Funktionsfelder* untergliedert. Diese werden miteinander verknüpft. Als Verknüpfungen kommen drei wesentliche Arten der logischen Verknüpfung zum Einsatz: *Konjunktion* (beide Aussagen „A und B", die zu einem Ereignis oder Funktion führen, sind erfüllt), [448] *Disjunktion* („entweder A oder B oder beide" führen zu einem Ereignis oder Funktion) [449] und *explizite Disjunktion* („entweder A oder B aber nicht beide" führen zu einem Ereignis oder Funktion). [450]

Im Sinne einer kontinuierlichen Optimierung der einzelnen Tätigkeiten bei Verstärkungsarbeiten mit Textilbeton kristallisierte sich bei den Versuchen heraus, dass Aufgaben zu genau neun Teilprozessen gebündelt werden können. Die Darstellung dieser neun Teilprozesse erfolgt in Abbildung 34. Zur besseren Abgrenzung wurden die Teilprozesse mit Kürzeln in Form von Buchstaben versehen. Im Rahmen dieser Arbeit werden fortlaufend stets die Begrifflichkeiten gemäß diesen Prozessmodellierungen verwendet.

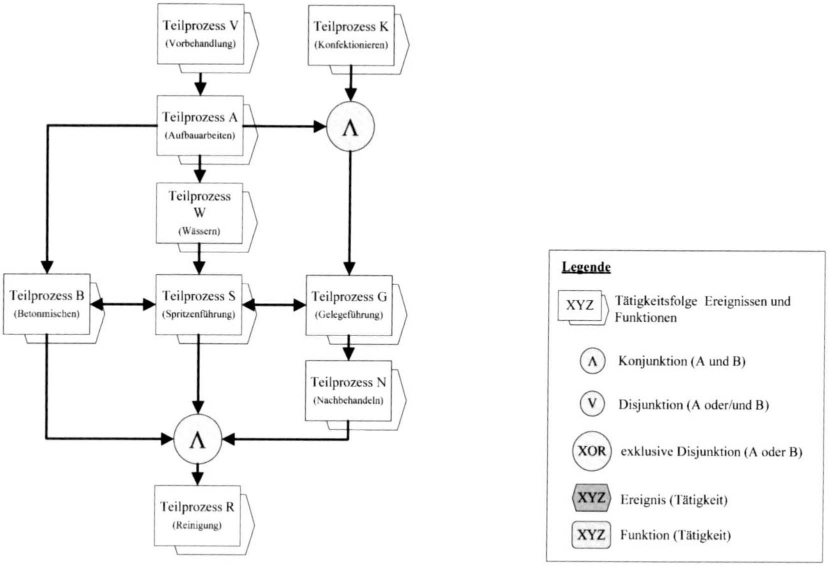


Abbildung 34: Schema der neun Teilprozesse zu Verstärkungen mit Textilbeton [451]

Zunächst erfolgt der vollkommen autarke Teilprozess V (Vorbehandlung des Altbetons). Es zeigte sich, dass dieses Prozess nicht in die Prozesskette der übrigen Teilprozesse eingefügt werden kann, da die einzelnen Aufgaben und Arbeitsschritte zu different sind und andere Teilprozesse stören würde. Der Übersichtlichkeit wegen wird dieser Teilprozess V in drei einzelne Teilprozessketten V1, V2 und V3 untergliedert. (Anlage 2, Anlage 3, Anlage 4)

Weiterhin wird der Teilprozess K (Konfektionieren des Textilgeleges) als autark angenommen. Dieser Teilprozess kann sowohl auf der Baustelle, sowie extern durchgeführt werden. Bei letzerer Variante

[448] Vgl. Internetquelle: Wikipedia – http://de.wikipedia.org/wiki/Konjunktion_(Logik), Stand: 06.09.2011, 11:12 Uhr.

[449] Vgl. Internetquelle: Wikipedia – http://de.wikipedia.org/wiki/Disjunktion, Stand: 06.09.2011, 11:13 Uhr.

[450] Vgl. Ebd.

[451] Bei der Auswertung und Analyse der Daten hat es sich als vorteilhaft erwiesen, die Teilprozesse zusätzlich zu den Buchstaben noch mit verschiedenen Farben zu versehen. Auf dieses wird hier verzichtet.

könnten Vergleiche zu der Herstellung und Anlieferung von Stahlmattenbewehrung und Stabstahlbewehrung im konventionellen Stahlbetonbau dienen. Diese werden Chargenweise vorkonfektioniert und in den benötigten Dimensionen vor dem Einbau auf der Baustelle angeliefert. Damit wird vor Ort nur noch Lagerfläche benötigt. Die Konfektionierung des Textilgeleges in einzelne Gelegebahnen direkt vor Ort, erfordert zusätzliches Personal sowie Baustelleneinrichtungsfläche. (Anlage 7)

Beim Teilvorgang A (Aufbauarbeiten) wird vorausgesetzt, dass der Teilvorgang V abgeschlossen ist und Teile der Baustelleneinrichtung (Magazincontainer, sämtliche Werkzeuge, Kärcher, Persönliche Schutzausrüstung, Müllcontainer, Mörtelmischmaschine, Baustrom, Wasserversorgung) vorhanden sind. Dieser Teilprozess beschreibt lediglich die reinen Aufbauarbeiten der speziellen Baustelleneinrichtung für das jeweilige Bauteil. Zum Beispiel wird nicht auf allgemeine Baustelleneinrichtung (Absperrungen, Abdeckungen, Erschließung, An- und Ablieferung Geräte, Werkzeuge) eingegangen. (Anlage 5)

Der Teilprozess W (Wässern der vorbehandelten Altbetonfläche) ist neben der Vorbehandlung eine wichtige Grundlage, um den Qualitätsanforderungen der Verstärkung mit Textilbeton gerecht zu werden. Nur durch eine ausreichende Befeuchtung in dieser Phase des neuen Bauverfahrens ist es möglich, die folgenden Prozesse baubetrieblich störungsarm ablaufen zu lassen. (Anlage 6)

Die Teilprozesse B (Betonmischen/Maschinenführung), S (Spitzenführung/Feinbetonauftrag) und G (Gelegeführung/Textilgelegeeinbau) sind mehrfach miteinander verknüpft. Die Verknüpfungen verweisen darauf, dass Kommunikation zwischen den Teilprozessen stattfinden muss. So müssen z. B. Startsignale und Stoppsignale gegeben werden. Außerdem setzten die Merkmale des Feinbetons hohe Anforderungen an die Herstellung und Verarbeitung und eine kontinuierliche Arbeitsweise. Störungen bei diesen Teilprozessen wirken sich hinsichtlich baubetrieblicher Aspekte direkt auf andere Teilprozesse aus. Demnach bilden diese drei Teilprozess das Herzstück der gesamten Prozesskette. (Anlage 8, Anlage 9, Anlage 10)

Der Teilprozess N (Nachbehandlung der Verstärkungsflächen) wurde inhaltlich bereits im Abschnitt 5.3.6 erläutert. Die Nachbehandlung muss direkt an den Teilprozess G anschließen, um dem zu schnellen Abbinden des Textilbetons und folglich der Rissbildung entgegenzuwirken. Bei großflächigen Verstärkungsarbeiten läuft dieser Teilprozess zeitlich versetzt zu den Teilprozessen B, S und G ab. (Anlage 11)

Als letzter Schritt wird der Teilprozess R (Reinigung und Wegräumen) vollzogen. Dabei werden alle verwendeten Betriebsmittel demontiert, gereinigt und zurück ins Magazin transportiert. Die Baustelleneinrichtungsfläche wird bereinigt sowie Abfall und Materialreste in dafür vorgesehene Container transportiert. Am Ende dieses Teilprozesses sollte sich die Baustelle wieder in dem Zustand befinden, wie sie zu Beginn des Teilprozesses A vorgefunden wurde. (Anlage 12)

Vollkommen autark verläuft der Teilprozess Q, in welchem sämtliche qualitätsüberwachende Tätigkeiten erfasst sind. Dieser Teilprozess ist nicht in einem EPK-Diagramm dargestellt.

### 5.3.8. Aufwandszeiten für die Teilprozesse

Methodisch erfolgte die Zeitdatenermittlung auf Grundlage der Videodatendokumentation. Aus der Fortschrittszeitanzeige des Videos konnte ablesen werden, welche Teilprozesse durch die einzelnen Personen erbracht wurden. So entstand für jede Versuchsreihe und jeden Teilprozess ein Protokoll mit Einzelzeiten und Fortschrittszeiten (getrennt nach Tätigkeitszeit und Wartezeit).

Die Summe der jeweiligen Einzelzeiten aller Personen einer Versuchsreihe ergab die Aufwandszeiten für den jeweiligen Teilprozess. Dabei war zu beachten, dass es für einzelne Teilprozesse sowohl variable Anteile der Aufwandszeit in der jeweiligen Einheit Stunde je Bezugseinheit (z. B. h/m² Altbetonfläche) und pauschale Anteile der Aufwandszeit in Stunden gab. Ausschließlich pauschale Aufwandszeiten entstanden z. B. bei den Teilprozessen A (Aufbauarbeiten) und R (Reinigung). Variable Anteile waren für die Aufwandszeiten der Teilprozesse W (Wässern des Altbetons), K (Konfektionieren), B (Betonmischen), S (Spritzenführung), G (Gelegeführung) und N (Nachbehandlung) charakteristisch. Die Aufwandszeit des autarken Teilprozesses V (Vorbehandlung der Altbetonflächen) setzte sich aus variablen und pauschalen Anteilen zusammen, da hier sowohl Aufbauarbeiten, Vorbehandlungsarbeiten und Reinigungsarbeiten stattfanden. Anzumerken ist, dass nicht in jeder Versuchsreihe jede Einbausituation untersucht wurde. Zur Ergänzung dieser so entstandenen Dokumentationslücken wurden Mittelwerte aus untersuchten Einbausituationen gebildet. Außerdem ist darauf hinzuweisen, dass einige Großversuche vorrangig der Untersuchung einzelner Merkmale des neuen Bauverfahrens dienten und die Aufnahme von Arbeitszeitwerten nicht im Vordergrund stand. Erst im Verlauf mehrerer Großversuche entwickelte sich ein idealer Ablauf aller Teilprozesse heraus. Aus diesem Grund war es bei einigen Teilprozessen nicht sinnvoll, Mittelwerte über alle Großversuche zu bilden, um daraus Aufwandszeiten abzuleiten. Alternativ wurde hier ein Referenzwert aus den Großversuchen am 13.10.2009 abgeleitet. Bei diesem Großversuch war die optimale und empfohlene Personenanzahl tätig und es gab keine größeren Versuchsunterbrechungen aus anderen Einflüssen. Zusammenfassend zeigt die Tabelle 12 alle ermittelten Aufwandszeiten getrennt nach den drei Einbausituationen (an der Wand, am Boden und an der Decke). Die Aufwandszeiten der Teilprozesse, die variabel Anteile ausweisen werden in Stunden (h) je Bezugseinheit beschrieben. Für alle Aufwandszeiten der Teilprozesse, die nur einen pauschalen Anteil haben, werden Stunden (h) verwendet. Lediglich bei dem Teilprozess V (Vorbehandlung des Altbetons) entsteht durch die Kombination pauschaler und variabler Anteile eine lineare Aufwandszeitfunktion. Als weitere Besonderheit ist die Unterscheidung bei dem Teilprozess N (Nachbehandlung) zu erwähnen, da hier eine Unterscheidung in die Tätigkeit Wässern und die Tätigkeit Verlegen einer Folie (alternativ Flies) vorgenommen wird.

Tabelle 12: Aufwandszeiten für die Teilprozesse

| Teilprozesse | | Bezugsgröße für variablen Anteil | Aufwandszeiten für Verstärkungsarbeiten | | |
|---|---|---|---|---|---|
| | | | an der Wand | am Boden | an der Decke |
| V | Vorbehandlung des AB | Altbetonfläche | 0,204 h + 0,091 h/m² | 0,204 h + 0,124 h/m² | 0,204 h + 0,111 h/m² |
| A | Aufbauarbeiten | pauschal | 0,520 h | 0,520 h | 0,520 h |
| W | Wässern der AB | Altbetonfläche | 0,008 h/m² | 0,005 h/m² | 0,007 h/m² |
| K | Konfektionieren | Textilgelege | 0,004 h/m² | 0,004 h/m² | 0,004 h/m² |
| B | Betonmischen | Feinbetonauftrag | 0,003 h/(m² · mm) | 0,003 h/(m² · mm) | 0,003 h/(m² · mm) |
| S | Spritzenführung | Feinbetonauftrag | 0,005 h/(m² · mm) | 0,005 h/(m² · mm) | 0,005 h/(m² · mm) |
| G | Gelegeführung | Textilgelege | 0,022 h/m² | 0,018 h/m² | 0,033 h/m² |
| N | Nachbehandlung (Wässern) | Verstärkungsfläche | 0,003 h/m² | 0,003 h/m² | 0,004 h/m² |
| N | Nachbehandlung (Folie) | Verstärkungsfläche | 0,055 h/m² | 0,055 h/m² | 0,055 h/m² |
| R | Reinigung/Wegräumen | pauschal | 0,840 h | 0,840 h | 0,840 h |

## 5.4. Abschlussdokumentation zur Einflusskomponente Kosten

Maßgeblichen Einfluss auf die Kosten des neuen Bauverfahrens haben die eingesetzten Stoffe, Geräte und Maschinen und das Personal. Diesbezügliche Erkenntnisse aus den Großversuchen werden in den folgenden Abschnitten näher ausgeführt.

### 5.4.1. Kosten durch Produktionsfaktor Personal

Die Großversuche haben gezeigt, dass die Teilprozesse unterschiedliche Personalstärken erfordern. Im vorherigen Abschnitt wurde betont, dass die Großversuche am 13.08.2009 als besonders geeignet waren, um Aufwandskennwerte zu generieren. Diese Großversuche wurden gleichfalls genutzt, um die Personalstärke für die Teilprozesse zu ermitteln. Diese Ergebnisse sind in Tabelle 13 (Spalten 2, 4, 6) dargestellt. Darüber hinaus wird in den Spalten 3, 5 und 7 die jeweilige Personalstärke empfohlen, welche mindestens erforderlich ist, damit alle Tätigkeiten möglichst effizient, zügig und störungsarm ablaufen können. Diese Empfehlungen können als Benchmarks dienen und basieren auf den Erkenntnissen aller Großversuche und Erfahrungen des eingesetzten Personals.

Tabelle 13: Personalstärken am 13.08.2009 und Benchmarks als Empfehlung

| Teilprozesse | | Personalstärke bei Einbausituation | | | | | |
|---|---|---|---|---|---|---|---|
| | | an der Wand | | am Boden | | an der Decke | |
| | | VR 8 - 13.08.2009 | Empfehlung (Minimum) | VR 8 - 13.08.2009 | Empfehlung (Minimum) | VR 8 - 13.08.2009 | Empfehlung (Minimum) |
| V | Vorbehandlung des AB | 0 Pers. | 2 Pers. | 0 Pers. | 2 Pers. | 0 Pers. | 2 Pers. |
| A | Aufbauarbeiten | 5 Pers. | 3 Pers. | 5 Pers. | 3 Pers. | 5 Pers. | 3 Pers. |
| W | Wässern der AB | 1 Pers. | 1 Pers. | 1 Pers. | 1 Pers. | 1 Pers. | 1 Pers. |
| K | Konfektionieren | 2 Pers. | 2 Pers. | 2 Pers. | 2 Pers. | 2 Pers. | 2 Pers. |
| B | Betonmischen | 2 Pers. | 2 Pers. | 2 Pers. | 2 Pers. | 2 Pers. | 2 Pers. |
| S | Spritzenführung | 1 Pers. | 1 Pers. | 1 Pers. | 1 Pers. | 1 Pers. | 1 Pers. |
| G | Gelegeführung | 2 Pers. | 2-3 Pers. | 2 Pers. | 2-3 Pers. | 2 Pers. | 3 Pers. |
| N | Nachbehandlung der VF | 1 Pers. | 1 Pers. | 1 Pers. | 1 Pers. | 1 Pers. | 1 Pers. |
| R | Reinigung/Wegräumen | 5 Pers. | 4 Pers. | 5 Pers. | 4 Pers. | 5 Pers. | 4 Pers. |

Die Personalstärken sind unter der Annahme dargestellt, dass es einen kontinuierlichen Arbeitsfortschritt gibt, der annähernd den Großversuchen und den dort erprobten Flächenumsatz entspricht. Die Empfehlungen zu Personalstärken sind weitestgehend unabhängig von der zu verstärkenden Fläche zu betrachten, da diese auf die optimale Abfolge der Teilprozesse abgestimmt ist. Eine Vervielfachung des Personals bewirkt keine direkt proportionale Vervielfachung des Flächenumsatzes. Vielmehr ist diese empfohlene Personalstärke die optimale Stärke einer Kolonne. Diese Kolonne hat fünf Personen plus einer Person für die autarke Qualitätsüberwachung. [452]

Mit Hilfe dieser Benchmarks, den Aufwandskennwerten aus den vorherigen Abschnitten und unternehmensspezifischen Kalkulationslöhnen kann der Anwender Lohnkalkulationen durchzuführen.

[452] Vgl. Abschnitt 5.7.

### 5.4.2. Kosten durch Produktionsfaktor Stoffe

Die Kalkulationsgrundlage der Kosten für die Stoffe und Materialien hängen maßgeblich von den ermittelten Verbräuchen für das neue Bauverfahren ab. In den Großversuchen wurden für die wesentlichen Stoffe und Materialien die Verbräuche dokumentiert.

Insbesondere wurden die Verbräuche für Feinbeton und Mischwasser in Relation zu der zu verstärkenden Fläche in m² und dem Schichtenstärke in mm erfasst. Es war zu erkennen, dass in den frühen Versuchsreihen starke Varianzen bei den Verbräuchen auftraten. Dieses war darauf zurück zu führen, dass begleitende Einzelversuche (z. B. Mischprozedur) erfolgten. In den letzten Versuchsreihen und einem Pilotprojekt wurde dann mit der finalen Mischprozedur [453] gearbeitet. Diese daraus dokumentierten Mengen waren als realistische Werte einzuschätzen. In Tabelle 14 und Tabelle 15 sind die Verbräuche zusammengefasst dokumentiert. Auch hier dient der Großversuch am 13.08.2009 als Referenzwert. Daraus ergeben sich für den Feinbeton PAGEL® TUDALIT® ein Verbrauchswert von 2,15 kg/(m²·mm) und für das zugehörige Mischwasser ein Verbrauchskennwert von 0,30 l/(m²·mm). Diese Verbrauchswerte werden durch die Verbrauchswerte des Pilotprojektes annähernd bestätigt.

Tabelle 14: Verbrauchswerte Feinbeton in den Versuchsreihen

| Datum der Versuchsreihen | Verbrauch Feinbeton (Pagel® TUDALIT®) in kg/(m² · mm) | | | |
|---|---|---|---|---|
| | Einbausituation | | | Maßgeblicher Verbrauchswert |
| | an der Wand | am Boden | an der Decke | |
| 14.05.2009 | | | | |
| 15.05.2009 | 3,40 | | | 3,40 |
| 28.05.2009 | | | 4,61 | 4,61 |
| 18.06.2009 | 3,65 | | 2,00 | 2,00 |
| 19.06.2009 | | 2,14 | | 2,14 |
| 02.07.2009 | 3,88 | 3,88 | 3,88 | 3,88 |
| 03.07.2009 | | 3,51 | | 3,51 |
| 20.08.2009 | 3,18 | 3,18 | | 3,18 |
| 13.10.2009 | 2,15 | 2,15 | 2,15 | 2,15 |
| 21.10.2009 | 3,65 | | | 3,65 |
| 15.01.2010 – P1* | | | 1,42 * | 1,42 * |
| 15.01.2010 – P2* | | | 1,90 * | 1,90 * |
| 15.01.2010 – P3 | | | 2,08 | 2,08 |

* Pilotprojekte – Verbrauchswerte nach Aussage der örtlichen Bauleitung (nicht verifiziert)

[453] Vgl. Abschnitt 5.3.2.

Tabelle 15: Verbrauchswerte Mischwasser für Feinbeton in den Versuchsreihen

| Datum der Versuchsreihen | Verbrauch Mischwasser in l/(m² · mm) | | | |
|---|---|---|---|---|
| | Einbausituation | | | Maßgeblicher Verbrauchswert |
| | an der Wand | am Boden | an der Decke | |
| 14.05.2009 | | | | |
| 15.05.2009 | 0,54 | | | 0,54 |
| 28.05.2009 | | | 0,65 | 0,65 |
| 18.06.2009 | 0,58 | | 0,32 | 0,32 |
| 19.06.2009 | | 0,34 | | 0,34 |
| 02.07.2009 | 0,54 | 0,54 | 0,54 | 0,54 |
| 03.07.2009 | | 0,49 | | 0,49 |
| 20.08.2009 | 0,45 | 0,45 | | 0,45 |
| **13.10.2009** | **0,30** | **0,30** | **0,30** | **0,30** |
| 21.10.2009 | 0,51 | | | 0,51 |
| 15.01.2010 – P1* | | | 0,20 * | 0,20 * |
| 15.01.2010 – P2* | | | 0,27 * | 0,27 * |
| 15.01.2010 – P3 | | | 0,29 | 0,29 |

* Pilotprojekte – Verbrauchswerte nach Aussage der örtlichen Bauleitung (nicht verifiziert)

Ein weiterer Kostenfaktor ist mit dem Verbrauch an Wasser für die Prozesse Wässern und Nachbehandlung gegeben. Bei beiden Prozessen sind erhebliche Wassermengen notwendig. [454] Die benötigte Wassermenge wurde auf Grundlage der Großversuche am 01.07.2009 ermittelt. Bei dieser Versuchsreihe wurden die zu verstärkenden Flächen bis zu sieben Mal in Folge mit Wasser bespritzt. Anhand der Videoaufnahmen konnten die benötigten Spritzzeiten exakt auf die Fläche bezogen ermittelt werden. Es zeigte sich, dass durchschnittlich 4 Sekunden/m² benötigt werden. Mit dem Wasserspitzgerät (Kärcher) [455] wurde mittels der maximalen Durchflussmenge von 400 l/h der Verbrauchswert bezogen auf die Fläche ermittelt. In Tabelle 16 sind die linearen Abhängigkeiten zwischen der Fläche und dem Spritzwasserverbrauch bei den beispielhaft angenommenen Spritzflächen von 10 m² bis 50 m² dargestellt.

Tabelle 16: Verbrauchswerte Spritzwasser bei einem Spritzdurchgang (Wässern)

| Angenommene Spitzfläche in [m²] | Durchgänge Wässern | Verbrauch Wasser zum Mischen des Feinbetons in [l]*,** | | | |
|---|---|---|---|---|---|
| | | Einbausituation | | | Maßgeblicher Verbrauchswert |
| | | an der Wand | am Boden | an der Decke | |
| 10 | 1 | 4,67 | 4,67 | 4,67 | 4,67 |
| 20 | 1 | 9,33 | 9,33 | 9,33 | 9,33 |
| 30 | 1 | 14,00 | 14,00 | 14,00 | 14,00 |
| 40 | 1 | 18,67 | 18,67 | 18,67 | 18,67 |
| 50 | 1 | 23,33 | 23,33 | 23,33 | 23,33 |

* Der Maximale Durchfluss des verwendeten Kärchers beträgt 420,00 l/h (entspricht 0,117 l/s).

** Bei ermittelter Spritzdauer für die VR am 01.07.2009 von 4,00 s/m² beträgt der Durchfluss 0,467 l/m².

---

[454] Vgl. Abschnitt 5.3.1 und Abschnitt 5.3.6.

[455] Vgl. Abschnitt 5.4.3.

Die anzusetzenden Verbräuche für das Textilgelege sind stark von der konstruktiven Anforderung der herzustellenden Verstärkung abhängig. Danach bemessen sich die Anzahl der Lagen, die Art des Geleges und das Material. Eine Abhängigkeit von den Teilprozessen und den Fähigkeiten des eingesetzten Personals konnte bei den Großversuchen nicht erkannt werden. Aus diesem Grund wird der Verbrauch des Textilgeleges auf Grundlage von sechs Szenarien ermittelt. In dem als Anlage 13 beigefügten Zeichnungen sind diese sechs Szenarien dargestellt. Alle Szenarien simulieren eine Verstärkungsfläche von 10 m mal 10 m. Bei den Szenarien 1 bis 3 beträgt die Überlappung des Textilgeleges einer Lage jeweils 100 mm zwischen benachbarten Bahnen. Bei den Szenarien 4 bis 6 beträgt die Überlappung des Textilgeleges jeweils 150 mm. Außerdem wird bei den Szenarien zwischen drei Gelegebahnlängen unterschieden. In Tabelle 17 sind die auf dieser Grundlage kalkulierten Verbräuche zusammenfassend dargestellt. Werden die Ergebnisse der einzelnen Szenarien miteinander verglichen, dann fällt auf, dass die relativen Verbräuche in m² Gelege pro m² Verbrauchsfläche mit abnehmender Regelgröße einer Lage zunehmen. Ähnlich wirkt sich die simulierte Erhöhung der Überlappung von 100 mm auf 150 mm zwischen den Gelegebahnen auf den relativen Verbrauch aus.

Tabelle 17: Verbrauch Textilgelege für sechs Szenarien einer Fläche von 10 m mal 10 m

| Szenario | Regelgröße Gelegebahn | Über-lappung | Flächen | | Anzahl Lagen | Verbrauchswert Textilgelege |
|---|---|---|---|---|---|---|
| | | | Gelegefläche | Verstärkungsfläche | | |
| | [B x L in m] | [in mm] | [m²] | [m²] | [psch] | [m² Gelege/m² Verstärkungsfläche] |
| 1 | 1,20 x 10,00 | 100 | 108,00 | 100,00 | 1 | 1,08 |
| 2 | 1,20 x 4,00 | 100 | 110,16 | 100,00 | 1 | 1,10 |
| 3 | 1,20 x 2,00 | 100 | 113,40 | 100,00 | 1 | 1,13 |
| 4 | 1,20 x 10,00 | 150 | 113,00 | 100,00 | 1 | 1,13 |
| 5 | 1,20 x 4,00 | 150 | 116,39 | 100,00 | 1 | 1,16 |
| 6 | 1,20 x 2,00 | 150 | 121,48 | 100,00 | 1 | 1,21 |

Weitere Verbräuche zu Stoffen und Materialien wurden im Rahmen dieser Untersuchung nicht detailliert ausgewertet. Die Verbräuche aus Wasser zum Reinigen der Geräte und Werkzeuge wäre hier zu nennen. Darüber hinaus wurde der Prozess V (Vorbehandlung der Altbetonoberfläche) durch Sandstrahlen hinsichtlich der verbrauchten Strahlsandmenge und Wassermenge nicht näher untersucht. Hier sind die Abhängigkeiten stark von den erforderlichen Qualitäten abhängig. An dieser Stelle wird auf die Ausführungen von *Ortlepp* verwiesen. [456]

Zusammenfassend sind in der nachfolgenden Aufzählung die in den Großversuchen verwendeten Stoffe aufgezählt:

- PAGEL®TUDALIT®-Feinbeton in 25 kg Sackware Textilgelege auf Rollen L = 1,10 m,
- Wasser (Trinkwasserqualität),
- Schlempe (als Gleitmittel für Schlauch) im 10 L Eimer,
- Asilikos® Strahlmittel in 25 kg Sackware.

Die Kosten für diese Stoffe und Materialien unterliegen Marktschwankungen und sind durch die jeweilige Kalkulationsabteilung zu verifizieren. Allgemein kann gesagt werden, dass der wesentliche Kosteneinflussfaktor bei diesem neuen Bauverfahren das eingesetzte Textilgelege, die Kosten für Per-

[456] Vgl. Ortlepp, Untersuchungen zur Verbundverankerung textilbewehrter Feinbetonverstärkungs-schichten für Betonbauteile, 2007, S. 65 ff.

sonal und die Menge an Feinbeton sind. Als Orientierung beziffern *Curbach und Jesse* den Kostenanteil für den Feinbeton mit unter 10 % der Gesamtkosten einer Textilbetonverstärkung. [457] *„Dem stehen die Materialkosten für die textile Bewehrung und die Lohnkosten für die Ausführungen der Verstärkungsarbeiten gegenüber, welche die Kostenstruktur dominieren.“* [458]

### 5.4.3. Kosten durch Produktionsfaktor Geräte und Werkzeuge [459]

Die Erfahrungen der beteiligten Praxispartner konnten für eine zielgerichtete Auswahl von geeigneten Geräten zur Spritzapplikation des Textilbetons genutzt werden. Aus der Vielzahl von verfügbaren Geräten wurden drei Geräte für spezielle Maschinentests ausgewählt. Tabelle 18 zeigt die wichtigsten Gerätekennwerte.

Tabelle 18: Bereitgestellte Maschinen mit Kennwerten

| Maschinenkennwerte | Schneckenpumpe S 5 (Putzmeister) | Schneckenpumpe SP 11 Beliso (Putzmeister) | Strobot 406 S (Putzmeister) |
|---|---|---|---|
| Ausführung | Tellermischer | Hubmischer | Strobot 406 S |
| Schneckenpumpe | 2L6 | 2L6 | FH 40/EW 40 |
| Fördermenge | 7 - 40 l/ min | 5 - 40 l/ min | 0 - 15 l/ min |
| Förderdruck | 25 bar | 25 bar | 30 bar |
| Förderweite | bis 60 m | bis 120 m | bis 48 m |
| Förderhöhe | bis 40 m | bis 60 m | bis 30 m |
| Antriebsmotor | 5,5 kW, 400 V/ 50 Hz | 15,7 kW, Dieselmotor | 230- 250 V, 50 Hz |
| Mischantrieb | 2,2 kW | - | 2,2 kW |
| Trichtervolumen | 100 l | 180 l | 70 l |
| Gewicht | 400 kg | 750 kg | 65 kg |

Zunächst wurden die jeweiligen Mischungen in dem Zwangsmischer der Schneckenpumpe S5 nach der definierten Prozedur gemischt. Für die Tests an der Strobot 406 S musste der Frischbeton händisch in die Pumpe umgefüllt werden. Die Schneckenpumpe SP 11 Beliso wurde nicht getestet, da diese analoge Kennwerte aufzeigt, wie die SP 5. Der Unterschied zur SP 5 liegt bei der SP 11 im Antriebssystem, welches hier mit Diesel erfolgt.

Die verwendete Schneckenpumpe S5 zeichnete sich durch eine große Bandbreite der möglichen Förderleistung aus. Die notwendige und zu empfehlende Fördermenge zum Auftrag von Frischbeton bei dem textilbewehrten Beton liegt jedoch nach Einschätzung der Beteiligten nur bei etwa 4 l/min bis 5 l/min. In dieser geringen Menge ist die Schneckenpumpe S5 nicht mehr genau genug justierbar. Vorteilhaft ist, dass sie standardmäßig mit einem über der Schneckenpumpe angeordneten Zwangsmischer ausgestattet ist. Die Strobl Förderpumpe wird vorrangig im Bereich Auftrag von Farben oder ähnlichen Materialien verwendet. Sie lässt sich ideal regeln und bringt sehr stabile Ergebnisse im Bereich 4 l/min bis 5 l/min Förderleistung.

[457] Vgl. Jesse, Curbach, Verstärken mit Textilbeton, 2010, S. 492.

[458] Jesse, Curbach, Verstärken mit Textilbeton, 2010, S. 492.

[459] Vgl. Schach, Hentschel, Grundlagen für die Nutzwertanalyse für Verstärkungen aus textilbewehrten Beton, 2009.

Bei allen Tests wurde der Frischbeton direkt durch einen 40 m langen Förderschlauch gepumpt. Am Ende des Förderschlauches wurden drei verschiedene Düsentechnologien eingesetzt. Zum Einsatz kamen hier eine konventionelle Putzerdüse des Unternehmens Putzmeister, die PAGEL-MAWO-Düse und die Putzmeister-Strobl-Luftstromdüse.

Bei der Putzmeister-Strobl-Luftstromdüse und der Putzerdüse wird die Spritzluft von einem extern angeschlossenen Kompressor (Putzmeister-Maschinenkompressor mit 8 bar Druck und mindestens 3,8 $m^3$/min Luftmenge) ganz am Ende des austauschbaren Düsenkopfes in den Frischbeton eingeführt. Die Luft wird dabei am Düsenende in den Frischbeton eingeblasen. Dieses hat zum Vorteil, dass die Düse mit relativ wenig Treibgas auskommt. Nach dem Aufspritzen auf die Spritzwand mit der Putzmeister-Strobl-Luftstromdüse zeigte die Oberfläche eine sehr homogene und ebene Spritzstruktur (Abbildung 35). Die Ergebnisse mit der einfachen Putzerdüse waren deutlich schlechter (Abbildung 36).

Bei der PAGEL-MAWO-Düse wird die Kompressorluft direkt im Schaft der Spritzdüse in den Frischbeton eingeblasen. Dabei zeigte sich jedoch, dass die verfügbare Luftmenge des oben genannten Maschinenkompressors für diese Spritzentechnologie nicht ausreichend war. Es sind bei dieser Spritzentechnologie eindeutig größere Luftmengen notwendig, um ein geeignetes Spritzbild an der Spritzwand zu erzeugen. Dieses wurde bei den Versuchen in Aichtal nicht weiter untersucht (Abbildung 37)

Abbildung 35: Putzmeister-Strobl-Luftstromdüse

Abbildung 36: Einfache Putzerdüse

Abbildung 37: PAGEL-MAWO-Düse

Bei den Versuchen konnten keine abschließenden Aussagen zur Porosimetrie und zu den Haftzugeigenschaften des textilbewehrten Betons unter Einsatz dieser beiden Düsentechnologien getroffen werden. Dieses wurde in anschließenden Laborversuchen durch PAGEL und das Institut für Baustofftechnik separat untersucht. Grundsätzlich werden als Referenzwerte die technischen Regeln zur Wasserhaltung gemäß dem „W300-Arbeitsblatt“ [460]verwendet. Mit beiden Spritzdüsen konnten die erforderlichen Grenzwerte des im W300-Arbeitsblatt vorgegeben Grenzwertes zur Porosimetrie weder bei 1 bar noch bei 5 bar Luftdruck erreicht werden. Die Streuung zwischen den Ergebnissen bei unterschiedlichen Drücken war bei der PAGEL-MAWO-Düse stärker zu erkennen. Die Ergebnisse der Putzmeister-Strobl-Luftstromdüse zeigten konstantere Werte. Bei den praxisnahen Großversuchen wurde dennoch deutlich, dass beide Spritztechnologien und auch Spritzdüsen gute Ergebnisse erzielen. Unterschiede bei der Beurteilung der Spritzdüsen sind oft abhängig von den Erfahrungen der eingesetzten Spritzenführer. Diese meist subjektiven Faktoren haben leicht variierende Einflüsse auf baubetriebliche Kennwerte, wie Arbeitszeit und Ausführungsqualität. Gleichermaßen können bei beiden Spritzdüsen Vor- und Nachteile beim Handling erkannt werden. Der Feinbeton zeigt bei beiden eine geschlossene und homogene Struktur und hohe Standfestigkeit.

Neben den hier beschriebenen Versuchen an Mörtelmaschinen, Schläuchen, Kompressoren und Spritzdüsen wurden im Rahmen der Großversuche weitere Maschinen und Geräte zum Einsatz gebracht. Zum Beispiel ist für das Mischen der so genannten Schlempe, welche den Mörtelschlauch vor dem ersten Pumpeneinsatz „benetzen“ soll, ein Handrührgerät notwendig. Außerdem wurden verschiedene Kompressoren getestet, deren Tauglichkeit im Rahmen der Großversuche nachgewiesen wurde. Für verschiedene Hilfsarbeiten und die Arbeiten beim Einlegen des Geleges kamen Werkzeuge zum Einsatz, welche aus anderen Gewerken, wie Putzerarbeiten bekannt sind (vgl. Abbildung 38). Die eingesetzten Geräte, Maschinen und Werkzeuge sind in der nachfolgenden Aufzählung zusammengefasst.

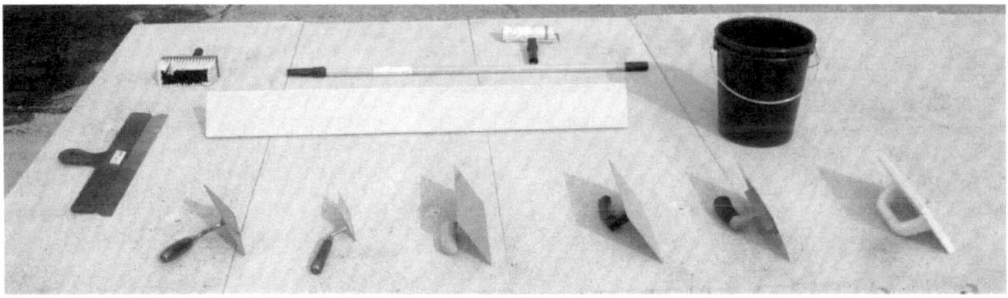

Abbildung 38: Geeignete Werkzeuge für den Einsatz bei Verstärkungsarbeiten

*Maschinen, Werkzeuge und Zubehör für Vorbehandlung der Altbetonoberfläche:*

- Sandstrahlanlage von Gottlieb Taesch (inkl. Wasserabscheider) oder vergleichbar,
- Düse 6 mm (ab Dieselkompressor M38),
- Düse 8,5 mm (nur Dieselkompressor M42),
- Fernsteuerung mit 20 m Steuerleitung,
- Regelventil,
- Aktivkohlefilter (Teil der Sicherheitsausrüstung),
- Körperschutz mit Schutzhelm,
- Siebaufsatz - mit Deckel,
- 20 m Druckluftschlauch,
- Kärcher: z. B. Hochdruckreiniger K 3.500 T 200,

[460] Vgl. DIN, DVGW, Technische Regel Arbeitsblatt W 300 – Wasserspeicherung – Planung, Bau, Betrieb und Instandhaltung von Wasserbehältern in der Trinkwasserversorgung, Stand: Juni 2005.

- Wasserschläuche (Länge variabel),
- Tapezierbürste,
- Luftdruckschlauch Geka ½“ NW, 20 m.

*Misch- und Fördergeräte sowie Zubehör für Betonmischen:*

- Alternative 1: Bohr- und Rührmaschine z. B. Westfalia 500 Watt,
- Alternative 2: Mörtelputzmaschine Putzmeister SP 5,
- Alternative 3: Mörtelputzmaschine Putzmeister S 5,
- Alternative 4: Feinputzspritzmaschine Putzmeister Strobot 406 S,
- Mörtelschlauch NW 35, 20 m,
- Luftschlauch Geka ½“ NW, 20 m,
- Stromkabel 380 V, 5-polig (je nach Bedarf der Geräte),
- Stromkabel 230 V, 2-polig (je nach Bedarf der Geräte),
- Geka-Kupplung,
- Mörtelkübel oder Mörtelkasten (65 Liter),
- Baueimer (10 Liter),
- Messbecher (5 Liter),
- Besenstiel (ca. 60 cm, D = 4 cm),
- Pavillon (3 x 3 m).

*Spritzgeräte und Düsen für Feinbetonauftrag:*

- Feinputz-Spritzgerät mit (Mörtel-Düse D = 14 mm),
- MAWO-Mantelstromdüse,
- Feinputz-Spritzgerät mit (Strobl-Luftstromdüse D = 14 mm).

*Werkzeuge für Gelegearbeiten:*

- Glättekelle,
- Maurerkelle,
- Fassadenspachtel,
- Reinigungspinsel,
- Cuttermesser,
- Richtscheid,
- Kantenkelle.

*Werkzeuge und Hilfsmittel für Nachbehandlung:*

- Abdeckplanen,
- Kanthölzer,
- Kärcher: z. B. Hochdruckreiniger K 3.500 T 200,
- Wasserschläuche (Länge variabel),
- Tapezierbürste,
- Luftdruckschlauch Geka ½“ NW, 20 m.

*Geräte, Werkzeuge und Hilfsmittel für Qualitätsüberwachung:*

- Gliedermaßstab,
- Thermometer,
- Messschieber,

- Hägermanntisch [461] (mit Zubehör),
- Protokollutensilien,
- Probekörperformen,
- Sandschaufel.

*Kompressoren für gesamte Prozesskette:*

- Alternative 1: KAESER M43,
- Alternative 2: KAESER M52.

Diese Liste stellt eine Empfehlung dar, welche Geräte und Werkzeuge für den Einsatz mit dem neuen Bauverfahren tauglich sind. Es ist möglich, dass andere Geräte und Werkzeuge vergleichbare Ergebnisse liefern. Alle eingesetzten Geräte sowie Werkzeuge sind am Markt verfügbar. Aus Sicht des Anwenders müsste im Rahmen einer Arbeitsvorbereitung geprüft werden, welche Geräte und Werkzeuge bereits vorhanden sind und welche angeschafft oder angemietet werden müssten. Auf dieser Grundlage können Kalkulationen zu den Kosten für Geräte erfolgen.

### 5.4.4. Kosten durch Produktionsfaktoren Gerüste und Steighilfen

Bei den Großversuchen und Pilotprojekten zeigte sich, dass für Verstärkungen mit Textilbeton verschiedene Gerüste und Steighilfen zum Einsatz kamen. Die Wahl des geeignetsten Gerüsts oder einer Steighilfe ist demnach abhängig von der Einbausituation. Für den Einbau „an der Wand" kommt es auf die Wandhöhe an. Einbauhöhen bis 1,80 m können ohne Steighilfe verstärkt werden. Sowohl der Spritzenführen wie auch die Gelegeeinleger können die Arbeitsschritte vom Boden stehend durchführen. Bei höheren Wänden empfiehlt sich der Einsatz einer Steighilfe in Form eines einfachen Zwei-Stufentritts oder der Einsatz eines fahrbaren Arbeitsgerüstes. Als Stufentritt geeignete Leitertritte, Treppentritte und Tritthocker sind in Abbildung 39 dargestellt. Ein größeres Arbeitsgerüst [462] hat den Vorteil, dass mehrere Personen gleichzeitig auf dem Gerüst arbeiten können.

Abbildung 39: Steighilfen: Leitertritt, Treppentritt, Tritthocker (empfohlen durch BG Bau) [463]

[461] Vgl. Abschnitt 5.7.5 (Hilfsmittel zur Bestimmung des Ausbreitmaßes von Beton)

[462] Nach *Schach und Otto* sind „Arbeits- und Schutzgerüste im Sinne der Vorschriften temporäre Baukonstruktionen, die an der Verwendungsstelle mit Gerüstlagen veränderlicher Länge und Breite aus Gerüstbauteilen zusammengesetzt und ihrer Bestimmung gemäß verwendet und wieder auseinander genommen werden können."; Vgl. Schach, Otto, Baustelleneinrichtung, 2011, S. 223.

[463] Vgl. BG Bau, Handlungsanleitung für den Umgang mit Leitern und Tritten, 2008, S. 18 f., Internetquelle: http://www.infopool-bau.de/html/pdf/bgi694.pdf, Stand: 10.08.2011.

Im Rahmen der Großversuche und den Verstärkungsarbeiten an der Wand (Höhe = 2,70 m) wurde entweder ein Zwei-Stufentritt aus Holz eingesetzt oder ein fahrbares Arbeitsgerüst mit einer Auftrittsfläche von 2,00 m x 0,50 m. Das eingesetzte Personal konnte von beiden Hilfsmitteln aus in aufrechter Haltung den Feinbeton auftragen und das Gelege einlegen (Abbildung 40).

Abbildung 40: Zwei-Stufentritt aus Holz und fahrbares Arbeitsgerüst 2,00 m x 0,50 m x 3,00 m (OK Trittfläche = variabel)

Für den Einbau „am Boden" ist darauf zu achten, dass die frisch verstärkten Flächen nicht betreten werden können. Spätestens bei der zweiten Feinbeton- und Gelegelage muss hierfür eine geeignete Lösung vorgehalten werden, falls der Zugang zur Verstärkungsfläche nicht von der Seite möglich ist. Bei großflächigen Verstärkungsarbeiten mit mehrere Lagen und mehrere Gelegebahnen wird ein Gerüst notwendig, das flächig über der Verstärkungsfläche montiert ist. Dieses Gerüst soll als Brücke dienen.

Für den Einbau „an der Decke" muss bei Höhen der Deckenunterkante über 1,80 m ein Gerüst oder eine Arbeitsbühne zum Einsatz kommen. Diese Lösungen können fahrbar gelagert sein, um einen schnellen Umbau zu ermöglichen. Ein solches Arbeitsgerüst kam bei dem Pilotprojekt zum Einsatz. Es deckte die Fläche von 9,20 m x 2,50 m ab, so dass die zu verstärkende Fläche (8,00 x 1,80 m) in zwei Bauabschnitten hergestellt werden konnte. Bei den Großversuchen kam ein festinstalliertes Gerüst zum Einsatz (Abbildung 41).

Abbildung 41: Arbeitsgerüst 9,20 m x 2,50 m (OK Trittfläche = 1,00 m) [464]

Wichtig ist, dass die Auftrittsflächen aller Gerüste in einer solchen Höhe montiert sind, dass das eingesetzte Personal bequem in aufrechter Haltung den Feinbeton einbauen und das Gelege einlegen kann. Generell sollte die Standhöhe so eingestellt sein, dass der Kopf des Personals nicht ständig geneigt ist, um Haltungsschäden in Folge dieser Arbeiten vorzubeugen. Allgemein ist bei allen Gerüsten darauf zu achten, dass es eine horizontale Absturzsicherung gibt. Diese ist laut Unfallverhütungsvorschriften erst ab einer Höhe von 1,00 m notwendig, wird aber generell empfohlen. Die Arbeiten über Kopf und an der Wand finden in der Regel bei ständigem Blick nach oben statt, so dass das eingesetzte Personal nicht zusätzlich die Trittfläche im Auge behalten kann. Die Absturzsicherung mindert damit die Gefahr des unbeabsichtigten Fehltritts.

## 5.5. Abschlussdokumentation zur Einflusskomponente Umwelt

Umwelteinflüssen werden nach REFA allgemein in drei wesentliche Gruppen klassifiziert. Dieses sind physische, organisatorische und soziale Einflüsse. Im Speziellen können bei Bauverfahren folgende Umwelteinflüsse betrachtet werden: Klima und Wetter (Witterung), Höhenlage, Lärm, Schmutz, Erschütterungen und Baugrund, Abgase und Umfeld sowie Betriebsklima. [465]

### 5.5.1. Witterungseinflüsse

Zusätzlich zu den protokollierten Klimadaten der einzelnen Versuchsreihen wurden die genauen Klimadaten der Messstation Coswig in Sachsen [466] abgefragt.

Die Verknüpfung und Auswirkung des Einflussfaktors Witterung auf andere Merkmale wurde besonders bei der Wahl der Gelegebahngröße deutlich. So zeigte sich, dass der aufgetragene Feinbeton bei extremen Wetterbedingungen (hohe Sonnenscheindauer, hohe Temperaturen, geringe Luftfeuchtigkeit) sehr schnell austrocknete. Die verbliebene Zeit zum Gelegeeinlegen wurde somit verkürzt. Damit stellte sich die Länge der Gelegebahn von 2,70 m als grenzwertig heraus. Bei der Einbausituation „am

---

[464] Nach DIN 4420 Teil 1/DIN 12811-1.

[465] Vgl. REFA, Anforderungsermittlung (Arbeitsbewertung), S. 27.

[466] Quelle: Meteomedia GmbH, Datenlieferung am 15.03.2011.

Boden" sorgte die direkte Sonneneinstrahlung für zusätzliche Beschleunigung beim Ansteifen und Austrocknen des Feinbetons. Hier waren bereits Gelegebahngrößen von 2,00 m untauglich.

Darüber hinaus zeigte sich bei extremen Witterungseinflüssen im Sommer, dass der Teilprozess Wässern öfters durchgeführt werden musste, als bei anderen Witterungserscheinungen. Dieses störte wiederum andere Teilprozesse. Welche genauen Zusammenhänge zwischen einzelnen Temperaturen und sonstigen Klimadaten mit dem Bauablauf und den zu erreichenden Qualitäten bestehen, müsste in weiteren speziellen Untersuchungen erforscht werden.

Zusammenfassend münden die Erkenntnisse aus den Großversuchen in Empfehlungen zu den jeweiligen Anwendungsfällen (im Freien oder in Gebäuden). In Tabelle 19 werden beispielhaft einige Schutzmaßnahmen für Arbeiten im Freien vorgeschlagen, Dabei wird das Notwendigkeitsniveau des jeweiligen Klimafaktors (Sonnenscheindauer, Lufttemperatur, Niederschlag, relative Luftfeuchtigkeit) auf die Produktionsfaktoren Person, Stoffe und Geräte differenziert dargestellt. Generell sind die Anforderungen der Arbeitsschutzbestimmungen auch bei den Arbeiten mit diesem neuen Bauverfahren zu berücksichtigen.

Tabelle 19: Auswahl an Schutzmaßnahmen und Empfehlung für Teilprozesse

| Teilprozesse | | Baubetriebliche Auswirkungen der Klimafaktoren im Freien | | | | | | | | | | | |
|---|---|---|---|---|---|---|---|---|---|---|---|---|---|
| | | Person | Stoffe | Geräte | Person | Stoffe | Geräte | Person | Stoffe | Geräte | Person | Stoffe | Geräte |
| | | Sonneneinstrahlung | | | Umgebungstemperatur | | | Niederschlag | | | Rel. Luftfeuchtigkeit | | |
| Vorgeschlagene Maßnahme: | | Sonnenschutz bei intensiver und langer Sonneneinstrahlung im Sommer (T > 25°C) | | | Einhausung des Bauabschnittes und Beheizung bei Temperaturen unter 0°C | | | Schutz vor Starkregen, Hagel, Graupel, Schnee | | | Luftbefeuchtung falls geringe Luftfeuchtigkeit | | |
| | | Notwendigkeit der vorgeschlagenen Maßnahme zum Schutz des jeweiligen Produktionsfaktors:<br>"o" = nicht zwingend (keine Produktivitätsverluste)<br>"+" = zwingend notwendig (kaum Produktivitätsverluste) | | | | | | | | | | | |
| V | Vorbehandlung des AB | + | o | o | o | + | o | o | o | o | o | o | o |
| A | Aufbauarbeiten | + | o | o | o | o | o | o | + | o | o | o | o |
| W | Wässern der AB | + | + | o | o | + | + | o | o | o | o | o | o |
| K | Konfektionieren | + | o | o | o | o | o | o | o | o | o | o | o |
| B | Betonmischen | + | + | o | o | + | + | o | + | + | o | o | o |
| S | Spritzenführung | + | + | o | o | + | o | o | + | o | o | o | o |
| G | Gelegeführung | + | + | o | o | + | o | o | + | o | o | o | o |
| N | Nachbehandlung der VF | + | + | o | o | + | + | o | + | o | o | o | o |
| R | Reinigung/ Wegräumen | + | o | o | o | + | + | o | o | o | o | o | o |
| Q | Qualitätsüberwachung vor Ort | + | + | + | o | + | + | o | + | + | o | o | o |

Für die Anwendung des neuen Bauverfahrens in Gebäuden und geschlossenen Räumen können die gleichen Empfehlungen zu den Klimafaktoren Umgebungstemperatur und relative Luftfeuchtigkeit herangezogen werden. Zusätzlich wird für diesen Anwendungsfall unterstellt, dass in geschlossenen Räumen keine Sonneneinstrahlung und kein Niederschlag existieren.

### 5.5.2. Lärm

Die stärksten Lärmemissionen bei dem neuen Bauverfahren gehen vom eingesetzten Kompressor, Mörtelmaschine und Spritzgerät aus. Sollten die Arbeiten im Freien stattfinden ist deshalb generell darauf zu achten, dass die lokalen Lärmschutzverordnungen eingehalten werden. Dieses betrifft sowohl die Emission von Nachbargrundstücken, wie auch die Emission von benachbarten Baustellenabschnitten. Gegebenenfalls ist auf Nachtarbeit zu verzichten. Geeignete Lärmschutzmaßnahmen sind als ein wichtiger Kostenfaktor zu beachten.

### 5.5.3. Schmutz

Die Arbeiten sorgten für erhebliche Schmutz- und Staubemissionen bei den Teilprozessen V, B, S sowie R. Durch die in die Arbeitsumgebung gelangenden Staubpartikel wird die Handlungsfähigkeit des Personals eingeschränkt. In den Großversuchen zeigte sich, dass im Teilprozess S bei der Verwendung der MAWO-Mantelstrom-Düse zum Aufspritzen des Feinbetons starke Aerosolbelastungen auftreten können. Die dadurch hervorgerufenen Sichtbehinderungen, können den Arbeitsfortschritt beeinträchtigen. Gegebenenfalls sind Maßnahmen zur Anfeuchtung und damit Staubbindung zu treffen.

### 5.5.4. Erschütterungen und Baugrund

Erschütterungen treten bei den Arbeiten keine auf, da es weder maschinelle Erschütterungen bei den Teilprozessen gibt, noch das Herabstürzen von Bauteilen oder Material zu Erschütterungen führt. Andere Einflüsse auf den Baugrund sowie einen Einfluss vom Baugrund ausgehend konnte bei den Großversuchen nicht festgestellt werden.

### 5.5.5. Abgase und Umwelt

Abgase können bei Arbeiten in der Regel durch An- und Ablieferungen auftreten. Weiterhin sorgt der Betrieb des Diesel-Kompressors für Abgase. Diese sind entsprechend der Arbeitsschutzbedingungen zu beachten. Zum Beispiel kann der Kompressorstandplatz möglichst abseits vom Baufeld oder außerhalb des Gebäudes gewählt werden.

### 5.5.6. Betriebsklima

Hinsichtlich der Einflüsse durch Betriebsklima konnte bei den Arbeiten verschiedene Schlussfolgerungen gezogen werden. Es handelt sich bei den Tätigkeiten in der Regel um Gruppenarbeit, die mindestens durch zwei Personen erfolgen. Eine Überlastung der Beteiligten durch übermäßige körperliche Belastungen könnte sich auf die Motivation und damit die Produktivität auswirken. Dieses sollte verhindert werden. Eine Rotation der Beteiligten zwischen einzelnen Tätigkeiten kann diesen Effekt reduzieren. Dieses bedingt jedoch, dass die Beteiligten vergleichbare Fähigkeiten und Qualitätsansprüche bei den einzelnen Tätigkeiten besitzen. Die heterogene Gruppenzusammensetzung aus erfahrenem baugewerblichem Personal im Umgang mit verwandten Bauverfahren, unerfahrenem gewerblichem Personal sowie nicht gewerblichem Personal stellte zunächst eine besondere Herausforderung dar. Außerdem kam es zu Beginn der Untersuchungen zu ständigen Personalwechseln, welches mit regelmäßigen Anlernphasen verbunden war. Es zeigte sich jedoch, dass mit der späteren Aufteilung des neuen Bauverfahrens in Teilprozesse, die einzelnen Tätigkeiten aller beteiligten Personen so einfach und verständlich gestaltet werden konnten, dass eine schnelle Anlernphase möglich war. Damit war außerdem gewährleistet, dass einzelne Personen als „Springer" zwischen den Teilprozessen agieren konnten. Dieses sorgte für eine starke Teambildung mit Hilfsbereitschaft untereinander. Zudem konnten schnell Stärken, Schwächen und bevorzugte Tätigkeiten der einzelnen Individuen erkannt werden. Die sich daraus ergebene Zuordnung zu den einzelnen Teilprozessen und das positive Arbeitsklima wirkten sich positiv auf die Ausführungsgeschwindigkeit bei steigender Qualität aus.

## 5.6. Abschlussdokumentation zur Einflusskomponente Arbeitssicherheit

Zur Datenerhebung für die Einflusskomponente Arbeitssicherheit wurden verschiedene Quellen verwendet. Zum einen wurden aus der Videodaten- und Fotodokumentation kritische Prozesse und Gefahren für Personen und Umfeld identifiziert. Zum anderen wurden Kenntnisse zu eingesetzten Geräten, Werkzeugen und Stoffen detailliert zusammengetragen sowie durch die jeweiligen Sicherheitsdatenblätter der Hersteller (bei Stoffen) und die Betriebsanweisungen der Hersteller (bei Geräten und Werkzeugen) ergänzt. Zur Vertiefung und fachmännischen Bewertung des neuen Bauverfahrens hinsichtlich unfallrelevanter Gefahren und Bedrohungen wurde die Expertise einzelner Mitarbeiter der Berufsgenossenschaft der Bauwirtschaft (BG Bau) [467] hinzugezogen. Methodisch erfolgte dieses durch die Teilnahme der BG Bau an Projektbesprechungen und nichtstandardisierten Interviews. [468] Der Befragte hatte zwischen den Interviews die Gelegenheit den Sachverhalt aufzuarbeiten, so dass in einem abschließenden Gespräch die Ergebnisse gemeinsam zusammengetragen und verifiziert werden konnten.

### 5.6.1. Arbeitssituation bei Verstärkungen mit Textilbeton

Die Beschreibung der Arbeitssituation verknüpft zunächst Einflussfaktoren mit dem Produktionsfaktor Personal (Beschäftigte). Im Sinne der gesetzlichen Unfallversicherungsträger steht der Beschäftigte im Mittelpunkt der Betrachtung. In der Abbildung 42 sind Gefährdungen und Belastungen wie Feuchtarbeit, Gefahrstoffe, Lärm, Abgasemissionen, Stress usw. ursächlich dargestellt und der Quelle zugeordnet. Generell können Gefahren und Belastungen durch geeignete Schutz- und Präventionsmaßnahmen reduziert oder gänzlich eliminiert werden.

---

[467] Die Berufsgenossenschaft der Bauwirtschaft (BG BAU) ist eine gewerbliche Berufsgenossenschaft in Deutschland und somit Träger der gesetzlichen Unfallversicherung. Internetquelle: http://de.wikipedia.org/wiki/Berufsgenossenschaft_der_Bauwirtschaft, Stand: 10.08.2011.

[468] Siehe Schach, Hentschel, Wach et al.; Entwicklung von Instrumenten zur Integration der Koordination nach Baustellenverordnung in die Wertschöpfungskette Bauen, 2010, S. 35; unter Verwendung Schulte-Zurhausen, Organisation, 2012.

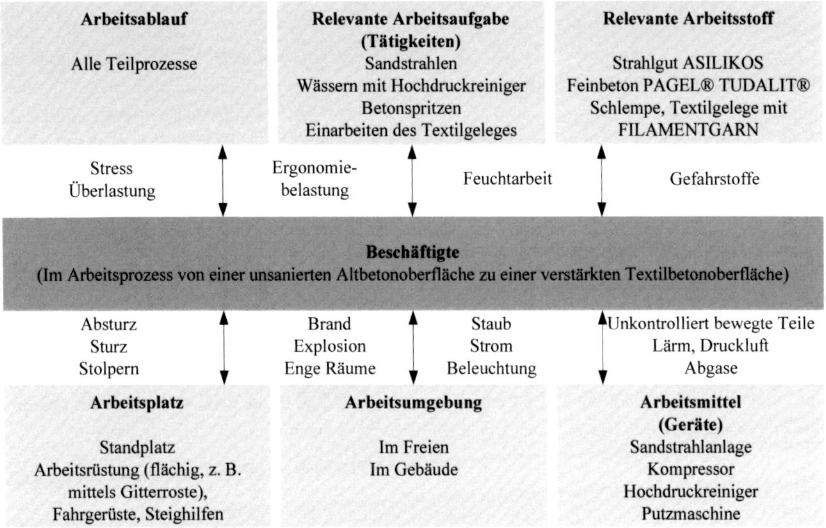


Abbildung 42: Arbeitssituation bei Verstärkungen mit Textilbeton [469]

### 5.6.2. Informationssammlung Stoffe und Materialien

Es wurden fünf Stoffe und Materialien identifiziert, deren Einsatz und Verwendung an spezielle Maßnahmen zu binden sind. Im Wesentlichen beziehen sich die Gefahren dabei auf Kontakt der Beschäftigten mit dem Stoff oder Material (Tabelle 20).

Tabelle 20: Gefährdungen und Maßnahmen relevanter Stoffe und Materialien

| Stoffe und Materialien | Relevante Gefährdungen | Notwendige Maßnahmen |
|---|---|---|
| Strahlgut ASILIKOS | - Keine im Anlieferungszustand, (Strahlfläche beachten),<br>- Reizungen nach Augenkontakt möglich (vergleiche Sicherheitsdatenblatt). | - Staubschutzanzug,<br>- Staubschutzmaske FFP2,<br>- Schutzhandschuhe,<br>- Schutzbrille. |
| Feinbeton TUDALIT | - Reizungen von Augen, Haut und Schleimhäuten (vergleiche Sicherheitsdatenblatt). | - Staubschutzmaske FFP1,<br>- nitrilgetränkte Baumwollhandschuhe,<br>- Dichtschließende Schutzbrille |
| Schlempe | - Keine Gefahren bekannt. | - Keine besonderen Schutzmaßnahmen notwendig |
| Bindemittel LEFASOL | - Keine Gefahrenbezeichnung in Sicherheitsdatenblatt vorhanden. | - Schutzbrille beim Umfüllen empfohlen (betrifft Herstellprozess des Geleges),<br>- Keine Angaben zum geeigneten Schutzhandschuh. |
| Textilgelege FILAMENTGARN | - Keine Gefahrenbezeichnung in Sicherheitsdatenblatt vorhanden. | - Schutzhandschuhe aus Butylkautschuk bei Dauerkontakt (sowohl Herstellung des Geleges sowie Einbau),<br>- Atemschutz bei hohen Konzentrationen<br>- Schutzbrille bei Staubkonzentration (Be- und Entlüftung). |

[469] Hergeleitet im Zusammenwirken mit BG Bau.

### 5.6.3. Informationssammlung Geräte und Werkzeuge

Als bedeutendste Gefahr für die Beschäftigten durch Geräte und Werkzeuge wurde bei diesem neuen Bauverfahren die Lärmbelästigung identifiziert. An dieser Gefahr soll verdeutlicht werden, wie mannigfaltig die Regelwerke und Beachtung dieser zu würdigen sind. Laut *Hoffmann* ist der auftretende Lärm auf Baustellen „*[...] in erster Linie eine Belästigung und Gefährdung für die am Bau Beschäftigten, darüber hinaus aber auch für die betroffenen Personen in der Nachbarschaft.*“ [470] Noch schärfer waren die Forderungen in der mittlerweile zurückgezogenen Unfallverhütungsvorschrift „Lärm“ (UVV), in welcher die zulässige Belastung durch Lärm über den so genannten Beurteilungspegel [471] geregelt war. Falls der Beurteilungspegel über einen längeren Zeitraum eine bestimmte Höhe erreicht, sind signifikante Schädigungen zu erwarten. Es wird demzufolge auch bei dem neuen Bauverfahren erwartet, dass die Dauerbelastung durch Lärm im vorgesehenen Rahmen eingehalten wird, bzw. geeignete Schutzmaßnahmen eingerichtet werden. Die Veränderbarkeit der Grenzwerte ist dabei gleichzeitig zu beachten. Zum Beispiel wird die zulässige Einwirkdauer halbiert, falls der Schalldruckpegel nur um drei dB (A) erhöht wird. Die Summe aller Gefahren und abzuleitenden Maßnahmen aus Einflüssen der Geräte und Werkzeuge bei dem neuen Bauverfahren sind in der Tabelle 21 dargestellt.

---

[470] Hoffmann, Zahlentafeln für den Baubetrieb, 2006, S. 953.

[471] „*Der Beurteilungspegel [...] ist der Pegel eines achtstündigen konstanten Geräusches [...]*“, Vgl. Berufsgenossenschaftliche Vorschrift für Sicherheit und Gesundheit bei der Arbeit BGV B3, Fassung 1997, siehe auch Technische Regeln zur Lärm- und Vibrations-Arbeitsschutzverordnung (TRLV-Lärm) vom 23.03.2010.

Tabelle 21: Gefährdungen und Maßnahmen relevanter Geräte (nach Betriebsanleitungen und „Gelbe Mappe“[472])

| Stoffe und Materialien | Relevante Gefährdungen | Geeignete Maßnahmen |
|---|---|---|
| Sandstrahlanlage | - Strahlgut in Verbindung mit Hochdruck von 6 bis 10 bar. | - Schutzausrüstung (Augen-, Fuß-, Hand-, Körper-, Kopfschutz)<br>- Sicherheitsabstand. |
| | - Lärm mit Dauerschallpegel von 86 dB(A). | - Gehörschutz,<br>- Nachtruhe 22.00 - 06.00 Uhr beachten. |
| | - Gesundheitsgefährdung durch Strahlmittel. | - Silikose- und kieselsäurefreies Strahlmittel verwenden. |
| | - Spannungsführende Teile, z. B. Stromleitungen. | - Keine Einsatz der Sandstrahlanlage vorzusehen. |
| | - Stäube infolge Strahlen. | - Staubvermeidung (z. B. Feuchtstrahleinrichtung),<br>- Bereich eingrenzen,<br>- Be- und Entlüftung,<br>- Atemschutz. |
| Kompressor | - Abgase des Verbrennungsmotors (Kohlenmonoxid). | - Nicht in geschlossenen Räumen verwenden,<br>- Aufstellung im Freien bevorzugen (Wandabstand, Windrichtung und Sicherheitsabstand am Abgas- und Kühlluftaustritt beachten). |
| | - Lärm mit Schallleistungspegel von 98 dB(A) bzw. Emmissionsschalldruckpegel von 80,5 dB(A). | - Gehörschutz,<br>- Nachtruhe 22.00 - 06.00 Uhr beachten. |
| | - Explosionsgefährdete Bereiche. | - Keine Einsatz des Kompressors vorzusehen. |
| Rührgerät | - Lärm; Spritzer infolge Rührens (vergleichsweise Handbohrmaschine). | - Schutzausrüstung (Augen-; Gehör-; Handschutz). |
| Hochdruckreiniger | - Wasser in Verbindung mit Minderdruck. | - Handschutz. |
| | - Spannungsführende Teile, z. B. Stromleitungen. | - Strahlwasserschutz von stromführenden Teilen. |
| | - Explosionsgefährdete Bereiche. | - Keine Einsatz des Hochdruckreinigers vorzusehen. |
| | - Lärm mit Schallleistungspegel von 89 dB(A). | - Gehörschutz. |
| Putzmaschine | - Erhöhter Geräuschpegel von 72 dB(A) | - Gehörschutz. |
| | - Spritzer infolge Auftragens. | - Schutzausrüstung (Augen-; Fuß-; Hand-; Fußschutz). |
| | - Aerosole und Stäube infolge Auftragens. | - Atemschutz. |

[472] Bausteine Sicher Arbeiten – Gesund Bleiben – Informationsmappe der BG Bau, 2008 („Gelbe Mappe“).

### 5.6.4. Gefährdungen und Maßnahmen bei den Teilprozessen

Eine weitere Darstellung der Gefahren und Maßnahmen wurde auf Basis der neun Teilprozesse des neuen Bauverfahrens ausgearbeitet. Diese sind in Tabelle 22 bis Tabelle 30 dargestellt.

Tabelle 22: Gefährdungen und Maßnahmen für den Teilprozess V

| V – Vorbehandlung der Altbetonoberfläche | | | |
|---|---|---|---|
| **Rubrik** | **Optionen** | **Relevante Gefährdungen** | **Geeignete Maßnahmen** |
| Arbeitsplatz | Standplatz,<br>Arbeitsrüstung,<br>Fahrgerüst | - Absturz, Sturz, Stolpern, Rutschen. | - Absturzsicherung > 2,0 m (bei Überkopfarbeit > 1,0 m),<br>- Stolper- und Rutschstellen vermeiden. |
| Arbeitsmittel | Kompressor,<br>Sandstrahlanlage | - Lärm, Staub, Abgase, unkontrolliert bewegte Teile. | - Persönliche Schutzausrüstung (PSA). |
| Arbeitsstoff | Strahlgut<br>ASILIKOS | - Keine Wesentlichen. | - Persönliche Schutzausrüstung (PSA). |
| Arbeitsumgebung | Im Freien,<br>im Gebäude | - Enge Räume, Brand- und Explosion, Sichtverhältnisse, Stromschlag, Beeinträchtigung von Dritten (z. B. Nachbarn). | - Be- und Entlüftung,<br>- kein Einsatz in Ex-Bereichen oder an stromführenden Teilen,<br>- Beleuchtung,<br>- Sicherheitsabstand,<br>- keine Nachtarbeit, wenn keine Lärmschutz-maßnahmen möglich sind. |

Tabelle 23: Gefährdungen und Maßnahmen für den Teilprozess A

| A – Aufbauarbeiten | | | |
|---|---|---|---|
| **Rubrik** | **Optionen** | **Relevante Gefährdungen** | **Geeignete Maßnahmen** |
| Arbeitsplatz | Standplatz | - Sturz, Stolpern, Rutschen. | - Stolper- und Rutschstellen vermeiden. |
| Arbeitsmittel | unwesentlich | - keine. | - keine. |
| Arbeitsstoff | unwesentlich | - keine. | - keine. |
| Arbeitsumgebung | Im Freien,<br>im Gebäude | - Sichtverhältnisse. | - Beleuchtung. |

Tabelle 24: Gefährdungen und Maßnahmen für den Teilprozess W

| W – Wässern der Altbetonoberfläche | | | |
|---|---|---|---|
| **Rubrik** | **Optionen** | **Relevante Gefährdungen** | **Geeignete Maßnahmen** |
| Arbeitsplatz | Standplatz | - Sturz, Stolpern, Rutschen. | - Stolper- und Rutschstellen vermeiden. |
| Arbeitsmittel | Hochdruck-<br>reiniger | - Lärm. | - Persönliche Schutzausrüstung (PSA). |
| Arbeitsstoff | Wasser | - Feuchtarbeit. | - Persönliche Schutzausrüstung (PSA). |
| Arbeitsumgebung | Im Freien,<br>im Gebäude | - Brand- und Explosion, Sichtverhältnisse, Stromschlag. | - kein Einsatz in Ex-Bereichen oder an stromführenden Teilen. |

Tabelle 25: Gefährdungen und Maßnahmen für den Teilprozess K

| K – Konfektionieren des Textilgeleges (vor Ort) | | | |
|---|---|---|---|
| **Rubrik** | **Optionen** | **Relevante Gefährdungen** | **Geeignete Maßnahmen** |
| Arbeitsplatz | Standplatz, Arbeitsgerüst, Fahrgerüst | - Absturz, Sturz, Stolpern, Rutschen. | - Absturzsicherung > 2,0 m (bei Überkopfarbeit > 1,0 m),<br>- Stolper- und Rutschstellen vermeiden. |
| Arbeitsmittel | unwesentlich | - keine. | - keine. |
| Arbeitsstoff | Textilgelege FILAMENT-GARN | - Keine Wesentlichen. | - nicht notwendig. |
| Arbeitsumgebung | Im Freien, im Gebäude | - Sichtverhältnisse | - Beleuchtung |

Tabelle 26: Gefährdungen und Maßnahmen für den Teilprozess B

| B – Betonmischen / Maschinenführung / Wasserabmessen / Feinbetoneinfüllen | | | |
|---|---|---|---|
| **Rubrik** | **Optionen** | **Relevante Gefährdungen** | **Geeignete Maßnahmen** |
| Arbeitsplatz | Standplatz | - Sturz, Stolpern, Rutschen. | - Stolper- und Rutschstellen vermeiden. |
| Arbeitsmittel | Putzermaschine | - Lärm, Staub. | - Persönliche Schutzausrüstung (PSA). |
| Arbeitsstoff | Feinbeton TUDALIT | - Reizungen von Augen, Haut und Schleimhäuten. | - Persönliche Schutzausrüstung (PSA). |
| Arbeitsumgebung | Im Freien, im Gebäude | - Sichtverhältnisse, Beeinträchtigung von Dritten (z. B. Nachbarn). | - Beleuchtung,<br>- Be- und Entlüftung,<br>- keine Nachtarbeit, wenn keine Lärmschutzmaßnahmen möglich sind. |

Tabelle 27: Gefährdungen und Maßnahmen für den Teilprozess S

| S – Spritzenführung | | | |
|---|---|---|---|
| **Rubrik** | **Optionen** | **Relevante Gefährdungen** | **Geeignete Maßnahmen** |
| Arbeitsplatz | Standplatz, Arbeitsgerüst, Fahrgerüst | - Absturz, Sturz, Stolpern, Rutschen. | - Absturzsicherung > 2,0 m (bei Überkopfarbeit > 1,0 m),<br>- Stolper- und Rutschstellen vermeiden. |
| Arbeitsmittel | Putzermaschine mit Spritzdüse | - Lärm, Hochdruck, Staub, Aerosole. | - Persönliche Schutzausrüstung (PSA). |
| Arbeitsstoff | Feinbeton TUDALIT | - Reizungen von Augen, Haut und Schleimhäuten. | - Persönliche Schutzausrüstung (PSA). |
| Arbeitsumgebung | Im Freien, im Gebäude | - Enge Räume, unkontrolliert bewegte Teile, Sichtverhältnisse, Beeinträchtigung von Dritten (z. B. Nachbarn). | - Beleuchtung,<br>- Be- und Entlüftung,<br>- Sicherheitsabstand,<br>- keine Nachtarbeit, wenn keine Lärmschutz-maßnahmen möglich sind. |

Tabelle 28: Gefährdungen und Maßnahmen für den Teilprozess G

| G – Gelegeführung | | | |
|---|---|---|---|
| Rubrik | Optionen | Relevante Gefährdungen | Geeignete Maßnahmen |
| Arbeitsplatz | Standplatz, Arbeitsgerüst, Fahrgerüst | - Absturz, Sturz, Stolpern, Rutschen. | - Absturzsicherung > 2,0 m (bei Überkopfarbeit > 1,0 m),<br>- Stolper- und Rutschstellen vermeiden. |
| Arbeitsmittel | Unwesentlich | - keine. | - Persönliche Schutzausrüstung (PSA). |
| Arbeitsstoff | Feinbeton TUDALIT | - Reizungen von Augen, Haut und Schleimhäuten. | - Persönliche Schutzausrüstung (PSA). |
| Arbeitsumgebung | Im Freien, im Gebäude | - Sichtverhältnisse. | - Beleuchtung. |

Tabelle 29: Gefährdungen und Maßnahmen für den Teilprozess N

| N – Nachbehandlung der Verstärkungsoberfläche | | | |
|---|---|---|---|
| Rubrik | Optionen | Relevante Gefährdungen | Geeignete Maßnahmen |
| Arbeitsplatz | Standplatz | - Sturz, Stolpern, Rutschen. | - Stolper- und Rutschstellen vermeiden. |
| Arbeitsmittel | Hochdruckreiniger | - Lärm. | - Persönliche Schutzausrüstung (PSA). |
| Arbeitsstoff | Wasser | - Feuchtarbeit. | - Persönliche Schutzausrüstung (PSA). |
| Arbeitsumgebung | Im Freien, im Gebäude | - Brand- und Explosion, Sichtverhältnisse, Stromschlag. | - kein Einsatz in Ex-Bereichen oder an stromführenden Teilen,<br>- Beleuchtung. |

Tabelle 30: Gefährdungen und Maßnahmen für den Teilprozess R

| R – Reinigung und Wegräumen | | | |
|---|---|---|---|
| Rubrik | Optionen | Relevante Gefährdungen | Geeignete Maßnahmen |
| Arbeitsplatz | Standplatz | - Sturz, Stolpern, Rutschen. | - Stolper- und Rutschstellen vermeiden. |
| Arbeitsmittel | Unwesentlich | - keine. | - keine. |
| Arbeitsstoff | Unwesentlich | - keine. | - keine. |
| Arbeitsumgebung | Unwesentlich | - keine. | - keine. |

### 5.6.5. Empfohlene Schutzmaßnahmen vor Ort

Zusammenfassend werden in diesem Abschnitt die empfohlenen Schutzmaßnahmen benannt, welche zusammen mit der BG Bau entwickelt wurden.

Für das neue Bauverfahren wird empfohlen, stets den einwandfreien Zustand von Geräten und Werkzeugen zu prüfen und gegebenenfalls Maßnahmen für die Mängelfreiheit durchzuführen. Die Arbeiten über Kopf und an der Wand, welche vom Podest oder Arbeitsgerüst ausgeführt werden, sind bei konzentrierter Arbeit der Beschäftigten so genannte „Fehltritte" zu vermeiden. Es wird empfohlen einen Seitenschutz für alle Absturzsicherungen vorzusehen, auch wenn dieses nach den gesetzlichen Grundlagen noch nicht gefordert ist.

Hinsichtlich organisatorischer Aspekte sollte darauf geachtet werden, dass stets fachlich und körperlich geeignetes Personal eingesetzt wird und dass das Personal regelmäßig der arbeitsmedizinischen

Vorsorge (Grund: Lärm- und Feuchtarbeit) unterzogen wird. Die Betriebsanweisungen sind einzuhalten und gegebenenfalls sind zusätzliche Unterweisungen zum bestimmungsmäßigen Umgang mit Arbeitsmitteln und Arbeitsstoffen vorzunehmen. Hinweise in Betriebsanleitungen, Sicherheitsdatenblätter sowie Auf- und Verwendungsanleitungen sind zu befolgen. Es sind Nachweise der Prüffristen der Produktionsfaktoren einzuholen, wenn diese nicht vorliegen. Nachtarbeit ist aus Gründen der eingeschränkten Sichtverhältnisse (Dunkelheit) und der einzuhaltenden Lärmpegel generell zu vermeiden, oder es sind geeignete Vorsorge- und Schutzmaßnahmen (z. B. ausreichende künstliche Beleuchtung gemäß der Arbeitsstättenrichtlinie und Lärmschutz) vorzusehen.

Als Persönliche Schutzausrüstung (PSA) sind für die Beschäftigten für den Augenschutz im Allgemeinen eine Schutzbrille und im Speziellen bei Strahlarbeiten ein Schutzschirm vorzusehen. Als Atemschutz ist eine partikelfiltrierte Halbmaske FFP1 (noch besser ist FFP2 bei Strahlarbeiten mit ASILIKOS Strahlsand) vorzuhalten und bei Bedarf einzusetzen. Als Fußschutz sind von allen Beteiligten auf der Baustelle zwingen Sicherheitsschuhe S3 zu tragen. Der Handschutz kann durch nitrilgetränkte Baumwollhandschuhe, Chemikalienschutzhandschuhe aus Nitril (besonders bei Feuchtarbeit) gewährleistet werden. Als Gehörschutz kommen Gehörschutzkapseln oder -stöpsel zum Einsatz. Zum Schutz des Körpers wird ein Schutzanzug empfohlen. Der Kopf ist durch einen Industrieschutzhelm zu schützen.

## 5.7. Abschlussdokumentation zur Einflusskomponente Qualität

Im konventionellen Betonbau muss die Qualität des eingebauten Betons regelmäßig durch die Herstellung von Prüfkörpern nachgewiesen werden. Diese Prüfkörper werden nachträglich im Labor unterschiedlichen Güteprüfungen unterzogen. Dieses sind z. B.: Druckfestigkeitsprüfung, Zugfestigkeitsprüfung und die Querzugfestigkeitsprüfung.

Bei dem neuen Bauverfahren zur Verstärkung mit Textilbeton hat sich in der Grundlagenforschung gezeigt, dass als Qualitätskontrolle weitere oder abweichende Tests notwendig sind. So *„[...] hat das Deutsche Zentrum Textilbeton (DZT) ein mehrstufiges Konzept zur Überwachung und Qualitätskontrolle erarbeitet.“* [473] Neben geforderten Nachweisen und Lehrgängen zur Qualifizierung des eingesetzten Personals (z. B. Spritzenführer) werden Probeentnahmen und Labortest benannt, die die Ausführungen bei diesem neuen Bauverfahren begleiten sollen. *Weiland* hat ein Verfahren zur Biegezugfestigkeit dieser neuen Konstruktion aus Altbeton und Textilbeton entwickelt. Dabei wird auf eine definierte Fertigteilplatte aus Altbeton die Verstärkung mit Textilbeton aufgebracht. Dabei können unterschiedlichste Textilgelege und Lagenanzahlen zum Einsatz kommen. Die Platte wird im Labor einer Biegezugfestigkeitsprüfung unterzogen. [474] Dieses Verfahren kann z. B. dann angewendet werden, wenn im Labor die notwendige Verstärkung mit Textilbeton vorab ermittelt und dimensioniert werden soll. Die Probeentnahmen sind regelmäßig in den Bauablauf und die Teilprozesse zu integrieren. Damit die Tätigkeiten der Teilprozesse nicht unnötig stark gestört werden, hat sich gezeigt, dass diese Probeentnahmen durch eine eigenständige Person ausgeführt werden sollte, die aktiv an keinem anderen Teilprozess beteiligt ist. Alternativ hat sich bei den Großversuchen und dem Pilotprojekt gezeigt, dass die Probeentnahme durch einen der beiden Beschäftigten des Teilprozesses B (Betonmischen/Maschinenführung) erbracht werden kann. Dieses erfordert eine gewisse Einarbeitung des Teams, so dass die Handgriffe regelmäßig ohne Störung eingebunden werden können. Welche Probe-

[473] Vgl. Jesse, Curbach, Verstärken mit Textilbeton, 2010, S. 540.

[474] Vgl. Weiland, Interaktion von Betonstahl und textiler Bewehrung bei der Biegeverstärkung mit textilbewehrten Beton, 2009, S. 113 ff.

entnahmen und Qualitätsüberwachungen in diesem Zusammenhang zu empfehlen und notwendig sind, welchen Zweck diese haben und wie diese personell abgedeckt werden können, wird in den nachfolgenden Abschnitten erläutert.

### 5.7.1. Herstellung von Probekörpern aus Feinbeton

Aus regelmäßigen Feinbetonproben werden Prismen (Abmessung 40 x 40 x 160 mm) hergestellt. Diese Probekörper werden nach dem Ausschalen in der Regel 28 Tage unter Wasser gelagert. Die Probekörper dienen der Bestimmung der Dichte, Biegezugfestigkeit und der Druckfestigkeit des Feinbetons im Labor. Diese Probekörper sind durch das Personal des Teilprozess B herzustellen.

### 5.7.2. Herstellung von Probekörpern aus textilbewehrten Beton

Aus mehreren Chargen Feinbeton wird Feinbeton entnommen. Aus der einzubauenden Charge Textilgelege werden Proben entnommen. Aus diesen Proben wird gleichfalls jeweils eine Platte (Abmessung 60 cm x 30 cm) mit dem identischen Schichtenaufbau und Dicke der Verstärkung hergestellt. [475] Die Probekörper sind geeignet zu lagern und auszuschalen. Diese Probekörper dienen der Ermittlung des Kraft-Verformungs-Verhaltens sowie der Zugfestigkeit des textilbewehrten Betons. Sollten diese Probekörper seitens der Qualitätskontrolle gefordert sein, sind diese durch das Personal des Teilprozess S zu entnehmen.

### 5.7.3. Dokumentation von Umweltbedingungen

Die bei den Teilprozessen vorgefundenen Witterungsbedingungen (Lufttemperatur, Niederschlagsereignisse, relative Luftfeuchtigkeit, Sonnenscheindauer) sind zu dokumentieren. Diese Dokumentation dient der nachträglichen Beurteilung der Einbaubedingungen für eventuelle Qualitätsnachweise. Diese Maßnahmen werden stets empfohlen und müssen durch eine geeignete Person durchgeführt werden.

### 5.7.4. Dokumentation der Einbauqualitäten

Während der Teilprozesse S und G werden regelmäßig Schichtdickenmessungen durchgeführt und die Ergebnisse dokumentiert. Während der Teilprozesse V, W, S, G und N werden regelmäßige Sichtkontrollen der Einbauqualität und Oberflächen durchgeführt. Diese Dokumentation dient der Beurteilung der Einbaubedingungen für eventuelle Qualitätsnachweise. Diese Maßnahmen werden stets empfohlen und müssen durch eine geeignete Person durchgeführt werden.

### 5.7.5. Dokumentation der Materialverarbeitung

Zur Bestimmung der Konsistenz des Feinbetons werden regelmäßige (z. B. halbstündlich) Proben Feinbeton während der Teilprozesse B und S entnommen. Diese Proben dienen der Ermittlung des Ausbreitmaßes mit dem Hägermann-Rütteltisch nach DIN EN 1015-3. [476] Diese Maßnahmen werden stets empfohlen und müssen durch eine geeignete Person durchgeführt werden.

---

[475] Vgl. Jesse, Curbach, Verstärken mit Textilbeton, 2010, S. 540.

[476] Vgl. Jesse, Curbach, Verstärken mit Textilbeton, 2010, S. 491.

### 5.7.6. Haftzugfestigkeitsprüfung in Verstärkungsschichten und Altbeton

Nach dem Aushärten der Verstärkungsschichten (nach 28 Tagen) müssen Haftzugefestigkeitsprüfungen vorgenommen werden. Hierzu wird auf die Ausführungen in Abschnitt 5.3.1 verwiesen.

# 6 Fallstudie: Kontinuierliche Bewertungsphase in der Anwendung

## 6.1. Vorüberlegungen

In diesem Kapitel 6 soll die Anwendung einer Kontinuierlichen Bewertungsphase aufgezeigt werden. Dabei werden die durchgeführten Untersuchungen aus Kapitel 5 zu Grunde gelegt. Es wird unterstellt, dass diese hier beschriebene kontinuierliche Bewertung in einem Kontinuierlichen Innovationprozess begleitend zur Kontinuierlichen Entwicklungsphase ablaufen würde.

## 6.2. Organisatorische Rahmenbedingungen

Generell wurde im Abschnitt 4.7 vorgeschlagen, die organisatorischen Aspekte für die Kontinuierliche Entwicklungsphase und Bewertungsphase gemeinsam zu betrachten. So wurde in der beispielhaften Anwendung bereits von der Zusammensetzung des Baubetrieblichen Innovationsteams gesprochen aus dem sich verschiedene Spezialteams formieren. Eines dieses Spezialteams übernimmt die Aufgaben im Rahmen einer Bewertungsphase. Wichtig ist für dieses Bewertungsteam, dass es Mitglieder gibt, die gleichfalls im Entwicklungsprozess beteiligt sind, damit Wissen aus „erster Hand" in die Bewertung eingebracht werden kann. Dieses garantiert somit Schnittstellenverluste an Informationen. Außerdem können damit Bewertungsprozesse beschleunigt werden, weil auf zusätzlichen Recherchen verzichtet werden kann.

Dieses Bewertungsteam ist damit betraut, die NWA-2 [477] durchzuführen. Die NWA-2 unterteilt sich in einmalige zu erbringende Arbeitsschritte und mehrmals zu wiederholende Aufgaben. Einmalig muss im Rahmen der NWA-2 ein Zielkriterienkatalog mit allen Gewichtungen der Zielkriterien erstellt werden. Dieser Katalog wird im Rahmen jeder einzelnen Bewertungsstufe zu Grunde gelegt. Die Bewertung erfolgt durch eine Bestimmung der Teilnutzwerte separat für jede Bewertungsstufe. Daraus folgt, dass das Bewertungsteam diese Bewertung und Auswertung für jede Bewertungsstufe wiederholt. Mindestens einmalig ist darüber hinaus eine Sensitivitätsbetrachtung durchzuführen, um die Gewichtungen und Prädikate der bestimmten Zielkriterien besser beurteilen zu können. In dieser Fallstudie soll das am Beispiel der Referenzbewertung erfolgen.

## 6.3. Einmaliges Erstellen des Zielkriterienkatalog und Gewichtung der Zielkriterien

### 6.3.1. Aufstellen des Zielkriterienkataloges für die baubetriebliche Innovation

Die Hauptstruktur des Zielkriterienkataloges für eine baubetriebliche Innovation im engeren Sinn orientiert sich wie, im Abschnitt 4.4.2.1 beschrieben, an den fünf Einflusskomponenten Termine, Kosten, Umwelt, Arbeitssicherheit und Qualität. Innerhalb dieser Hauptstruktur bestimmt das Bewertungsteam eine beliebige Anzahl an Zielkriterien. Da die Kontinuierliche Bewertungsphase im Rahmen eines Kontinuierlichen Innovationsprozesses parallel zur Kontinuierlichen Entwicklungsphase verläuft, bietet es sich an, die Zielkriterien an den festgelegten Zielen zu orientieren, die parallel in der durchzuführenden Zieldefinition im Rahmen der Kontinuierlichen Entwicklungsphase ausgearbeitet wur-

[477] Vgl. Abschnitt 4.4.2.

den.[478] Für diese Fallstudie bedeutet dieses insbesondere, dass z. B. die Frage: *„Können Prozessketten und Teilprozesse des neuen Bauverfahrens logisch beschrieben werden?"* zu einem Zielkriterium in der Einflusskomponente Termine umgewandelt wird. Das Zielkriterium T1 lautet demnach „Teilprozesse". Es steht für den Wissensstand zu Teilprozessen. Ein weiteres Beispiel für ein Zielkriterium kann aus der Art dieser baubetrieblichen Innovation abgeleitet werden. In dieser Fallstudie handelt es sich z. B. um eine Bauverfahrensentwicklung, dieses hätte zur Folge, dass z. B. in der Einflusskomponente Umwelt ein Zielkriterium „Störanfälligkeit bei Immissionen" (U10) möglich wird. Dieses orientiert sich an der zentralen Fragestellung, ob es externe Einflüsse auf das neue Bauverfahren gibt, die im Bauprozess störend wirken.

Grundsätzlich sollte darauf geachtet werden, dass die NWA-2 eine relative Bewertungsmethode zwischen aufeinander aufbauenden Bewertungsstufen darstellt. Demnach muss sich jedes Zielkriterium an dem Zweck einer quantitativen Bewertung des Wissensstandes zu der baubetrieblichen Innovation orientieren. Das heißt, es sollen keine Zielkriterien gewählt werden, die eine qualitative Wissensbewertung erfordern. Die Qualität des Wissens muss in der Quantität enthalten sein. Zum Beispiel kann bei dem oben benannten Beispielkriterium T1 „Teilprozesse" nur eine maximale Bewertung erfolgen, wenn die vorhandenen Daten aussagekräftig genug sind. An dem zweiten Beispiel der „Störanfälligkeit bei Immissionen" bedeutet dieses, dass es eine maximale Bewertung in dem Fall gibt, wenn genügend Daten zu den störenden Umwelteinflüssen vorliegen, und damit das Baubetriebliche Innovationsteam mit Klarheit zu dieser Fragestellung interagieren kann.

Zusammenfassend kann gesagt werden, dass in dieser Fallstudie für die Einflusskomponenten Termine und Kosten jeweils neun Unterkriterien definiert werden. Für die Einflusskomponente Umwelt kommen 12 Zielkriterien zum Tragen, für die die Arbeitssicherheit neun und für die Qualität sieben. Der vollständige Zielkriterienkatalog, den ein Bewertungsteam erstellen würde, ist in der Tabelle 31 dargestellt.

[478] Vgl. Abschnitt 5.2.1.1.

Tabelle 31: Zielkriterienkatalog für das Fallbeispiel

| Zielkriterium Nr. | Kurzbezeichnung | Beschreibung des Unterkriteriums (bezogen auf die zu vergebene maximale Bewertung) |
|---|---|---|
| **Termine** | | |
| T1 | Teilprozesse | Daten zur Einteilung der Tätigkeiten in Teilprozesse sind vorhanden (lückenlose Kenntnisse). |
| T2 | Unabhängigkeit Vorbehandlung | Daten zur Vorbehandlung des Altbetons und deren Unabhängigkeit sind vorhanden. |
| T3 | Unabhängigkeit Produktionsprozesse | Daten zu Unabhängigkeit der einzelnen Produktionsteilprozesse zueinander sind vorhanden. |
| T4 | Unabhängigkeit Nachbehandlung | Daten zur Nachbehandlung des Textilbetons und deren Unabhängigkeit sind vorhanden. |
| T5 | Regelprozesse sind möglich | Daten zu Tätigkeiten in Teilprozessen und deren Regelmäßigkeit (Einarbeitungseffekte) sind vorhanden. |
| T6 | Flexibilität Tätigkeiten u. Teilprozesse | Daten zur Reihenfolge der Tätigkeiten und deren Flexibilität zueinander sind vorhanden. |
| T7 | Aufwandszeiten Teilprozesse | Daten zu Aufwandszeiten sind vorhanden und zur Kalkulation geeignet. |
| T8 | Vorbehandlung zu Produktion | Daten zu Aufwandsverhältnis zwischen Vorbehandlung und Produktionsprozessen (Dauer, Personal) sind vorhanden. |
| T9 | Produktion zu Nachbehandlung | Daten zu Aufwandsverhältnis zwischen Produktion und Nachbehandlung (Dauer, Personal) sind vorhanden. |
| **Kosten** | | |
| K1 | Kostenkennwerte Personal | Kostenkennwerte für das neue Bauverfahren und alle Teilprozesse liegen vor und sind belastbar. |
| K2 | Stoffverbräuche bekannt | Mengen und Verbrauch der Produktionsfaktoren Stoffe sind bekannt. |
| K3 | Stoffe planbar | Benötigte Stoffe und Alternativen für Teilprozesse sind der Arbeitsvorbereitung bekannt. |
| K4 | Geräte und Maschinen planbar | Benötigte Geräte und Maschinen für Teilprozesse sind der Arbeitsvorbereitung bekannt. |
| K5 | Werkzeuge und Zubehör planbar | Benötigte Werkzeuge und Zubehör für Teilprozesse sind der Arbeitsvorbereitung bekannt. |
| K6 | Gerüste und Steighilfen planbar | Benötigte Gerüste und Steighilfen für Teilprozesse sind der Arbeitsvorbereitung bekannt. |
| K7 | Abnutzungsgrad Produktionsfaktoren | Die Verschleiß- und Abnutzungserscheinungen der Geräte, Maschinen und Werkzeuge sind bekannt. |
| K8 | Fachpersonalquote | Daten zur Fachtiefe der Facharbeiter sind vorhanden. Daten zu möglichen Hilfstätigkeiten liegen vor. |
| K9 | Ausbildung Fachpersonal | Daten zur effektiven Schulungstiefe und Schulungsaufwand des Personals sind bekannt. |
| **Umwelt** | | |
| U1 | Baustelleneinrichtung | Daten zur benötigten BE sind vorhanden. Keine besonderen Anforderungen notwendig. |
| U2 | Eignung für "im Freien" | Daten vorhanden, zur Beurteilung der Eignung des Bauverfahrens für Einsatz „im Freien". |
| U3 | Eignung für "im Gebäude" | Daten vorhanden, zur Beurteilung der Eignung des Bauverfahrens für Einsatz „im Gebäude". |
| U4 | Kenntnisse Sonneneinstrahlung | Die Abhängigkeit der Teilprozesse von der Sonneneinstrahlung ist bekannt. |

| Zielkriterium Nr. | Kurzbezeichnung | Beschreibung des Unterkriteriums (bezogen auf die zu vergebene maximale Bewertung) |
|---|---|---|
| U5 | Kenntnisse Umgebungstemperatur | Die Abhängigkeit der Teilprozesse von der Umgebungstemperatur ist bekannt. |
| U6 | Kenntnisse Niederschlag | Die Abhängigkeit der Teilprozesse von der Niederschlag ist bekannt. |
| U7 | Kenntnisse Relative Luftfeuchtigkeit | Die Abhängigkeit der Teilprozesse von der Relativen Luftfeuchtigkeit ist bekannt. |
| U8 | Risiko Witterungseinflüsse | Das Risiko aus der Summe der Witterungseinflüssen ist kann eingeschätzt werden. |
| U9 | Schutzmaßnahmen Witterung | Die Schutzmaßnahmen gegen ungewollte Witterungseinflüsse sind bekannt u. flexibel einsetzbar. |
| U10 | Emissionen des Umfeldes | Daten zur Belastung des Umfeldes durch Emissionen der Teilprozesse (Lärm, Schmutz) sind vorhanden. |
| U11 | Störanfälligkeit bei Immissionen | Daten zur Störanfälligkeit/ Empfindlichkeit der Prozesse bei Staub und Lärm anderer Gewerke vorhanden. |
| U12 | Risiko durch Baugrund und Bauwerk | Daten zu Störungsrisiken durch Baugrund und umliegende Bauwerke und Bauteile sind vorhanden und kalkulierbar. |
| **Arbeitssicherheit** | | |
| A1 | Einflüsse Produktionsfaktoren | Die Zusammenhänge und Einflüsse der Produktionsfaktoren hinsichtlich Arbeitssicherheit sind bekannt. |
| A2 | Informationen Stoffe | Es liegen Kenntnisse zu den einzusetzenden Stoffen (Produktdatenblätter) vor. |
| A3 | Informationen Geräte und Maschinen | Es liegen Kenntnisse zu den einzusetzenden Geräten und Maschinen (Betriebsanweisungen) vor. |
| A4 | Informationen Werkzeuge | Es liegen Kenntnisse zu den einzusetzenden Werkzeugen (Betriebsanweisungen) vor. |
| A5 | Informationen Gerüste und Steighilfen | Es liegen Kenntnisse zu den einzusetzenden Gerüsten und Steighilfen (Betriebsanweisungen) vor. |
| A6 | Maßnahmen Arbeitsschutz | Einzelne Maßnahmen zum Arbeitsschutz im Rahmen einzelner Teilprozesse sind bekannt und tauglich. |
| A7 | Einsatzbereite Produktionsfaktoren | Kenntnisse zu Geräte, Maschinen, Werkzeuge, Gerüste und Steighilfen und deren Verfügbarkeit liegen vor. |
| A8 | Persönliche Schutzausrüstung | Die Persönliche Schutzausrüstung des Personals der Teilprozesse ist bekannt und vorhanden. |
| A9 | Informationen kommunizierbar | Die Kenntnisse zum Arbeitsschutz sind so dokumentiert, dass am Bau Beteiligte gut informiert werden können. |
| **Qualität** | | |
| Q1 | Qualitätsmerkmale | Die Qualitätsmerkmale zu den Teilprozessen sind bekannt. |
| Q2 | Qualitätsgewährleistung | Datenlage zur Sicherung gleichbleibend hohe Qualität unter Baustellenbedingungen ist vorhanden. |
| Q3 | Pilotprojekte als Referenz | Pilotprojekte sind bekannt und die Anwendung der Teilprozesse erprobt. |
| Q4 | Maßnahmen Qualitätsüberwachung | Die Maßnahmen und Verfahren zur Qualitätsüberwachung sind bekannt und anwendbar. |
| Q5 | Logistik Qualitätsüberwachung | Logistik für die vorgeschlagene Qualitätsüberwachung vor Ort stört Teilprozesse nur unwesentlich. Daten bekannt. |
| Q6 | Bauaufsichtliche Zulassung | Daten zur Allgemeinen Bauaufsichtlichen Zulassung sind vorhanden. Zulassungsverfahren in Arbeit. |
| Q7 | Zulassung im Einzelfall | Zulassung im Einzelfall ist genehmigungsfähig und in Pilotprojekte für das Bauverfahren erwirkt. Daten gut. |

### 6.3.2. Gewichtung der Zielkriterien

Neben dem Zielkriterienkatalog werden als nächstes die Gewichtungen der Zielkriterien in Prozent festgelegt. In dieser Fallstudie wird empfohlen, diese Gewichtungen in einem Bewertungsteam anstatt in einer individualisierten Festlegung vorzunehmen. So können die Wertigkeiten einzelnen Zielkriterien diskutiert werden und die abschließende Gewichtung entspricht einer Konsensentscheidung zwischen den verschiedenen Mitgliedern des Bewertungsteam. Somit kann davon ausgegangen werden, dass der subjektive Faktor einer Nutzwertanalyse weitgehend eliminiert wird. Auf die Beschreibung des gesamten Diskussionsprozesses mit allen Zwischenergebnissen wird im Rahmen dieser Arbeit verzichtet. In der Bewertungstabelle im Abschnitt 6.3.3 wird jedoch eine beispielhaft festgelegte quantitative Gewichtung für diese Fallstudie dargestellt. Kalkulatorisch muss die Summe der Zielkriteriengewichtungen einer Einflusskomponente 100 Prozent ergeben.

### 6.3.3. Aufstellen der Bewertungstabelle für die einzelnen Bewertungsstufen

In dieser Fallstudie fließen exemplarisch drei Bewertungsstufen ein. Dieses ist zum einen die Referenzbewertung, die zu Beginn einer Kontinuierlichen Bewertungsphase durchgeführt wird und damit die Plan-Phase der Kontinuierlichen Entwicklungsphase einleitet. Zum anderen wird die 2. Status-Bewertung detailliert beschrieben. Zudem dient die Referenzbewertung für die 1. Status-Bewertung und die 2. Status-Bewertung als Vergleichsmaßstab. In der Tabelle 32 ist am Beispiel der Referenzbewertung die Bewertungstabelle für diese Fallstudie dargestellt. In Spalte [1] beginnt diese Tabelle mit den Nummern der Zielkriterien. Danach folgt die Kurzbezeichnung in Spalte [2]. Die Spalte [3] beinhaltet die quantitative Gewichtung. Anschließend folgen zwei Spalten, in die die jeweilige Bewertung als qualitative Begründung (Spalte [4]) und als Teilnutzwert (Spalte [5]) der jeweiligen Bewertungsstufe eingetragen werden. In der Spalte [6] werden die Gewichtungen $g_{mn}$ mit den Teilnutzwerten der Zielkriterien multipliziert. Diese Gesamtnutzwerte der Zielkriterien münden in der Summe zu jeder Einflusskomponente.

Tabelle 32: Bewertungstabelle NWA-2 mit Zielkriterien und Gewichtungen in der Fallstudie

| Kurzbezeichnung | | GW | Bewertungsstufe (hier beispielhaft: Referenzbewertung (RB)) | | |
|---|---|---|---|---|---|
| Nr. | Kurzbezeichnung | in % | Qualitative Begründung durch das Bewertungsteam | Abgestimmte TNW | GNW Zielkriterien |
| [1] | [2] | [3] | [4] | [5] | [6] |
| Termine | | | Gesamtnutzwerte Einflusskomponente: | | $\Sigma(g_{Tn} \cdot w_{TnRB})$ |
| T1 | Teilprozesse | 14% | | | 0 |
| T2 | Unabhängigkeit Vorbehandlung | 11% | | | 0 |
| T3 | Unabhängigkeit Produktionsprozesse | 11% | | | 0 |
| T4 | Unabhängigkeit Nachbehandlung | 11% | | | 0 |
| T5 | Regelprozesse sind möglich | 6% | | | 0 |
| T6 | Flexibilität Tätigkeiten u. Teilprozesse | 11% | | | 0 |
| T7 | Aufwandskennwerte Teilprozesse | 18% | | | 0 |
| T8 | Vorbehandlung zu Produktion | 9% | | | 0 |
| T9 | Produktion zu Nachbehandlung | 9% | | | 0 |
| Kosten | | | Gesamtnutzwerte Einflusskomponente: | | $\Sigma(g_{Kn} \cdot w_{KnRB})$ |
| K1 | Kostenkennwerte Personal | 20% | | | 0 |
| K2 | Stoffverbräuche bekannt | 18% | | | 0 |
| K3 | Stoffe planbar | 10% | | | 0 |
| K4 | Geräte und Maschinen planbar | 10% | | | 0 |
| K5 | Werkzeuge und Zubehör planbar | 10% | | | 0 |
| K6 | Gerüste und Steighilfen planbar | 6% | | | 0 |
| K7 | Abnutzungsgrad Produktionsfaktoren | 6% | | | 0 |
| K8 | Fachpersonalquote | 12% | | | 0 |
| K9 | Ausbildung Fachpersonal | 8% | | | 0 |
| Umwelt | | | Gesamtnutzwerte Einflusskomponente: | | $\Sigma(g_{Un} \cdot w_{UnRB})$ |
| U1 | Baustelleneinrichtung | 7% | | | 0 |
| U2 | Eignung für "im Freien" | 8% | | | 0 |
| U3 | Eignung für "im Gebäude" | 8% | | | 0 |
| U4 | Kenntnisse Sonneneinstrahlung | 8% | | | 0 |
| U5 | Kenntnisse Umgebungstemperatur | 8% | | | 0 |
| U6 | Kenntnisse Niederschlag | 8% | | | 0 |
| U7 | Kenntnisse Relative Luftfeuchtigkeit | 8% | | | 0 |
| U8 | Risiko Witterungseinflüsse | 16% | | | 0 |
| U9 | Schutzmaßnahmen Witterung | 10% | | | 0 |
| U10 | Emissionen des Umfeldes | 5% | | | 0 |
| U11 | Störanfälligkeit bei Immissionen | 9% | | | 0 |
| U12 | Risiko durch Baugrund und Bauwerk | 5% | | | 0 |
| Arbeitssicherheit | | | Gesamtnutzwerte Einflusskomponente: | | $\Sigma(g_{An} \cdot w_{AnRB})$ |
| A1 | Einflüsse Produktionsfaktoren | 20% | | | 0 |
| A2 | Informationen Stoffe | 12% | | | 0 |
| A3 | Informationen Geräte und Maschinen | 12% | | | 0 |
| A4 | Informationen Werkzeuge | 10% | | | 0 |
| A5 | Informationen Gerüste und Steighilfen | 10% | | | 0 |
| A6 | Maßnahmen Arbeitsschutz | 20% | | | 0 |
| A7 | Einsatzbereite Produktionsfaktoren | 5% | | | 0 |
| A8 | Persönliche Schutzausrüstung | 5% | | | 0 |
| A9 | Informationen kommunizierbar | 6% | | | 0 |
| Qualität | | | Gesamtnutzwerte Einflusskomponente: | | $\Sigma(g_{Qn} \cdot w_{QnRB})$ |
| Q1 | Qualitätsmerkmale | 22% | | | 0 |
| Q2 | Qualitätsgewährleistung | 17% | | | 0 |
| Q3 | Pilotprojekte als Referenz | 9% | | | 0 |
| Q4 | Maßnahmen Qualitätsüberwachung | 9% | | | 0 |
| Q5 | Logistik Qualitätsüberwachung | 11% | | | 0 |
| Q6 | Bauaufsichtliche Zulassung | 16% | | | 0 |
| Q7 | Zulassung im Einzelfall | 16% | | | 0 |

## 6.4. Durchführung der Bewertung in den einzelnen Bewertungsstufen

Mit dem Aufstellen der Bewertungstabelle ist die einmalige Vorbereitung für das Bewertungsteam erledigt. Nun folgen die regelmäßigen Bewertungen im Rahmen der festgelegten Bewertungsstufen. In dieser Fallstudie werden beispielhaft drei Bewertungsstufen nachvollzogen. Zunächst wird in der Referenzbewertung der Teilnutzen bestimmt. Zeitlich erfolgt dieses in Anlehnung an die beispielhaft dargestellte Kontinuierliche Entwicklungsphase zu Beginn der Plan-Phase. [479] Unmittelbar nach der Einigung der Projektbeteiligten auf die Ziele und der Feststellung der bekannten Daten zur baubetrieblichen Innovation wird durch das Bewertungsteam diese Referenzbewertung vorgenommen. Anschließend erfolgt die Bewertung im Rahmen einer 1. Status-Bewertung zu einem Zeitpunkt mitten in der Kontinuierlichen Entwicklungsphase. Zum Schluss dieser Fallstudie wird eine 2. Status-Bewertung auf Grundlage der Abschlussdokumentation vorgenommen. Eine Finale Bewertung könnte erst nach einer erfolgreichen Implementierungs- und Rückmeldephase durch das Bewertungsteam erfolgen. Da diese Phase für diese baubetriebliche Innovation weitegehend aussteht, wird darauf in dieser Arbeit nicht weiter eingegangen.

Die Bewertung der Zielkriterien erfolgt stets durch einen Punktwert zwischen 0 (geringster Informationsstand) und 100 (höchster Informationsstand).

In den nachfolgenden Abschnitten werden in der Tabelle 33 und der Tabelle 34 beispielhaft die fiktiven Begründungen der Referenzbewertung und 2. Status-Bewertung dargestellt, die zu den jeweiligen durch das fiktive Bewertungsteam vergebenen Teilnutzwerten führen. Auf die Ausführung und Protokollierung des gesamten fiktiven Diskussionsprozesses des Bewertungsteams, der zu den Begründungen führte, wird im Rahmen dieser hier vorliegenden Arbeit verzichtet. Der Fokus der Arbeit soll vielmehr auf der Systematik des Bewertungsprozesses und der damit erzielten Entscheidungsgrundlagen liegen, als die inhaltlichen Aspekte der beispielhaft vorgestellten baubetrieblichen Innovation (Verstärkungen aus Textilbeton) auszuwerten.

Außerdem wird die 1. Status-Bewertung als Bewertungsstufe zwischen den beiden hier aufgeführten Bewertungsstufen nicht näher dargestellt. Die Ergebnisse der Gesamtnutzwerte der jeweiligen Einflusskomponente dieser 1. Status-Bewertung dieser Fallstudie sind in der zusammenfassenden Tabelle 35 im Rahmen der Wissensstände in den drei Bewertungsstufen dokumentiert.

[479] Vgl. Abschnitt 5.2.1.

### 6.4.1. RB mit Begründungen, Teilnutzwerten (TNW) und Gesamtnutzwerten (GNW)

Tabelle 33: Referenzbewertung in der Fallstudie

| Zielkriterium | | GW | Bewertungsstufe Referenzbewertung (RB) | | |
|---|---|---|---|---|---|
| Nr. | Kurzbezeichnung | in % | Fiktive Qualitative Begründung durch das Bewertungsteam | TNW 0 bis 100 | GNW |
| [1] | [2] | [3] | [4] | [5] | [6] |
| Termine | | | Gesamtnutzwert (GNW) der Einflusskomponente: | | 12,4 |
| T1 | Teilprozesse | 14% | Teilprozesse sind möglich. Eine genaue Differenzierung und Prozessgestaltung liegt nicht vor. | 30 | 4,2 |
| T2 | Unabhängigkeit Vorbehandlung | 11% | Vorbehandlung nicht unabhängig durchführbar. Bewertung bei geringen Kenntnisstand. | 10 | 1,1 |
| T3 | Unabhängigkeit Produktionsprozesse | 11% | Produktionsprozesse selektiv bekannt. Prozessketten fehlen. Nicht unabhängig durchführbar. | 20 | 2,2 |
| T4 | Unabhängigkeit Nachbehandlung | 11% | Nachbehandlung nicht unabhängig durchführbar. Bewertung bei geringen Kenntnisstand. | 10 | 1,1 |
| T5 | Regelprozesse sind möglich | 6% | Regelprozesse sind bisher keine bekannt. Damit fehlt qualitative Einschätzungsmöglichkeit. | 0 | 0 |
| T6 | Flexibilität Tätigkeiten u. Teilprozesse | 11% | Flexibilität weitgehend gering. Bewertung bei geringen Kenntnisstand. | 10 | 1,1 |
| T7 | Aufwandskennwerte Teilprozesse | 18% | Aufwandskennwerte weitgehend unbekannt. | 5 | 0,9 |
| T8 | Vorbehandlung zu Produktion | 9% | Aufwand Vorbehandlung mittelmäßig umfangreich im Vergleich zu Produktion. Datenlage gering. | 10 | 0,9 |
| T9 | Produktion zu Nachbehandlung | 9% | Aufwand Nachbehandlung mittelmäßig umfangreich im Vergleich zu Produktion. Datenlage gering. | 10 | 0,9 |
| Kosten | | | Gesamtnutzwert (GNW) der Einflusskomponente: | | 6,3 |
| K1 | Kostenkennwerte Personal | 20% | Keine Daten zu Kostenkennwerten bekannt. Personalaufwand ungewiss. | 0 | 0 |
| K2 | Stoffverbräuche bekannt | 18% | Sehr geringer Kenntnisstand zu Mengen und Verbräuchen in realen Produktionbedingungen. | 5 | 0,9 |
| K3 | Stoffe planbar | 10% | Gering dokumentierte Datenlage zu benötigten Stoffen und Alternativen aus baubetrieblicher Sicht. | 15 | 1,5 |
| K4 | Geräte und Maschinen planbar | 10% | Gering dokumentierte Datenlage zu benötigten Geräten und Maschinen aus baubetrieblicher Sicht. | 15 | 1,5 |
| K5 | Werkzeuge und Zubehör planbar | 10% | Gering dokumentierte Datenlage zu benötigten Werkzeugen. Erste Vorversuche erfolgten. | 15 | 1,5 |
| K6 | Gerüste und Steighilfen planbar | 6% | Gering dokumentierte Datenlage zu benötigten Gerüsten und Steighilfen. | 15 | 0,9 |
| K7 | Abnutzungsgrad Produktionsfaktoren | 6% | Keine dokumentierten Daten zu diesen Kriterium vorhanden. | 0 | 0 |
| K8 | Fachpersonalquote | 12% | Keine dokumentierten Daten zu diesen Kriterium vorhanden. | 0 | 0 |
| K9 | Ausbildung Fachpersonal | 8% | Keine dokumentierten Daten zu diesen Kriterium vorhanden. | 0 | 0 |
| Umwelt | | | Gesamtnutzwert (GNW) der Einflusskomponente: | | 34,9 |
| U1 | Baustelleneinrichtung | 7% | Geringe Datenlage aus Vorversuchen und vergleichbaren Bauverfahren. Spezifika sind notwendig. | 20 | 1,4 |
| U2 | Eignung für "im Freien" | 8% | Datenlage vorhanden und bei Vorversuchen getestet. Eignung im Freien gegeben. | 80 | 6,4 |
| U3 | Eignung für "im Gebäude" | 8% | Datenlage vorhanden und bei Vorversuchen getestet. Eignung im Gebäude gegeben. | 80 | 6,4 |
| U4 | Kenntnisse Sonneneinstrahlung | 8% | Kaum dokumentierte Datenlage vorhanden. | 20 | 1,6 |
| U5 | Kenntnisse Umgebungstemperatur | 8% | Kaum dokumentierte Datenlage vorhanden. | 20 | 1,6 |
| U6 | Kenntnisse Niederschlag | 8% | Kaum dokumentierte Datenlage vorhanden. | 20 | 1,6 |
| U7 | Kenntnisse Relative Luftfeuchtigkeit | 8% | Kaum dokumentierte Datenlage vorhanden. | 20 | 1,6 |
| U8 | Risiko Witterungseinflüsse | 16% | Nach vorliegender Datenlage ist dieses Risiko als gering einzuschätzen. Datenlage erweitern! | 40 | 6,4 |
| U9 | Schutzmaßnahmen Witterung | 10% | Kaum dokumentierte Datenlage vorhanden. | 20 | 2 |
| U10 | Emissionen des Umfeldes | 5% | Nach vorliegender Datenlage ist die Belastung als eher gering einzuschätzen. Datenlage erweitern! | 60 | 3 |
| U11 | Störanfälligkeit bei Immissionen | 9% | Nach vorliegender Datenlage ist die Einschränkung als gering einzuschätzen. Datenlage erweitern! | 10 | 0,9 |
| U12 | Risiko durch Baugrund und Bauwerk | 5% | Nach vorliegender Datenlage ist die Einschränkung als gering einzuschätzen. Datenlage erweitern! | 40 | 2 |
| Arbeitssicherheit | | | Gesamtnutzwert (GNW) der Einflusskomponente: | | 16,3 |
| A1 | Einflüsse Produktionsfaktoren | 20% | Kenntnisse und Datenlage sehr gering. | 0 | 0 |
| A2 | Informationen Stoffe | 12% | Stoffe sind aus Voruntersuchungen partiell bekannt und demnach einschätzbar. | 40 | 4,8 |
| A3 | Informationen Geräte und Maschinen | 12% | Die Datenlage zu Betriebsanweisungen und Sicherheitsdatenblättern möglicher Geräten ist gering. | 20 | 2,4 |
| A4 | Informationen Werkzeuge | 10% | Die Datenlage zu Betriebsanweisungen und Sicherheitsdatenblättern möglicher Werkzeuge ist gering. | 20 | 2 |
| A5 | Informationen Gerüste und Steighilfen | 10% | Die Datenlage zu Betriebsanweisungen und Sicherheitsdatenblättern möglicher Gerüste ist gering. | 20 | 2 |
| A6 | Maßnahmen Arbeitsschutz | 20% | Einzelne Daten aus vergleichbaren Bauverfahren vorhanden. Schutzmaßnahmen umsetzbar. | 0 | 0 |
| A7 | Einsatzbereite Produktionsfaktoren | 5% | Produktionsfaktoren stehen im Unternehmen derzeit nur im geringen Umfang bereit. | 10 | 0,5 |
| A8 | Persönliche Schutzausrüstung | 5% | PSA ist weitgehend bekannt und verfügbar. | 80 | 4 |
| A9 | Informationen kommunizierbar | 6% | Dokumentation zum Bauverfahren fehlt weitgehend. Geringes Kommunikationspotential. | 10 | 0,6 |
| Qualität | | | Gesamtnutzwert (GNW) der Einflusskomponente: | | 19,8 |
| Q1 | Qualitätsmerkmale | 22% | Geringe Kenntnisse und Dokumentationen hinsichtlich baubetrieblicher Merkmale vorhanden. | 20 | 4,4 |
| Q2 | Qualitätsgewährleistung | 17% | Keine Einschätzung möglich, da gering Datenlage. | 10 | 1,7 |
| Q3 | Pilotprojekte als Referenz | 9% | Einzelne Pilotprojekte erfolgten. Kaum Dokumentation der Teilprozesse und Qualitäten. | 30 | 2,7 |
| Q4 | Maßnahmen Qualitätsüberwachung | 9% | Geringfügige Kenntnisse vorhanden. Aufwand erscheint verhältnismäßig groß. | 30 | 2,7 |
| Q5 | Logistik Qualitätsüberwachung | 11% | Kaum Einschätzung möglich, da geringe Datenlage. | 10 | 1,1 |
| Q6 | Bauaufsichtliche Zulassung | 16% | Keine Zulassung vorhanden. Hohes Genehmigungsrisiko. | 5 | 0,8 |
| Q7 | Zulassung im Einzelfall | 16% | Vereinzelt wurde diese erteilt. Kostenaufwendig und planungsintensiv. | 40 | 6,4 |

### 6.4.2. 2. SB mit Begründungen, Teilnutzwerten (TNW) und Gesamtnutzwerten (GNW)

Tabelle 34: 2. Status Bewertung in der Fallstudie

| Zielkriterium | | GW | Bewertungsstufe 2. Status-Bewertung (2. SB) | | |
|---|---|---|---|---|---|
| Nr. | Kurzbezeichnung | in % | Fiktive Qualitative Begründung durch das Bewertungsteam | TNW 0 bis 100 | GNW |
| [1] | [2] | [3] | [4] | [5] | [6] |
| Termine | | | Gesamtnutzwert (GNW) der Einflusskomponente: | | 89,6 |
| T1 | Teilprozesse | 14% | Teilprozesse sind möglich. Prozessdiagramme und Beschreibung liegt vor. | 100 | 14 |
| T2 | Unabhängigkeit Vorbehandlung | 11% | Vorbehandlung ist unabhängig durchführbar. Bewertung nach eigenen Versuchsreihen. | 100 | 11 |
| T3 | Unabhängigkeit Produktionsprozesse | 11% | Produktionsprozesse sind bekannt. Prozessketten weitgehend nicht unabhängig durchführbar. | 90 | 9,9 |
| T4 | Unabhängigkeit Nachbehandlung | 11% | Nachbehandlung ist zwingend an die Prozessketten anzuknüpfen. | 90 | 9,9 |
| T5 | Regelprozesse sind möglich | 6% | Regelprozesse sind bekannt und teilweise sinnvoll. | 90 | 5,4 |
| T6 | Flexibilität Tätigkeiten u. Teilprozesse | 11% | Flexibilität gering. | 80 | 8,8 |
| T7 | Aufwandskennwerte Teilprozesse | 18% | Aufwandskennwerte weitgehend bekannt. Teilprozesse umfassen auch zeitintensive Tätigkeiten. | 90 | 16,2 |
| T8 | Vorbehandlung zu Produktion | 9% | Der Aufwand der Vorbehandlung erscheint recht umfangreich im Vergleich zu Produktion. | 80 | 7,2 |
| T9 | Produktion zu Nachbehandlung | 9% | Der Aufwand der Nachbehandlung erscheint umfangreich im Vergleich zu Produktion. | 80 | 7,2 |
| Kosten | | | Gesamtnutzwert (GNW) der Einflusskomponente: | | 85,8 |
| K1 | Kostenkennwerte Personal | 20% | Datengrundlage für Kostenkennwerte vorhanden. Prozesse sind kostenintensiv. | 100 | 20 |
| K2 | Stoffverbräuche bekannt | 18% | Kenntnisstand zu Mengen und Verbräuchen in realen Produktionbedingungen weitgehend vorhanden. | 80 | 14,4 |
| K3 | Stoffe planbar | 10% | Mögliche Stoffen und Alternativen aus baubetrieblicher Sicht bekannt. | 100 | 10 |
| K4 | Geräte und Maschinen planbar | 10% | Mögliche Geräten und Maschinen aus baubetrieblicher Sicht bekannt. | 100 | 10 |
| K5 | Werkzeuge und Zubehör planbar | 10% | Mögliche Werkzeuge aus baubetrieblicher Sicht bekannt. | 100 | 10 |
| K6 | Gerüste und Steighilfen planbar | 6% | Mögliche Gerüste und Steighilfen aus baubetrieblicher Sicht bekannt. | 100 | 6 |
| K7 | Abnutzungsgrad Produktionsfaktoren | 6% | Kaum dokumentierte Daten zu diesen Kriterium vorhanden, da keine Langzeituntersuchungen. | 10 | 0,6 |
| K8 | Fachpersonalquote | 12% | Einschätzungen anhand Versuche. Durchschnittlich ausgebildetes Fachpersonal ausreichend. | 70 | 8,4 |
| K9 | Ausbildung Fachpersonal | 8% | Einarbeitung und Schulungsaufwand gering bei adäquaten Facharbeitern vergleichbarer Gewerke. | 80 | 6,4 |
| Umwelt | | | Gesamtnutzwert (GNW) der Einflusskomponente: | | 92,1 |
| U1 | Baustelleneinrichtung | 7% | Simulation der Baustelleneinrichtung erfolgt. Daten vorhanden. Kaum besondere Anforderungen. | 90 | 6,3 |
| U2 | Eignung für "im Freien" | 8% | Eignung "im Freien" nach Versuchen bewiesen. | 100 | 8 |
| U3 | Eignung für "im Gebäude" | 8% | Eignung "im Gebäude" nach Versuchen bewiesen. | 100 | 8 |
| U4 | Kenntnisse Sonneneinstrahlung | 8% | Abhängigkeiten und Datenlage geklärt und dokumentiert. | 100 | 8 |
| U5 | Kenntnisse Umgebungstemperatur | 8% | Abhängigkeiten und Datenlage geklärt und dokumentiert. | 100 | 8 |
| U6 | Kenntnisse Niederschlag | 8% | Abhängigkeiten und Datenlage geklärt und dokumentiert. | 100 | 8 |
| U7 | Kenntnisse Relative Luftfeuchtigkeit | 8% | Abhängigkeiten und Datenlage geklärt und dokumentiert. | 100 | 8 |
| U8 | Risiko Witterungseinflüsse | 16% | Vielfalt der Witterungseinflüsse vorhanden und erkannt. Zusammenwirken eher negatives Risiko. | 70 | 11,2 |
| U9 | Schutzmaßnahmen Witterung | 10% | Daten sind vorhanden und Versuche erfolgten. Eher aufwendige Schutzmaßnahmen erforderlich. | 90 | 9 |
| U10 | Emissionen des Umfeldes | 5% | Belastungen sind gering. | 90 | 4,5 |
| U11 | Störanfälligkeit bei Immissionen | 9% | Störungsanfälligkeit der Teilprozesse ist gering. | 90 | 8,1 |
| U12 | Risiko durch Baugrund und Bauwerk | 5% | Störungsanfälligkeit der Teilprozesse ist nicht vorhanden. | 100 | 5 |
| Arbeitssicherheit | | | Gesamtnutzwert (GNW) der Einflusskomponente: | | 91,6 |
| A1 | Einflüsse Produktionsfaktoren | 20% | Kenntnisse und Datenlage hoch. | 100 | 20 |
| A2 | Informationen Stoffe | 12% | Stoffe sind aus Voruntersuchungen bekannt und demnach einschätzbar. | 100 | 12 |
| A3 | Informationen Geräte und Maschinen | 12% | Die Datenlage zu Betriebsanweisungen und Sicherheitsdatenblättern möglicher Geräten ist hoch. | 100 | 12 |
| A4 | Informationen Werkzeuge | 10% | Die Datenlage zu Betriebsanweisungen und Sicherheitsdatenblättern möglicher Werkzeuge ist hoch. | 100 | 10 |
| A5 | Informationen Gerüste und Steighilfen | 10% | Die Datenlage zu Betriebsanweisungen und Sicherheitsdatenblättern möglicher Gerüste ist hoch. | 80 | 8 |
| A6 | Maßnahmen Arbeitsschutz | 20% | Daten aus Versuchen vorhanden. Schutzmaßnahmen umsetzbar. | 100 | 20 |
| A7 | Einsatzbereite Produktionsfaktoren | 5% | Produktionsfaktoren stehen im Unternehmen derzeit teilweise bereit. | 60 | 3 |
| A8 | Persönliche Schutzausrüstung | 5% | PSA ist weitgehend bekannt und verfügbar. Aber aufwendig und vielseitig. | 60 | 3 |
| A9 | Informationen kommunizierbar | 6% | Dokumentation zum Bauverfahren fehlt in plakativer Form. Viele Daten aber vorhanden. | 60 | 3,6 |
| Qualität | | | Gesamtnutzwert (GNW) der Einflusskomponente: | | 71,8 |
| Q1 | Qualitätsmerkmale | 22% | Weitgehend sind die Merkmale zu Qualitätsstandards beim neuen Bauverfahren bekannt. | 80 | 17,6 |
| Q2 | Qualitätsgewährleistung | 17% | Datengrundlage geschaffen und gleichbleibende Qualität kann gesichert werden. | 80 | 13,6 |
| Q3 | Pilotprojekte als Referenz | 9% | Einzelne Pilotprojekte erfolgten. Kaum Dokumentation der Teilprozesse und Qualitäten. | 60 | 5,4 |
| Q4 | Maßnahmen Qualitätsüberwachung | 9% | Maßnahmen zur Qualiätsüberwachung bekannt, erprobt und dokumentiert. | 80 | 7,2 |
| Q5 | Logistik Qualitätsüberwachung | 11% | Störung der Teilprozesse durch Qualitätsüberwachung eher gering. | 80 | 8,8 |
| Q6 | Bauaufsichtliche Zulassung | 16% | Keine Zulassung vorhanden. Hohes Genehmigungsrisiko. Zulassungsverfahren in Vorbereitung. | 20 | 3,2 |
| Q7 | Zulassung im Einzelfall | 16% | Zulasungsverfahren im Einzelfall weitgehend erfolgreich genehmigt. | 100 | 16 |

## 6.5. Darstellung und Beurteilung der Bewertungsergebnisse

Die an dieser Stelle aufgezeigte Beurteilung der Bewertungsergebnisse würde in der Regel getrennt nach den einzelnen Bewertungsstufen erfolgen. Da das Vorgehen in dieser hier beispielhaften Auswertung nach der 2. Status-Bewertung der Fallstudie nur vereinfacht und fiktiv nachvollzogen wird, wird darauf verzichtet jede einzelne Auswertung nach der Referenzbewertung und der 1. Status-Bewertung aufzuzeigen. Diese zusammenfassende Analyse könnte damit als zusammenfassende Beurteilung der gesamten dargestellten Kontinuierlichen Entwicklungsphase und fiktiv aufgezeigten Kontinuierlichen Bewertungsphase verstanden werden. Sie diente dazu, im Rahmen eines Berichtswesens die Geschäftsführung zu informieren.

In der Tabelle 35 sind die übernommenen Gesamtnutzwerte der Einflusskomponenten der beiden dargestellten Bewertungsstufen zusammengefasst. Ergänzend sind die Werte der 1. Status-Bewertung eingefügt. Aus diesen Werten lässt sich bereits erkennen, dass der Wissensstand mit begonnener Referenzbewertung stetig in allen fünf Einflusskomponenten der Fallstudie angewachsen ist. Daraus kann insbesondere abgelesen werden, dass der Wissensstand der hier bewerteten baubetrieblichen Innovation im engeren Sinn bei der Einflusskomponente Kosten mit 6,3 Punkten zunächst gering war. Der Wissensstand am Ende des Untersuchungszeitraumes jedoch mit 85,8 Punkten deutlich gesteigert wurde. Ähnlich verhält sich dieses mit den Wissensständen anderer Einflusskomponenten.

Ergänzend sind in Abbildung 43 die Wissensstände in der Fünfeck-Sterndiagramm-Darstellung aufgezeigt. In dieser Abbildung ist erkennbar, dass die baubetriebliche Innovation nach der Beurteilung durch ein Bewertungsteam am Ende einer 2. Status-Bewertung in vier von den fünf Einflusskomponenten ein Wissensstand von über 85 Punkten erreichte. Diese zeigt sich sehr gut in der Ausprägung der schwarzen äußeren Kennlinie.

Tabelle 35: Wissensstände in den drei Bewertungsstufen in der Fallstudie

| Einflusskomponenten | Gesamtnutzwerte als Wissensstände nach | | |
|---|---|---|---|
| | Referenzbewertung | n. Status-Bewertung | Finale-Bewertung |
| [1] | [2] | [3] | [4] |
| | → Wissensstand wächst (Wissenszugewinn) → | | |
| Termine | 12,4 | 23,2 | 89,6 |
| Kosten | 6,3 | 10,3 | 85,8 |
| Umwelt | 34,9 | 46,5 | 92,1 |
| Arbeitssicherheit | 16,3 | 30,5 | 91,6 |
| Qualität | 19,8 | 41,9 | 71,8 |
| Wissensstände der Bewertungsstufe (hier: Durchschnittswert) | 17,9 | 30,5 | 86,2 |

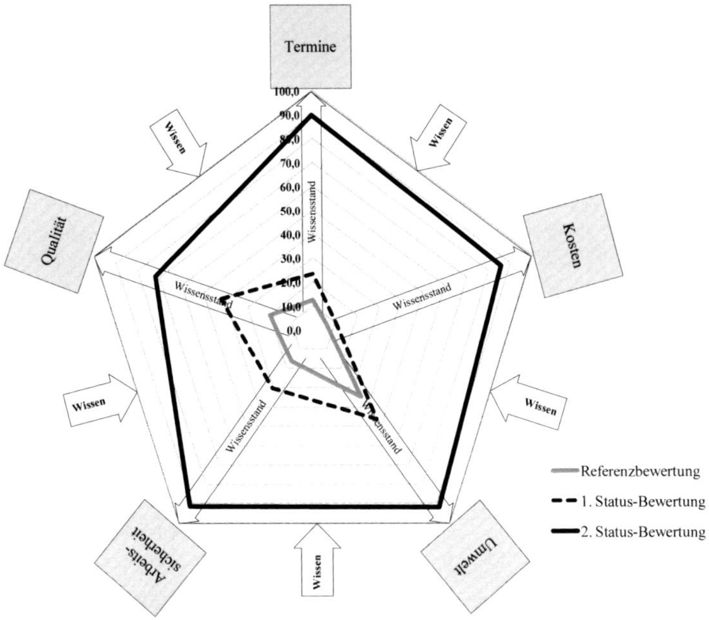


Abbildung 43: Wissensstände der baubetrieblichen Innovation in der Fallstudie

In dieser Fünfeck-Sterndiagramm-Darstellung ist zudem erkennbar, dass es einen deutlichen Wissenszugewinn zwischen der 1. Status-Bewertung und der 2. Status-Bewertung gab. Hingegen ist der Wissenszugewinn zwischen der Referenzbewertung und der 1. Status-Bewertung verhaltener ausgefallen.

Werden die Entwicklungen der 2. Status-Bewertungen analytisch mit der ausgehenden Referenzbewertung verglichen, so können relative Wissenszugewinne zwischen Ende und Anfang einer betrachteten Kontinuierlichen Bewertungsphase ermittelt werden. Dieser somit ermittelte quantitative und relative Wissenszugewinn ist in dieser Fallstudie ist in Tabelle 36 (Spalte [4]) dargestellt und ermittelt sich aus dem Quotienten der Spalten [3] und [2].

Tabelle 36: Relative Wissenszugewinne in der Fallstudie

| Einflusskomponenten | Gesamtnutzwerte als Wissensstände nach | | Relativer Wissenszugewinn |
|---|---|---|---|
| | Referenzbewertung | 2. Status-Bewertung | nach 2. Status-Bewertung |
| [1] | [2] | [3] | [4] = [3] ÷ [2] |
| Termine | 12,4 | 89,6 | 723 % |
| Kosten | 6,3 | 85,8 | 1.362 % |
| Umwelt | 34,9 | 92,1 | 264 % |
| Arbeitssicherheit | 16,3 | 91,6 | 562 % |
| Qualität | 19,8 | 71,8 | 363 % |

Aus dieser Darstellung des relativen Wissenszugewinnes wird deutlich, dass teilweise sehr große relative Wissenszugewinne (z. B. 1.362 Prozent bei der Einflusskomponente Kosten) erzielt wurden.

Zur kritischen Wertung dieser Prozentwerte kann auf die Sensitivitätsbetrachtung in Abschnitt 6.6 verwiesen werden, in der diese Ergebnisse im Vergleich zu Fallunterscheidungen gestellt werden.

Nachfolgend soll eine inhaltliche Wertung der Wissenszugewinne erfolgen, um damit das Zusammenwirken der hier vorgestellten Bewertungsmethoden mit den Ergebnissen der Entwicklung einer baubetrieblichen Innovation beispielhaft aufzuzeigen. Wie die Sensitivitätsbetrachtung nämlich auch zeigt, ist der relative Wissenszugewinn z. B. bei der Einflusskomponente Kosten selbst bei abweichenden Bewertungen der Zielkriterien (vgl. Sensitivitätsbetrachtung) signifikant gegeben.[480]

So ist beispielsweise dieser deutliche Wissenszugewinn bei den Kosten (1.362 Prozent) auf die neuen Erkenntnisse im Bereich der Produktionsfaktoren Personal und Stoffe zurückzuführen (vgl. Datendokumentationen im Kapitel 5). So wurden erstmalig konkrete Benchmarks für den Feinbeton, das Textilgelege, das Mischwasser und das Spritzwasser ermittelt. Außerdem wurden z. B. konkrete Empfehlungen für die personelle Besetzung bei den neuen Teilprozessen des neuen Bauverfahrens vorgenommen.

Bei der Einflusskomponente Termine konnte ein Wissenszugewinn von 723 Prozent erreicht werden. Die wichtigsten Erkenntnisse in dieser Gruppe waren die neun Teilprozesse als konkrete Prozessketten. Da diese in Ansätzen bereits vor der Optimierung bekannt waren, fällt die Steigerung des Gesamtnutzwertes geringer als bei den vorherig benannten Einflusskomponenten aus. Die konkreten fixen und variablen Aufwandskennwerte geben erste Anhaltspunkte für den Anwender, welcher Zeitaufwand mit diesem neuen Bauverfahren zu erwarten ist.

Mit 562 Prozent Wissenszugewinn ist die Einflusskomponente Arbeitssicherheit einzuordnen. Es zeigt sich damit, dass die intensiven Recherchen und Konsultationen mit der BG Bau hinsichtlich Arbeitssicherheitsaspekte bei dem neuen Bauverfahren zu einem deutlichen Mehrwert bei der Beurteilbarkeit des neuen Bauverfahrens führten. So konnten klare Gefahrenpotenziale der einzelnen Teilprozesse und die anzustrebenden Maßnahmen zum Schutz der Beschäftigten und der Umwelt herausgearbeitet werden.

Bei der Qualität (relativer Wissenszugewinn 363 Prozent) wurde konkret dokumentiert, welche verschiedenen Maßnahmen und Untersuchungen den Herstellungsprozess von Verstärkungen mit Textilbeton begleiten können und sollten. Zudem wurde herausgearbeitet, welche materiellen und personellen Ressourcen hierfür vorzuhalten sind.

Die Aspekte aus den Umwelteinflüssen sind mit 264 Prozent relativen Wissenszugwinn einzuordnen. Dieser relative geringe Wert ist damit zu begründen, dass der Referenzwert des Wissensstandes zum Zeitpunkt der Referenzbewertung mit 34,9 % Wissensstand bereits recht hoch war. Hier führten die Erkenntnisse zu Witterungseinflüssen bei den drei Einbausituationen zum konkreten Kenntniszugewinn. Generell muss an dieser Stelle jedoch angemerkt werden, dass auch in diesem Bereich noch Optimierungspotenzial steckt. Eine tiefgründige und differenzierte Untersuchung der Witterungseinflüsse könnte den Wissenszugewinn steigern.

## 6.6. Beispielhafte Sensitivitätsbetrachtung

Um an dieser Stelle die Sensibilität der Teilnutzwerte auf die Ergebnisse einer des Wissenszugewinnes besser beurteilen zu können, wird eine Sensitivitätsbetrachtung durchgeführt. Dabei werden zwei grundsätzliche Fälle unterschieden. Zunächst werden die Gesamtnutzwerte und damit die Wissens-

---

[480] Vgl. Abschnitt 6.6.

stände der Referenzbewertung ermittelt, wobei zusätzlich alle Teilnutzwerte aller Zielkriterien mit einer Abweichung von minus 20 Prozent und plus 20 Prozent bewertet werden. Diese Bewertung ist in der Tabelle 37 dargestellt. In einem zweiten Fall werden die Gesamtnutzwerte und damit die Wissensstände der Referenzbewertung ermittelt, wobei zusätzlich alle Teilnutzwerte der zwei höchstgewichtetsten Zielkriterien mit einer Abweichung von minus und plus 20 Prozent bewertet werden. Diese Ergebnisse sind in der Tabelle 38 dargestellt.

In der jeweiligen Tabelle sind in der Spalte [1] bis [3] zunächst die Zielkriterien und die Gewichtungen aufgezeigt. In der Spalte [4] sind die Teilnutzwerte abzüglich 20 % der fiktiven Bewertung des Bewertungsteams dargestellt. In der Spalte [5] sind die unveränderten Teilnutzwerte und in Spalte [6] die um 20 Prozent erhöhten Teilnutzwerte einer Referenzbewertung aufgeführt. Alle so ermittelten Teilnutzwerte fließen in die Gesamtnutzwertberechnungen in den Spalten [7] bis [9] ein. Zunächst werden dort die jeweiligen Gewichtungen mit den jeweiligen Teilnutzwerten multipliziert. Anschließend werden die Summen der so entstandenen Gesamtnutzwerte eines Zielkriteriums innerhalb einer Einflusskomponente gebildet. Diese Summenwerte beschreiben somit die jeweiligen Gesamtnutzwerte einer Einflusskomponente unterschieden nach den jeweiligen Sensibilitäten um +/- 20 Prozent.

Tabelle 37: Referenzbewertung mit Sensibilität der Teilnutzwerte aller Zielkriterien von +/- 20 Prozent

| Zielkriterien | | GW | Teilnutzwerte aller Zielkriterien | | | Gesamtnutzwerte Zielkriterien und Einflusskomponente | | |
|---|---|---|---|---|---|---|---|---|
| Nr. | Kurzbezeichnung | in % | RB - 20 % | RB +/- 0 % | RB + 20 % | RB - 20 % | RB +/- 0 % | RB + 20 % |
| [1] | [2] | [3] | [4] | [5] | [6] | [7] | [8] | [9] |
| **Termine** | | | | | | **9,9** | **12,4** | **14,9** |
| T1 | Teilprozesse | 14% | 24 | 30 | 36 | 3,4 | 4,2 | 5,0 |
| T2 | Unabhängigkeit Vorbehandlung | 11% | 8 | 10 | 12 | 0,9 | 1,1 | 1,3 |
| T3 | Unabhängigkeit Produktionsprozesse | 11% | 16 | 20 | 24 | 1,8 | 2,2 | 2,6 |
| T4 | Unabhängigkeit Nachbehandlung | 11% | 8 | 10 | 12 | 0,9 | 1,1 | 1,3 |
| T5 | Regelprozesse sind möglich | 6% | 0 | 0 | 0 | 0,0 | 0,0 | 0,0 |
| T6 | Flexibilität Tätigkeiten u. Teilprozesse | 11% | 8 | 10 | 12 | 0,9 | 1,1 | 1,3 |
| T7 | AufwandszeitenTeilprozesse | 18% | 4 | 5 | 6 | 0,7 | 0,9 | 1,1 |
| T8 | Vorbehandlung zu Produktion | 9% | 8 | 10 | 12 | 0,7 | 0,9 | 1,1 |
| T9 | Produktion zu Nachbehandlung | 9% | 8 | 10 | 12 | 0,7 | 0,9 | 1,1 |
| **Kosten** | | | | | | **5,0** | **6,3** | **7,6** |
| K1 | Kostenkennwerte Personal | 20% | 0 | 0 | 0 | 0,0 | 0,0 | 0,0 |
| K2 | Stoffverbräuche bekannt | 18% | 4 | 5 | 6 | 0,7 | 0,9 | 1,1 |
| K2 | Stoffverbräuche bekannt | 10% | 12 | 15 | 18 | 1,2 | 1,5 | 1,8 |
| K4 | Geräte und Maschinen planbar | 10% | 12 | 15 | 18 | 1,2 | 1,5 | 1,8 |
| K5 | Werkzeuge und Zubehör planbar | 10% | 12 | 15 | 18 | 1,2 | 1,5 | 1,8 |
| K6 | Gerüste und Steighilfen planbar | 6% | 12 | 15 | 18 | 0,7 | 0,9 | 1,1 |
| K7 | Abnutzungsgrad Produktionsfaktoren | 6% | 0 | 0 | 0 | 0,0 | 0,0 | 0,0 |
| K8 | Fachpersonalquote | 12% | 0 | 0 | 0 | 0,0 | 0,0 | 0,0 |
| K9 | Ausbildung Fachpersonal | 8% | 0 | 0 | 0 | 0,0 | 0,0 | 0,0 |
| **Umwelt** | | | | | | **27,9** | **34,9** | **41,9** |
| U1 | Baustelleneinrichtung | 7% | 16 | 20 | 24 | 1,1 | 1,4 | 1,7 |
| U2 | Eignung für "im Freien" | 8% | 64 | 80 | 96 | 5,1 | 6,4 | 7,7 |
| U3 | Eignung für "im Gebäude" | 8% | 64 | 80 | 96 | 5,1 | 6,4 | 7,7 |
| U4 | Kenntnisse Sonneneinstrahlung | 8% | 16 | 20 | 24 | 1,3 | 1,6 | 1,9 |
| U5 | Kenntnisse Umgebungstemperatur | 8% | 16 | 20 | 24 | 1,3 | 1,6 | 1,9 |
| U6 | Kenntnisse Niederschlag | 8% | 16 | 20 | 24 | 1,3 | 1,6 | 1,9 |
| U7 | Kenntnisse Relative Luftfeuchtigkeit | 8% | 16 | 20 | 24 | 1,3 | 1,6 | 1,9 |
| U8 | Risiko Witterungseinflüsse | 16% | 32 | 40 | 48 | 5,1 | 6,4 | 7,7 |
| U9 | Schutzmaßnahmen Witterung | 10% | 16 | 20 | 24 | 1,6 | 2,0 | 2,4 |
| U10 | Emissionen des Umfeldes | 5% | 48 | 60 | 72 | 2,4 | 3,0 | 3,6 |
| U11 | Störanfälligkeit bei Immissionen | 9% | 8 | 10 | 12 | 0,7 | 0,9 | 1,1 |
| U12 | Risiko durch Baugrund und Bauwerk | 5% | 32 | 40 | 48 | 1,6 | 2,0 | 2,4 |
| **Arbeitssicherheit** | | | | | | **13,0** | **16,3** | **19,6** |
| A1 | Einflüsse Produktionsfaktoren | 20% | 0 | 0 | 0 | 0,0 | 0,0 | 0,0 |
| A2 | Informationen Stoffe | 12% | 32 | 40 | 48 | 3,8 | 4,8 | 5,8 |
| A3 | Informationen Geräte und Maschinen | 12% | 16 | 20 | 24 | 1,9 | 2,4 | 2,9 |
| A4 | Informationen Werkzeuge | 10% | 16 | 20 | 24 | 1,6 | 2,0 | 2,4 |
| A5 | Informationen Gerüste und Steighilfen | 10% | 16 | 20 | 24 | 1,6 | 2,0 | 2,4 |
| A6 | Maßnahmen Arbeitsschutz | 20% | 0 | 0 | 0 | 0,0 | 0,0 | 0,0 |
| A7 | Einsatzbereite Produktionsfaktoren | 5% | 8 | 10 | 12 | 0,4 | 0,5 | 0,6 |
| A8 | Persönliche Schutzausrüstung | 5% | 64 | 80 | 96 | 3,2 | 4,0 | 4,8 |
| A9 | Informationen kommunizierbar | 6% | 8 | 10 | 12 | 0,5 | 0,6 | 0,7 |
| **Qualität** | | | | | | **15,8** | **19,8** | **23,8** |
| Q1 | Qualitätsmerkmale | 22% | 16 | 20 | 24 | 3,5 | 4,4 | 5,3 |
| Q2 | Qualitätsgewährleistung | 17% | 8 | 10 | 12 | 1,4 | 1,7 | 2,0 |
| Q3 | Pilotprojekte als Referenz | 9% | 24 | 30 | 36 | 2,2 | 2,7 | 3,2 |
| Q4 | Maßnahmen Qualitätsüberwachung | 9% | 24 | 30 | 36 | 2,2 | 2,7 | 3,2 |
| Q5 | Logistik Qualitätsüberwachung | 11% | 8 | 10 | 12 | 0,9 | 1,1 | 1,3 |
| Q6 | Bauaufsichtliche Zulassung | 16% | 4 | 5 | 6 | 0,6 | 0,8 | 1,0 |
| Q7 | Zulassung im Einzelfall | 16% | 32 | 40 | 48 | 5,1 | 6,4 | 7,7 |

Tabelle 38: Referenzbewertung mit Sensibilität der Teilnutzwerte der zwei höchstgewichtetsten Zielkriterien einer Einflusskomponente um +/- 20 Prozent

| Zielkriterien | | GW | Teilnutzwerte der zwei höchstgewichtetsten Zielkriterien | | | Gesamtnutzwerte Zielkriterien und Einflusskomponente | | |
|---|---|---|---|---|---|---|---|---|
| Nr. | Kurzbezeichnung | in % | RB - 20 % | RB +/- 0 % | RB + 20 % | RB - 20 % | RB +/- 0 % | RB + 20 % |
| [1] | [2] | [3] | [4] | [5] | [6] | [7] | [8] | [9] |
| Termine | | | | | | 9,9 | 12,4 | 14,9 |
| T1 | Teilprozesse | 14% | 24 | 30 | 36 | 3,4 | 4,2 | 5,0 |
| T7 | AufwandszeitenTeilprozesse | 18% | 4 | 5 | 6 | 0,7 | 0,9 | 1,1 |
| Kosten | | | | | | 5,0 | 6,3 | 7,6 |
| K1 | Kostenkennwerte Personal | 20% | 0 | 0 | 0 | 0,0 | 0,0 | 0,0 |
| K2 | Stoffverbräuche bekannt | 18% | 4 | 5 | 6 | 0,7 | 0,9 | 1,1 |
| Umwelt | | | | | | 27,9 | 34,9 | 41,9 |
| U8 | Risiko Witterungseinflüsse | 16% | 32 | 40 | 48 | 5,1 | 6,4 | 7,7 |
| U9 | Schutzmaßnahmen Witterung | 10% | 16 | 20 | 24 | 1,6 | 2,0 | 2,4 |
| Arbeitssicherheit | | | | | | 13,0 | 16,3 | 19,6 |
| A1 | Einflüsse Produktionsfaktoren | 20% | 0 | 0 | 0 | 0,0 | 0,0 | 0,0 |
| A6 | Maßnahmen Arbeitsschutz | 20% | 0 | 0 | 0 | 0,0 | 0,0 | 0,0 |
| Qualität | | | | | | 15,8 | 19,8 | 23,8 |
| Q1 | Qualitätsmerkmale | 22% | 16 | 20 | 24 | 3,5 | 4,4 | 5,3 |
| Q2 | Qualitätsgewährleistung | 17% | 8 | 10 | 12 | 1,4 | 1,7 | 2,0 |

Diese ermittelten Gesamtnutzwerte jeder Einflusskomponente aus der Tabelle 37 und der Tabelle 38 werden zusammengefasst und so wie bereits in Abschnitt 6.5 erfolgt, als so genannte Wissensstände dargestellt. Diese Wissensstände sind zusammen mit dem Wissensstand der 2. Status-Bewertung (vgl. Tabelle 35) in der Tabelle 39 aufgezeigt.

Tabelle 39: Wissensstände der Referenzbewertung inklusive der Sensibilitäten bei den Teilnutzwerten und der Wissensstand der 2. Status-Bewertung im Fallbeispiel

| Einflusskomponenten | Gesamtnutzwerte als Wissensstände in | | | | | |
|---|---|---|---|---|---|---|
| | RB -20 % alle ZK | RB -20 % zwei höchstg. ZK | RB +/- 0 % alle ZK | RB +20 % zwei höchstg. ZK | RB +20 % alle ZK | 2. SB +/- 0 % alle ZK |
| [1] | [2] | [3] | [4] | [5] | [6] | [7] |
| Termine | 9,9 | 11,4 | 12,4 | 13,4 | 14,9 | 89,6 |
| Kosten | 5,0 | 6,1 | 6,3 | 6,5 | 7,6 | 85,8 |
| Umwelt | 27,9 | 33,2 | 34,9 | 36,6 | 41,9 | 92,1 |
| Arbeitssicherheit | 13,0 | 16,3 | 16,3 | 16,3 | 19,6 | 91,6 |
| Qualität | 15,8 | 18,6 | 19,8 | 21,0 | 23,8 | 71,8 |

Abschließend können in einem weiteren Schritt die Wissensstände der 2. Status-Bewertung in Relation zu verschiedenen Wissensständen der Referenzbewertung gesetzt werden. Dieses erfolgt, in dem die Wissensstände der Spalte [7] der Tabelle 39 durch die jeweiligen Werte der Spalten [2] bis [6] dieser Tabelle dividiert werden. Diese relativen Wissenszugewinne sind in Tabelle 40 dargestellt.

Tabelle 40: Relative Wissenszugewinne für die einzelnen Fallunterscheidungen in dieser Sensitivitätsbetrachtung im Fallbeispiel

| Einflusskomponenten | Relativer Wissenszugewinn nach 2. SB zur | | | | |
|---|---|---|---|---|---|
| | RB<br>-20 %<br>alle ZK | RB<br>-20 %<br>zwei höchstg.<br>ZK | RB<br>+/- 0 %<br>alle ZK | RB<br>+20 %<br>zwei höchstg.<br>ZK | RB<br>+20 %<br>alle ZK |
| | Fall 1 | Fall 2 | Ausgangsfall | Fall 3 | Fall 4 |
| [1] | [2] | [3] | [4] | [5] | [6] |
| Termine | 903 % | 787 % | 723 % | 668 % | 602 % |
| Kosten | 1.702 % | 1.402 % | 1.362 % | 1.324 % | 1.135 % |
| Umwelt | 330 % | 277 % | 264 % | 252 % | 220 % |
| Arbeitssicherheit | 702 % | 562 % | 562 % | 562 % | 468 % |
| Qualität | 453 % | 386 % | 363 % | 342 % | 302 % |

In der Schlussfolgerung dieser Sensitivitätsbetrachtung können zum Beispiel folgende Fallunterscheidungen hervorgehoben werden:

Fall 1: Alle Teilnutzwerte der Zielkriterien in der Referenzbewertung wären durch ein Bewertungsteam um 20 Prozent geringer bewertet worden. Die Teilnutzwerte der 2. Status-Bewertung bleiben unverändert. Dieser Fall hätte zur Folge, dass die relativen Wissenszugewinne bei der Einflusskomponente Kosten mit 1.702 Prozent deutlich höher ausfallen würden, als dieses bei dem betrachteten Ausgangsfall ohne Reduktion der Teilnutzwerte (1.362 Prozent) wäre. Vergleichbare Erhöhungen der relativen Wissenszugewinne sind bei den weiteren Einflusskomponenten zu beobachten.

Fall 2: Nur die Teilnutzwerte der beiden höchstgewichtetsten Zielkriterien in der Referenzbewertung wären durch das Bewertungsteam um 20 Prozent geringer bewertet worden. Alle anderen Teilnutzwerte der Zielkriterien einer Referenzbewertung bleiben unverändert. Die Teilnutzwerte der 2. Status-Bewertung bleiben unverändert. Dieser Fall hätte zur Folge, dass die relativen Wissenszugewinne bei der Einflusskomponente Kosten mit 1.402 Prozent zwar im Vergleich zum betrachteten Ausgangsfall ohne Reduktion der Teilnutzwerte höher ausfällt, aber nicht so deutlich verändert wird, wie im Fall 1. Die größte Veränderung gibt es bei der Einflusskomponente Termine, wo der relative Wissenszugewinn von 723 Prozent auf 787 Prozent ansteigt. Keine Veränderung gab es bei der Einflusskomponente Arbeitssicherheit. Dieses ist darauf zurückzuführen, da die beiden betrachteten Zielkriterien im Ausgangsfall mit 0 Punkten bewertet wurden und somit eine prozentuale Erhöhung oder Verringerung um 20 Prozent kalkulatorisch unmöglich ist.

Fall 3: Nur die Teilnutzwerte der beiden höchstgewichtetsten Zielkriterien in der Referenzbewertung wären durch das Bewertungsteam um 20 Prozent höher bewertet worden. Alle anderen Teilnutzwerte der Zielkriterien einer Referenzbewertung bleiben unverändert. Die Teilnutzwerte der 2. Status-Bewertung bleiben unverändert. Dieser Fall hätte vergleichbare Veränderungen der relativen Wissenszugewinne zur Folge, wie diese im Fall 2 beschrieben wurden. Jedoch wären die Veränderungen negativ. Das heißt, die relativen Wissenszugewinne bei den Einflusskomponenten Termine, Kosten, Umwelt und Qualität verringern sich, die der Einflusskomponente Arbeitssicherheit bleibt wegen der Ausgangsbewertung mit 0 unverändert.

Fall 4: Alle Teilnutzwerte der Zielkriterien in der Referenzbewertung wären durch ein Bewertungsteam um 20 Prozent höher bewertet worden. Die Teilnutzwerte der 2. Status-Bewertung bleiben unverändert. Dieser Fall verringern sich die relativen Wissenszugewinne bei den Einflusskomponenten gleichmäßig.

Diese beispielhaft durchgeführte Sensitivitätsbetrachtung kann zusätzlich in anderen Fallunterscheidungen durchgeführt werden. Zum Beispiel wäre es denkbar, die Auswirkungen von Veränderung einzelnen Teilnutzwerte einzelner Zielkriterien zu ermitteln, um damit eine Beurteilung der Gewichtung einzelner Zielkriterien vornehmen zu können. Somit bekäme die Sensitivitätsbetrachtung zu einem frühen Zeitpunkt dieser in diesem Kapitel vorgestellten Kontinuierlichen Bewertungsphase eine hohe Bedeutung.

# 7 Schlussbetrachtung

## 7.1. Zusammenfassung

**Ausgangspunkt** der Arbeit war es zunächst, die Würdigung der Themen Innovation und Innovationsmanagement in der Bauwirtschaft und besonders aus Sicht bauausführender Unternehmen aufzuarbeiten. Hierzu sollte ein Theoriestudium zum multisektional geprägten Begriff der Innovation und deren Bewertbarkeit bis hin zu einer ausführlichen theoretischen und studienorientierten Untersuchung zu wissenschaftlichen Ansätzen führen, wie baubetriebliche Innovation zu verbessern sind. Dieses erfolgte besonders unter Beachtung des Themenkomplexes Innovationsmanagement. Aufbauend auf diesen Methodenwissen war es Ziel dieser Arbeit, ein Modell zu entwickeln und anschließend nachzuweisen, wie bisher wenig beachtete oder störende Aspekte eines Innovationsprozesses eliminiert und/oder durch bessere ersetzt werden können.

Zur Realisierung dieser Zielstellungen wurde die Arbeit in sieben Kapitel unterteilt. **Kapitel 1** und **Kapitel 7** bildeten den einleitenden und abschließenden Rahmen dieser Arbeit.

Im **Kapitel 2** wurden für das allgemeine Verständnis der Arbeit Grundlagen geschaffen. So konnte die anfängliche These, dass der Begriff Innovation in verschiedenen Branchen sehr unterschiedliche Ausprägungen annimmt, begründet und nachgewiesen werden. Zudem wurde in diesem Kapitel eine für diese Arbeit geltende Definition für eine baubetriebliche Innovation im engeren Sinn festgelegt. In einem zweiten Teil dieses Kapitels wurden Bewertungsverfahren untersucht, die zur Bewertung von baubetrieblichen Innovationen dienlich sein könnten.

Im zweiten theoretischen Analyseteil dieser Arbeit wurden im **Kapitel 3** der Forschungsstand und die erprobte Praxis von Managementmethoden in verschiedenen Bereichen der Wissenschaft und Wirtschaft untersucht. Gezeigt wurde, wie Innovationsmanagement im Kontext verschiedener Branchen gewürdigt wird und welche Beachtung und Bedeutung dieses insbesondere in der Bauwirtschaft bisher erlangt. Neben der theoretischen Eingrenzung der Begrifflichkeiten und Methoden wurden zudem Barrieren für Innovationsentwicklungen in der Bauwirtschaft und im Baubetrieb diskutiert. In einem letzten Teil dieses Kapitels wurde mit dem Kontinuierliche Verbesserungsprozess (KVP) eine alternative Managementmethode vorgeschlagen, die bisher nicht zwingen mit Innovationen im Baubetrieb in Verbindung trat. Der KVP wurde somit theoretisch vorgestellt und bildete eine wichtige Grundlage für den Lösungsansatz im nachfolgenden Kapitel 4.

**Kapitel 4** stellte ein neues Modell zur Lösung der Problemstellung vor. Es führte dabei das zuvor analysierte Theoriewissen zu verschiedenen Methoden zusammen, um daraus einen neuen Kontinuierlichen Innovationsprozess abzuleiten. Dieser neue Lösungsansatz orientierte sich an bisherigen Modellen, modifiziert dabei jedoch die grundlegende Phasenabfolge eines Innovationsprozesses und ergänzt das Wesen einzelner Phasen mit Ideen des KVP. Dieses Kapitel beantwortet somit zunächst rein theoretisch die Ausgangshypothese, dass mit den analysierten Managementmethoden durchaus signifikante Verbesserungen aus Sicht bauausführender Unternehmen (Anwender) möglich sind.

Zum Beweis der Praktikabilität des neuen Kontinuierlichen Innovationsprozesses widmeten sich die beiden vorletzen Kapitel beispielhaft der praxisorientierten Anwendung der beiden Kernphasen dieses Innovationsprozesses. Zunächst wurde im **Kapitel 5** ein beispielhafter Optimierungsprozess einer baubetrieblichen Innovation vorgestellt. Dieses waren die Untersuchungen zur Verstärkung mit Textilbeton. Da die Untersuchungen nach Voraussetzungen geplant und beauftragt wurden, die nicht dem theoretisch beschriebenen Vorgehen eines Kontinuierlichen Innovationsprozesses entsprechen, konnte in dieser Arbeit die Kontinuierliche Entwicklungsphase (erste Kernphase) nur ansatzweise an diesem Beispiel dargestellt werden. Ergänzend wurden einige Aspekte in fiktiven Ausführungen begründet. In einem zweiten Teil dieses Kapitels wurden die Abschlussdokumentationen dieser Forschungen ausführlich dokumentiert. Dieses diente dem Zweck die theoretisch entwickelte Kontinuierliche Bewertungsphase (zweite Kernphase) fiktiv in einer Fallstudie (**Kapitel 6**) darzustellen.

## 7.2. Ergebnisse der Arbeit

In der Quantifizierung der Problemstellung im Verlauf der Arbeit wurde der Zielkonflikt zwischen der Wissenschaft und der Baupraxis hervorgehoben. Es wurde verdeutlicht, dass Innovationen aus Sicht der Wissenschaft zunächst sehr theoretisch unter rein wissenschaftlichen Gesichtspunkten entwickelt werden. Oft wird versäumt in frühen Entwicklungsphasen nachzuweisen, dass z. B. neue Bauverfahren später im Praxiseinsatz umsetzbar sein müssen. Insbesondere Daten zu baubetrieblichen Einflusskomponenten sind in einer solch frühen Entwicklungsphase nur spärlich und unstrukturiert dokumentiert. Außerdem wurden bedeutsame Innovationsbarrieren in einem baubetrieblichen Kontext aufgezeigt, die unter anderen auf rechtliche Rahmenbedingungen zurückzuführen sind. Es war dabei nicht Inhalt der Arbeit, die einleitend genannten Statistiken zu Innovationsaufkommen in der deutschen Bauwirtschaft im Vergleich zu anderen Branchenumfeldern näher zu untersuchen oder sogar zu ergänzen.

Vielmehr wurde in dieser Arbeit aus Sicht des Anwenders im baubetrieblichen Kontext die Frage gestellt, welcher Ansatz gewählt wird, um genau die Wissenslücken zu schließen, die bei einer baubetrieblichen Innovation in frühen Anwendungsphasen aus der Anwendersicht existieren. Es sollte geklärt werden, wie ein Bauunternehmen in Zusammenarbeit mit der Wissenschaft schnell und effizient Innovationen optimieren und bewerten kann. Eine Idee war Methoden anderer Wissenschaftsgebiete zu analysieren und deren Eignung für diesen vorliegenden Zweck zu prüfen.

Mit der in dieser Arbeit eingeführten Definition einer baubetrieblichen Innovation im engeren Sinn, wurde die Grundlage gelegt, das Thema Innovationsmanagement und Optimierung von Innovationen in der Bauwirtschaft aus Sicht eines Anwenders (bauausführenden Unternehmen) zu schärfen. Außerdem konnte gegenüber bisherigen sehr theoretischen und weitgefassten Definitionen von Innovationen einiger Autoren Abgrenzungen gefunden werden. Als wesentliches Zwischenergebnis der theoretischen Analyse in dieser Arbeit waren zudem die Beurteilungen zu Bewertungsverfahren für baubetriebliche Innovationen im engeren Sinn zu sehen. Hier wurden wesentliche Instrumente der Situationsanalyse und vier multikriterielle Bewertungsverfahren vorgestellt. Die ABC-Analyse und die Sensitivitätsanalyse schlossen zudem die Bandbreite der untersuchten Verfahren ab. Die Eignungsbeurteilung der einzelnen Bewertungsverfahren ergab, dass die Nutzwertanalyse (NWA) „gut geeignet" ist, eine baubetriebliche Innovation (z. B. neues Bauverfahren) zu bewerten. Dieses war zwar nicht überraschend, denn bereits im Zusammenhang mit bekannten Bauverfahren wurde diese Methode von einigen Autoren als geeignet hervorgehoben. Jedoch fehlte bisher der theoretische Nachweis für neue Bauverfahren als baubetriebliche Innovation im engeren Sinn. Die NWA bietet z. B. die Möglichkeit, sowohl nicht monetäre Kriterien einfließen zu lassen, wie auch monetäre Kriterien, die umgewandelt werden können. Der im Rahmen einer NWA zu entwickelnde Kriterienkatalog kann zudem direkt an die Struktur der fünf Einflusskomponenten Termine, Kosten, Arbeitssicherheit, Umwelt und Qualität angelehnt werden und wird damit der Beschreibung eines neuen Bauverfahrens als Beispiel für eine baubetriebliche Innovation im engeren Sinn im vollen Umfang gerecht. Außerdem wird die Bewertung immer in Relation zu den Alternativen durchgeführt, so dass z. B. ein relativer Vergleich der Situation vor, während und nach einer Optimierung der baubetrieblichen Innovation möglich ist.

Die Untersuchungen mündeten schließlich im zentralen Lösungsansatz dieser Arbeit. So wurde mit dem Kontinuierlicher Innovationsprozess ein neues Modell vorgestellt und beschrieben, das bisherige Innovationsmanagementmethoden mit Methoden der klassische Datenerhebung, mit Wesensmerkmale des KVP und der Methode der Nutzwertanalyse zusammenführt. Die damit entstandenen vier Phasen des Kontinuierlichen Innovationsprozesses grenzen sich in genau zwei wesentlichen Aspekten von bisherigen Lösungskonzepten ab. Zum einen werden die vier Phasen (Generierungsphase, Kontinuierliche Bewertungsphase, Kontinuierliche Entwicklungsphase und Implementierungs- und Rückmeldephase) nicht mehr chronologisch ablaufend verstanden, sondern in einem mehrmals ablaufenden Zyklus eingegliedert. So wird die Generierungsphase als strategische Phase der leitenden Ebenen eines bauausführenden Unternehmens verstanden, mit welchen sequenziell innovative Ideen als potenzielle baubetriebliche Innovationen im engeren Sinn identifiziert werden können. Hierzu ist ein Strategisches Innovationsteam verantwortlich, welches sich aus internen Mitgliedern des Unternehmens und externen Experten zusammensetzt. Aus diesem regelmäßig ablaufenden Generierungsprozess werden die potenziellen baubetrieblichen Innovationen im engeren Sinn in die nachfolgenden beiden Kernphasen übertragen. So wird in der Kontinuierlichen Entwicklungsphase (als eine der beiden Kernphasen) durch ein speziell gebildetes Baubetriebliches Innovationsteam konkret diese baubetriebliche Innovation erforscht und entwickelt. Die zu durchlaufenden Plan- und Do-Phasen dieser Kontinuierlichen Entwicklungsphase geben die Ablaufstruktur vor, welche sich regelmäßig unter Einsatz verschiedener Methoden wiederholt. Ziel ist dabei, die baubetriebliche Innovation bis hin zu einer anwendungsreifen und implementierfähigen Innovation für das bauausführende Unternehmen zu entwickeln. Damit hierzu stets Entscheidungsgrundlagen in Form von quantifiziertem Wissen vorliegen, läuft parallel die Kontinuierliche Bewertungsphase (als zweite Kernphase) ab. In dieser Phase werden kontinuierlich Bewertungen vorgenommen, die methodisch der Nutzwertanalyse entstammen. Dadurch kann zu jedem beliebigen Zeitpunkt während einer Innovationsentwicklung ein Wissensstand ermittelt werden und der relative Wissenszugewinn dargestellt werden. Als vierte Phase des Kontinuierlichen Entwicklungsprozesses erfolgt die Implementierung und Rückmeldung an konkreten Praxisanwendungen. Damit kann schlussendlich die Sicherheit erlangt werden, dass die baubetriebliche Innovation nicht nur potenziell sondern nachweisbar erfolgreich ist. Die Ergebnisse dieser Schlussbetrachtung münden in einer finalen Bewertung und bilden zudem neue Anregungen für neu zu generierende innovative Ideen für das bauausführende Unternehmen.

Dieses theoretisch entwickelte Modell konnte zudem in dieser Arbeit an einer konkreten Praxisanwendung demonstriert werden. So zeigten sich konkrete Methoden zur Entwicklung einer baubetrieblichen Innovation und die Praktikabilität des entwickelten Bewertungsprozesses. Inhaltlich wurden für die baubetriebliche Innovation „Verstärkungen aus Textilbeton" wesentliche Erkenntnisse dokumentiert und deren Werthaltigkeit quantifiziert. Dabei wurde berücksichtigt, dass zunächst nur Bruchteile des neuen Bauverfahrens bekannt waren. Selbst vollkommen unklare baubetriebliche Aspekte ließen sich in die fünf Einflusskomponenten Termine, Kosten, Arbeitssicherheit, Umwelt und Qualität einsortieren. Während der Optimierungsphase konnten zudem deutliche Wissenszugewinne über alle fünf Einflusskomponenten erzielt werden. Im Speziellen lagen die relativen Wissenszugewinne nach Abschluss der 2. Status-Bewertung (entspricht dem Endzeitpunkt des beispielhaft vorgestellten Transferforschungsprojektes) bei 1.362 Prozent (Kosten), 723 Prozent (Termine), 562 Prozent (Arbeitssicherheit), 363 Prozent (Qualität) und 264 Prozent (Umwelt).

## 7.3. Kritik

Der gewählte Bewertungsprozess der baubetrieblichen Innovation unterliegt subjektiven Entscheidungsmechanismen. Dieses kann jedoch durch eine konsequente Subjektivität (gleiche Person oder gleiches Team) weitestgehend eliminiert werden. Hierzu wurden in dieser Arbeit organisatorische Ideen und Managementlösungen vorgeschlagen. Zum Beispiel sollten die Entwicklungen und Bewertungen immer in speziell einzurichtenden baubetrieblichen Innovationsteams erfolgen, aus denen Spezialteams für einzelne Aufgaben des Kontinuierlichen Innovationsprozesses hervorgehen.

Im Verlauf des Forschungsprojektes konnte nicht immer gewährleistet werden, dass alle Ressourcen abgerufen wurden. Teils sehr fluktuative Teamzusammensetzungen bei den Großversuchen sorgten für Verzögerungen bei der Ergebnisfindung. Außerdem standen im Rahmen des begleiteten Forschungsprojektes nur begrenzte Sach- und Finanzmittel zur Verfügung. Dieses müsste im Rahmen einer geplanten und tatsächlich durchzuführenden Kontinuierlichen Entwicklungsphase und Kontinuierlichen Bewertungsphase durch ein bauausführendes Unternehmen vermieden werden.

Weiterhin muss noch einmal auf die Besonderheit der Bauindustrie im Vergleich zu Innovationen aus dem Bereich der stationären Industrie kritisch hingewiesen werden. Wie in dieser Arbeit beschrieben wurde, können die Zulassungsverfahren für Baustoffe und Bauverfahren um ein vielfaches komplexer und langwieriger sein, als dieses bei einfachen Produktneuheiten, wie dieses z. B. bei Produkten der Verbrauchsgüterindustrie der Fall ist. Ein solches Kriterium wurde zwar im Rahmen des Kriterienkatalogs einer NWA-2 im Rahmen dieser Arbeit berücksichtigt, wird sich jedoch als Innovationsbarriere kaum vollständig eliminieren lassen.

## 7.4. Resümee und Ausblick

Im Rahmen dieser Arbeit konnten wichtige Beiträge zu baubetrieblichen Wissen für die beispielhaft vorgestellte baubetriebliche Innovation im engeren Sinn erarbeitet und dokumentiert werden. Diese können als gute Grundlage für einen noch ausstehenden flächendeckenden Implementierungsprozess des Verfahrens „Verstärkungen aus Textilbeton“ dienen. Die Beurteilungen auf Basis der Abschlussdokumentationen bei den Einflusskomponenten Kosten, Termine, Qualitäten und Arbeitssicherheit erscheinen sehr umfänglich. Dennoch könnten zur Verdeutlichung der monetären Auswirkungen konkrete Kostenberechnungen mit den im Rahmen dieser Arbeit entwickelten Kennwerten zu Aufwand und Verbrauch vertieft werden. Hier wären jedoch stets aktuelle Marktpreise zu Stoffen und Geräten und den geltenden Tarifbestimmungen der Bauindustrie und letzten Endes der spezifischen Preispolitik des Anwenders (ausführendes Unternehmen) zu berücksichtigen. Wesentlichen Forschungsbedarf bei diesem neuen Bauverfahren gibt es zudem nach wie vor bei den Umwelteinflüssen aus Witterung und bei Methoden der Nachbehandlung der Verstärkungen aus Textilbeton. Ferner sind spezielle Aspekte, wie z. B. Brandschutz nicht in die hier durchgeführten Untersuchungen eingeflossen.

Zusammenfassend kann gesagt werden, dass die anfängliche Motivation, die Optimierung und Bewertbarkeit einer baubetrieblichen Innovation aus Sicht eines Anwenders zu verbessern, mit dem hier vorgestellten Kontinuierlichen Innovationsprozess gelingen kann und beispielhaft demonstriert wurde. Mit einem solchen Vorgehen kann zu jedem Zeitpunkt einer Innovationsentwicklung quantifiziertes Wissen geliefert werden, welches als Entscheidungsgrundlage für den Anwender dienlich sein kann.

## Literaturverzeichnis

**Monographien, Hochschulschriften und Aufsätze in Fachzeitschriften**


# A

| | |
|---|---|
| Aberle, Gerd | Transportwirtschaft: Einzelwirtschaftliche und gesamtwirtschaftliche Grundlagen, 5. Auflage, München, Oldenbourg Verlag, 2009 |
| Adams, Christian | Bewertungsverfahren für verschiedene intermodale Straßenverkehrsmaßnahmen, Dissertation, Berlin, 2008 |
| Aerni, Markus, Bruhn, Manfred | Integrierte Kommunikation: Grundlagen mit zahlreichen Beispielen, Repetitionsfragen mit Lösungen und Glossar, Band 1, Zürich, Compendio Bildungsmedien, 2008 |
| Amann, Wolfgang, Ramaseder, Stefan | Forschungsbedarf in der Bauwirtschaft – eine Potenzialanalyse, Im Auftrag des Bundesministeriums für Verkehr, Innovation und Technologie und der Geschäftsstelle Bau der Wirtschaftskammer Österreich, 2006 |
| Atteslander, Peter | Methoden der empirischen Sozialforschung, Band 13, Berlin, Erich Schmidt Verlag GmbH & Co. KG, 2010 |
| Augustin, S. | Mit Kaizen zum schlanken Unternehmen: Große Taten in kleinen Schritten, In: Management (Journal), 1992 |

# B

| | |
|---|---|
| Backerra et al. | Kreativitätstechniken – Kreative Prozesse anstossen, Innovationen fördern, Carl Hanser Verlag 2002 |
| Baier, Peter | Praxishandbuch Controlling: Controllinginstrumente, Unternehmensplanung und Reporting, München, mi-Fachverlag, FinanzBuchverlag GmbH, 2. Auflage, 2009 |
| Banerjee, Ross | Celling the Japanese method, In: Manufacturing Engineer 72 (Journal), 1993 |
| Bauer, Manfred | Baubetrieb 1, Heidelberg, Berlin, Springer-Verlag, 2007 |
| Bea, Franz Xaver, Friedl,Birgit, Schweitzer, Marcell | Allgemeine Betriebswirtschaftslehre, Band 2: Führen, Band 10, Stuttgart, Lucius & Lucius Verlagsgesellschaft, 2011 |
| Bea, Franz Xaver, Schweitzer, Marcell | Allgemeine Betriebswirtschaftslehre, Band 1: Grundfragen, Band 10, Stuttgart, Lucius & Lucius Verlagsgesellschaft, 2009 |

| | |
|---|---|
| Behr, Michael, Thieme, Christoph | Von den Paralleluniversen zur neuen Kooperationsdynamik, In: Die Hochschule, Journal für Wissenschaft und Bildung, Ausgabe 1, Herausgeber: Institut für Hochschulforschung an der Martin-Luther-Universität Halle-Wittenberg, Wittenberg, Jena, 2009 |
| Berner, Fritz, Kochendörfer, Bernd, Schach, Rainer | Grundlagen der Baubetriebslehre, Band 1: Baubetriebswirtschaft, 2. Auflage, Wiesbaden, Springer Vieweg, 2013 |
| Berner, Fritz, Kochendörfer, Bernd, Schach, Rainer | Grundlagen der Baubetriebslehre 2: Baubetriebsplanung, 1. Auflage, Wiesbaden, B.G. Teubner Verlag/GWV Fachverlage, 2008 |
| Berner, Fritz, Kochendörfer, Bernd, Schach, Rainer | Grundlagen der Baubetriebslehre 3: Baubetriebsführung, 1. Auflage, Wiesbaden, Vieweg+Teubner Verlag/GWV Fachverlage GmbH, 2009 |
| Bielenberg, Kai Michael | Der kontinuierliche Problemlösungsprozess, Wiesbaden, Deutscher Universitäts-Verlag, 1996 |
| Blecken, Udo, Hasselmann, Willi | Kosten im Hochbau: Praxis-Handbuch und Kommentar zur DIN 276, Köln, Rudolf Müller Verlag, 2007 |
| Borner, Rolf | Prozessmodell für projekt- und erfolgsorientiertes Wissensmanagement zur kontinuierlichen Verbesserung in Bauunternehmen, Dissertation, Zürich, vdf-Hochschulverlag an der Eidgenössischen Universität Zürich, 2004 |
| Bortz, Jügen, Döring, Nicola | Forschungsmethoden und Evaluation für Human- und Sozialwissenschaftler, Band 4, Heidelberg, Springer Medizin Verlag, 2009 |
| Braun, Herbert | Risikomanagement, Darmstadt, Toeche-Mittler Verlag, 1984 |
| Breyer, Wolfgang (Hrsg.) | Unternehmerhandbuch Bau – Mittelständische Bauunternehmen sicher durch die Krise führen, Wiesbaden, Vieweg-Verlag, 2005 |
| Brockhoff, Klaus | Forschung und Entwicklung, München, 5. Auflage, Oldenbourg Verlag, 1999 |
| Brown, Bruce, Anthony, Scott D. | Die Ideenfabrik, In: Harvard Business Manager, Jg. 33, Heft 8/2011, manager magazin verlagsgesellschaft, Hamburg, 2011 |
| Brückner, Anett , Ortlepp, Regine, Curbach, Manfred | Textile Reinforced Concrete for Strengthening in Bending and Shear, In: Materials and Structures 39, Heft 8, 2006 |
| Brüssel, Wolfgang | Baubetrieb von A bis Z, Düsseldorf, Werner Verlag, 2002 |
| Bullinger, Hans-Jörg, Warneck, Hans-Jürgen, Westkämper, Engelbert | Neue Organisationsformen im Unternehmen, Berlin, Heidelberg, New York, Springer-Verlag, 2003 |

| | |
|---|---|
| Burati Jr., James, Matthews, Michael F., Kalidini, Satyanarayana | Quality Management in Construction Industry, In: Journal of Construction Engeneering and Management 117 (Journal), 1991 |
| Busch, Thorsten A. | Risikomanagement in Generalunternehmungen: Identifizierung operativer Projektrisiken und Methoden zur Risikobewertung, Zürich, Eigenverlag des IBB an der ETH Zürich, 2003 |
| Busch, Thorsten A. | Holistisches und probalistisches Risikomanagement-Prozessmodell für Projektorientierte Unternehmen der Bauwirtschaft, Zürich, Eigenverlag des IBB an der ETH Zürich, 2005 |
| Buscher, Udo, Daub, Anke, Götze, Uwe, Milkus, Barbara, Roland, Folker | Produktion und Logistik: Einführung mit Fallbeispielen, Lehrbuchreihe - Band 11, Chemnitz, Verlag der GUC, 2010 |
| Butzin, Anna, Rehfeld, Dieter | Innovationsbiographien in der Bauwirtschaft, Stuttgart, Fraunhofer IRB Verlag, Forschungsbericht im Auftrag des BMVBS, 2009 |

# C

| | |
|---|---|
| Čadež, Ivan | Risikowertanalyse als Entscheidungshilfe zur Wahl des optimalen Bauvertrags, Fortschritte-Berichte VDI - Reihe 4: Bauingenieurwesen - Nr.149, Düsseldorf, VDI Verlag GmbH, 1998 |
| Cheng, Ming-Yuan, Tsai, Ming-Hsiu, Xiao, Zhi-Wei | Construction management process reengineering: Organizational human resource planning for multiple projects, In: Automation in Construction, 15. Auflage, Taipei, Taiwan, 2005 |
| Coenenberg, Adolf G., Fischer, Thomas M., Günther, Thomas | Kostenrechnung und Kostenanalyse, Band 8, Stuttgart, Schäffer-Poeschel Verlag, 2012 |
| Curbach, Manfred, Graf, Wolfgang, Jesse, Dirk, Sickert, Jan-Uwe, Weiland, Silvio | Segmentbrücke aus textilbewehrtem Beton: Konstruktion, Fertigung, numerische Berechnung, In: Beton- und Stahlbetonbau 102 (Journal), Heft 6, Ernst & Sohn Verlag, Berlin, 2007 |
| Curbach, Manfred, Hauptenbucher, Regine, Ortlepp, Barbara, Weiland, Silvio | Textilbewehrter Beton zur Verstärkung eines Hyparschalentragwerks in Schweinfurt, In: Beton- und Stahlbetonbau 102 (Journal), Heft 6, Ernst & Sohn Verlag, Berlin, 2007 |

Curbach, Manfred, Jesse, Frank — Beton im Textilbeton - Die Entwicklung, In: Ingenieurbaustoffe - Konstruktive Wege in die Zukunft, Festschrift zum 60. Geburtstag von Prof. Dr.-Ing. Harald Schorn, Herausgeber: L. Lohaus, Universität Bochum, Eigenverlag, 2011

# D

Deming, W. Edwards. — Out of the Crisis. Cambridge, Institute of Massachuetts, 1986

Desel, Jörg, Pernici, Barbara, Weske, Mathias — Business Process Management, Berlin, Heidelberg, Springer-Verlag, 2004

Diederichs, Claus Jürgen — Führungswissen für Bau- und Immobilienfachleute: Bauwirtschaft, Unternehmensführung, Immobilenmanagement, Privates Baurecht, Berlin, Heidelberg, Springer-Verlag, 1999

Diederichs, Claus Jürgen — Handbuch der strategischen und taktischen Bauunternehmensführung, Wiesbaden, Bauverlag, 1996

Dörre, Klaus, Neis, Matthias — Ist der Kaiser nackt? , In: Die Hochschule, Journal für Wissenschaft und Bildung, Ausgabe 1, Herausgeber: Institut für Hochschulforschung an der Martin-Luther-Universität Halle-Wittenberg, Wittenberg, Jena, 2009

# E

Eckey, Hans-Friedrich, Kosfeld, Reinhold, Türck, Matthias — Deskriptive Statistik: Grudlagen - Methoden - Beispiele, Band 5, Wiesbaden, Gabler Verlag, 2008

Eckey, Hans-Friedrich, Stock, Wilfried — Verkehrsökonomie, Wiesbaden, Gabler Verlag, 2000

# F

Fricke, Werner — Statistik in der Arbeitsorganisation, Herausgeber: REFA-Fachbuchreihe Unternehmensentwicklung, Band 2, München, Carl Hanser Verlag, 2005

Friedrichs, Jürgen — Methoden der empirischen Sozialforschung, WV studium - Band 28, 14. Auflage, Opladen, Westdeutscher Verlag, 1980

Fuchs, Wolfgang, Unger, Fritz — Management der Marketing-Kommunikation, Band 4, Berlin, Heidelberg, Springer-Verlag, 2007

Füermann, Timo, Dammasch, Carsten — Prozeßmanagement: Anleitung zur ständigen Verbesserung aller Prozessoren im Unternehmen, München, Wien, Carl Hanser Verlag, 1997

## G

Gabler, Thomas (Hrsg.) — Gabler Wirtschaftslexikon. Bd. 16. Wiesbaden: Gabler Verlag, 2004

Girmscheid, Gerhard, Hartmann, Andreas — Innovationsmanagement in Bauunternehmen – Bedingungen und Potenziale der baubetrieblichen Innovationstätigkeit, In: Bautechnik 80, Heft 10, Berlin, Ernst & Sohn Verlag, 2003

Girmscheid, Gerhard, Hartmann, Andreas — Innovationsmanagement in Bauunternehmen – Gestaltungsgrößen der baubetrieblichen Innovationstätigkeit, In: Bautechnik 80, Heft 11, Berlin, Ernst & Sohn Verlag, 2003

Girmscheid, Gerhard, Motzko, Christoph — Kalkulation und Preisbildung in Bauunternehmen, Berlin, Heidelberg, New York, Springer-Verlag, 2007

Girmscheid, Gerhard — Strategisches Bauunternehmensmanagement, 2006, 2010, Springer Verlag, S. 1.049 ff.

Glatte, Thomas — Die internationale Produktionsstandortsuche im immobilienwirtschaftlichen Kontext, In: Aus Forschung und Lehre, Band 11, Expert-Verlag, Dissertation 2012.

Götze, Uwe — Investitionsrechnung: Modelle und Analysen zur Beurteilung von Investitionsvorhaben, Band 6, Berlin, Heidelberg, Springer-Verlag, 2008

Greiner, Peter, Mayer, Peter Eduard, Stark, Karlhans — Baubetriebslehre - Projektmanagement: Wie Bauprojekte erfolgreich gesteuert werden, Band 4, Wiesbaden, Vieweg & Sohn Verlag, 2009

Griese, Kai Michael, Bröring, Stefanie — Marketing Grundlagen, Band 1, Wiesbaden, Gabler Verlag, 2011

Gürtler, Volkhard — Stochastische Risikobetrachtung bei PPP-Projekten, Renningen, Expert-Verlag, 2007

## H

Häberle, Siegfried Georg — Risiko als zielbezogenes Phänomen, Tübingen, Universität Tübingen, 1979

Hammann, Peter, Erichson, Bernd — Marktforschung, Band 4, Stuttgart, Lucius & Lucius Verlagsgesellschaft mbH, 2000

Hammer, Michael, Champy, James A. — Reengineering the Corporation: A Manifesto for Business Revolution, New York, Harper Business Books, 1993

Hanusch, Horst — Nutzen-Kosten-Analyse: WiSo-Kurzlehrbücher - Reine Volkswirtschaft, Band 3, München, Verlag Franz Vahlen, 2011

Hartenstein, Martin, Billing, Fabian, Schawel, Christian, Grein, Michael — Karriere machen: Der Weg in die Unternehmensberatung 2009/2010 - Consulting Case Studies erfolgreich bearbeiten, Band 8, Wiesbaden, Gabler Verlag, 2009

Hartmann, Andreas — Instrumente zur Innovationsförderung in Bauunternehmen, Zürich, Eigenverlag ETH Zürich, 2003

Hartmann, Andreas — Innovationsmanagement in Bauunternehmen, Zürich, Eigenverlag ETH Zürich, Dissertation 2003

Hauschildt, Jürgen, Salomo, Sören — Innovationsmanagement, 5. Auflage, München, Verlag Franz Vahlen, 2011

Hentschel, Manuel, Wach, Marco, — Gute Koordination nach Baustellenverordnung, In: Tagungsband 21. Assistententreffen der Bereiche Bauwirtschaft, Baubetrieb und Bauverfahrenstechnik, Technische Universität Wien, Instutut für interdisziplinäres Bauprozessmanagement, 2010

Heß, Martin — TQM-Kaizen-Praxisbuch - Qualitätszirkel und verwandte Gruppen im Total Quality Management, Band 1, Köln, Verlag TÜV Rheinland, 1995

Hoffmann, Manfred — Zahlentafeln für den Baubetrieb, Herausgeber: Manfred Hoffmann, Band 8, Wiesbaden, B.G.Teubner Verlag, 2011

Hoffmeister, Wolfgang — Investitionsrechnung und Nutzwertanalyse: eine entscheidungsorientierte Darstellung mit vielen Beispielen und Übungen, 2. Auflage, Berlin, Berliner Wissenschafts-Verlag, 2008

Hofstadler, Christian — Bauablaufplanung und Logistik im Baubetrieb, Berlin, Heidelberg, Springer-Verlag, 2007

Hömberg, Kay, Jodin, Dirk, Leppin, Maren — Methoden der Informations- und Datenerhebung - F Report 04002. Dortmund, 2004

Howaldt, Jürgen, Kopp, Ralf, Winther, Michael — Kontinuierlicher Verbesserungsprozess: KVP als Motor lernender Organisation, Köln:,Wirtschaftsverlag Bachem, 1998

# I

Imai, Massaki. Kaizen: Der Schlüssel zum Erfolg der Japaner im Wettbewerb, Band 5, München, Langen/Müller, 1992

# J

Jacob, Dieter, Stuhr, Constanze, Winter, Christoph Kalkulieren im Ingenieurbau, Vieweg+Teubner Verlag, Springer Fachmedien Wiesbaden, 2011

Jankulik, Ernst, Kuhlang, Peter, Piff, Roland Projektmanagement und Prozessmessung: Die Balanced Scorecard im projektorientierten Unternehmen, Erlangen, Publicis Corporate Publishing, 2007

Jesse, Frank Tragverhalten von Filamentgarnen in zementgebundener Matrix, Dissertation Technische Universität Dresden, Fakultät Bauingenieurwesen, Dresden, 2004

Jesse, Frank, Curbach, Manfred Schriftenreihe Konstruktiver Ingenieurbau Dresden: Verstärken mit Textilbeton (Heft 20), Dresden, Ernst & Sohn, 2010

Jesse, Frank, Weiland, Silvio, Curbach, Manfred Flexural strengthening of rc-structures with textile-reinforced concrete. In: Textile-Reinforced Concrete, Herausgeber: Dubey, E., Proceedings of ACI Fall Convention, Kansas City, 2005

# K

Kaufmann, Norbert Das Sandflächenverfahren, In: Straßenbau-Technik 24, Nr. 3, 1971

Kendall, Patricia L., Lazarsfeld, Paul Felix Problems of Survey Analysis, In: Robert King Merton, Paul Felix Lazarsfeld, Continuities in Social Research, Glencoe, Ill, 1950

Klingemann, Hans D., Mochmann, Ekkehard Sekundäranalyse, In: Techniken der empirischen Sozialforschung, 2. Band – Untersuchungsformen von Koolwijk, München, Wien, Oldenbourg Verlag, 1975

Koch, Jörg Marktforschung: Begriffe und Methoden - Managementwissen für Studium und Praxis, Band 3, München, Wien, Oldenbourg Wissenschaftsverlag GmbH, 2001

Köckritz, U., Weiland, Silvio, Curbach, Manfred, Cherif, Chokri In-Situ Polymer Coating of Open Grid Warp Knitted Fabrics for Textile Reinforced Concrete Application, In: Journal of Industrial Textiles 37, 2008

König, Klaus D. Qualitätssicherung in kleinen und mittleren Unternehmen. Umsetzung der DIN ISO 9000 ff., Kosching Heizmann Verlag, 1993.

Koolwijk, Jürgen van, Wieken-Mayser, Maria Techniken der empirischen Sozialforschung, Band 2: Untersuchungsformen, München, Wien, Oldenbourg Verlag, 1975

Korn, Michael Ein Controlling-Konzept für den effizienten Einsatz von Projektkommunikationssystemen in Bauprojekten, Herausgeber: Bernd Kochendörfer, Band Bauwirtschaft und Baubetrieb - Heft 23, Berlin, TU Berlin, 2004

Köster, Dieter Marketing und Prozessgestaltung am Baumarkt, Deutscher Universitätsverlag, Dresden, Disseration 2007

Kostka, Claudia, Kostka, Sebastian Der Kontinuierliche Verbesserungsprozess: Methoden des KVP, Herausgeber: Gerd F. Kamiske, Band 5, München, Wien, Carl Hanser Verlag, 2011

Kromrey, Helmut Empirische Sozialforschung: Modelle und Methoden der standardisierten Datenerhebung und Datenauswertung, Band 12, Stuttgart, Lucius & Lucius Verlagsgesellschaft mbH, 2009

Kyrein, Rolf Immobilien Projektmanagement – Projektentwicklung und -steuerung, 2. Auflage, Immobilien Wissen, 2004

# L

Lesch, Philipp Unternehmensführung: Die Beiträge von Taylor, Fayol und Gutenberg - Klassiker der Unternehmensführung, Seminararbeit, München, GRIN Verlag, 2007

Lohmann, Carsten, Blaeser-Benfer, Andreas Innovationsmanagement in der Praxis kleiner und mittlerer Unternehmen in Hessen, Herausgeber: RKW Rationalisierungs- und Innovationszentrum der Deutschen Wirtschaft e. V., 2011

# M

Meier, Anton, Hauser, Eduard Vom Wert der QM-Zertifikate, In: Qualität managen: von der ISO-Zertifizierung zur betrieblichen Alltagspraxis, hrsg. v. Paul Schönsleben und Roland Müller, Zürich 1996

Mirrow, Christoph Innovationsbarrieren, In: Betriebswirtschaftliche Studien in forschungsintensiven Industrien, Berlin, Gabler Verlag, Dissertation 2010

Moser, Stefan Beat — Vollautomatisierung der Spritzbetonapplikation, Herausgeber: Gerhard Girmscheid, Zürich, vdf Hochschulverlag, 2004

Mühlenkamp, Holger — Öffentliche Unternehmen: Einführung unter Berücksichtigung betriebswirtschaftlicher, volkswirtschaftlicher und rechtlicher Aspekte, München, Wien, Oldenbourg Verlag, 1994

# N

Naumann, René — Kosten-Risiko-Analyse für Verkehrsinfrastrukturprojekte, Renningen, Expert Verlag, 2007

Nemuth, Tilo — Risikomanagement bei Internationalen Bauprojekten, Renningen, Expert Verlag, 2006

Neumann, Andreas — ISO 9000 in der Praxis: Eine Kosten-Nutzen-Analyse zertifizierter Qualitätsmanagementsysteme am Beispiel kleinerer und mittelständischer Betriebe, Aachen, Shaker Verlag, 2000

Nordhause-Janz, Jürgen, Welschhoff, Jessica, Rehfeld, Dieter — Innovationsstrategien am Bau im internationalen Vergleich, BMVBS-Online-Publikation, 07/2011, Bundesministerium für Verkehr, Bau und Stadtentwicklung

# O

Ortlepp, Regina — Untersuchungen zur Verbundverankerung textilbewehrter Feinbetonverstärkungsschichten für Betonbauteile, Dissertation, Technische Universität Dresden, Fakultät Bauingenieurwesen, 2007

# P

Pechtl, Hans — Innovatoren und Imitatoren im Adoptionsprozess von technischen Neuerungen, Bergisch Gladbach, Köln, Josef Eul Verlag, 1991

Picot, A., Rohrbach P. — Organisatorische Aspekte von Workflow-Management-Systemen, In: Informationsmanagement (IDG Communications) (Journal) 1, 1995

Pietsch, Robert-Sebastian — Aspekte der Marktorientierten Unternehmensführung mittlelständischer Bauunternehmen - Eine empirische Untersuchung zu Stand, Trends und Möglichkeiten ausgewählter Instrumente, Herausgeber: Bernd Kochendörfer. Band Bauwirtschaft und Baubetrieb - Heft 30, Berlin, TU Berlin, 2005

| | |
|---|---|
| Pekrul, Steffen | Strategien und Maßnahmen zur Steigerung der Wettbewerbsfähigkeit deutscher Bauunternehmen, In: Bauwirtschaft und Baubetrieb, Berlin, Eigenverlag TU Berlin, Disseration 2006 |
| Proporowitz, Armin | Baubetrieb - Bauverfahren, München, Fachbuchverlag Leipzig im Carl Hanser Verlag, 2008 |
| Puschmann, Norbert O. | Benchmarking: Organisation, Prinzipien und Methoden, Norderstedt, Books on Demand GmbH, 2000 |

# Q

| | |
|---|---|
| Quell, Peter | Frühaufklärung in Rückversicherungsunternehmen, Karlsruhe, Verlag Versicherungswirtschaft, 1995 |

# R

| | |
|---|---|
| Rattner, Josef, Danzer, Gerhard | Europäische Moralistik in Frankreich von 1600 bis 1950, Würzburg, Verlag Königshausen & Neumann, 2006 |
| REFA | REFA - Verband für Arbeitsgestaltung, Betriebsorganisation und Unternehmensentwicklung e.V., Datenermittlung - Methodenlehre der Betriebsorganisation, München, Carl Hanser Verlag, 1997 |
| REFA | REFA - Verband für Arbeitsstudien und Betriebsorganisation e.V., Anforderungsermittlung (Arbeitsbewertung) - Methodenlehre der Betriebsorganisation, Band 2, München, Carl Hanser Verlag, 1991 |
| Reinhart, Gunther, Lindemann, Udo, Heinzl, Joachim | Qualtitätsmanagement: Ein Kurs für Studium und Praxis, Berlin, Heidelberg, New York, Springer-Verlag, 1996 |
| Riekhof, Hans-Christian | Beschleunigung von Geschäftsprozessen: Wettbewerbsvorteile durch Lernfähigkeit, Stuttgart, Schäffer-Pöschel Verlag, 1997 |
| Rosenkranz, Friedrich | Geschäftsprozesse, Berlin, Heidelberg, Springer-Verlag, 2006 |

# S

| | |
|---|---|
| Schach, Rainer, Hentschel, Manuel | Verfahrenstechnische Grundlagen für die Verstärkung mit textilbewehrten Beton im Hochbau, In: Baubetriebliche Aufgaben. Festschrift anlässlich des 30-jährigen Bestehens des Instituts für Baubetrieb der Technischen Universität Darmstadt. Herausgeber: Christoph Motzko, Düsseldorf, VDI-Verlag (Fortschrittberichte VDI/4,211) 2009 |

| | |
|---|---|
| Schach, Rainer, Hentschel, Manuel | Grundlagen für die Nutzwertanalyse für Verstärkungen aus textilbewerten Beton, In: Tagungsband zum 4. Kolloqium zu textilbewehrten Tragwerken (CTRS4) und zur 1. Anwendertagung, Technische Universität Dresden, Sonderforschungsbereich 528, Dresden, 2009 |
| Schach, Rainer, Hentschel, Manuel | Process Optimization for the Rehabilitation and Strengthening with Textile Reinforced Concrete, In: Proceedings of the International RILEM Conference on Material Science (MatSci) Volume I, Edited by Wolfgang Brameshuber, Published by RILEM Publications s.a.r.l., Bagneux, France, Aachen, 2010 |
| Schach, Rainer, Hentschel, Manuel, Wach, Marco | Die Verantwortung von Architekten und Bauingenieuren für sicheres Bauen, In: Bauforschung und Baupraxis, Schriftenreihe des Lehrstuhls Tragwerksplanung, TU Dresden, Festschrift zum 60. Geburtstag von Prof. Dr.-Ing. Wolfgang Jäger, Herausgeber: Lehrstuhl für Tragwerksplanung, Fakultät Architektur der Technischen Universität Dresden, Heft 10, 2011 |
| Schach, Rainer, Hentschel, Manuel, Wach, Marco, Blochmann, Günther, Barth, Christof | Entwicklung von Instrumenten zur Integration der Koordination nach Baustellenverordnung in die Wertschöpfungskette Bauen, Dresden, TU Dresden, 2010 |
| Schach, Rainer, Jehle, Peter, Naumann, René | Transrapid und Rad-Schiene-Hochgeschwindigkeitsbahn: Ein gesamtheitlicher Systemvergleich, Berlin, Heidelberg, Springer-Verlag, 2006 |
| Schach, Rainer, Naumann, René, Heilfort Thomas | Kostenkennzahlen für Brückenbauwerke im Autobahnbau, In: Straße + Autobahn, Heft09/2002 |
| Schach, Rainer, Otto, Jens | Baustelleneinrichtung: Grundlagen - Planung - Praxishinweise - Vorschriften und Regeln, Band 2, Wiesbaden, Vieweg + Teubner Verlag, 2011 |
| Schach, Rainer, Sperling, Wolfgang | Baukosten: Kostensteuerung in Planung und Ausführung, Berlin, Springer-Verlag, 2001 |
| Schach, Rainer, Töpfer, Armin | Kundenzufriedenheit wird zu optimistisch eingeschätzt, In: Bauwoche (Journal), 03.02.2000 |
| Schawel, Christian, Billing, Fabian | Top 100 Management Tools: Das wichtigste Buch eines Managers, Band 4, Wiesbaden, Gabler Verlag, 2012 |
| Scheer, August-Wilhelm | ARIS: Modellierungsmethoden, Metamodelle, Anwendungen, Band 4, Berlin, Heidelberg, New York, Springer-Verlag, 2001 |

| | |
|---|---|
| Scheiner, Joachim | Bewertungsverfahren in der Verkehrsplanung, In: Raum und Mobilität, Arbeitspapiere des Fachgebiets Verkehrswesen und und Verkehrsplanung, Technische Universität Dortmund, Dortmund, 2003 |
| Schladitz, Frank, Lorenz, Enrico, Jesse, Frank, Curbach, Manfred | Verstärkung einer denkmalgeschützten Tonnenschale mit Textilbeton, In: Beton- und Stahlbetonbau 104, Heft 7, Ernst & Sohn Verlag, Berlin, 2009 |
| Schmidt, Detlev, | Auf Kapillardruckmessung basierende Nachbehandlung von Betonflächen im plastischen Materialzustand, In: Beton- und Stahlbetonbau 102, Ernst & Sohn Verlag, Berlin, 2007 |
| Schnell, Rainer, Hill, Paul B., Esser, Elke | Methoden der empirischen Sozialforschung, Band 9, München, Oldenbourg Wissenschaftsverlag, 2011 |
| Scholl, Armin | Die Befragung, Band 2, Konstanz, UVK-Verlagsgesellschaft, 2009 |
| Schönheit, Martin | Wirtschaftliche Prozessgestaltung: Entwicklung, Fertigung, Auftragsabwicklung, Herausgeber: Herbert Birkhofer, Horst Geschka und Friedhelm Kramer, Berlin, Heidelberg, Springer-Verlag, 1997 |
| Schönsleben, Paul von, Müller, Roland | Qualität managen: von der ISO-Zertifizierung zur betrieblichen Alltagspraxis, Verlag für industrielle Organisation Zürich, 1996 |
| Schorb, Manfred | Verhaltensorientiertes FuE-Controlling, München, Verlag Franz Vahlen, 1994 |
| Schori, Kurt, Taverna,Claudia | Innovationsmanagement im öffentliche-rechtlichen Bereich, Bern, Stuttgart, Wien, Haupt Verlag, 2010 |
| Schubert, Eberhard | Die Erfassbarkeit des Risikos der Bauunternehmung bei Angebot und Abwicklung einer Baumaßnahme, Düsseldorf, Werner-Verlag, 1971 |
| Schuh, Günther | Produktionsplanung und -steuerung: Grundlagen, Gestaltung und Konzepte, Band 3, Berlin, Heidelberg, Springer-Verlag, 2006 |
| Schulte-Zurhausen, Manfred | Organisation, Band 5, München, Verlag Franz Vahlen, 2012 |
| Schwager, Mario | Kaizen - Der sanfte Weg des Reengineering: eine Studie zum Entwicklungsstand in deutschen Unternehmen, Bisherige Erfolge und künftige Notwendigkeiten, Freiburg i. Br., Rudolf Haufe Verlag, 1997 |
| Schwarz, Weissmann, Schmutzer | Zukunfssicherung für die Bauwirtschaft, Wiesbaden, Gabler Verlag, 1997 |
| Seeling, Reinhard | Unternehmensplanung im Baubetrieb, Stuttgart, Teubner Verlag, 1995 |

| | |
|---|---|
| Shiba, Shoij, Graham, Alan, Walden, David | Engagement and Alignment of Organisation Members, 2001. |
| Siebert, Gunnar, Kempf, Stefan | Benchmarking: Leitfaden für die Praxis, Band 3, München, Carl Hanser Verlag, 2008. |
| Simon, Hermann, von der Gathen, Andreas | Das grosse Handbuch der Strategieinstrumente: Werkzeuge für eine erfolgreiche Unternehmensführung, Frankfurt/Main, Campus Verlag, 2002 |
| Siemon, Klaus; Kolbe, Peter | Verfahrenstechnik im Ortbetonbau, Stuttgart, B. G. Teubner Verlag, 1987 |
| Smith, Nigel J., Merna, Tony, Jobling, Paul | Managing Risk in Construction Projects, Second edition, Oxford, Blackwell Publishing, 2006 |
| Stahl, Wolfgang | Risiko- und Chancenanalyse im Marketing, Universität Gießen, Gießen, Peter Lang Verlag, 1991 |
| Stahlecker, Thomas, Schricke Esther | Allein oder im System, Cluster_Eine enge Vernetzung mit lokalen Know-how steigert die Wettbewerbsfähigkeit, In: WirtschaftsKurier, Ausgabe August 2011 |
| Staud, Josef | Geschäftsprozessanalyse, Band 3, Berlin, Heidelberg, Springer-Verlag, 2006 |
| Steinbeck, Hans-Heinz | CIP - Kaizen - KVP: die kontinuierliche Verbesserung von Produkt und Prozeß, Band 2, Landsberg, Verlag Moderne Industrie, 1995 |
| Stier, Winfried | Empirische Forschungsmethoden, Band 2, Berlin, Heidelberg, Springer-Verlag, 1999 |
| Stimmer, Franz | Grundlagen des methodischen Handelns in der sozialen Arbeit, Band 3, Stuttgart, Verlag W. Kohlhammer, 2012 |
| Strohm, Oliver (Hrsg.) | Unternehmen arbeitspsychologisch bewerten: Ein Mehr-Ebene-Ansatz unter besonderer Berücksichtigung von Mensch, Technik und Organisation, Reihe Mensch - Technik - Organisation, Band 10, Zürich, vdf Hochschulverlag, 1997 |
| Suckro, Raimund | Buchhaltung und Bilanzierung in der Industrie und im Großhandel: eine praxisorientierte Einführung in das kaufmännische Rechnungswesen, Bielefeld, Erich Schmidt Verlag, 1993 |


# T


| | |
|---|---|
| Tikart, Johann | Vertrauen ist der Nährboden für Unternehmensqualität, In: Qualität und Zuverlässigkeit (Journal), 1993 |

Töpfer, Armin — Betriebswirtschaftslehre: Anwendungs- und prozessorientierte Grundlagen, Band 2, Berlin, Heidelberg, Springer-Verlag, 2007

## U

## V

Vygen, Klaus, Schubert, Eberhard, Lang, Andreas — Bauverzögerung und Leistungsänderung: Rechtliche und baubetriebliche Probleme und Lösungen, Band 5, Köln, Werner-Verlag, 2008

## W

Wahren, Heinz-Kurt — Erfolgsfaktor KVP: Mitarbeiter in Prozesse der kontinuierlichen Verbesserung integrieren, München, Verlag C.H.Beck, 1998

Wahren, Heinz-Kurt — Das lernende Unternehmen: Theorie und Praxis des organisatorischen Lernens, Berlin, New York, Walter de Gruyter, 1996

Weiland, Silvio — Interaktion von Betonstahl und textiler Bewehrung bei der Biegeverstärkung mit textilbewehrten Beton; Dissertation, Technische Universität Dresden, Fakultät Bauingenieurwesen, Eigenverlag, 2009

Welge, Martin K., Al-Laham, Andreas — Strategisches Management: Grundlagen - Prozess - Implementierung, Band 6, Wiesbaden, Gabler Verlag, 2012

Werani, Thomas, Gaubinger, Kurt, Kindermann, Harald — Praxisorientiertes Business to Business-Marketing: Grundlagen und Fallstudien aus Unternehmen, Wiesbaden, Gabler Verlag, 2006

Westkämper, Engelbert, Warnecke, Hans-Jürgen — Einführung in die Fertigungstechnik, 8. Auflage, Wiesbaden, Vieweg-Teubner, 2010.

Winter, Hermann-Josef — Die Lohnintensice Auftragsfertigung in der Bauindustrie, Dissertation, Aachen, 1966

Wirtz, Bernd W. — Direktmarketing-Management: Grundlagen - Instrumente - Prozesse, Band 2, Wiesbaden, Gabler Verlag, 2009

Witt, Jürgen, Witt, Thomas — Der kontinuierliche Verbesserungsprozess (KVP): Konzept - System - Maßnahmen, Arbeitshefte Führungspsychologie, Band 42, Herausgeber: Ekkehard Crisand und Gerhard Raab, 2. Auflage, Frankfurt/Main, Verlag für Recht und Wirtschaft GmbH, 2006

Wittlage, Helmut — Methoden und Techniken praktischer Organisationsarbeit, 3. Auflage, Herne, Berlin, Verlag Neue Wirtschafts-Briefe, 1993

Wolbold, Markus — Budgetierung bei kontinuierlichen Verbesserungsprozessen, Herausgeber: Péter Horváth und Thomas Reichmann, Band Controlling Praxis, München, Verlag Franz Vahlen, 1995

Womack, James P., Jones, David T., Roos, Daniel — Die zweite Revolution der Autoindustrie: Konsequenzen aus der weltweiten Studie des Massachusetts Institute of Technology, Frankfurt/Main, New York, Campus Verlag, 1992

# X

# Y

# Z

Zangemeister, Christof — Nutzwertanalyse in der Systemtechnik: eine Methodik zur multidimensionalen Bewertung und Auswahl von Projektalternative, Band 4, München, Wittemann, 1976

Zentes, Joachim, Swoboda, Bernhard — Grundbegriffe des Marketing: Marktorientiertes globales Management-Wissen, Band 5, Stuttgart, Schäffer-Poeschel Verlag, 2001

**Normen, Regelwerke, Gesetze und Richtlinien**

| | |
|---|---|
| Arbeitsballt W 300 | DIN , DVGW, Technische Regel Arbeitsblatt W300 - Wasserspeicherung - Planung, Bau, Betrieb und Instandhaltung von Wasserbehältern in der Trinkwasserversorgung, Berlin, Beuth-Verlag, 2005-06 |
| ARH | Arbeitszeit Richtwerte Hochbau, Neu-Isenburg, ztv-Verlag GmbH |
| BG Bau Bausteine | Bausteine Sicher Arbeiten - Gesund Bleiben - Informationsmappe, „Gelbe Mappe“, 2008 |
| BGV B3 | Berufsgenossenschaftliche Vorschrift für Sicherheit und Gesundheit bei der Arbeit, Lärm, Fassung vom 01.01.2007 |
| Bundesanstalt für Straßenwesen (Hrsg.) | Zusätzliche Technische Vertragsbedingungen und Richtlinien für Ingenieurbauten (ZTV-ING), Dortmund, Verkehrsblatt-Verlag, 2003. |
| Deutscher Ausschuss für Stahlbeton (Hrsg.) | Richtlinie für Schutz und Instandsetzung von Betonbauteilen, Teil I bis IV., Deutscher Ausschuss für Stahlbeton., Berlin: Beuth-Verlag, 1991/1992. |
| DIN 276-1 | Kosten im Bauwesen - Teil 1: Hochbau, 12.2008 |
| DIN 4420-1 | Arbeits- und Schutzgerüste – Teil 1: Schutzgerüste – Leistungsanforderungen, Entwurf, Konstruktion und Bemessung, 3.2004 |
| DIN EN 1015-3 | Prüfverfahren für Mörtel für Mauerwerk –<br>Teil 3: Bestimmung der Konsistenz von Frischmörtel (mit Ausbreittisch); 5.2007 |
| DIN EN 12811-1 | Temporäre Konstruktionen für Bauwerke .<br>Teil 1: Arbeitsgerüste .<br>Leistungsanforderungen, Entwurf, Konstruktion und Bemessung, 3.2004 |
| DIN EN ISO 8402 | Qualitätsmanagement - Begriffe, 8.2005 |
| DIN EN ISO 9000 | Qualitätsmanagementsysteme - Grundlagen und Begriffe, 12.2005 |
| DIN V 18550 | Putz und Putzsysteme - Ausführung, 4.2005 |
| HGB | Handelsgesetzbuch, Ausfertigungsdatum: 10.05.1897, Stand vom 01.03.2011 |
| SächsBauPAVO | Verordnung über die Regelungen für Bauprodukte und Bauarten nach Bauordnungsrecht, Stand vom 29.07.2004 |

| | |
|---|---|
| SächsBO | Sächsische Bauordnung, Stand vom 28. Mai 2004 |
| TRLV Lärm Allgemein | Technische Regeln zur Lärm- und Vibrations-Arbeitsschutzverordnung, Teil: Allgemeines, Fassung vom 23.03.2010 |
| TRLV Lärm Teil 1 | Technische Regeln zur Lärm- und Vibrations-Arbeitsschutzverordnung, Teil 1: Beurteilung der Gefährdung durch Lärm, Fassung vom 23.03.2010 |
| VDI 2689 | VDI - Verein Deutscher Ingenieure, Leitfaden für Materialflussuntersuchungen, Düsseldorf, Beuth Verlag, 1974 |
| Verordnung Nr. 800/2008 | Allgemeine Gruppenfreistellungsordnung vom 06.08.2008 zur Erklärung der Vereinbarkeit bestimmter Gruppen von Beihilfen mit dem Gemeinsamen Markt in Anwendung der Artikel 87 und 88 EG-Vertrag |
| VOB/B | Vergabe- und Vertragsordnung für Bauleistungen Teil B: Allgemeine Vertragsbedingungen für die Ausführung von Bauleistungen (VOB/B), Stand vom 31.07.2012 |


**Quellen aus dem Internet**


| | |
|---|---|
| BG Bau | BG Bau, Handlungsanweisung für den Umgang mit Leitern und Tritten, 1.2008, http://www.infopool-bau.de/html/pdf/bgi694.pdf, Stand: 10.08.2011, 10:15 Uhr. |
| Hauptverband der Deutschen Bauindustrie e. V. | http://www.bauindustrie.de/zahlen-fakten/statistik/struktur/betriebsstruktur/, Stand: 03.04.2012, 14:09 Uhr. |
| Deutsche Forschungsgesellschaft | www.dfg.de, Stand: 10.08.2011, 15:42 Uhr. |
| Frigge, Carsten, Houben, Anabel | Veränderungen erfolgreich gestalten, Herausgeber: C4 Consulting GmbH, http://www.veraenderungen-erfolgreich-gestalten.de/pages/pdf/summary_deutsch.pdf, Stand 18.06.2009, 09:34 Uhr. |
| Wikipedia | http://de.wikipedia.org/wiki/Disjunktion, Stand: 06.09.2011, 11:13 Uhr. |
| Wikipedia | http://de.wikipedia.org/wiki/Konjunktion_(Logik), Stand: 06.09.2011, 11:12 Uhr. |
| Wikipedia | http://de.wikipedia.org/wiki/Marshallplan, Stand: 07.09.2011, 11.11 Uhr. |

Wikipedia http://de.wikipedia.org/wiki/REFA, Stand: 08.08.2011, 16:55 Uhr.

Zilker, Michael http://nbn-resolving.de/urn:nbn:de:swb:14-1023354892859-98953, Stand: 12.06.2012, 14.20 Uhr

Zingel, Harald Inventur, Inventar, Bilanz, 1998-2008, http://www.zingel.de/pdf/03inv.pdf, Stand: 09.08.2011, 20:45 Uhr.

**Produktproschüren, Betriebsanleitungen, Sicherheitsdatenblätter, etc.**

Bindemittel Lefasol VL 26/5 Sicherheitsdatenblatt Bindemittel Lefasol VL 26/5, Lefafex Chemie GmbH, 04.09.2008

Bindemittel Lefasol VL 83/1 Sicherheitsdatenblatt Bindemittel Lefasol VL 83/1, Lefatex Chemie GmbH, 03.02.2010

Dispersion Lefasol VL 31/1 Sicherheitsdatenblatt Dispersion Lefasol VL 31/1, Lefatex Chemie GmbH, 31.03.2008

Druck- und Niederdruckstrahlgeräte Radler & Ruf 100, 140, 200l Betriebsanleitung für Druckstahlgeräte/Niederdruckstrahlgeräte Radler & Ruf 100, 140, 200l, Radler & Ruf Sandstrahl- und Druckluftbedarf GmbH, 2005

Filamentgarn Tenax® -E HTS40 F13 Sicherheitsdatenblatt Tenax® -E HTS40 F13, Toho Tenax Europe GmbH, 08.04.2010

Förderpumpe Putzmeister Strobot 204S, 401S, 406S Betriebsanleitung Förderpumpe Putzmeister Strobot 204S, 401S, 406S, Putzmeister Mörtelmaschinen GmbH, 08.10

Hochdruckreiniger Kärcher® K. 3500 Betriebsanleitung Hochdruckreiniger Kärcher® K.3500, Alfred Kärcher GmbH & Co. KG, 11.2009

Karbonfaser SIGRAFIL C30 EPY Sicherheitsdatenblatt Karbonfaser SIGRAFIL C30 EPY, SGL Carbon Fibers LTD., 04.2010

Mörtelspritzdüse Pagel® MAWO Betriebsanleitung für Pagel® MAWO Mörtelspritzdüse für das Dichtstrom-Nassspritzverfahren, PAGEL® Spezial-Beton GmbH & Co. KG, 03.2011

Pagel® Fertigmörtel Sicherheitsdatenblatt Pagel® Fertigmörtel - Verguss und Reparaturmörtel, PAGEL® Spezial-Beton GmbH & Co. KG, 05.11.2010

Pagel®/Tudalit® -Feinbeton TF 10 Datenblatt Pagel®/Tudalit® -Feinbeton TF 10, PAGEL® Spezial-Beton GmbH & Co. KG, Technisches Merkblatt 0606, QS-Formblatt 09/10 Rev. 00

Schneckenpumpe Putzmeister S 5 EV/CM/TM Betriebsanleitung Schneckenpumpe Putzmeister S 5 EV/CM/TM, Putzmeister Mörtelmaschinen GmbH, 04.07

| | |
|---|---|
| Schneckenpumpe Putzmeister SP 5 | Betriebsanleitung Schneckenpumpe Putzmeister SP 5, Putzmeister Mörtelmaschinen GmbH, 03.11 |
| Schraubenkompressor Kaeser M 43 | Betriebsanleitung Schraubenkompressor Kaeser M 43, KAESER Kompressoren GmbH, 25.10.2005 |
| Schraubenkompressor Kaeser M 52 | Betriebsanleitung Schraubenkompressor Kaeser M 52, KAESER Kompressoren GmbH |
| Strahlmittel ASILIKOS ® | Datenblatt Strahlmittel ASILIKOS ®, Asikos Strahlmittel GmbH |

## Bildnachweise

| Abbildung | Quelle | Seite |
|---|---|---|
| Abbildung 21 | Foto: Manuel Hentschel | 124 |
| Abbildung 22 | Foto: Manuel Hentschel | 124 |
| Abbildung 23 | Foto: Manuel Hentschel | 124 |
| Abbildung 24 | Foto: Manuel Hentschel | 124 |
| Abbildung 25 | Foto: Manuel Hentschel | 125 |
| Abbildung 26 | Fotos: Manuel Hentschel | 125 |
| Abbildung 29 | Foto: Manuel Hentschel | 128 |
| Abbildung 30 | Foto: Manuel Hentschel | 128 |
| Abbildung 31 | Foto: Manuel Hentschel | 128 |
| Abbildung 35 | Foto: Manuel Hentschel | 142 |
| Abbildung 36 | Foto: Manuel Hentschel | 142 |
| Abbildung 37 | Foto: Manuel Hentschel | 142 |
| Abbildung 38 | Foto: Manuel Hentschel | 142 |
| Abbildung 39 | Fotos: BG Bau, Handlungsanleitung für den Umgang mit Leitern und Tritten, 2008, S. 18 f., Internetquelle: http://www.infopool-bau.de/html/pdf/bgi694.pdf, Stand: 10.08.2011. | 145 |
| Abbildung 40 | Fotos: Manuel Hentschel | 146 |
| Abbildung 41 | Foto: Manuel Hentschel | 146 |

# Anlagenverzeichnis

# Anlagen

Anlage 1 Schema Baustelleneinrichtung der Großversuche in Coswig

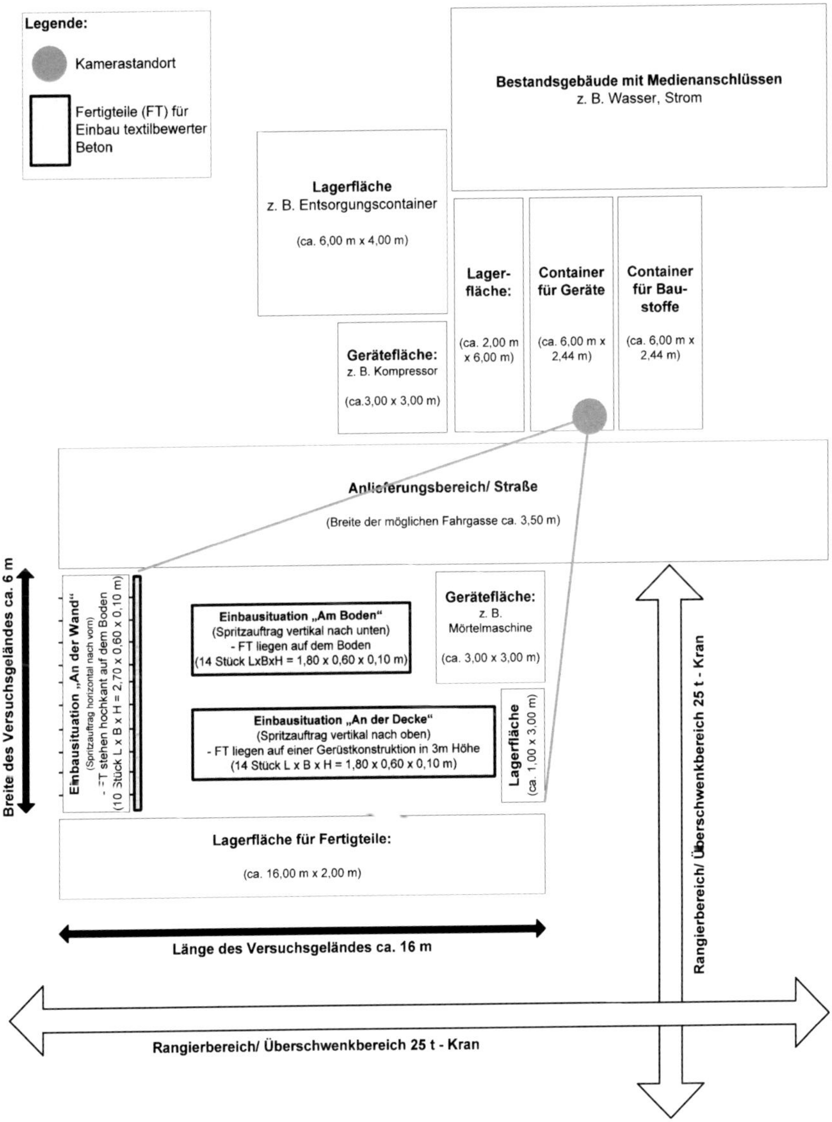


Schemaskizze nicht maßstäblich!!

Anlage 2 EPK-Diagramm – Teilprozess V1

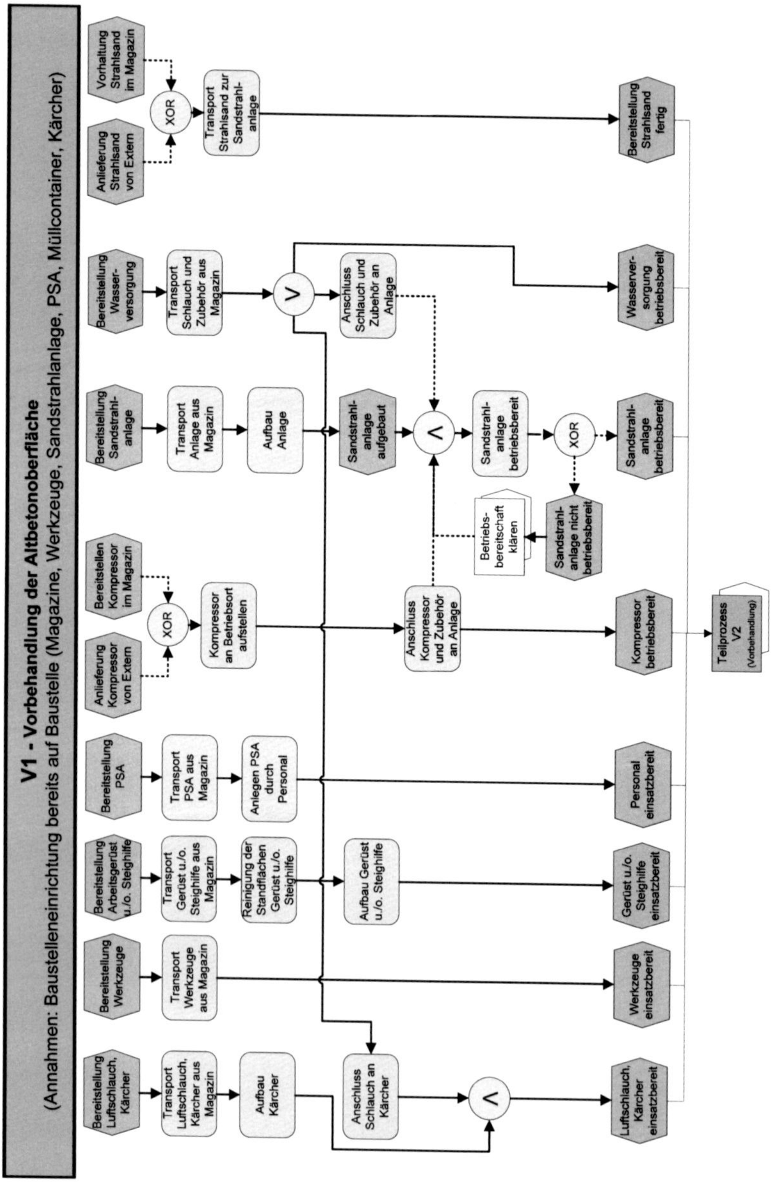

Anlage 3 EPK-Diagramm – Teilprozess V2

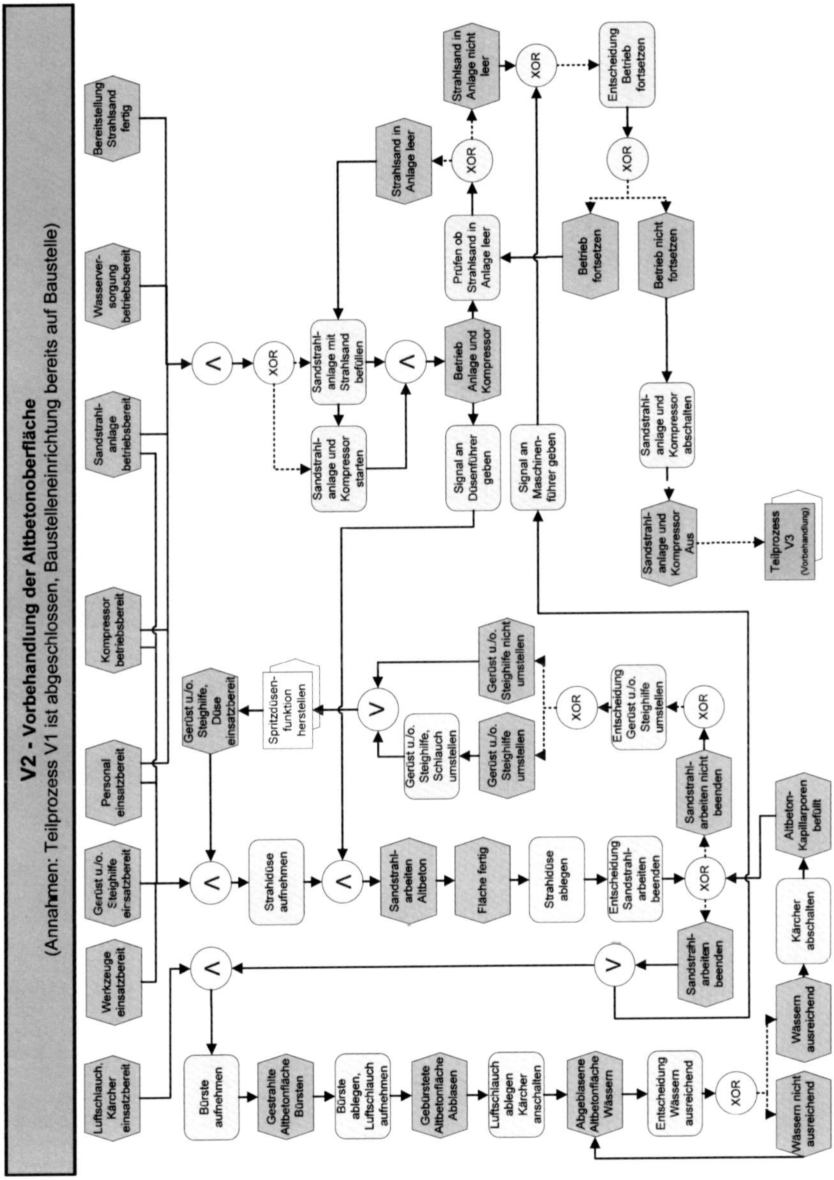

Anlage 4 EPK-Diagramm – Teilprozess V3

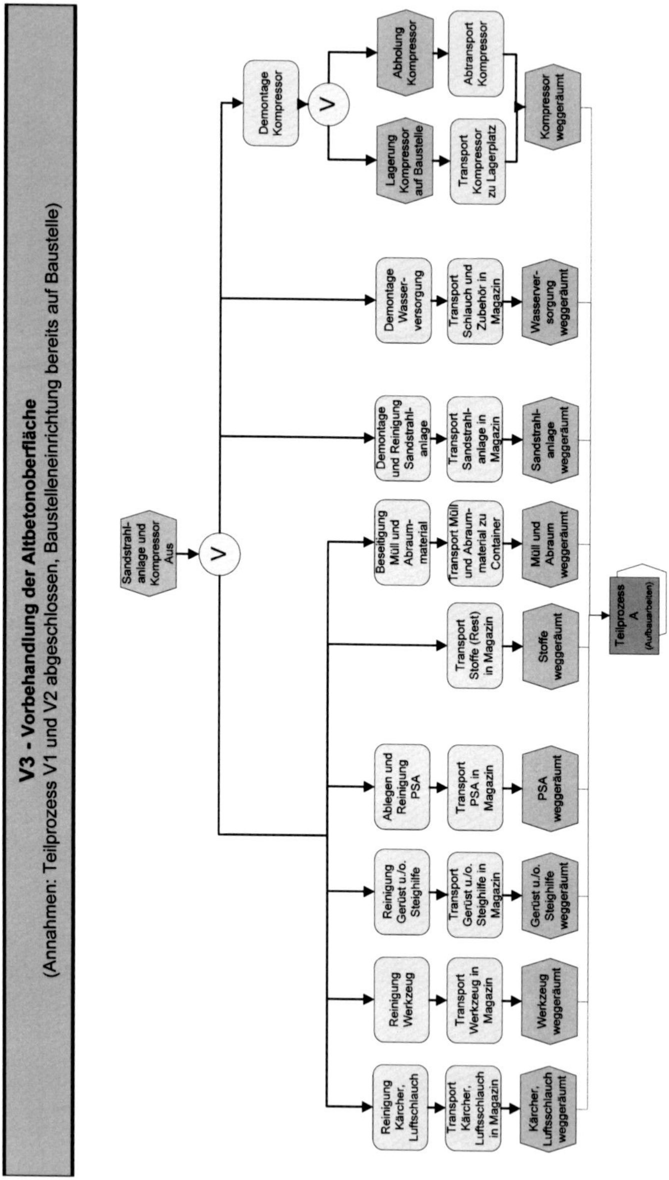

Anlage 5 EPK-Diagramm – Teilprozess A

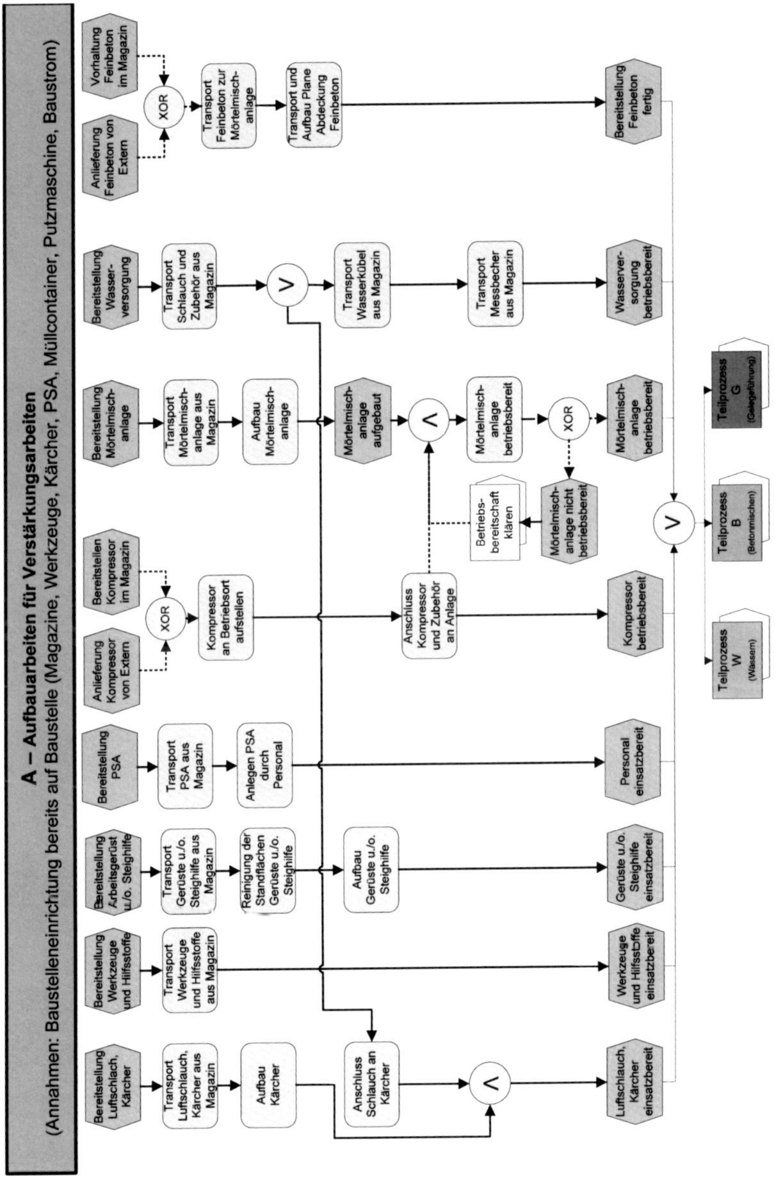

Anlage 6 EPK-Diagramm – Teilprozess W

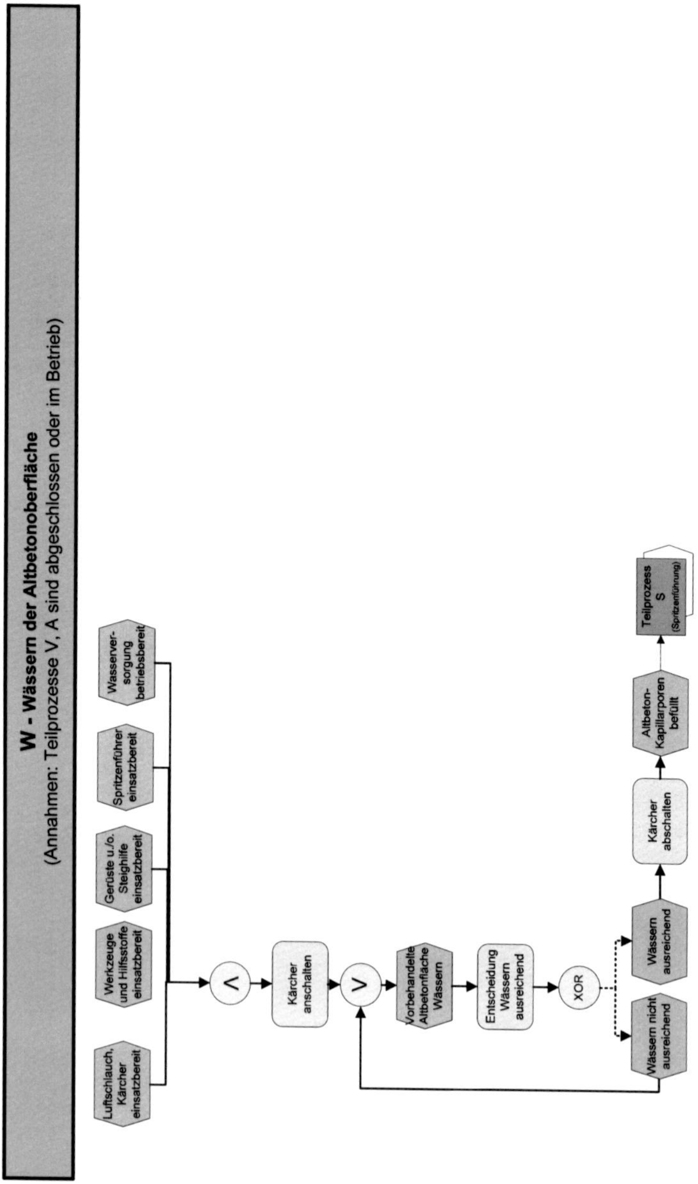

Anlage 7 EPK-Diagramm – Teilprozess K

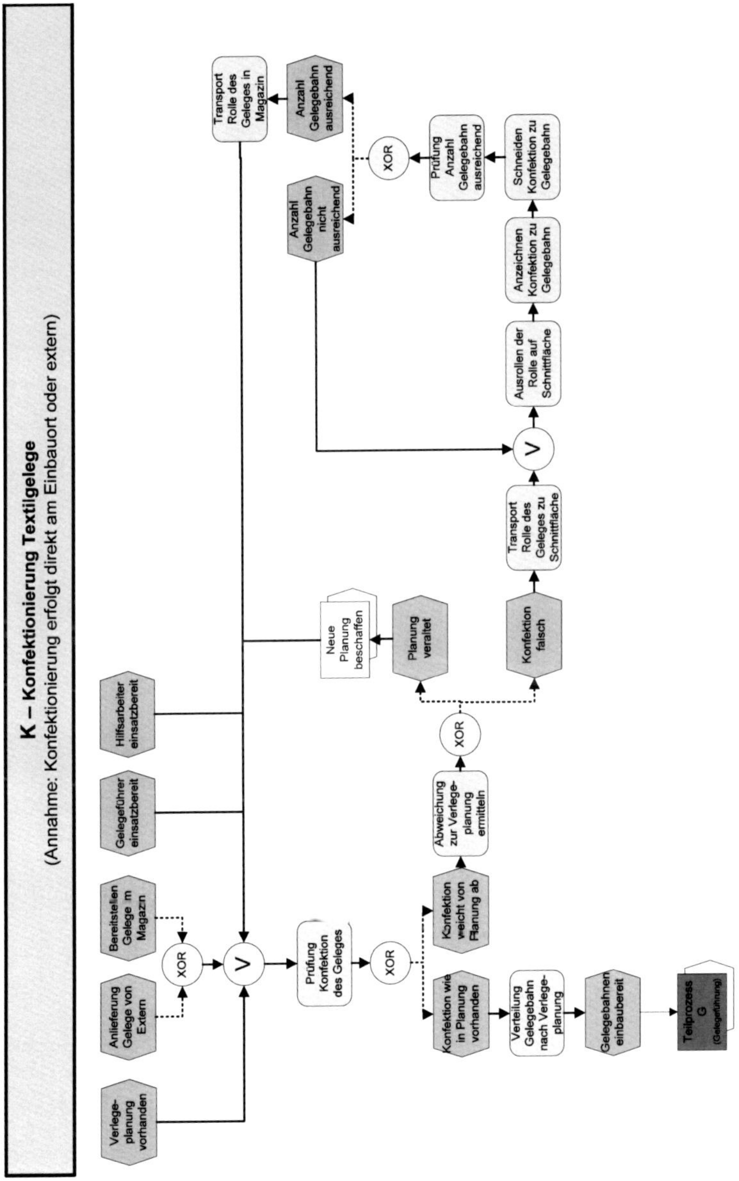

Anlage 8 EPK-Diagramm – Teilprozess B

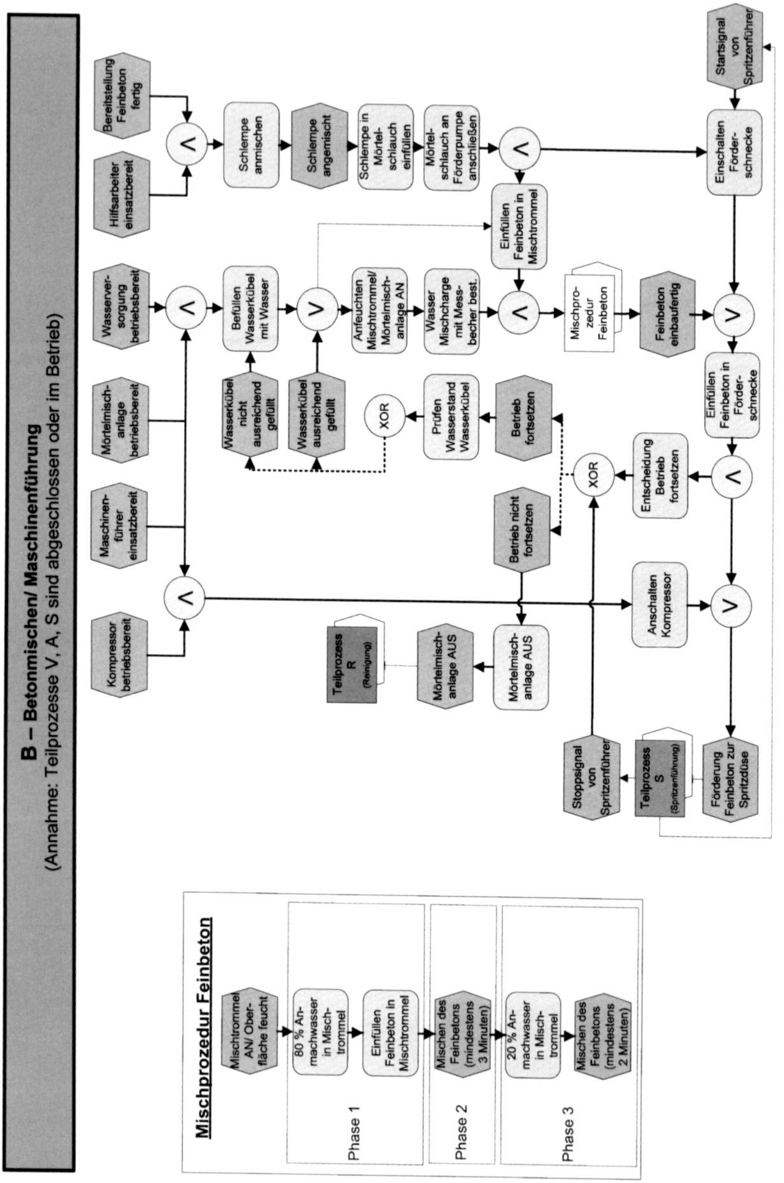

Anlage 9 EPK-Diagramm – Teilprozess S

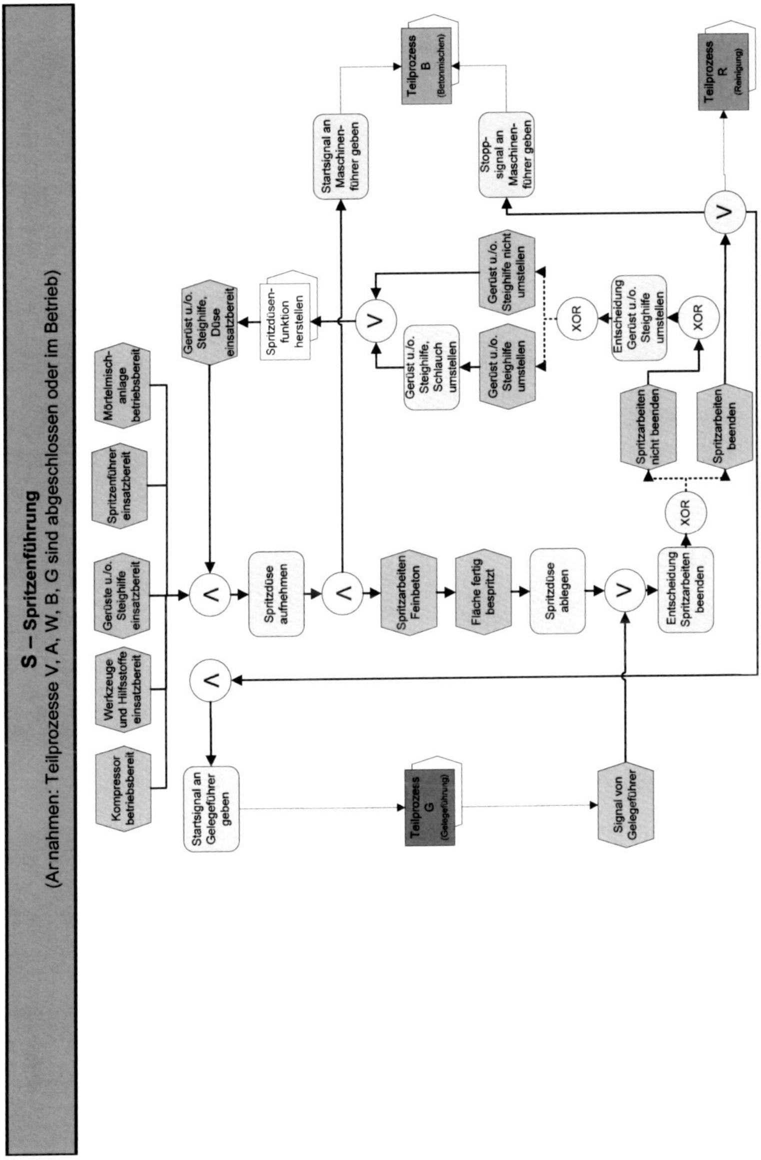

Anlage 10 EPK-Diagramm – Teilprozess G

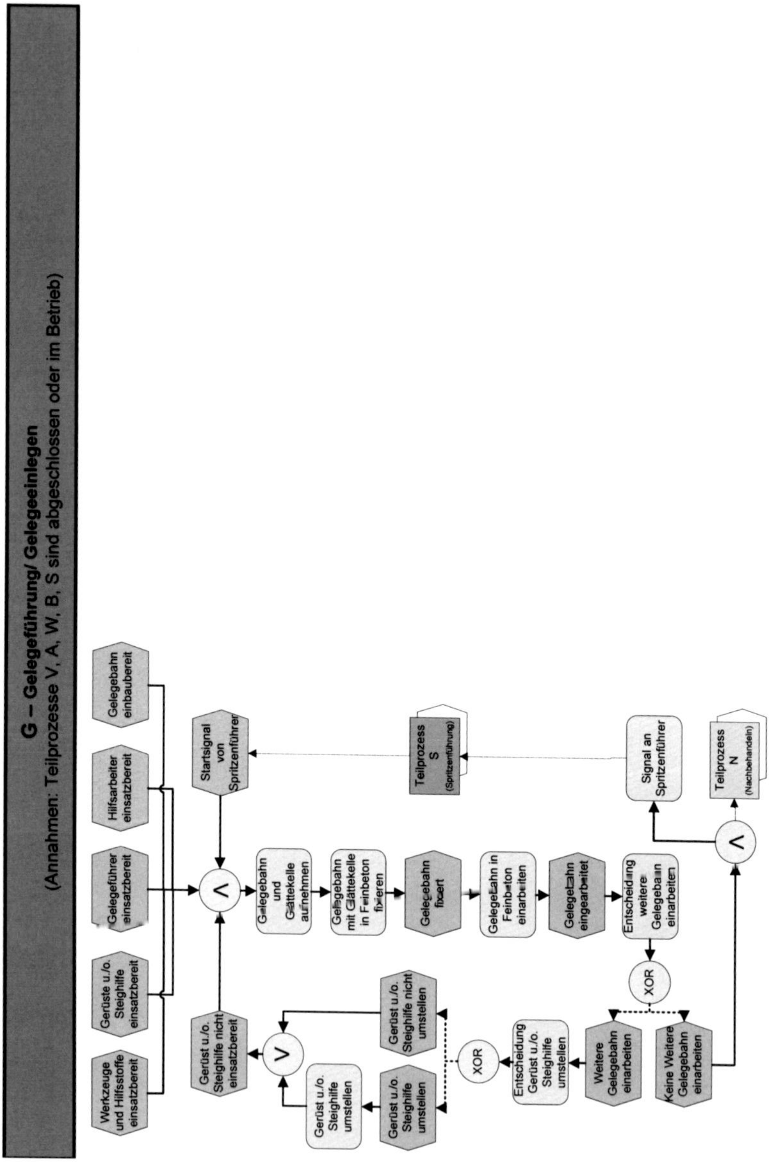

Anlage 11 EPK-Diagramm – Teilprozess N

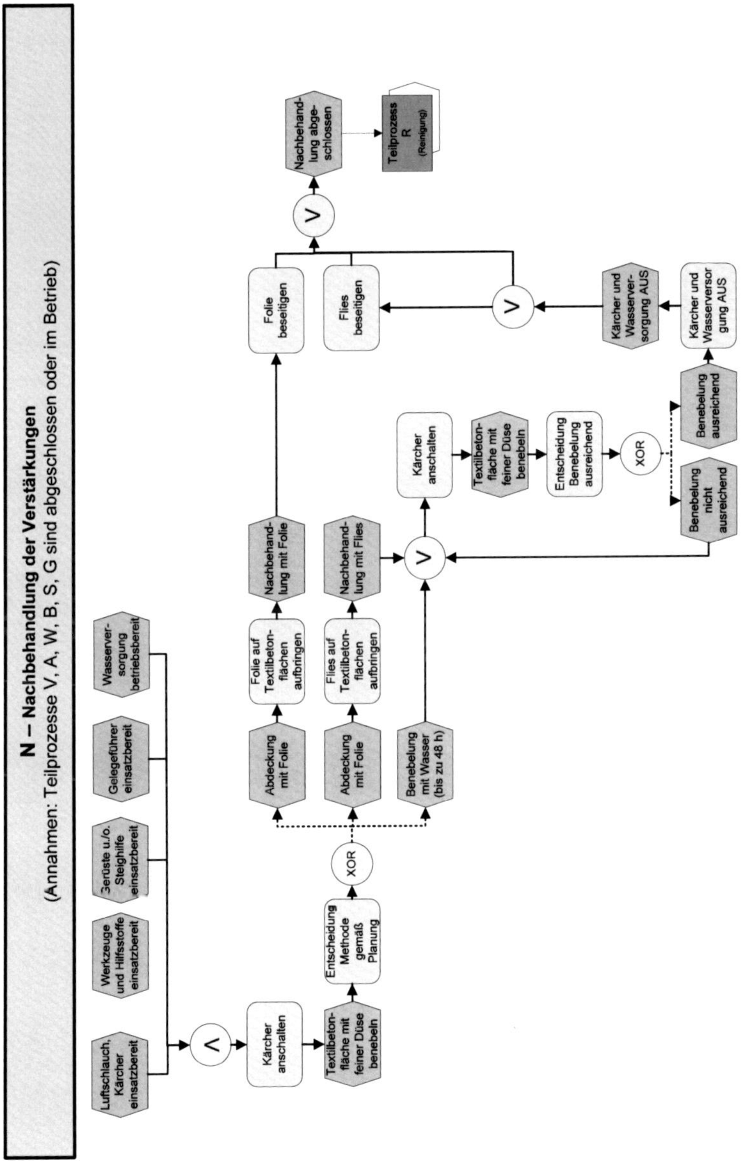

Anlage 12 EPK-Diagramm – Teilprozess R

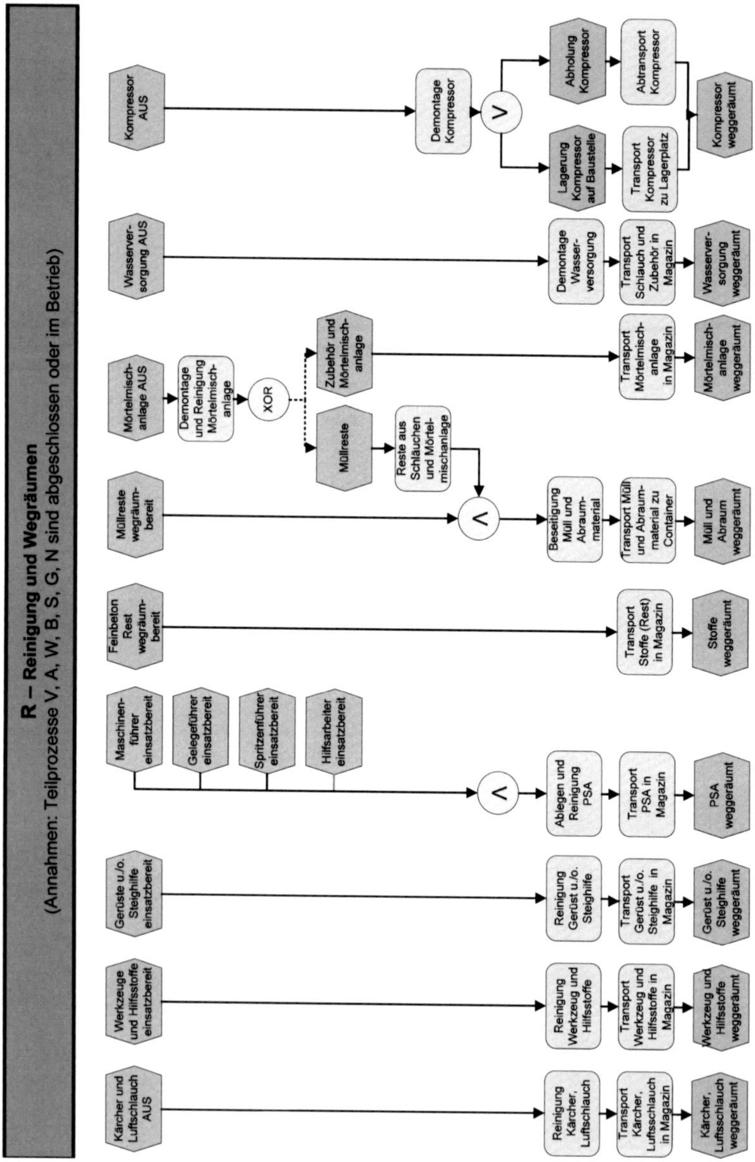

Anlage 13 Szenarien für Verbrauchsermittlung Textilgelege

**Szenario 1**

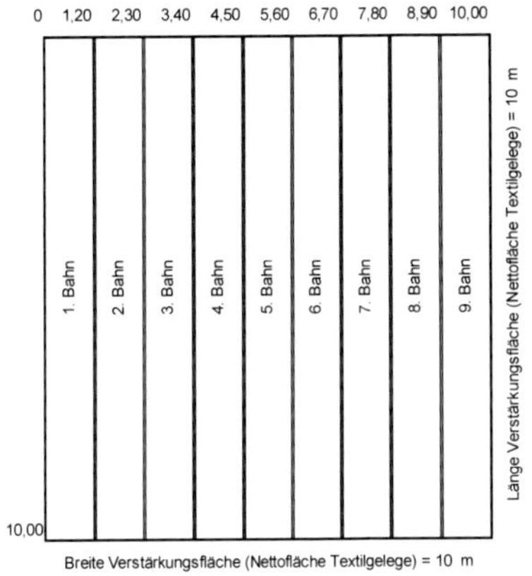


**Szenario 4**

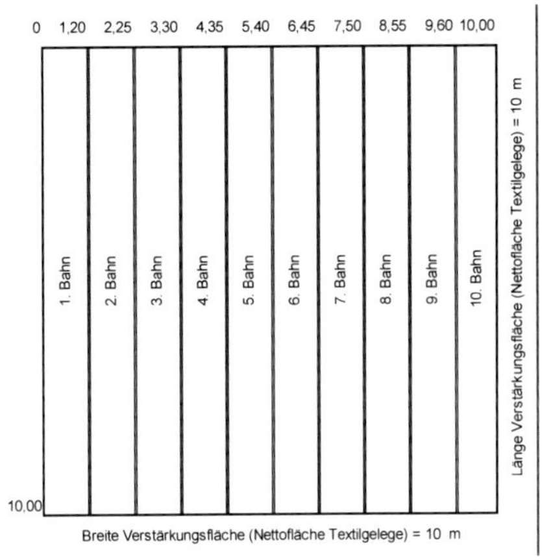


**Szenario 2**

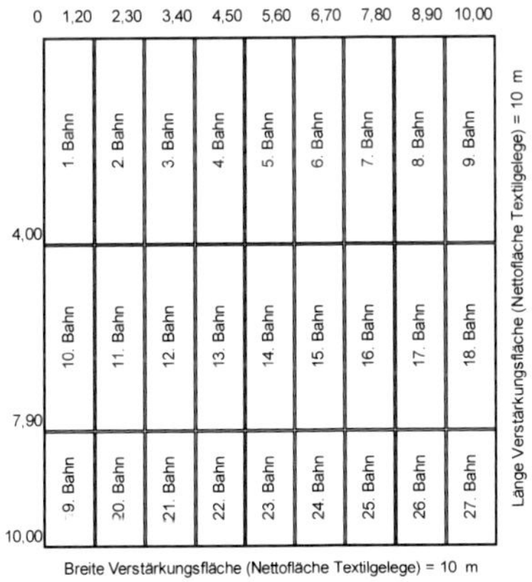


**Szenario 5**

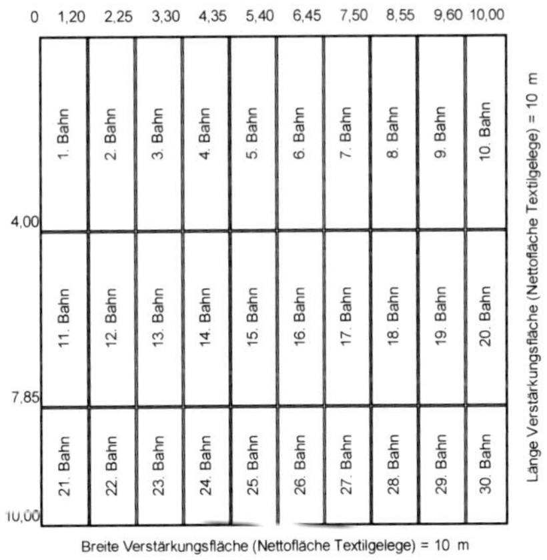


Fortsetzung auf folgender Seite.

Fortsetzung Anlage 013:

**Szenario 3**

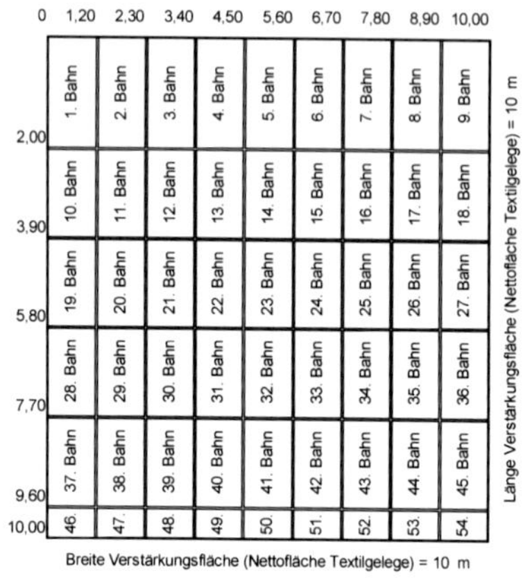


**Szenario 6**

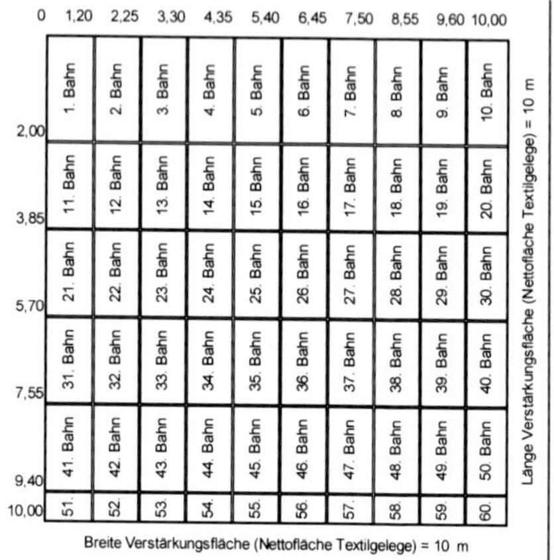